I0153641

IV 15496

PARIS QUI S'EN VA

PUBLICATION ARTISTIQUE

DESSINÉE ET GRAVÉE

Par Léopold FLAMENG

TEXTE PAR

Albert de la FIZELIÈRE, Henri LEFORT, Alfred DELVAU, Amédée ROLLAND, Fernand DÉNOYERS, Eugène MULLER, BARBILLOT, CASTAGNARY, Amédée HARDY, Jean DUBOYS, Régulus FLEURY, Alfred DEBERLE, De KERSÉNANT, Jacques BORNET, etc., etc.

1 LIVRAISON — Prix : 1 Franc 50 Centimes

DÉCEMBRE

1859

PARIS

PUBLIÉ PAR ALFRED CADART, ÉDITEUR D'ESTAMPES

3, RUE SAINT-FIACRE, 3

Londres, { BAILLIÈRE. BARTHÈS et LOWELL.	Berlin, D' DES POSTES. Bruxelles, DECQ.	Florence, VIEUSSEUX. Naples, DUPRÈNE.
St-Pétersbourg, { DUFOUR, libraire de la Cour impériale.	Turin, BOCCA. Milan, DUMOLARD.	New-York, BAILLIÈRE.

1859

Stéphane Pannemaker Sc. 1859

Enfant éditeur 3 Rue St. Pierre

Imp. Drouart.

Le Cabaret de la Mère Maurice.
(Brevax d'une Morillon.)

CABARET DE LA MÈRE MARIE.

Le chemin qui y mène, — c'est-à-dire les quelques rues qui partent du boulevard de l'Hôpital et aboutissent à la barrière des Deux-Moulins, — est bordé de maisons basses, bâties comme pour l'amour de Dieu, avec un peu de plâtre et beaucoup de boue. Cela ressemble plus à des huttes de Lapons qu'à des habitations de civilisés : maisons de petites gens, en effet, que ces maisons-là !

Tout ce quartier, d'ailleurs, a une physionomie bien tranchée, — si tranchée même qu'on ne dirait pas qu'il fait partie du Paris de 1859, du Paris élégant, du Paris de la Chaussée-d'Antin, du Paris de Notre-Dame de Lorette. C'est le jour et la nuit, c'est la soie et la bure, l'eau de lavande et l'eau de ruisseau. Les habitants de ce pays-là ne s'occupent pas des habitants des autres pays, — je veux dire des autres quartiers. Ils ont leurs mœurs à part, leur besogne à part, leurs peines à part, — et aussi leurs plaisirs.

Ainsi, quand vient le dimanche, toute cette population de tanneurs et de chiffonniers, de blanchisseuses et de cotonnières, se débarbouille un peu, s'attife, pomponne, se pimprloche, et tout cela, — femmes, enfants et vieillards, — se répand dans les guinguettes d'alentour, chez les brandeviniers de la barrière de Fontainebleau et de la barrière des Deux-Moulins. Les jeunes, mâles et femelles, vont « pincer un rigodon » à la *Belle-Moissonneuse;* les vieux et les autres vont chez Aury ou chez Flamery, les Richefeu et les Desnoyers de ces parages.

Beaucoup aussi vont chez la *Mère Marie,* — un marchand de vin qui vit sur une vieille réputation.

Ce cabaret-là est plus engageant que les autres. Il n'y a pas, comme chez les voisins Aury et Flamery, des salons de cinq cents couverts ; on n'y fait pas noces et festins ; mais, ce qui vaut mieux, on y boit et l'on y mange sous le plafond du bon Dieu, sous les arbres !

Il vous a une physionomie engageante au possible, ce cabaret des anciens jours ! Tables rustiques, un peu vermoulues, sur lesquelles pleurent de temps en temps

les acacias qui les entourent, et que commencent à secouer les premières bises d'automne ; puis, accoudés sur ces vieilles tables, bruyants et joyeux, des *beuveurs* de tout âge et de tout sexe, ouvriers et ouvrières, soldats et soldates, vieux et jeunes couples, des invalides de la vie et des invalides du sentiment, des passés et des futurs, des existences ébauchées et des existences finies ! Les brocs se succèdent avec rapidité, les verres s'entre-choquent, les gibelottes s'engloutissent, les rires des vieux se mêlent aux pleurnichements des marmots, les jurons s'accouplent aux baisers, la santé trinque avec la sénilité, — et l'oubli descend sur toutes ces cervelles, un oubli de quelques heures.

Car ce n'est pas de la joie seulement qu'on vient chercher sous ces arbres, en face de ces pots de faïence et de ces verres à facettes grossières,—miniatures des tonneaux des Danaïdes ; on y vient chercher le repos de la fatigue des six jours de la semaine, l'oubli des misères de la mansarde et de l'atelier. Pour quelques groupes heureux, composés du père, de la mère et des « mioches », il y a là aussi, comme dans tous les cabarets du monde, des groupes d'ivrognes endiablés qui viennent noyer leurs soucis dans des flots de vin bleu. « Encore une minute d'attention, et tu vas voir la bestialité dans toute sa candeur, » — dit Méphistophélès à Faust, dans la scène de la taverne, quand les étudiants commencent à se griser. Encore quelques instants et quelques litres, et vous allez assister au naufrage de toutes ces pauvres raisons, déjà bien chancelantes ! Des querelles vont naître, sous n'importe quel prétexte ; la colère va monter, les injures et les coups vont s'échanger, — non pas dans le cabaret de la Mère Marie, mais sur le boulevard, dans la boue... Ainsi finira ce dimanche !

Malgré ces mauvais coucheurs, — c'est-à-dire, malgré ces mauvais buveurs qui sont destinés à mourir, un jour ou l'autre, d'une *apoplexie de templier,* — le cabaret de la Mère Marie est un des plus pittoresques et des plus vivants de la barrière. Il a une physionomie que n'ont pas les autres, et des habitués qui ne sont pas ceux des autres. Aussi les cabarets voisins le jalousent-ils. Il y a, à droite et à gauche, des concurrents qui essaient d'achalander leurs maisons avec des enseignes provoquantes. L'un, c'est le *cabaret du père Pierre.* « Pour boire du bon vin, entrons chez lui. » Ainsi parle son enseigne. L'enseigne de l'autre n'est pas moins engageante : « Ici on *assuure* contre la soif. » Tous deux prêchent dans le désert : la Mère Marie seule a ses convertis.

Hélas! ce brave cabaret sera peut-être démoli un de ces quatre matins, — avec le mur d'enceinte.

Comme Flameng a bien fait de faire son portrait!

Alfred DELVAU.

Septembre 1859.

Bénard et Cie, place du Caire, 2.

BIBLIOTHÈQUE NATIONALE

LES COPISTES DU LOUVRE

Je suis très-éloigné de contredire les opinions que Diderot, dans ses *Salons*, prête à Chardin, sur les difficultés de l'art. Il faudrait n'avoir jamais tenu un pinceau ou une plume, pour ne pas reconnaître ce que ces difficultés ont d'écrasant. Mais je ne veux pas, comme le faisait Chardin, invoquer l'indulgence pour les pauvres artistes qui n'ont point réussi à vaincre l'art rebelle. Je crois que, sur ce terrain, devant le public contemporain, comme devant la postérité, la question est de faire de belles œuvres ou de n'en faire pas; que la personnalité souffrante de l'artiste, si intéressante qu'elle soit, disparaît devant le mérite de l'œuvre; qu'on a d'abord à juger ce que vaut cette œuvre, et que la question : Comment a-t-on réussi à la faire? ne se présente qu'en seconde ligne, à quelques curieux de détails intimes seulement.

Ce mot « ARTISTE, » d'abord, est un mot tout à fait nouveau dans notre langue. Les grands sculpteurs et les glorieux peintres du XVI° siècle n'étaient point des *Artistes*. Je lis dans le *Registre journal du règne du roy Henri III*, par Pierre de l'Estoile, cette note : « Aujourd'hui est mort, à Paris, maistre Germain « Pilon, tailleur d'ymages. Artisan très-singulier dans « ses ouvrages. On lui doit, etc. . . . . »

Ce Germain Pilon, ce tailleur d'images, cet artisan, est certainement un des plus beaux génies de la Renaissance. On éprouve quelque surprise en lisant cette note; comme aussi, lorsqu'on voit Bernard de Palissy se qualifier lui-même du titre de : *Potier du Roy*. On était loin, alors, de la vanité qui fait prendre à tout barbouilleur le nom d'artiste, qui fait de tout mauvais peintre un excentrique de mœurs et de vêtement.

Les éblouissements de l'art font beaucoup d'aveugles. La liberté de mœurs, la gaieté, le nonchaloir, la paresse même, que les philistins supposent établies en permanence dans les ateliers, tentent les amis de la paresse ; et ils sont nombreux. Plus d'un s'est écrié comme Giotto : Et moi aussi, je suis peintre! qui aimait moins la peinture que les modèles; et la facilité de bâiller, toute une journée, en fumant sa cigarette sur un divan, au fond d'un atelier bien chaud. Ils ne savent pas, ceux-là, qu'on n'est peintre qu'après avoir surmonté toutes les difficultés qu'énumère Chardin, et mille autres, qu'il a oubliées. Ils ignorent qu'il y a des jours, des semaines, des mois, des années d'un travail âpre, acharné, incessant;

qu'aux heures du crépuscule, en hiver, quand le jour fait défaut à la palette, le peintre, sans tabac souvent, s'assied sur une maigre escabelle, dans son atelier sans feu. La tête dans ses mains, il rêve, il médite ce que vaut son œuvre; il doute d'elle et de lui. Terribles moments d'angoisse, que ceux où le doute vous prend au cœur, en même temps que le froid enveloppe le corps et le fait grelotter. Le jour blafard traverse les vitres blanchies par la gelée ; les cadres, les études, les ébauches, les plâtres accrochés aux murs de l'atelier, ont, dans la nuit tombante, des aspects navrants, terribles quelquefois.

C'est au nom même des souffrances subies pour l'art que je suis sans pitié pour ces grotesques avortons, qui se les imposent par une sotte vanité; qui se les imposent, sans autre résultat pour eux qu'une misère permanente, dont ils ne sortent qu'en crevant à l'hôpital — autre vanité ! — et qui, pour les vrais artistes, encombrent la route au point de la rendre impraticable. Toutes les branches de l'art, peinture, sculpture, littérature, musique, sont en proie à ces soi-disant artistes qui, en fait de muse, ne courtisent que la déesse Absinthe, aux yeux verts.

Ce que le Ministère dépense chaque année, en commandes de copies, et en encouragements ou secours gratuits pour les copistes du Louvre, suffirait certainement à faire la fortune d'une douzaine de grands et vrais peintres. Ces avortons ont grignoté le pain dont la France aurait nourri un Véronèse ou un Titien. Mais, m'allez-vous dire, nous n'avons produit ni un Titien, ni un Véronèse; nous ne les avons pas connus. Comment pouvez-vous prétendre que ces pauvres diables de copistes ont mangé le pain de ces grands hommes qui n'existaient point?

Qu'en savez-vous? Ils existaient peut-être, et si vous ne les avez pas connus, c'est qu'ils sont morts avant d'être connus. N'est-il point désespérant de penser que le *Naufrage de la Méduse*, de Géricault, n'ait point trouvé, dans son temps, acquéreur à six mille francs, et qu'aujourd'hui on dépense des centaines de mille francs pour le faire copier, copier, et recopier?

On aurait pu acheter, au dernier Salon, les œuvres de vingt peintres qui ont été réduits à faire des loteries — hélas! — avec l'argent qu'ont coûté les *cent quatre-vingt-dix-sept copies* de l'*Immaculée Conception* de Murillo.

On se plaint partout de la décadence de l'art. Je le crois bien. Le cénacle des apôtres est ouvert à tous les gueux crottés.

II

Eh bien, entrons :

A présent, on entre librement ; le public est admis, six jours sur sept, à admirer les œuvres des maitres. Facilité dont ledit public ne profite guère : le grand jour, pour lui, est toujours le dimanche. Presque seuls, les étrangers font à Raphaël et à Titien les honneurs d'une visite, quand ce n'est pas fête carillonnée. Le long de l'escalier, vous voyez monter et descendre des Anglais et des Anglaises, en grand nombre ; le reste de l'Europe envoie peu de représentants.

Du salon *des Sept Cheminées*, on peut, en prenant à gauche, joindre les galeries de l'école française ; en prenant à droite, à travers la galerie d'Apollon, qu'illumine le beau plafond de Delacroix, on arrive au salon carré et à la grande galerie, qui contiennent les vieilles écoles, flamande, italienne, espagnole, ainsi que les peintres français, jusqu'au commencement du dernier siècle inclusivement, quoiqu'il y ait plusieurs anachronismes dans le placement.

Le grand salon carré était autrefois une sorte de grange, couverte en verre, et pavée de vilains carreaux rouges, non cirés, cassés pour la plupart. Ce fut en 1850, qu'ayant reconnu l'inconvenance de ce local, on exécuta divers travaux, auxquels participa plus tard la grande galerie, et dont le résultat est assez satisfaisant, malgré de nombreuses critiques. Comme ce grand salon ne *s'en va pas*, qu'il n'appartient aucunement à mon sujet ; que, du reste, il est facile pour chacun de l'aller visiter, je n'en ferai pas la description. Pour ceux de mes lecteurs qui habitent la province, j'en donnerai une idée sommaire, en disant que c'est une vaste pièce, mesurant soixante pieds sur chacune de ses faces, avec un vitrage sur le haut, avec un parquet bien ciré. Le milieu est occupé par un immense divan de velours rouge ; les murs sont tendus d'imitations des cuirs brunis, en usage au moyen âge, avec des arabesques dorées ; les boiseries noires et luisantes ont de l'épaisseur et de la majesté.

L'administration a réuni, dans ce salon, l'élite de nos tableaux anciens. On y est en fort bonne compagnie, quoiqu'elle soit recrutée un peu dans tous les coins de l'Europe. Pérugin, Léonard de Vinci, Raphaël, Titien, Véronèse, Corrège, Murillo, P. de Champagne, Poussin, Lesueur, Gérard Dow, Terburg, Van Dick, Rubens, Rembrandt, et tant d'autres. C'est le cas, où jamais, de parodier un vers du grand poëte : J'en passe, et des meilleurs !

Mais, pour nous, les tableaux que nous cherchons ne sont point accrochés aux murs ; ce qui nous attire est celui que présente la population qui habite ce salon. Il a son intérêt ; ici, tout *pose*. Les copiés, les copistes ; et pourquoi ne pas le dire ? Le public lui-même, les visiteurs, venus pour regarder les maitres, simplement, croirait-on, on regarde en regardant ; ce public, dis-je, pose aussi. Pour la majorité, c'est une grave affaire de regarder Titien d'une façon digne de Titien.

Il s'agit de ne point regarder les œuvres de ce grand homme, comme un chien regarde un évêque ; bêtement, les yeux écarquillés. Non ! Ce n'est pas cela. On doit regarder Titien d'un air *connaisseur*. L'œil fixe, le sourcil froncé, la lèvre inférieure un peu avancée d'un air dédaigneux, comme si votre regard d'aigle avait tout à coup surpris une fausse note, dans la gamme des couleurs du grand Vénitien. La tête nue, et les cheveux ébouriffés ne font pas mal.

Je m'aperçois que je parle ici d'une chose qui ne s'en va pas plus que le grand salon : de la bêtise humaine ; mais que voulez-vous ? Voilà bien six mille ans que la bêtise fait rire les bêtes elles-mêmes, et j'ai bien le droit de dire mon mot.

Le vrai connaisseur, au Louvre, se distingue soit par un air méditatif, insoucieux de lui et de ses voisins, soit par une mine épanouie, analogue à celle d'un buveur, sur sa dernière gorgée de *moët*. Le connaisseur est silencieux, et généralement n'a pas de livret. Il demeure immobile, et se laisse heurter par les allants et venants.

Quant aux Anglais et aux Anglaises, ils passent rapidement, et ne s'arrêtent que quelques secondes devant les meilleurs tableaux. C'est un trait de leur caractère. *Times is money !* Ils parlent entre eux sans quitter leur lorgnon. Les Anglaises surtout, se font remarquer par leur flux de paroles argentines. Hô ! Aô ! Oh yes ! Ces exclamations se croisent sans cesse, au milieu de phrases de dénigrement ou d'admiration.

III

Mais les copistes !

Nous y voici : ces gens là ont fait du Louvre leur atelier. Le copiste est mâle ou femelle, et rarement séduisant d'aspect. Sa présence se manifeste dans les salons et les galeries, par un déploiement imposant de chevalets, de trucks, de tabourets fantasques, d'échelles, d'échafaudages, encombrés de toiles et de boites de couleurs.

Le copiste des deux sexes, lorsque vous approchez de lui, vous regarde d'un œil effaré, qui devient bientôt malveillant, si votre inspection se prolonge. La question capitale est de savoir si vous êtes un amateur à commandes ou un simple curieux. Dès qu'il est avéré que vous n'achèterez pas la copie, on vous déteste.

Mais il faut faire des catégories, et d'abord parler *du copiste*, avant de parler de *la copiste*.

Dans le fait, peu de jeunes artistes viennent copier au Louvre, comme étude. Il est certain que l'étude d'après nature est préférable, et nourrit les qualités d'originalité, que l'on perd rapidement par la copie des maitres. Les quelques jeunes gens qui viennent étudier, peignent moins qu'ils ne dessinent ; ils se reconnaissent à leur attitude ennuyée ; on voit qu'ils s'acquittent d'un devoir. Le copiste adulte, au contraire, celui pour qui la chose est une spéculation, un labeur payé et non une étude, est rompu aux usages de la maison. Il ne s'ennuie pas ; il fait sa besogne.

Enfin, il y a le vieux copiste, le bonhomme qui fait *cela* par distraction, pour s'occuper; ce dernier a, généralement, l'air grognon, porte des lunettes, par-dessus lesquelles il vous regarde; il se mouche dans un mouchoir à carreaux, qui sort de la poche de son paletot, ou qu'il pose près de sa toile, sur la planchette du chevalet.

Ils sont debout, sur des carrés de toile cirée, ou des nattes, assis sur des tabourets à un, deux ou trois étages; ou bien, si la grandeur de la copie l'exige, juchés comme des perroquets au sommet d'échelles mobiles, à roulettes, et qu'on ne dérange qu'avec un grand fracas.

Quelques personnalités, prêtes à disparaître, sont vraiment dignes d'attention. Celui que l'on voit au centre de la gravure est bien connu. Un large chapeau, à larges bords, une large face, une large barbe rousse, à deux pointes, comme celle du Christ, et dont il tire grande vanité.

Un autre, celui-là travaille tête nue; il est chauve, et ses cheveux survivants sont gris. C'est un ancien militaire sans doute; il en a la tournure, et il est manchot. Je veux bien que ce soit ennuyeux d'être manchot, mais ce n'est point assez pour justifier la peinture insensée que confectionne ce vieillard.

Il en existe un autre encore, de très-petite taille, vêtu d'un singulier vêtement marron, à taille, à basques, dont les poches sont gonflées d'objets mystérieux. Celui-ci possède une chevelure abondante, mais complétement blanche. Il a l'air très-satisfait de lui-même et de sa peinture; je ne sais s'il trouve à la vendre facilement. La dernière fois que je l'ai vu, il se livrait à une gymnastique impossible. Les bras croisés, et cramponné seulement par les coudes à la balustrade de fer qui protége les tableaux, il avait posé ses deux pieds sur une bouche de chaleur qui se trouvait dans le mur. A distance, on pouvait croire que cet homme n'avait pas de jambes.

Les bouches de chaleur sont, du reste, le lieu de rendez-vous des copistes en hiver. Cela rappelle ce tableau banal, fort exploité : *Jeunes Filles à la fontaine*. Les copistes à la bouche de chaleur causent ensemble de leurs petites affaires, tout en se chauffant comme chez eux. Ils y reçoivent les amis qui les visitent; une fois réchauffés, ils se promènent de long en large, ou vont s'asseoir sur les divans de velours que l'on doit à l'administration nouvelle. Les banquettes du temps jadis étaient bien ingrates; les divans sont moelleux, on y peut dormir, quoiqu'il y ait des défenses très-sévères. *Niewerkerke nobis hæc otia fecit!*

IV

Le beau sexe est plus intéressant. S'il y a, parmi les copistes féminins, des miracles de laideur, il est juste de reconnaître que cinq ou six de ces dames, — pas plus! — sont assez jolies. Je n'en connais que deux qui soient d'une vraie beauté; une enfin se trouve hors ligne, c'est une des plus remarquables personnes de Paris. J'aurai la discrétion de ne pas la nommer; elle fait de la bien mauvaise peinture.

Ces dames ont, peut-être à tort, une mauvaise réputation. Je ne me ferai pas l'écho des bruits qui courent: je craindrais de tomber dans la calomnie en risquant la médisance. Et puis la peinture n'a rien à voir à cela. Beaucoup de jeunes personnes se font accompagner par leur mère, ce que je blâme; elles ressemblent alors à des actrices, et cela n'empêche pas de parler. Un grand nombre appartiennent à de très-honorables familles; elles sont filles ou nièces de généraux ou de colonels morts pour le pays. C'est fort bien. Ce qui est moins bien, c'est l'usage pernicieux qu'elles font de la peinture à l'huile. En outre, grâce à leur parentage et à des protections qu'elles savent se ménager, ces dames accaparent un nombre inouï de commandes, exécutées de la pire façon, payées, cependant, et dont je défie bien qu'on fasse autre chose que de les mettre à pourrir dans les greniers des ministères.

S'il est bon de sauver de la misère les filles de vieux soldats, ne pourrait-on pas le faire autrement qu'aux dépens du bon sens, du bon goût, de ces demoiselles elles-mêmes; et surtout, d'artistes plus méritants, privés ainsi de secours auxquels ils ont droit?

Les copistes se réunissent souvent deux par deux pour une copie. L'une fait les draperies, l'autre les nus; on le voit, c'est la division du travail appliquée à l'art. Triste chose !

J'avoue n'avoir pas le courage de m'arrêter longuement sur les physionomies souffrantes qui se rencontrent dans ce bataillon féminin. La misère de la femme n'est jamais gaie. Un fait qui caractérise les copistes, c'est que presque toutes ont les mains sales, même les plus élégantes. Si ce stigmate, cette signature du sans soins, est apposée sur celles de ces dames qui sont le moins à plaindre, qu'est-ce donc, quand on rencontre ces pauvres vieilles édentées, à tartan en lambeaux, qui copient dans un coin quelque petite toile abandonnée? Cela fait froid au cœur. On rencontre, au Louvre, de ces figures pâles, de ces physionomies palotes, auxquelles on offrirait bien deux sous. Elles se coudoient avec de véritables grandes dames, pour le vêtement du moins. Contraste désolant! La commande ne va pas toujours là où elle serait le plus nécessaire.

Il en est une pourtant dont je puis parler. Bonne personne, sans doute ; elle rit toujours avec tout le monde. Une figure maquillée comme celle d'une vieille actrice ; on peut l'appeler vieille elle-même, car les rides étaient visibles, aussi loin que ma mémoire peut remonter. Cette copiste affecte de suivre la mode dans ses extravagances les plus juvéniles ; une toilette toujours noire, sur laquelle tranchent des rubans de couleurs violentes, la fait reconnaître d'un bout à l'autre de la grande galerie.

Presque toutes partagent, quand leur fortune le permet, ce goût de modes exagérées. La misère s'allie souvent, chez la même femme, à un luxe impuissant à la dissimuler. Des manches de tricot, comme celles d'une marchande de pommes, avec une robe de soie. Pour le travail, elles revêtent, parfois, de bizarres ajustements, destinés soit à protéger leur toilette des atteintes de la couleur, soit à les défendre du froid, dans ces longues galeries qu'échauffent assez peu les nombreuses bouches de chaleur. On voit des capelines, des fourrures pelées, des bonnets, des mouchoirs noués sous le menton. Que sais-je encore ? La fantaisie de chacune est libre, la coquetterie perd ses droits. Comme les hommes, les copistes féminins grimpent aussi sur des tabourets et des échelles, garnis de draperies par-dessous, pour s'opposer aux regards indiscrets ; *la* peintre travaille le nez sur sa toile, car la myopie est fréquente chez elles, et les lunettes ne sont pas rares au Louvre.

Voilà ce que la *copie* fait des femmes ! Ce ne sont point les païens, au moins, qui auraient voulu que la beauté se dégradât à ce labeur, trempé de térébenthine. Mais nous avons laissé de côté les élégances du gynécée ; les femmes y ont perdu, l'art n'y a point gagné, au contraire. Pour moi, je déclare qu'une jeune femme en lunettes me contrarie beaucoup.

V

Tous les genres de peinture sont pratiqués au Louvre ; quoique la peinture à l'huile y domine, on y fait pourtant aussi de l'aquarelle, de la miniature, du pastel. On y dessine, cela va sans dire ; mais il est remarquable que les dessins au fusain, qui exigent une grande puissance dans la touche, dont l'attrait principal vient de la hardiesse, soient surtout entrepris par des femmes. J'ai vu des copies au fusain très-réussies.

Mais si tous les genres de peinture sont pratiqués, il s'en faut qu'on les emploie à la reproduction de tous les tableaux. Il y a des tableaux en vogue, il y en a aussi de complétement délaissés. Les Téniers, entre autres, sont peu copiés, à cause, dit-on, de leur exiguïté. Les Paul Potter ne me paraissent pas l'être davantage, sans qu'on puisse invoquer contre eux le même motif. Une note sur les tableaux le plus fréquemment copiés ne sera pas sans intérêt ; on en pourra tirer des conclusions sur les goûts du public qui commande les copies, et aussi sur le faire des artistes qui les exécutent.

Murillo est le plus copié de tous. Son *Immaculée Conception*, je l'ai déjà dit, a été copiée 197 fois depuis 1851. Cette fureur paraît un peu s'apaiser : l'année dernière n'a donné que 5 copies. La *Nativité*, 91 fois,

la *Vierge au Chapelet*, 100, la *Sainte Famille* 125, et enfin, le *Pouilleux*, 163.

Les autres peintres espagnols, Velasquez, Ribera, Zurbaran, etc., sont fort au-dessous de ces chiffres. Velasquez, le mieux partagé, n'a eu son *Infante* copiée que 63 fois.

Depuis 1851 encore, qui est l'année de laquelle comptent les notes qui m'ont été remises, le *Mariage de sainte Catherine*, de Corrège, a été copié 186 fois, et le *Sommeil d'Antiope*, 185. C'est le plus fortuné des Italiens ; car la *Belle Jardinière* de Raphaël n'a été copiée que 148 fois, et le *Saint Michel*, 52.

Le *Christ au tombeau*, de Titien, 130 fois ; le *Marquis de Guast et sa maîtresse*, 123 ; la *Maîtresse de Titien*, 159. Le *Couronnement d'épines* n'a été copié que 20 fois.

Les *Noces de Cana* de P. Véronèse, 167 ; les *Pèlerins d'Emmaüs*, 150. Il faut observer que les *Noces de Cana* sont toujours copiées en petit ; et que sur les 130 *Pèlerins d'Emmaüs*, un grand nombre ne reproduisent que le groupe de chiens et d'enfants qui se trouve en avant de la table. L'*Immaculée Conception* de Murillo, toujours copiée, à peu d'exceptions près, dans la grandeur de l'original, est donc, de toute façon, le tableau qui donne le plus à faire aux copistes.

Après le *Concert champêtre* de Giorgion, copié 100 fois, nous ne trouvons plus que des chiffres très-inférieurs. La *Joconde* de L. de Vinci n'a été copiée que 71 fois, et la *Sainte Famille* de Luini, 14 seulement.

L'école flamande est peu copiée ; Rubens lui-même ne l'est que rarement. La *Femme hydropique* de Gérard Dow n'a été reproduite que 18 fois.

Parmi les Français, la palme est à Greuze, dont la fade *Cruche cassée* a été copiée (surtout au pastel) 138 fois. Je n'en veux pas à Greuze, mais bien plutôt à ceux de nos écrivains qui ont eu la malheureuse idée d'exhumer le XVIIIe siècle et sa peinture.

Boucher, *Diane au bain* ; 64 fois. N'est-ce pas triste à penser ?

Après Greuze, le plus fréquemment copié des Français est Prud'hon. Son *Assomption* l'a été 130 fois.

Les *Moissonneurs* de L. Robert, 82 fois. La *Courtisane* de Sigalon, 60 ; le *Naufrage de la Méduse* de Géricault, 52 fois.

Enfin, comme curiosité, je termine en disant que les *Chevaux de halage* de Decamps, exposés depuis un mois seulement, ont déjà été copiés 9 fois ! Decamps avait été peut-être neuf mois à faire le tableau ! Mais le copiste diffère du peintre en plusieurs points ; et, pour lui, faire vite est toujours bien faire.

Aug. MARC-BAYEUX.

Anc Mon Hénaux. — Poitevin, Bculnge et Cie, place du Caire, 3.

SPÉCIMEN

PARIS QUI S'EN VA

PUBLICATION ARTISTIQUE

DESSINÉE ET GRAVÉE

Par Léopold FLAMENG

TEXTE PAR

Albert de la FIZELIÈRE, Henri LEFORT, Alfred DELVAU, Amédée ROLLAND, Fernand DENOYERS, Eugène MULLER, BARRILLOT,
CASTAGNARY, Amédée HARDY, Jean DUBOYS, Régulus FLEURY, Alfred DEBERLE, De KERSÉNANT, Jacques BORNET, etc., etc.

2ᵉ LIVRAISON — Prix : 1 Franc 50 Centimes

DÉCEMBRE
1859

PARIS

PUBLIÉ PAR ALFRED CADART, ÉDITEUR D'ESTAMPES

3, RUE SAINT-FIACRE, 3

Londres, { BAILLIÈRE. BARTHÈS et LOWELL.	Berlin, Dʳ DES POSTES. Bruxelles, DECQ.	Florence, VIEUSSEUX. Naples, DUFRÈNE.
St-Pétersbourg, { DUFOUR, libraire de la Cour impériale.	Turin, BOCCA. Milan, DUMOLARD.	New-York, BAILLIÈRE.

1859

Le Catéchisme

LA CALIFORNIE.

On ne pouvait choisir une plus violente antithèse, — d'autant plus violente, lorsqu'on sort de la lecture du *Satyricon* de Pétrone et qu'on vient d'assister aux plantureuses goinfreries du festin de Trimalchion.

Les deux ripailles forment pendants, et l'on pourrait les accrocher aux murs d'une salle à manger comme on fait des *Gras* et des *Maigres* de l'humouriste anglais. Ce sont les deux extrémités de la vie sociale se rencontrant dans la satisfaction d'un besoin commun, avec des manifestations diamétralement opposées : c'est l'humanité en passe de se gaver !

Vous vous rappelez ces pages du grand satirique où grouille dans toute sa hideur et dans toute sa monstrueuse débauche, cette société romaine invitée au gigantesque prandion de Trimalchion le Magnifique ? Vous revoyez ces courtisans et ces courtisanes, ces parasites et ces baladins, ces philosophes et ces mignons, ces libertins et ces eunuques accourus là, au signal de ce parvenu qui, à force de se vautrer dans la fange, a ramassé des millions de sesterces ?... Tout est en or, chez ce Sardanapale bourgeois, depuis le portier jusqu'au giton. On entre, et, sous le vestibule du palais, on rencontre d'abord le concierge, habillé de vert et ceint d'une écharpe cerise, en train d'écosser des pois dans un plat d'argent. Au-dessus de la loge de cet animal domestique est une cage d'or, renfermant un oiseau que depuis ont adopté tous les portiers, — je veux dire une pie, — qui donne le bonjour à tous les invités, à mesure qu'ils entrent. A côté de la loge, un énorme dogue, enchaîné avec des chaînes d'or, est peint sur le mur, avec cette inscription : CAVE. CAVE. CANEM. Plus loin, des fresques, où l'or domine, représentent les différents épisodes de la vie de ce parvenu qui ne sait comment dépenser ses millions ; une fresque, entre autres, montre les Trois Parques filant sa destinée avec des fuseaux d'argent et des fils d'or. Tout est en or, tout — excepté cependant les mets que mangent les invités.

Quels mets ! quels ragoûts ! quels plats !... Un esclave égyptien fait circuler le pain dans un four d'argent. Les valets apportent des becs-figues tout préparés dans des œufs de paon, — des cervelas sur des grils d'argent, — des volailles grasses, excessivement grasses, presque aussi grasses que Trimalchion, — des surmulets nageant dans une sauce de garum poivré, — des porcs, remplis de saucisses et de boudins tout cuits, — des sangliers, des flancs desquels sortent des essaims de grives, — le tout plantureusement arrosé de tonneaux de vin miellé et de Falerne centenaire, un Falerne du temps du consulat d'Opimius !

Quant aux assiettes dans lesquelles on mange ces savoureuses choses, ai-je besoin de dire en quelle porcelaine elles sont ? Une porcelaine qui porte gravés le nom de Trimalchion et le poids du métal ! Une porcelaine qui se bossue en tombant, — et que, d'ailleurs, on ne ramasse pas. Trimalchion la faisant balayer avec les autres ordures !...

II

Maintenant, fermez vos yeux éblouis des splendeurs du palais de ce parvenu qui traitait si *famillionnairement* ses convives, — et rouvrez-les, à dix-huit siècles d'intervalle, sur cette immense et sordide mangeoire qui s'appelle LA CALIFORNIE.

Venez, je serai votre guide.

En sortant de Paris par la barrière Montparnasse, et en prenant, à droite, le boulevard extérieur, on longe d'abord quelques maisons jaunes, dont les persiennes vertes sont soigneusement closes, — ce qui intrigue toujours beaucoup les collégiens en promenade. Chacune de ces maisons-là—ai-je besoin de le dire?—est un *dicterion* vulgaire, qui porte au-dessus du seuil principal un numéro gigantesque, destiné à remplacer, comme indication, le traditionnel dieu des jardins. Abydos avait un temple érigé à *Vénus facile* : la barrière Montparnasse est plus riche qu'Abydos.

Mais, à dictérion vulgaire, vulgaires dictériades : passons!

A côté de ces maisons à physionomie malsaine se trouve une allée boueuse, où sont installées des marchandes d'eau chaude, colorée en noir, à un sou la tasse : c'est l'*Estaminet des pieds humides*. Passons encore !

Au bout de cette boue est la Californie. Préface digne du livre, péristyle digne du temple, comme vous voyez!...

La Californie est enclose entre deux cours. L'une qui vient après le passage dont nous venons de parler, et où l'on trouve des séries de tables vermoulues qui servent aux consommateurs dans la belle saison. On l'appelle « le jardin », je ne sais trop pourquoi, — à moins que ce ne soit à cause des trognons d'arbres qu'on y a jetés à l'origine et qui se sont obstinés à ne jamais verdoyer. L'autre cour sert de vomitoire à la foule qui veut s'en aller par la chaussée du Maine.

Le réfectoire principal est une salle immense, au rez-de-chaussée, où l'on ne pénètre qu'après avoir traversé la cuisine, où trône madame Cadet, — la femme du propriétaire de *la Californie*. Là, sont les fourneaux, les casseroles, les marmites, tous les engins nécessaires à la confection de la victuaille.

Avant d'aller plus loin, avant de faire connaissance avec les mangeurs, disons un mot des mangés, — c'est-à-dire de la consommation de cet étrange établissement.

Parlons en chiffres, — comme la musique Galin-Paris-Chevé. C'est plus éloquent que des phrases.

5,000 portions par jour, découpées dans un bœuf, dans plusieurs veaux et dans plusieurs moutons.

8 pièces de vin pour aider ces 5,000 portions à descendre là où faire se doit.

1,000 setiers de haricots par an.

2,000 setiers de pommes de terre, — 132 kilogr. au setier.

55 pièces de vinaigre d'Orléans, — ou d'ailleurs.

55 pièces d'huile à manger,—dans la composition de laquelle le fruit de l'olivier n'entre absolument pour rien.

Le reste est à l'avenant !

Maintenant, si vous me demandez en quoi consistent ces portions, et si elles sont appétissantes, je vous enverrai expérimenter la chose vous-même, parce qu'il est assez délicat de se prononcer en pareille matière. J'ai vu des gens se lécher les doigts et se pourlécher les lèvres après avoir mangé le fameux plat Robert — qui n'est pas autre chose qu'un *arlequin* à la sauce piquante, un *satura lanx* haut en saveur. J'ai vu d'autres gens sortir de cette hôtellerie comme on sort du souper de madame Lucrèce Borgia, et jurer tous leurs dieux qu'on ne les y reprendrait plus. Faites un choix, maintenant !

En tout cas, on ne saurait se montrer exigeant, — vu l'exiguité du prix des plats. Savez-vous qu'on peut dîner pour huit sous à *la Californie*, — et copieusement dîner?...

D'ailleurs aussi, les convives de *la Californie* ne sont pas des convives du palais de Trimalchion.

III

Au milieu du festin de ce millionnaire romain, on conte des histoires, on soutient des controverses, — on se grise avec de la salive après s'être grisé avec du falerne opimien. « Un pauvre et un riche étaient ennemis... » — commence un convive. — « Un pauvre? » interrompt Trimalchion avec étonnement. « Qu'est-ce qu'un pauvre?... »

Si Trimalchion était entré dans l'immense réfectoire de *la Californie*, il se serait répondu à lui-même — et avec effroi.

Il y a là, en effet, en train de lever les coudes et de jouer des badigoinces, la plus riche collection de porte-haillons, de loqueteux et de guenillons qu'il soit possible d'imaginer. Rembrandt en eût tressailli d'aise. Ce sont les malandrins, les francs-mitoux, les truands, les mercelots, les argotiers, les sabouleux et autres « pratiques » du XIXᵉ siècle. Société mêlée s'il en fût jamais ! Le pauvre honnête y coudoie le rôdeur de

barrières, l'ouvrier laborieux y fraternise avec le « gouapeur », le soldat y trinque avec le chiffonnier, l'invalide avec le tambour de la garde nationale, le petit rentier avec la grosse commère, le cabotin avec l'ouvreuse de loges. C'est un tohu-bohu à ne s'y pas reconnaître, un vacarme à ne s'y pas entendre, une vapeur à ne s'y pas voir ! Diogène, ce sont tes fils, ces gueux !

Ne croyez pas que j'exagère à plaisir, et que j'embrunisse à dessein le tableau. *All is true,* — comme dit le vieux Shakspeare, qui, lui non plus, n'aurait pas dédaigné cette truandaille pour la placer dans ses drames, parmi ses gueux enluminés et ses filles de joie en robes de taffetas couleur de feu. S'il y a là des chômeurs du lundi, des rigoleurs, des amis de franches lippées, des ouvriers pour de vrai, de braves artisans à calus et à durillons, en train de se désaltérer un brin, il y a aussi de faux ouvriers, des artisans en paresse, des misérables qui laissent pousser, le plus long qu'ils peuvent, le poil qu'ils ont dans la main. Gibier d'hôpital, peut-être, les uns ; gibier de prison, à coup sûr, les autres.

Ainsi, il n'est pas rare de voir arriver dans cette bruyante hôtellerie, toujours pleine, un patron en quête d'ouvriers. Il croit qu'il pourra en trouver là, au milieu de cette plèbe bariolée. « Qu'est-ce qui veut travailler, ici? » crie-t-il à plusieurs reprises. PERSONNE NE RÉPOND...

Je serais mal venu, assurément, d'essayer d'esquisser, après L. Flameng, les types multiples qui composent cette foule. La plume, malgré sa prolixité, est moins éloquente que le crayon. Un coup de pointe sur le cuivre, et voilà une physionomie d'esquissée, et, à côté de celle-là, cinquante autres, — qui, toutes ont leur valeur, leur accent, leur originalité.

Il y en a un, peut-être, qu'il a oublié. C'est ce petit voyou, « jaune comme un vieux sou, » qui se faufile entre les jambes des garçons et des consommateurs, et guette le moment où une assiette vient d'être abandonnée pour en vider les reliefs dans sa blouse. Quand il a suffisamment de rogatons et d'épluchures sans forme et sans nom, il reprend son chemin avec les mêmes précautions, et s'en va sur le boulevard extérieur rejoindre des compagnons auxquels il vend son butin. Comprenez-vous ?

Hélas ! la graine de gueux pousse encore plus vite que la graine de niais, — surtout dans les grandes villes.

ALFRED **DELVAU**.

L'annexion des communes à Paris va modifier l'organisation de *la Californie*, — si même elle ne supprime pas ce temple à monseigneur Gaster. Son propriétaire paye en redevance à la commune de Montrouge la somme quotidienne de 152 francs. Une fois dans Paris, il faudra payer à la ville la somme de 400 francs par jour.
A. D.

PREMIÈRE ANNÉE.   3   LIVRAISON.

PARIS QUI S'EN VA

PUBLICATION ARTISTIQUE

DESSINÉE ET GRAVÉE

Par Léopold FLAMENG

TEXTE PAR

Arsène HOUSSAYE, CHAMPFLEURY, Albéric SECOND, Albert de la FIZELIÈRE, Alfred DELVAU, Jean ROUSSEAU, Eugène MULLER, Alphonse DUCHESNE, CASTAGNARY, Amédée ROLLAND, Henri LEFORT, Ernest HAMEL, Zacharie ASTRUC, Georges DUPLESSIS, Charles COLIGNY, Firmin MAILLARD, Fernand DESNOYERS, BARRILLOT, De KERSÉNANT, Amédée HARDY, etc., etc.

LIVRAISON — Prix : 1 Franc 50 Centimes

JANVIER

1860

PARIS

PUBLIÉ PAR ALFRED CADART, ÉDITEUR D'ESTAMPES
3, RUE SAINT-FIACRE, 3

Londres,	{ Baillière. Barthès et Lowell.	Berlin, D' des Postes. Bruxelles, Van-der-Kolx.	Florence, Vieusseux.
St-Pétersbourg,	{ Dufour, libraire de la Cour impériale.	Turin, Bocca. Milan, Dumolard.	Naples, Dufrène. New-York, Baillière.

1860

PARIS QUI S'EN VA

PUBLICATION ARTISTIQUE

DESSINÉE ET GRAVÉE PAR

LÉOPOLD FLAMENG

TEXTE

Par Arsène HOUSSAYE, CHAMPFLEURY, Albéric SECOND, Albert de la FIZELIÈRE, Alfred DELVAU, Jean ROUSSEAU, Eugène MULLER, Alphonse DUCHESNE, CASTAGNARY, Amédée ROLLAND, Henri LEFORT, Ernest HAMEL, Zacharie ASTRUC, Georges DUPLESSIS, Charles COLIGNY, Firmin MAILLARD, Fernand DESNOYERS, BARRILLOT, DE KERSENANT, Amédée HARDY, etc., etc.

Ce qui faisait les délices de nos savants, de nos artistes, de nos archéologues ; le Paris de Sauval et de Gilles Corroyer, de dom Félibien et de dom Lobineau ; ces vieilles rues, ces vieux quartiers qui nous donnaient une idée si juste du Paris d'il y a des siècles ; ces carrefours, ces places publiques foulées par tant de générations ; cette myriade de lieux historiques si chers à ceux qui aiment à s'inspirer du passé..... Eh bien, encore quelques années, et tout cela aura disparu ! Une ville nouvelle aura surgi comme par enchantement : pas une ruine, un vestige, une humble inscription même, pour attester que telle ou telle chose était là!

Où retrouver le vieux Paris ? Çà et là quelque noble monument élevé par nos pères : Notre-Dame, la tour Saint-Jacques, Saint-Germain-l'Auxerrois, par exemple, mais rien de plus.... Sublimes et antiques chefs-d'œuvre encadrés à la moderne! Quelques heures suffiront à l'étranger surpris et désappointé pour voir ce qu'il y aura de remarquable encore dans la vieille Capitale, redevenue jeune par ses constructions.

Et voyant cela, un de nos graveurs les plus remarquables, s'est dit : Si nous nous imposions la tâche de reconstituer le vieux Paris?.. Si nous consacrions dans un ouvrage spécial tout ce qu'il y a d'intéressant encore dans ce Paris qui s'en va?...

Et M. Flameng s'est hardiment mis à l'œuvre. Aidé d'une foule d'écrivains distingués, il va nous montrer Paris vu à ses barrières, dans ses bals, ses Californies ; Paris à l'Opéra, à la descente de la Courtille, à l'ancien marché des Innocents ; Paris à la Morgue, au parvis Notre-Dame. Paris partout ; dans ses mœurs, dans ses monuments ; tantôt pleurant, tantôt riant ; enfin, dans tous ses mystères, ses contrastes, ses habitudes. Voilà le point de départ, la pensée mère de cette publication.

Deux premières livraisons ont déjà paru en Décembre comme Spécimens, sous le titre de : LA CALIFORNIE (barrière Montparnasse), et LE CABARET DE LA MÈRE MARIE (barrière des Deux-Moulins), texte par Alfred DELVAU.

Ces deux numéros sont en dehors de l'Abonnement, au prix de 1 fr. 50 c. chaque, et 1 franc pour les personnes qui prennent un Abonnement.

Cette publication commencera à partir du 1er Janvier 1860. Il paraîtra régulièrement deux livraisons par mois. Chaque souscripteur recevra à la fin de l'année un frontispice illustré, et pour prime, une très-belle gravure, composée et gravée par Léopold FLAMENG.

CONDITIONS DE LA SOUSCRIPTION

PARIS		DÉPARTEMENTS		ÉTRANGER	
Un an..........	20 fr.	Un an............	21 fr.	Un an..........	22 fr.
Six mois.........	11 »	Six mois...........	12 »	Six mois.........	15 »
Trois mois........	6 »	Trois mois.........	7 »	Trois mois........	8 »

Édition sur papier de Hollande. — Prix........... 40 francs.

En souscrivant à l'avance pour Paris, un mois : 2 francs.

Première livraison de Janvier 1860

La rue de la Vieille-Lanterne (mort de Gérard de Nerval), texte par Arsène HOUSSAYE.

Deuxième livraison de Janvier

Les Médaillés de Sainte-Hélène au Jardin du Luxembourg, texte par CASTAGNARY.
Résumé historique des transformations de Paris, texte par Alfred DELVAU.

Bureau central d'abonnement, chez l'Éditeur Alfred CADART, 3, rue Saint-Fiacre, et dans les principales maisons d'estampes et de librairie de la capitale.

Paris, le 1er Janvier 1860.

L'ÉDITEUR GÉRANT,

A. CADART.

(S'adresser, pour toutes réclamations et renseignements, 3, rue Saint-Fiacre, Paris).

COUP D'ŒIL RÉTROSPECTIF SUR PARIS.

[cachet de bibliothèque]

I

Paris n'est pas une ville, c'est la ville par excellence, — comme autrefois Athènes et Rome. Toutes les religions, toutes les sciences, toutes les philosophies, toutes les industries, tous les arts, toutes les mœurs, toutes les races de la terre s'y sont donné rendez-vous. On y parle toutes les langues sous tous les costumes.

Paris a son Panthéon, ses arcs de triomphe, ses colonnes, ses catacombes, comme la cité des Césars ; — ses philosophes et ses courtisanes, comme la cité de Périclès ; — ses héros et ses ilotes, comme Sparte ; — ses bandits, comme les Abruzzes ; — ses castes, comme l'Inde ; — ses derviches tourneurs, comme Bagdad ; — ses illuminés, comme l'Allemagne ; — ses harems, comme Constantinople ; — ses lazzaroni, comme Naples ; — son carnaval, comme Venise ; — son Minotaure, comme la Crète ; — ses mangeurs d'opium, comme la Chine ; — ses palais, comme Gènes ; — ses huttes, comme la Laponie ; — ses usines, comme Manchester, — ses cokneys, comme Londres : — ses Peaux-Rouges, comme l'Amérique du nord.

Paris, c'est une cuve, c'est une ruche, c'est un creuset, c'est un océan ; — une cuve où bouillonnent toutes les passions humaines, chauffées à plusieurs atmosphères ; — une ruche où bourdonnent sans relâche des milliers d'abeilles mêlées à des milliers de frelons ; — un creuset où se fondent, se confondent et s'amalgament tous les métaux humains, le cuivre et l'or, le fer et le plomb, le vice et la vertu, l'héroïsme et l'égoïsme ; — un océan où s'agitent tous les monstres et toutes les étrangetés, où les phoques roulent avec les perles.

Paris est un Pandémonium, une Babel, un cauchemar, un rêve en action. Paris, c'est le monde !

« Oh ! Paris est la cité mère ;
Paris est le lieu solennel
Où le tourbillon éphémère
Tourne sur un centre éternel.

Paris ! feu sombre ou pure étoile,
Morne Isis couverte d'un voile,
Araignée à l'immense toile
Où se prennent les nations ;
Fontaine d'urnes obsédée,
Mamelle sans cesse inondée
Où, pour se nourrir de l'idée,
Viennent les générations ! »

II

Voilà ce qu'est Paris. Ce qu'il sera, nous n'en savons rien. Ce qu'il a été, nous le savons tous mieux, — quoique des brouillards nous cachent un peu son berceau.

Théophile Gautier, avec la puissante fantaisie de sa plume de poëte, a raconté le PARIS FUTUR, et il a construit une ville fantastique, immense, babylonienne, où il a semé le marbre, le porphyre, le bronze, l'argent, l'or, les diamants et les pierreries avec une prodigalité rare, — malheureusement. Je n'ose pas vous entretenir de ce Paris de l'avenir, — de peur de vous dégoûter du Paris actuel. Il y aurait là, en effet, trop de merveilles pour une ville seule : des temples et des palais à faire crouler de jalousie les temples et les palais de Thèbes, de Memphis et de Ninive, — si Ninive, Thèbes ou Memphis existaient encore ; l'Océan viendrait expirer en doux murmures aux pieds des quatre lions de l'Institut, et des vaisseaux à trois ponts remplaceraient les bateaux à lessive du quai Malaquais ; les éléphants feraient le métier de chevaux et les nègres celui de commissionnaires, avec des casaques d'azur rayé d'argent ; on ne rencontrerait dans les rues que des théories de magistrats et de savants, de poëtes et d'artistes, vêtus d'écarlate ou d'hermine, — selon la saison.

Mais je m'arrête, car je sens l'eau me venir à la bouche en songeant à ce Paris des *Mille et une Nuits*, et l'eau me vient aux yeux en le comparant au Paris actuel. Pour échapper à cette double émotion, je vais essayer de raconter le PARIS PASSÉ, — ce qui demande moins de frais d'imagination et d'esprit, avec quelques frais d'érudition en plus.

III.

Je me garderai bien, on le comprend, de remonter au déluge, — de peur de ne pas pouvoir en redescendre.

Des savants ont tenté cette ascension formidable, à dos d'hypothèses, et quelques-uns nous sont revenus avec des récits invraisemblables, — comme tous les récits de voyageurs.

Ces récits, nous les avons acceptés, — non pas sous, mais sans bénéfice d'inventaire. A beau mentir qui vient de loin. Allez donc controuver les dires de gens qui ont eu la vision du passé et qui vous parlent de milliards d'années avec la facilité que mettait Honoré de Balzac à vous parler de millions monnayés! C'est impossible. Aussi, je n'y songe même pas. Heureux ceux qui croient! Je veux être heureux.

Je laisserai donc Cuvier reconstruire tout à son aise le bassin de Paris, à l'aide d'un gésier de *chenopus*, ou d'un tibia d'*anoplotherium*, ou d'un fémur de *paleotherium*, ou d'une coquille de *sphœrulites cylindraceus*, ou d'un œuf fossilisé de *rostellarius*, — ou de n'importe quelle autre chose en *us* ou en *um*, — et prouver à ses concitoyens émerveillés que là où est le Paris d'aujourd'hui, il y avait autrefois une mer, des baleines, des crocodiles, des phoques, des dauphins, des dragons, des salamandres, des huîtres; puis des pins, des palmiers, des fougères de dix mètres, des gazelles grandes comme des girafes, des lièvres grands comme des chevaux; puis des rhinocéros, des tigres, des ours, des mégathères; puis des bœufs, des ânes, des castors, des écureuils, des singes; puis des hommes. Cette haute et mystérieuse question du refroidissement successif du globe nous intéresse d'une façon médiocre, et, pourvu qu'il reste encore assez de chaleur à la Terre et au Soleil — ces deux vieux épousés — pour faire ,pousser le blé et mûrir la vigne, c'est tout ce que nous pouvons raisonnablement exiger, n'est-ce pas?

IV.

Il y a eu un grand nombre de Paris depuis dix-huit cents ans, — et chacun d'eux avec sa physionomie propre, ses mœurs particulières, ses costumes spéciaux, son originalité, son individualité en un mot.

Il y a eu d'abord Lutèce, — une île d'une quarantaine d'arpents, sur la rivière de Seine, laquelle, défendue par Camulogène, fut prise par Labienus, lieutenant de César. Je crois même qu'elle fut un peu brûlée, car César la fit rebâtir et fortifier quelques années après. Le Paris des Druides devint le Paris de Jupiter et de Mercure. Les autels du premier ont disparu, — mais le Dieu Mercure a encore un temple qui résiste au temps et aux lois, bien qu'il n'ait pas été bâti par les Romains.

Il y a eu le Paris de Julien l'Apostat, que représente le palais des Thermes. La vigne et le figuier poussaient. en ce temps-là, à la place même où depuis ont poussé tant de vilaines maisons. Lutèce devint l'*Urbs parisiorum*, et, comme la Cité n'était plus assez grande pour contenir ses anciens et ses nouveaux habitants, elle s'étala à droite et à gauche, au nord et au midi, dans la plaine et sur la montagne : les bourgs furent !

Il y a eu le Paris de Clovis, — dont il nous reste un échantillon sur la montagne Sainte-Geneviève.

Le Paris de Childebert, — qui a laissé sa trace sur la place Saint-Germain-des-Prés.

Le Paris de Chilpéric, — ainsi que l'atteste l'église Saint-Germain-l'Auxerrois.

Vous me permettrez de passer sous silence quelques Paris et quelques monarques, — pour que l'énumération n'en devienne pas fastidieuse.

On devine bien que les quarante arpents primitifs de la Cité sont déjà loin, puisque des Conciles se donnent la peine de se tenir à Paris, et que les rois se donnent la peine d'y demeurer. Les rois et les conciles n'aiment pas à être gênés, ils prennent de la place, ils ont une foule, ils ont un peuple. Les *nautæ parisiaci* du règne de Tibère sont avantageusement remplacés par des moines, des clercs, des marchands, des soldats et le reste. —Le grand et le petit Châtelet sont avantageusement doublés d'églises, d'abbayes et d'écoles.

L'enfant grandit, la jeune fille devient femme : on lui met un corset de pierre. C'est le Paris d'Hugues-Capet; il est divisé en quatre quartiers.

Nous voici arrivés au Paris de Louis VII, dit le Jeune, — qui a vu naître Notre-Dame, la vieille cathédrale. Les églises continuent à s'élever çà et là. Le quartier de l'Université continue à s'accroître. Les moines et les écoliers arrivent de toutes parts. Il en arrivait tant, à ce qu'il paraît, qu'on fut obligé d'expulser les Juifs, — provisoirement.

Voici maintenant le Paris de Philippe-Auguste. La jeune fille devenue jeune femme, devient une vigoureuse commère; son corset l'étouffe, elle le jette par terre et s'en fait construire un nouveau. Si vous êtes désireux de savoir en quelle étoffe il était fait, vous n'avez qu'à vous rendre rue des Grès ou rue des Fossés-Saint-Victor : il en reste encore quelques morceaux. Les quarante arpents primitifs se sont changés en sept cent trente-neuf arpents. Il y a maintenant trois villes à Paris : la Cité, la Ville, l'Université, — l'Université sur la rive gauche de la Seine, la Ville sur la rive droite et la Cité au milieu.

Après le Paris de Philippe-Auguste, et ses murailles, vient le Paris de Charles V et sa nouvelle ceinture de pierre, au nord. J'ai passé huit ou neuf fois, — mais je compte sur votre indulgence pour me pardonner cet oubli volontaire.

Ce Paris de Charles V devient de plus en plus exubérant comme séve et comme exigence. Il lui faut maintenant douze cent quatre-vingt-quatre arpents, qui se divisent en seize quartiers. Nous sommes en 1367, — c'est à peu près un arpent par année. C'est à peu près aussi vers cette époque qu'on éprouva le besoin de construire la Bastille, — les deux Châtelets et les autres tours fortifiées ne suffisant plus, à ce qu'il paraît, à la consommation des criminels.

Le Paris de Charles VI est écrit en rouge dans l'histoire, — aussi se voit-il mieux que les autres. Nous sommes là sur les confins du Moyen Age, — mais non sur ceux de la barbarie. La guerre civile règne à la place du roi, qui est fou, et de la reine, — qui doit être un peu folle. Les factions s'égorgent, le sang coule à flots. Et, avant la guerre civile, — pour préparer l'œuvre de destruction, — la peste ! En 1399, trois mois d'épidémie ; en 1407, grandes inondations qui emportent les ponts et qui ruinent les gens. Le duc d'Orléans est assassiné rue Culture-Sainte-Catherine par Jean Sans-Peur, duc de Bourgogne. En 1413, massacres des Cabochiens ; en 1418, massacre de quatre mille Armagnacs, — puis, brochant sur le tout, cent mille personnes enlevées par la peste, en trois mois. Savez-vous qu'il fallait que Paris commençât à être grand, pour s'appauvrir ainsi de cent mille habitants sans en être ruiné pour cela ? C'était à peu près le tiers qui s'en allait ainsi aux cimetières.

V.

Voilà bien des Paris passés rapidement en revue, et nous ne sommes qu'à la moitié de notre besogne. A l'autre moitié donc !

Il y a eu le Paris de Louis XI, — que l'on retrouve tout entier, mœurs, langage, costumes et monuments, dans le magnifique livre de Victor Hugo que nous connaissons tous. Sous le règne précédent, on avait commencé à éclairer les rues ; sous celui-ci, on commence à les balayer. Vous voyez qu'il faut du temps pour songer aux choses les plus élémentaires.

Il y a eu le Paris de François Ier, dont les échantillons sont le Vieux Louvre et la fontaine des Innocents. La Renaissance est arrivée ! Nous sommes en 1543.

Le Paris de Henri II, — ou plutôt de Catherine de Médicis, — dont les échantillons sont l'Hôtel de Ville et les Tuileries.

Le Paris de Charles IX, dont il nous reste, comme souvenir, la Saint-Barthélemy. Nous sommes au 24 août 1572.

Le Paris de Henri III, qui sert de date au pont Neuf. Ce Paris-là occupait une surface de quatorze cent quatorze arpents.

Le Paris de Henri IV, un peu plus grand encore que le précédent, — seize cent-soixante arpents. Nous sommes en l'an 1600. Vous voyez que la progression persiste.

Le Paris de Louis XIII, dont les échantillons sont la place Royale, la place Dauphine, le Palais-Royal, — et surtout le Luxembourg. Ce Paris-là s'agrandit de plus en plus. La nouvelle ceinture de murailles commençait à la porte de la Conférence, à l'extrémité du jardin des Tuileries, se prolongeait jusqu'à la rue Saint-Honoré, passait à la porte Gaillon, puis à la porte Richelieu, puis à la porte Montmartre, et aboutissait aux anciens murs de clôture, rue Saint-Denis, à la porte Saint-Denis.

Il y a eu le Paris de Louis XIV, — un Paris un peu plus sérieux que les précédents, malgré les troubles de la Ligue et de la Fronde. On plante les boulevards, on bâtit la colonnade du Louvre, on construit l'Hôpital-Général, on élève le palais des Quatre-Nations, on éclaire les rues de Paris avec des lanternes, — excepté les jours de lune. Les fallots d'abord, les lanternes ensuite ; puis viendront les réverbères, puis les becs de gaz. Paris ne s'est pas fait en un jour, que diable ! Mais les esprits, quand les éclairera-t-on ?

La ville de Louis XIV, « le grand roi, » est une grande ville. Il y a vingt quartiers populeux. Il y a des théâtres. Il y a des hôtels. C'est le rendez-vous de l'Europe. Ce n'est pas encore le monde, — mais cela ne tardera pas.

Il y a eu le Paris de Louis XV. Nous sommes en 1728. L'enceinte de Paris est fixée. Elle avait trois mille neuf cent-dix-neuf arpents, — juste trois mille huit cent soixante-quinze de plus qu'au temps de Camulogène. Sous le règne précédent, on avait planté les boulevards du nord ; sous celui-ci, on planta les boulevards du midi. Les villages continuent à devenir faubourgs. On institue la petite poste. On bâtit le Panthéon et la halle au Blé, l'hôtel des Monnaies et l'église Saint-Sulpice. Louis XV meurt. Voltaire a régné.

Nous touchons au Paris contemporain. Nous sommes en 1786 ; les fermiers généraux font construire la grande clôture de Paris, — qu'on est en train de démolir à l'heure où nous écrivons. Cette clôture donnait à cette immense cité une enceinte de 9,910 arpents. Que diraient aujourd'hui dom Félibien, dom Lobineau et les autres, en voyant les limites actuelles de Paris ? Bons bénédictins, vous êtes morts trop jeunes.

Mon énumération s'arrêtera ici, si vous le voulez bien.

VI

Le Paris de nos pères disparaît chaque jour, à chaque heure, pierre par pierre, moellon par moellon, brique par brique, sous le marteau brutal du Limousin, — ce Vandale insouciant. Bientôt il n'en restera plus rien, — que le souvenir.

Cet éventrement de ce qui fut le Paris roman, puis le Paris gothique, puis le Paris de la Renaissance, puis le Paris de Louis XIV, — cet éventrement a quelque chose de profondément mélancolique pour l'artiste et pour le rêveur, qui se trouvent ainsi désorientés dans leur contemplation du passé et dans leur déchiffrement des drames de notre histoire. Les pierres ont leurs légendes comme les hommes, parce que, comme eux, elles ont leur physionomie, et que, pour qui sait voir et entendre, elles savent parler, — et parler avec éloquence.

Comme je ne suis pas « du bâtiment, » on me permettra, j'ose l'espérer, ce regret d'un passé qui avait une couleur, un accent que je cherche en vain dans le Paris qu'on nous refait en ce moment. Aujourd'hui, par une loi fatale du progrès humain, tout s'uniformise et se fond dans un ensemble bien ordonné. Aujourd'hui, malgré certaines aspérités, certaines dissemblances, certaines monstruosités, l'égalité promène son implacable niveau sur toutes les habitudes, sur toutes les mœurs, sur toutes les intelligences. Aujourd'hui, les fortes et saisissantes individualités sociales d'autrefois ont disparu pour faire place à une masse compacte marchant vers le même but, — comme un troupeau marqué de la même craie. Aujourd'hui le costume national, — c'est-à-dire le paletot et l'habit couronnés du chapeau que vous savez, — a remplacé les mille costumes bariolés, étranges, pittoresques du vieux Paris. Tout le monde ressemble à chacun, et chacun ressemble à tout le monde. Ah! si Pierre Gringoire avait dîné tous les jours, comme j'aurais voulu être Pierre Gringoire !

Voyez-vous d'ici, — à cette heure surtout où le costume n'existe plus, — voyez-vous le contraste? D'abord, comme monuments, cette forêt touffue de toits et de tourelles, de pignons et de clochers, de tours et de donjons, d'hôtels crénelés et de maisons noires où les étages surplombaient avec une audace d'équi-

libre si menaçante. Puis, comme population, cette foule aux multiples livrées qui ondulait et tournoyait, dans un remous incessant et vertigineux à travers un dédale de ruelles, de carrefours et de piloris, — une foule digne de cette forêt; dames et demoiselles, avec leurs robes de drap d'argent ou de taffetas de Florence, avec leurs ceintures dorées, avec leur gorge découverte, avec leur coiffure ornée d'affiquets pointus de la longueur d'une aune, etc., etc; puis les nobles, les pages et les varlets, puis les gens d'armes, puis les gens d'église, puis les gens de la bazoche, puis les gens du peuple, — manteaux et cottes de mailles, chaperons et capelines, surcots et hoquetons, aumusses et bonnets, housses et chausses, lances et piques, épées et reliquaires, heaumes et chapelets, le rouge et le noir, le jaune et le gris, l'or et l'acier, l'hermine et le cuir, la soie et la bure, les dentelles et les haillons!...

Que sont devenues toutes ces belles nippes éclatantes, toutes ces belles guenilles sombres ou gaies qui drapaient si pittoresquement les gens qui les portaient? Hélas! ce que deviennent les vieilles lunes, probablement.

Mais voilà des regrets bien ridicules. J'oublie un peu trop les splendeurs du Paris d'aujourd'hui, je regrette un peu trop ma bourbe d'autrefois, comme les carpes de Mme de Maintenon, — et comme Mme de Maintenon elle-même, cette carpe transvasée d'un plat de terre en un bassin d'argent. Ce siècle a une toute autre mission que les siècles qui l'ont précédé : il faut qu'il la remplisse. « L'humanité est en voyage » — il ne faut pas qu'elle s'arrête. Sauval a comparé l'île de la Cité — le Paris primitif — à un grand navire enfoncé dans la vase et échoué au fil de l'eau vers le milieu de la Seine.

Ce grand navire s'est remis à flot. Les ancres sont levées. Les voiles sont tendues. Le vent va souffler. En route pour l'Avenir, Léviathan!...

ALFRED DELVAU.

LA RUE DE LA VIEILLE LANTERNE.

RUE DE LA VIEILLE-LANTERNE.

BIBLIOTHÈQUE NATIONALE · B F · ESTAMPES

I

Rue de la Vieille-Lanterne ! Voilà une rue qui n'a connu ni le soleil, ni le gaz. Elle n'a connu que le fallot du diable. Demandez plutôt à cette belle eau forte de Léopold Flameng.

Un artiste de mes amis, qui a de fort belles connaissances, m'apprend qu'il a passé toute une soirée avec le dernier ravageur de la rue de la Vieille-Lanterne. Ce jour-là, il était invité à un thé, dans un hôtel du faubourg Saint-Honoré : il a mieux aimé prendre une choppe avec le ravageur. Voilà un homme du monde comme je les aime.

Or, ce fut ce soir-là que mon ami, un curieux, un chercheur, un affamé d'imprévu, apprit la géographie de ce pays perdu, qui ne se retrouvera que dans l'histoire.

Quel pays ! On y arrivait autrefois par la rue *Trop Va qui Dure*, en côtoyant la hideuse prison du Châtelet, et en suivant la rue de la *Tuerie*. La place du Châtelet, créée par Napoléon 1er, ne supprima rien de l'odieux de la rue de la Vieille-Lanterne : elle eut toujours son repaire et son égoût.

Mais cet égoût était un autre repaire, une autre forêt de Bondy, où les arrières-neveux de Cartouche, qui avait sainement fini près de là, passaient les heures du sabbat autour d'une rôtissoire maudite de tous les marchands de volailles. Le dernier ravageur a raconté à mon ami comment on faisait ripaille sous ces voûtes ténébreuses. On y maria même un voleur et une rosière. On y fiança un Quasimodo à une Esmeralda. L'eau de l'égoût se changea-t-elle en vin comme aux noces de Cana ?

Qui croirait que Gérard de Nerval, qui a vécu d'abord dans l'atmosphère du meilleur monde, qui a aimé les belles héroïnes, qui était un raffiné, qui se croyait le fils d'un prince, soit allé traîner ses dernières visions dans cette rue infâme ? C'est qu'il croyait retrouver là ses amis des autres siècles, les Pierre Gringoire et surtout les Nicolas Flamel.

Depuis la mort de Gérard de Nerval, la rue de la Vieille-Lanterne, qui n'était connue que par les Athéniens qui l'habitaient, a été visitée par les gens de lettres, les artistes, je ne dirai pas les gens du monde, mais les femmes du monde, celles qui avaient lu les œuvres du voyageur, ou celles qui sont curieuses tout simplement et qui vont voir plaider les causes célèbres.

Tout le monde a été là comme à un funèbre pèlerinage. Quelques artistes, entre autres Célestin Nanteuil et Gustave Doré, ont voulu, comme Léopold Flameng, conserver à une autre génération l'aspect sinistre de cette rue immonde. L'artiste a publié le dessin de Célestin Nanteuil. On n'a pas plus de précision et plus de caractère en même temps ; c'est la vérité telle qu'elle est ; c'est la solitude d'une Pompéia infâme, mais il semble qu'on y voit passer une âme en peine.

M. Gustave Doré est parti de la vérité pour aboutir aux visions les plus étranges : c'est tout un tableau où la pensée se perd dans les sombres et radieux voyages de la mort. On y voit Gérard de Nerval posant presque le pied sur le dernier degré de cet escalier des enfers. On y voit l'âme du poëte qui s'envole, qui fuit ces odieuses ténèbres pour aller retrouver au banquet éternel les muses qui lui ont souri et les femmes qu'il a aimées.

La rue de la Vieille-Lanterne disparut, il y a quatre ans, sous le marteau béni des démolisseurs. N'est-il pas triste de songer que si cette rue, où la mort dressait ses embûches, eût disparu un mois plus tôt, Gérard de Nerval serait peut-être encore parmi nous ? La question du suicide est d'ailleurs toujours controversée. Félicien Mallefille a dit en prose, et Roger de Beauvoir a dit en vers, que Gérard, ne sachant que faire de son corps, qui l'embarrassait à toute heure, lui qui était tout âme, l'avait accroché là comme une vieille défroque. Mais il n'est pas bien prouvé que Gérard de Nerval se soit lui-même chargé de cela : *Guenille si l'on veut, ma guenille m'est chère*. Il était sur ce point de l'avis du bonhomme Chrysale. Il s'amusait comme un enfant, à tous les spectacles de la vie ; il savait bien que le dernier voyage ne lui manquerait pas et qu'il en avait encore plus d'un à faire sous le soleil. Car ce n'est pas la misère qui l'a conduit à la mort ; jamais un homme n'a trouvé plus de sympathies : il n'avait qu'un pas à faire pour rencontrer un ami. Si on voulait établir le budget de la dernière année, au ministère de l'instruction publique, à la Comédie-Française et dans les journaux, on verrait qu'il aurait pu vivre à peu près comme un général qui n'a que son épée pour toute ressource. Gérard n'avait que sa plume, mais cette plume comptait déjà assez de conquêtes pour ne pas laisser mourir de faim celui qui était à bon droit fier de la porter. Rappellerons-nous ici que Gérard trouvait toujours, sans avoir besoin d'argent, un refuge assuré chez ses amis, ou dans la belle villa du docteur

Blanche, à côté d'Antony Deschamps. C'était pour Théophile Gautier comme pour moi une vraie fête de famille, que de le voir arriver : nous nous le disputions. Il avait à Beaujon, un petit appartement dans mon jardin, mais il aimait mieux la belle étoile. Il avait trouvé, outre les ressources de son esprit, dans la sollicitude de M. le Ministre d'État, de quoi faire un nouveau voyage en Orient. Il voulait voir Jérusalem ; qui sait ? C'est peut-être ce dernier voyage qui lui a manqué.

Gérard de Nerval, une première fois, était parti pour l'Orient avec un louis dans sa poche, et il était arrivé en Orient, et il s'y était marié, et il en était revenu comme par une série de miracles. On voit que l'argent n'était pas son grand cheval de voyage dans la vie.

L'opinion de quelques philosophes du quartier est que Gérard de Nerval a été « accroché à la grille par les escarpes qui l'avaient volé ou qui le craignaient comme un suppôt de M. le préfet de police. » En effet, que devaient penser les voleurs en voyant Gérard de Nerval s'attarder avec eux, sans leur parler jamais, dans les cabarets nocturnes ? Il a dû souvent, sans y songer, faire manquer un beau fait d'armes. Il n'écoutait pas, mais on jugeait qu'il avait des oreilles. Il était donc mal vu par la police et par les pipeurs.

II

Si l'on admettait un instant que Gérard de Nerval fût mort de misère, — voulant cacher sa misère — quelle sombre page que l'histoire de sa dernière pièce de cent sous ! Mercredi, 24 janvier 1855, à midi, il écrivait à un ami d'enfance : « Viens me reconnaître au poste du Châtelet. » L'ami du poëte se hâta d'aller au poste du Châtelet. Dès qu'il eut réclamé Gérard de Nerval, le pauvre poëte — le pauvre fou — sortit « du violon » accompagné de deux soldats. — On ne saurait peindre l'impression que ressentit l'ami appelé, à la vue d'un ami si cher, dans l'attitude accablée d'un homme qui n'a plus ni feu ni lieu, vêtu comme aux beaux jours de juillet. Or, on était au 24 janvier, et la Seine charriait des glaçons.

Un officier de police vint interrompre l'accolade des deux amis. Il crut qu'il était de son devoir de faire un sermon à ce pauvre homme de génie, pris entre le froid, la folie et la mort. Gérard de Nerval écouta patiemment ce long discours, par simple curiosité littéraire, comme s'il eut été adressé à un autre. Ce morceau d'éloquence se terminait par ces mots sacramentels : « Allez et ne vous y faites plus reprendre. » Gérard de Nerval inclina la tête et sembla éprouver un coup terrible sous le poids de cette menace. — *Ne vous y faites plus reprendre*, murmura-t-il ; mais, où irai-je donc, quand j'oublierai de rentrer chez moi ?

L'homme de police, sans s'en douter, avai fermé à Gérard la dernière porte de la vie.

Cependant les deux amis s'en allaient bras dessus, bras dessous.

— Mon cher Gérard, expliquez-moi donc pourquoi je vous retrouve ainsi ?

— C'est tout simple, dit gaiement Gérard ; j'ai passé la nuit dans un cabaret de la halle, rêvant tout éveillé, attendant le jour pour achever mon roman de la *Revue de Paris*. J'étais là, m'amusant pour la millième fois, en philosophe perdu, de tous ces tableaux nocturnes du vieux Paris. C'est toujours la cour des miracles, et Pierre Gringoire n'a jamais été à meilleure fête ; mais une querelle est survenue entre quelques escarpes qui se reprochaient des peccadilles. La garde a envahi le cabaret, on a mis tout le monde au violon. — En vain je me suis récrié : « Qui êtes-vous ? — M. Gérard de Nerval. — Que faites-vous ? — Je pense. — Qu'on le conduise au corps de garde. — Je suis donc bien coupable d'étudier ici ? — Avez-vous des moyens d'existence ? » Et on me fouilla. « Je n'en ai plus, dis-je aussitôt, mais j'ai payé le café que j'ai pris tout à l'heure. — Eh bien vous allez passer la nuit au violon. » Et, sans plus d'explication, on nous jeta pêle-mêle dans cette préface de la prison.

— Mon pauvre Gérard, vous mourez de froid !

— Non, dit le poëte en se secouant, mais j'ai faim.

— Eh bien, vous allez déjeuner ; voulez-vous venir à la maison ?

— Oh ! non, je ne veux pas aller de ce côté-là ; j'irai ce soir entre chien et loup, car depuis que j'ai mis mon manteau au Mont-de-Piété...

— Vous serez toujours un enfant, ô grand esprit !

— Oui, un enfant, vous avez raison. Ces pauvres enfants ! on en a mis trois avec nous au violon. Si vous saviez quelle insouciance ! On nous disait à tous : « Ne dormez pas, car on vous trouverait, au matin, morts de froid. » Eh bien ! pour ne pas dormir, ces pauvres enfants chantaient, contaient des contes et jouaient à cache-cache. Moi j'ai joué avec eux. C'est étonnant ; il y en a un qui chantait une vieille chanson, que je n'avais pas entendue depuis plus de vingt ans. J'ai fini par m'endormir, car on s'habitue à vivre partout ; mais, j'avais bien froid quand je me suis réveillé, et j'ai eu toutes les peines du monde à vous écrire.

— Je vous remercie de vous être souvenu de moi, mon cher Gérard.

— Je voudrais écrire à Théophile ou à Houssaye ; mais ils sont déjà venus à pareille aventure.

— Vous voyez toujours votre père ?

— Oui, je dine avec lui tous les jeudis.

— Pourquoi avez-vous engagé votre manteau ?

— Par esprit d'ordre. Il faisait si beau temps il y a huit jours, que je croyais le printemps revenu. Et puis le Mont-de-Piété garde si bien les habits d'hiver ! J'irai voir mon père ce soir. Ne vous inquiétez pas de mes finances. J'ai de l'argent à toucher chez les libraires et dans les journaux.

Cependant les deux amis étaient entrés chez un restaurateur de la rue des Prouvaires. Gérard avait lui-même choisi l'endroit. Il déjeuna tout en parlant de son livre commencé, *le Rêve et la Vie*.

— Je suis désolé, dit-il tristement ; me voilà aventuré dans une idée où je me perds. Je passe des heures entières à me retrouver ; je n'en finirai jamais. Croyez-vous que je puisse à peine écrire vingt lignes par jour, tant les ténèbres m'envahissent !

Et sa figure exprimait le désespoir le plus profond. La folie avait dit à sa plume : « Tu n'iras pas plus loin. »

— Ne vous tourmentez plus de cela.

— Songez donc que le commencement a paru dans la *Revue de Paris*. Si je ne continue pas, on va dire encore que je suis fou.

Après le déjeuner, Gérard accompagna son ami jusqu'au passage Véro-Dodat.

— Je vais, lui dit-il, entrer un instant au café, après quoi j'irai travailler au cabinet de lecture.

Et il entra dans le café du passage.

L'ami revint sur ses pas et retrouva Gérard au café. Cette entrevue l'avait fort affligé, et une fois encore il voulait prier le poëte d'aller chez lui.

— Non, dit Gérard, vous m'avez prêté cent sous, c'est plus qu'il ne me faut pour attendre.

Attendre quoi ?

III

A partir de ce moment-là, on perd Gérard de vue, on ne le retrouve qu'au bout de la rue de la Tuerie, dans la rue de la Vieille-Lanterne, pendu, — son chapeau sur la tête, — à la grille rouillée d'une odieuse fenêtre, sous une clef symbolique.

Il n'y avait que Gérard et Eugène Sue qui connussent la rue de la Vieille-Lanterne, cette patrie des rôdeurs de nuit. Elle n'avait pas six pieds de large et se terminait par un escalier brisé en deux, où se promenait sans cesse un corbeau. On y rencontrait un logeur à la nuit, peut-être à la corde, où, pour quatre sous, on prenait du café et de l'eau-de-vie. En face il y avait une écurie souterraine où venaient se coucher pêle-mêle les honnêtes gens qui n'avaient pas quatre sous pour payer leur lit.

L'ogresse du garni que Roger de Beauvoir interrogeait devant moi en vrai juge d'instruction, nous a dit qu'en voyant Gérard pendu, elle n'avait pas reconnu un de ses habitués ; mais elle ajouta qu'on avait frappé à sa porte vers trois heures du matin, et qu'elle avait quelque regret de n'avoir pas ouvert, quoique ses lits fussent occupés. « Vous comprenez, on a son monde, son va-et-vient, on ne s'inquiète pas des gens du dehors ! »

Pauvre cher Gérard !

Cette femme, la première, a vu Gérard pendu, elle avait bu « le réveil matin » avec un apprenti et lui avait dit adieu sur le pas de la porte. Le jour se levait sur la place du Châtelet, mais il faisait encore nuit dans la rue de la Vieille-Lanterne.

— Qu'est-ce que Monsieur fait-là bas ? dit tout à coup l'apprenti.

Il était revenu sur ses pas tout effrayé.

— C'est, dit-il, un homme qui est gelé !

— Mais non, dit l'hôtesse, pour le rassurer, tu vois bien que c'est un Monsieur qui s'est pendu.

On appela les voisins. Les voisins accoururent ; on tint conseil : Gérard agitait la main droite sous les dernières secousses de la vie, comme s'il demandait qu'on le secourût : « Faut-il couper la corde ? — C'est défendu. — Si on le soulevait ? — Gardez-vous bien d'y toucher. — Mais, enfin, si cet homme n'est pas mort ? — C'est égal, il n'y a que la police qui puisse dépendre un pendu. » On alla au corps de garde de l'Hôtel de Ville chercher quatre hommes et un caporal. M. le caporal allumait sa pipe, il fallut l'attendre !

Enfin, on dépendit Gérard de Nerval. On lui parla, il semblait vouloir répondre ; on le porta au poste, on alla chercher un médecin, on ouvrit une veine et le sang sortit encore... On avait perdu une demi-heure !...

Il semblait que le poëte se fût pendu avec la précision mathématique de Pascal ; comme il était sur un escalier, en s'élançant de la marche supérieure à la marche inférieure, il avait trouvé l'abîme, — l'abîme de Pascal. — Pour plus de sûreté, il avait sans doute apporté une pierre, afin que tout retour à la vie lui fût impossible, dans les premières douleurs de la mort. En effet, il aurait pu retrouver du pied la marche d'où il s'était élancé dans l'infini ; mais ayant fait glisser la pierre, il n'y avait plus que l'abîme. Un ami a gardé cette pierre, — le dernier piédestal d'un poëte !

Le chapeau sur la tête ! Le froid, sans doute, l'avait empêché d'avoir du respect pour la mort. Ou bien il était parti en voyageur pour l'autre monde.

Mais était-ce bien lui qui avait passé autour d'un barreau, et avait noué à son cou ce simple cordon de tablier, dont les deux bouts pendaient sur sa poitrine ? Ce chapeau sur la tête a beaucoup prouvé d'esprits scrutateurs que Gérard ne s'était pas pendu lui-même. En effet, comment eût-il pu se passer les cordons au cou sans faire tomber son chapeau. Et comment eût-il choisi une corde aussi douteuse que ces cordons de tablier qui devaient se casser à la première secousse. Ne faut-il pas croire définitivement que des coquins surpris par le philosophe, dans quelque taverne voisine, pendant qu'ils cachaient un crime, ou pendant qu'ils en projetaient un, d'ailleurs ennuyés déjà depuis longtemps des apparitions nocturnes de Gérard, qui venait, silencieux comme la statue du Commandeur, troubler leur sabbat, ne se soient une fois pour toutes décidés à en finir avec lui. Rien n'était plus facile à un gibier de potence que de dépouiller Gérard de Nerval et de commettre un crime pour cacher un crime. Le pauvre poëte était un roseau.

Une fois tué à moitié, « on l'aura mis au clou, pour dire qu'il s'était tué lui-même, » selon la version du cabaret voisin.

Gérard avait dans la poche de son habit, cet habit qu'il avait fait faire à Munich pour les fêtes de la cour, cet habit qu'il avait, quand il allait se promener bras dessus, bras dessous avec Liztz ou avec le ministre de France, le marquis de Ferrière, ci-devant homme de lettres, sous le nom de Samuel Bach, mais toujours homme de beaucoup d'esprit, — Gérard avait dans la poche de son habit, son passe-port en règle pour aller dans l'autre monde (toutefois l'extrême onction, ce sublime coup de l'étrier, valait bien un laissez-passer de la police). — Nous retrouvâmes aussi la seconde partie, à peine ébauchée, quoique imprimée à moitié, de son dernier roman, *le Rêve et la Vie*. Mais qu'étaient devenues ces médailles cabalistiques qu'il portait toujours avec lui? mais qu'était devenue sa dernière montre, — un cadeau du dernier jour de l'an de sa tante La Brunie, cette noble femme qu'il appelait sa mère?

IV

Comment a-t-il passé son temps depuis le mercred, jusqu'au vendredi à l'heure de sa mort?

S'il n'a pas touché d'argent, il lui restait à peu près trois francs, en sortant, le mercredi, du passage Vero-Dodat. Pour lui, dans les mauvais jours, c'était de quoi dîner et le gîte; mais le lendemain, mais cet affreux jeudi, qui a été la veille de sa mort! A-t-il songé à en finir longtemps d'avance? C'était un chercheur de grandes choses, et un chercheur de riens; mais le passé le préoccupait plus que l'avenir; sa curiosité de poëte et de philosophe trouvait la comédie humaine inépuisable; il ne parlait jamais de soulever le rideau de l'inconnu et de l'infini. Il aimait la vie en panthéiste qui croit trouver partout l'âme de Dieu et qui répand partout son âme. Quoique sans argent et sans manteau, tout le monde sait qu'il n'avait qu'un pas à faire, et en marchant le front haut, pour avoir un manteau et de l'argent.

Mais, qui sait? Le froid et la nuit ont peut-être, une dernière fois, atteint, affaibli, humilié, vaincu cette haute intelligence. Il était né pour le soleil; les jours de brume il aimait la mort. Quand le vendredi matin, il a vu s'éveiller la grande ville, quand le maçon qui va la transformer est passé gaiement devant lui, son pain sous le bras, sa truelle à la main, Gérard n'a-t-il pas fait un triste retour sur lui-même? « Pauvre ouvrier de la pensée, a-t-il dû se dire, voilà où j'en suis arrivé,

moi qui n'ai bâti que des chimères? Ces gais compagnons qui vont là-bas, sans souci de la veille ni du lendemain; qui, tout à l'heure, travailleront en chantant ou en devisant entre eux, les voilà pourtant plus avancés que je ne le suis; car, après tant de recherches et tant de labeurs, je m'aperçois qu'ils ont, sans le savoir, la science de la vie, et que je n'en ai que le regret. »

Il était six heures du matin. Sans doute il avait passé la nuit à rôder, n'osant plus entrer dans les cabarets nocturnes, par terreur du « violon », n'ayant plus de quoi payer son gîte dans un garni. Il devait lui rester deux sous, et il pouvait choisir, après tant de verre de rhum qui l'eût rappelé à lui-même, ou une corde pour le conduire plus loin dans les ténèbres qui l'envahissaient. Il choisit une corde, deux cordons de tablier!

Il était fataliste : il a voulu mourir un vendredi, le vingt-six du mois, — deux fois treize, — rue de la Vieille-Lanterne, au bout de la rue de la Tuerie, au voisinage d'un corbeau et sous une clef symbolique.

Mais a-t-il pensé à tout cela? Les événements ont leur moralité et leur sens profond dans leur forme pittoresque.

Gérard de Nerval n'est pas mort de misère. On a dit qu'il était mort de fin et non de faim. En effet, il était à fin de tous ses rêves, à la fin de sa jeunesse, sa vraie muse. Mais plutôt il est mort de folie, comme Le Tasse, — mort sans préméditation — comme un voyageur qui s'aventure trop haut ou trop loin, et qui trouve un abime sous ses pieds.

Ou plutôt encore Gérard de Nerval, moins heureux que Gringoire n'est pas mort par la main d'un truand, dans cette autre cour de miracles.

Aujourd'hui, cette sombre scène semble romanesque, parce que le théâtre a disparu. Le soleil a inondé les ténèbres et a chassé les ombres de Nicolas Flamel et des chercheurs de miracles. Tout ce vieux Paris a disparu comme un décor d'opéra. Qui donc a acheté la grille? Où est allée l'ogresse avec ses lits à quatre sous? Et le corbeau, le corbeau qui vit cent ans, dans quelles régions fantastiques promène-t-il ses funèbres influences? Quel autre enfer ouvre la clé symbolique?

ARSÈNE HOUSSAYE.

PREMIÈRE ANNÉE   4   LIVRAISON.

PARIS QUI S'EN VA

PUBLICATION ARTISTIQUE

DESSINÉE ET GRAVÉE

Par Léopold FLAMENG

TEXTE PAR

Arsène HOUSSAYE, CHAMPFLEURY, Albéric SECOND, Albert de la FIZELIÈRE, Alfred DELVAU, Jean ROUSSEAU, Eugène MULLER, Alphonse DUCHESNE, CASTAGNARY, Amédée ROLLAND, Henri LEFORT, Ernest HAMEL, Zacharie ASTRUC, Georges DUPLESSIS, Charles COLIGNY, Firmin MAILLARD, Fernand DESNOYERS, BARRILLOT, De KERSÉNANT, Amédée HARDY, etc., etc.

LIVRAISON — Prix : 1 Franc 50 Centimes

JANVIER

1860

PARIS

PUBLIÉ PAR ALFRED CADART, ÉDITEUR D'ESTAMPES

3, RUE SAINT-FIACRE, 3

Londres, { BAILLIÈRE. BARTHÈS et LOWELL.	Berlin, Dr DES POSTES. Bruxelles, VAN-DER-KOLK.	Florence, VIEUSSEUX. Naples, DUFRÈNE.
St-Pétersbourg, { DUFOUR, libraire de la Cour impériale.	Turin, BOCCA. Milan, DUMOLARD.	New-York, BAILLIÈRE.

1860

PARIS QUI S'EN VA

PUBLICATION ARTISTIQUE

DESSINÉE ET GRAVÉE PAR

LÉOPOLD FLAMENG

TEXTE

Par Arsène HOUSSAYE, CHAMPFLEURY, Albéric SECOND, Albert de la FIZELIÈRE, Alfred DELVAU, Jean ROUSSEAU, Eugène MULLER, Alphonse DUCHESNE,
CASTAGNARY, Amédée ROLLAND, Henri LEFORT, Ernest HAMEL, Zacharie ASTRUC, Georges DUPLESSIS, Charles COLIGNY, Firmin MAILLARD,
Fernand DESNOYERS, BARRILLOT, DE KERSENANT, Amédée HARDY, etc., etc.

Ce qui faisait les délices de nos savants, de nos artistes, de nos archéologues ; le **Paris** de SAUVAL et de GILLES CORROZET, de dom FELIBIEN et de dom LOBINEAU ; ces vieilles rues, ces vieux quartiers qui nous donnaient une idée si juste du Paris d'il y a des siècles ; ces carrefours, ces places publiques foulées par tant de générations ; cette myriade de lieux historiques si chers à ceux qui aiment à s'inspirer du passé..... Eh bien, encore quelques années, et tout cela aura disparu ! Une ville nouvelle aura surgi comme par enchantement : pas une ruine, un vestige, une humble inscription même, pour attester que telle ou telle chose était là !

Où retrouver le vieux Paris ? Çà et là quelque noble monument élevé par nos pères : Notre-Dame, la tour Saint-Jacques, Saint-Germain-l'Auxerrois, par exemple, mais rien de plus.... Sublimes et antiques chefs-d'œuvre encadrés à la moderne ! Quelques heures suffiront à l'étranger surpris et désappointé pour voir ce qu'il y aura de remarquable encore dans la vieille Capitale, redevenue jeune par ses constructions.

Et voyant cela, un de nos graveurs les plus remarquables, s'est dit : Si nous nous imposions la tâche de reconstituer le vieux Paris?.. Si nous consacrions dans un ouvrage spécial tout ce qu'il y a d'intéressant encore dans ce Paris qui s'en va ?...

Et M. Flameng s'est hardiment mis à l'œuvre. Aidé d'une foule d'écrivains distingués, il va nous montrer Paris vu à ses barrières, dans ses bals, ses Californies ; Paris à l'Opéra, à la descente de la Courtille, à l'ancien marché des Innocents ; Paris à la Morgue, au parvis Notre-Dame. Paris partout ; dans ses mœurs, dans ses monuments ; tantôt pleurant, tantôt riant ; enfin, dans tous ses mystères, ses contrastes, ses habitudes. Voilà le point de départ, la pensée mère de cette publication.

Deux premières livraisons ont déjà paru en Décembre comme Spécimens, sous le titre de : **LA CALIFORNIE** (*barrière Montparnasse*), et **LE CABARET DE LA MÈRE MARIE** (*barrière des Deux-Moulins*), texte par ALFRED DELVAU.

Ces deux numéros sont en dehors de l'Abonnement, au prix de 1 fr. 50 c. chaque, et 1 franc pour les personnes qui prennent un Abonnement.

Cette publication commencera à partir du 1er Janvier 1860. Il paraîtra régulièrement deux livraisons par mois. Chaque souscripteur recevra à la fin de l'année un frontispice illustré, et pour prime, une très-belle gravure, composée et gravée par LÉOPOLD FLAMENG.

CONDITIONS DE LA SOUSCRIPTION

PARIS		DÉPARTEMENTS		ÉTRANGER	
Un an.	20 fr.	Un an.	21 fr.	Un an.	22 fr.
Six mois.	11 »	Six mois.	12 »	Six mois.	15 »
Trois mois.	6 »	Trois mois.	7 »	Trois mois.	8 »

Édition sur papier de Hollande. — Prix. . . . . 40 francs.

En souscrivant à l'avance pour Paris, un mois : 2 francs.

Première livraison de Janvier 1860

La rue de la Vieille-Lanterne (mort de Gérard de Nerval), texte par ARSÈNE HOUSSAYE.

Deuxième livraison de Janvier

Les Médaillés de Sainte-Hélène au Jardin du Luxembourg, texte par CASTAGNARY.
Résumé historique des transformations de Paris, texte par ALFRED DELVAU.

Bureau central d'abonnement, chez l'Éditeur ALFRED **CADART**, 3, rue Saint-Fiacre, et dans les principales maisons d'estampes et de librairie de la capitale.

Paris, le 1er Janvier 1860.

L'ÉDITEUR GÉRANT,

A. CADART.

(S'adresser, pour toutes réclamations et renseignements, 3, rue Saint-Fiacre, Paris).

LES MÉDAILLÉS DE STᵉ HÉLÈNE.

(AU LUXEMBOURG)

MÉDAILLÉS DE SAINTE-HÉLÈNE

Et d'abord regardez cette gravure. — Quand je dis : regardez-la, je ne vous requiers pas simplement de porter sur cette IMAGE un de ces coups d'œil que ne suit point la méditation, un de ces examens presque aussitôt achevés qu'entrepris; — coups d'œil, examens, dont nous devenons malheureusement trop coutumiers à mesure que nous vieillissons, vous comme moi, moi comme vous, — non ! autre chose est ce que je veux. Ce que je veux, c'est que, pour un instant, vous consentiez à n'avoir plus trente, cinquante ou soixante hivers gravés au front, mais seulement trois quatre ou cinq printemps fleuris à la joue.

Souvenez-vous, et revenez un peu — c'est quelquefois si bon de revenir ! — revenez, par exemple, à l'un de ces soirs où la lampe était allumée sur la table de famille, et que, auprès de la table, tricotait l'aïeule, lisait le père, cousait la mère. Pour terminer en paix l'ouvrage de ses mains (à vous destiné sans doute), la mère avait besoin d'échapper un peu à votre chère, mais absorbante tyrannie : alors elle vous confiait aux merveilles de quelque grand beau livre

1

PARIS QUI S'EN VA, dans son programme, a déclaré indissoluble et perpétuelle l'union de la plume et du burin. Fort bien ! je m'incline ; mais je n'en déclare pas moins que s'il fut jamais un cas de légitime divorce entre deux conjoints, c'est assurément celui où ma prose est appelée à commenter la gravure que j'ai sous les yeux. J'essaie cependant : en principe, par respect pour le programme, et, en réalité, parce qu'il m'est avéré que si la notice commente très-mal la gravure, la gravure au moins commentera magnifiquement la notice. — Allons !

imagé. Alors, gravement installé, vous aussi, près de la table, vous ouvriez le livre et vous tourniez vite, vite la page écrite, pour trouver la page peinte, sur laquelle vous vous arrêtiez joyeux, ébahi, et dont vous preniez possession des yeux, des doigts, de l'esprit, de la voix. Et Dieu sait tous les éblouissements éprouvés, toutes les exclamations poussées, tous les commentaires osés, tous les traits montrés ! Vous étiez en l'image : elle était en vous. N'est-ce pas que vous vous rappelez encore comme vous la regardiez et comme elle vous regardait ? On n'oublie pas ces douces et lointaines choses-là — Eh bien ! ce que je veux, ou plutôt —car le roi lui-même doit dire : « Nous voulons » — ce que je voudrais, ce serait que vous missiez, homme, sur l'image de Flameng, les mêmes yeux, la même attention que vous mettiez, enfant, sur l'image du livre maternel. C'est ainsi que j'ai fait, moi. Faites comme j'ai fait. J'ai dressé l'image contre un livre debout sur sa tranche, j'ai mis mes deux coudes sur la table, ma tête sur mes mains et mes regards sur l'image… Et la regardant, silencieux, isolé, j'ai bientôt senti sa pensée venir à moi, ma pensée aller à elle ; et je me suis oublié en cet échange intellectuel longtemps.

J'ai regardé, car ce n'était plus un carré de papier roux, chamarré de traits noirs, que j'avais devant les yeux, mais un livre, un vrai livre grand, complet ; j'ai pensé, car le titre, qui s'est tout à coup allumé sur le livre était celui-ci : La Vie ; je me suis oublié, parce qu'en la lecture que j'ai faite de ce livre, il y avait à explorer tout le monde humain, monde plus vaste, bien plus vaste que le monde terrestre.

Je dis donc : cette image est un livre qui s'appelle La Vie, et dont le titre est fidèlement justifié. Regardez-la bien, et vous verrez que je n'exagère nullement.

Pourquoi au Luxembourg plutôt qu'ailleurs? Je vais vous le dire. — C'est que là, dans une certaine allée surtout, où la bise ne donne pas et où aucun rayon chaud n'est perdu, ne viennent point seulement les pauvres vieux Médaillés de Sainte-Hélène, qui clopent, qui toussent, qui parlent d'une voix traînante comme leur pas. Là, viennent aussi les essaims d'enfants alertes, joyeux, aux regards clairs comme leur accent, qui jouent, qui courent, qui tapagent ; les bonnes et les nourrices qui coquettent pataudes dans le flair des piou-pious *naturablement z'éloquents;* l'étudiant qui prend tant d'inscriptions… à la mairie du 21e (*voir* le décret d'annexion), et avec lui l'étudiante, hybride anneau de transition entre la grisette, race perdue, et la camélia, crasse envahissante ; le couple honnête qui croit à l'amour, le rentier qui digère, la maman qui promène sa fille, la Célimène surannée qui perd ses regards *innocents;* et ceux-ci, et ceux-là. Que sais-je, moi ? Là, tous les âges, tous les rangs, tous les aspects se croisent, se mêlent, se confondent, et de cette confusion, de ce mélange, de ces croisements résulte un tout complexe qui est l'image fidèle de la vie, — c'est l'image que Flameng a voulu faire, qu'il a faite.

Il fallait à l'artiste, pour produire un harmonieux ensemble, des contrastes de détails.— Où pouvait-il les trouver mieux que là où il les a pris ?

Besoin était, pour que jaillît clairement sa pensée, que la note gaie brodât sur la note sévère, que le mouvement passât au travers du calme, que la lumière vive jouât dans les ombres intenses, que la svelte poésie planât au-dessus de l'obèse prosaïsme. — Besoin était que cela fût, car tels sont les éléments de l'art, — et il les a trouvés. — Aussi a-t-il, non pas crayonné une image, mais écrit un livre, je m'obstine à le répéter.

II.

En marge pourtant, l'auteur a écrit : Les médailles de Sainte-Hélène. » Oui, c'est vrai, mais il a ajouté : « Au Luxembourg. » Pourquoi au Luxembourg plutôt que dans leur chambre, ou qu'au cabaret ? Pourquoi dans ce jardin plutôt que dans celui des Invalides ou des Incurables ? — Ah ! c'est que l'auteur n'est pas de ceux qui font de l'art avec la main seulement, copistes pâles, portraitistes froids, embaumeurs de vivants. Non ; mais il est de ceux qui, avant de prendre la pointe, prennent l'idée.

III.

Toutefois, puisque l'artiste a donné pour titre au livre entier le titre d'un des chapitres qui le composent, et qu'en somme ce chapitre y a le pas d'honneur, arrêtons-nous un instant devant ce groupe de Vieux, — et saluons-les, non pas, si vous voulez, parce qu'ils ont sur eux tel signe, rappelant telle phase de leur existence, mais simplement parce qu'ils sont vieux.

Voulez-vous, au contraire, que ce soit à cause du signe ? Je le veux aussi : — ils sont vieux.

Qu'il vous plaise de les considérer comme des débris de l'illustre armée, comme les compagnons du grand homme, ou comme des lambeaux de chair à canon épargnés dans une gigantesque victuaille; peu m'importe, je les salue : — ils sont vieux.

Que le signe mis sur eux soit pour vous une marque glorieuse, ou qu'empruntant le vocabulaire impitoyablement gouailleur du gamin de Paris, vous n'y voyiez que la Contremarque du père Lachaise; peu m'importe, je les salue : — ils sont vieux.

Car « ne devient pas vieux qui veut, » dit le proverbe vulgaire, et je sais bien que, s'il m'était donné de devenir vieux, je ne serais pas fâché, moi, d'être, à mon tour... salué par les jeunes.

Le respect, c'est comme l'amour : — c'est bon. N'est-ce pas votre avis?

Eugène MULLER.

Aux Mmes Bénard.— Imp. Poitevin, Saringu et Ce, C^e, place du Caire, 3.

[library stamp]

PREMIÈRE ANNÉE.   5   LIVRAISON.

PARIS QUI S'EN VA

ET

PARIS QUI VIENT

PUBLICATION ARTISTIQUE

DESSINÉE ET GRAVÉE

Par Léopold FLAMENG

TEXTE PAR

Arsène HOUSSAYE, Théophile GAUTHIER, CHAMPFLEURY, Albéric SECOND, Albert de la FIZELIÈRE, Alfred DELVAU, Jean ROUSSEAU, Eugène MULLER, Alphonse DUCHESNE, CASTAGNARY, Amédée ROLLAND, Henri LEFORT, Ernest HAMEL, Zacharie ASTRUC, Georges DUPLESSIS, Charles COLIGNY, Firmin MAILLARD, Fernand DESNOYERS, BARRILLOT, De KERSÉNANT, Amédée HARDY, etc.

LIVRAISON — Prix : 1 Franc 50 Centimes

FÉVRIER

1860

PARIS

PUBLIÉ PAR ALFRED CADART, ÉDITEUR D'ESTAMPES

3, RUE SAINT-FIACRE, 3

On s'abonne à Londres

CHEZ W. JEFFS, 15, BURLINGTON ARCADE

ET 69, KING'S ROAD, BRIGHTON

Foreign Bookseller to the Royal Family.

St-Pétersbourg, { DUFOUR, libraire de la Cour impériale.	Bruxelles, VAN-DER-KOLK.	Florence, VIEUSSEUX.
	Turin, BOCCA.	Naples, DUFRÈNE.
Berlin, Dr DES POSTES.	Milan, DUMOLARD.	New-York, BAILLIÈRE.

PARIS QUI S'EN VA

ET

PARIS QUI VIENT

PUBLICATION ARTISTIQUE

DESSINÉE ET GRAVÉE PAR

LÉOPOLD FLAMENG

TEXTE

Par Arsène HOUSSAYE, Théophile GAUTHIER, CHAMPFLEURY, Albéric SECOND, Albert de la FIZELIÈRE, Alfred DELVAU, Jean ROUSSEAU, Eugène MULLER, Alphonse DUCHESNE, CASTAGNARY, Amédée ROLLAND, Henri LEFORT, Ernest HAMEL, Zacharie ASTRUC, Georges DUPLESSIS, Charles COLIGNY, Firmin MAILLARD, Fernand DESNOYERS, BARRILLOT, DE KERSENANT, Amédée HARDY, etc.; etc.

Ce qui faisait les délices de nos savants, de nos artistes, de nos archéologues; le **Paris** de Sauval et de Gilles Corrozet, de dom Félibien et de dom Lobineau; ces vieilles rues, ces vieux quartiers qui nous donnaient une idée si juste du Paris d'il y a des siècles; ces carrefours, ces places publiques foulées par tant de générations; cette myriade de lieux historiques si chers à ceux qui aiment à s'inspirer du passé..... Eh bien, encore quelques années, et tout cela aura disparu! Une ville nouvelle aura surgi comme par enchantement: pas une ruine, un vestige, une humble inscription même, pour attester que telle ou telle chose était là !

Où retrouver le vieux Paris? Çà et là quelque noble monument élevé par nos pères : Notre-Dame, la tour Saint-Jacques, Saint-Germain-l'Auxerrois, par exemple, mais rien de plus....

Sublimes et antiques chefs-d'œuvre encadrés à la moderne! Quelques heures suffiront à l'étranger surpris et désappointé pour voir ce qu'il y aura de remarquable encore dans la vieille Capitale, redevenue jeune par ses constructions.

Et voyant cela, un de nos graveurs les plus remarquables, s'est dit : Si nous imposions la tâche de reconstituer le vieux Paris?.. Si nous consacrions dans un ouvrage spécial tout ce qu'il y a d'intéressant encore dans ce Paris qui s'en va?...

Et M. Flameng s'est hardiment mis à l'œuvre. Aidé d'une foule d'écrivains distingués, il va nous montrer Paris vu à ses barrières dans ses bals, ses Californies; Paris à l'Opéra, à la descente de la Courtille, à l'ancien marché des Innocents; Paris à la Morgue; au parvis Notre-Dame. Paris partout; dans ses mœurs, dans ses monuments; tantôt pleurant, tantôt riant, enfin, dans tous ses mystères, ses contrastes, ses habitudes. Voilà le point de départ; la pensée mère de cette publication.

Deux premières livraisons ont déjà paru en Décembre comme Spécimens, sous le titre de : **LA CALIFORNIE** (*barrière Montparnasse*), et **LE CABARET DE LA MÈRE MARIE** (*barrière des Deux-Moulins*), texte par Alfred DELVAU.

Ces deux numéros sont en dehors de l'Abonnement, au prix de 1 fr. 50 c. chaque, et 1 franc pour les personnes qui prennent un Abonnement.

Cette publication commencera à partir du 1er Janvier 1860. Il paraîtra régulièrement deux livraisons par mois. Chaque souscripteur recevra à la fin de l'année un frontispice illustré, et pour prime, une très-belle gravure, composée et gravée par Léopold FLAMENG.

CONDITIONS DE LA SOUSCRIPTION

PARIS		DÉPARTEMENTS		ÉTRANGER	
Un an.	20 fr.	Un an.	21 fr.	Un an.	22 fr.
Six mois.	11 »	Six mois.	12 »	Six mois. . . .	15 »
Trois mois.	6 »	Trois mois.	7 »	Trois mois.	8 »

Édition sur papier de Hollande. — Prix. . . . . 40 francs.

En souscrivant à l'avance pour Paris, un mois : 2 francs.

Première livraison de Janvier 1860

La rue de la Vieille-Lanterne (mort de Gérard de Nerval), texte par Arsène HOUSSAYE.

Deuxième livraison de Janvier

Les Médaillés de Sainte-Hélène au Jardin du Luxembourg, texte par Eugène MULLER
Résumé historique des transformations de Paris, texte par Alfred DELVAU.

Bureau central d'abonnement, chez l'Éditeur Alfred **CADART**, 3, rue Saint-Fiacre, et dans les principales maisons d'estampes et de librairie de la capitale.

Paris, le 1er Janvier 1860.

L'ÉDITEUR GÉRANT,
A. CADART.

(S'adresser, pour toutes réclamations et renseignements, 3, rue Saint-Fiacre, Paris.)

L'ANCIEN
PONT AU CHANGE.

LE PONT-AU-CHANGE.

I

Le Pont-au-Change et le Palais-de-Justice se touchent de si près, qu'il a fallu les peindre dans le même cadre ; ce sont deux constructions sœurs qui ont la même succession historique à partager. Texte et dessin, elles se tiennent par la main dans cette livraison de PARIS QUI S'EN VA.

Le Palais-de-Justice a bien quelques pierres plus neuves que le Palais des Thermes, cependant ses fondations sont presque aussi vieilles. Avant l'invasion des Francs dans les Gaules, Lutèce était le repos des empereurs romains, qui venaient s'y baigner sous le pont appelé aujourd'hui Pont-au-Change. Julien l'Apostat fut un de ces aimables païens qui aimaient à décrire mythologiquement leur coupe en ces rives de la Seine, où les moutons de madame Deshoulières ne paissaient pas encore. C'était alors César qui disait aux Francs : Cherchez qui vous mène, mes chères brebis ! L'idylle existait même en ces temps barbares, où toute ville de la Gaule était pour les Romains une étape militaire.

C'était une charmante résidence, ces Thermes de Julien, à deux pas du palais de la Cité ! On ne faisait pas que s'y baigner avec les impératrices et les néréides, mais toutes les divinités réjouissantes de la fable s'y donnaient rendez-vous. On jouait comme au Jockey-Club, on lisait comme à l'Académie, on causait comme au Portique ; on se livrait aux exercices du corps, comme au gymnase du colonel Amauros. C'étaient des jeux de paume, comme on en fit plus tard à Versailles ; des cafés qui humilieraient Frascati ; des wauxhalls que Londres n'a jamais pu imiter ; des galeries d'art qui surpasseraient le palais Pitti, le palais Borghèse, le palais Manfrini, si ce n'eût été les infamies des Vandales et des iconoclastes. Il y avait des bibliothèques comme Nodier en rêvait, et des jardins comme Mabille n'en a pas.

Pendant ce temps, le *Palais de la Cité* restait un austère édifice public, où venaient seulement siéger les juges, les officiers municipaux, les magistrats de police. Cet état de choses dura longtemps encore après Clovis ; à l'exemple de Julien, les rois de la première race préférèrent prendre leurs bains au Palais des Thermes, plutôt que de rendre eux-mêmes la justice au Palais de la Cité. C'est ainsi qu'on noyait cette belle justice aux premiers temps de la monarchie française ;

Thémis ne savait presque pas nager. Tous les rois de France n'eurent pas le pied marin comme Louis IX.

Nous verrons tout à l'heure ce que fit saint Louis pour le Palais-de-Justice et pour le Pont-au-Change. Mais faisons halte aux invasions des Normands ; quand il s'agit de justice et de procès, on est toujours sûr de voir arriver un Normand. Ce n'est pas sous le chêne de Vincennes que saint Louis dût s'établir : c'est sous un pommier de la Normandie.

Le Palais des Thermes était un lieu de plaisance et de charivari mondain ; mais il ne pouvait servir de retranchement militaire aux chefs francs ; les rois fainéants risquaient de s'y faire capturer d'un moment à l'autre par les Saxons ou par les hommes du Nord ; les rois de la mer auraient pu facilement surprendre nos rois de la Seine ; le terrible Bier-Côte-de-Fer n'avait qu'à étendre le bras pour détrôner nos Clotaires au petit pied. Il devenait bon de changer de local et de passer le pont. Un matin, on fit un joli petit pont de bateaux, et le souverain français vint s'enfermer dans le Palais de la Cité ; car la Cité représentait alors l'enceinte fortifiée de Lutèce. Adieu les Thermes, et nargue aux Normands !

Charlemagne avait déjà versé des larmes en voyant les incursions de ces hardis pirates, qui lui causaient plus d'effroi que les Sarrasins. — « Que feront-ils après ma mort, s'ils osent déjà cela, moi vivant ? — Pendant qu'on avait enterré le grand Charles à Aix-la-Chapelle, Bier-Côte-de-Fer avait pris et pillé Rouen, la ville aux vieilles rues, la porte de ce côté de la France. Quand même l'invincible Roland eût encore vécu, lui qui ne se battait bien que de pied ferme, il n'aurait pu soumettre les guerriers du Nord, qu'il fallait repousser en bateau. Les douze pairs de Charlemagne n'étaient pas canotiers, et l'art des régates militaires était chez nous en enfance.

Il ne faudrait pas aujourd'hui que les pirates danois battissent la campagne à la hauteur du pont de Suresnes, ou en face de la Frégate-École du Pont-Royal ! — On craignait alors pour le Pont-au-Change, qui s'appelait le *Grand-Pont*. Le Grand-Pont laisse supposer qu'il y avait le Petit-Pont. En effet, le Petit-Pont et le Grand-Pont étaient voisins ; ils vivaient en fort bonne intelligence, comme deux frères qui boivent à la même cruche. Le Grand-Pont n'était pas jaloux que la Seine caressât le Petit-Pont le premier. En revanche, les Normands menaçaient premièrement le Grand-Pont. La Seine vient du Midi, disait le Petit-Pont ; le Normand vient du Nord, répondait le Grand-Pont. Et le bois des deux ponts en tremblait !

Il n'y avait à Paris que ces deux ponts, et ils étaient en bois ! La profusion des ponts n'était pas aussi magnifique que de nos jours. L'art de les construire était même assez grossier, et peut-être les Normands faisaient-ils bien de les démolir. Au moyen âge, la construction des ponts était le privilége d'une association de *frères pontifes* ; ces pontifes ou faiseurs de ponts parcouraient les provinces pour y placer leurs œuvres, et l'on a voulu voir là l'idée engerme de nos corps d'ingénieurs. Honneur aux historiens de bonne volonté et aux ponts malheureux ! Presque tous les ponts bâtis par les *frères pontifes* s'écroulaient au bout de quelque temps ; ils vivaient l'espace de la rose : autant en emportait le vent ; ils vivaient l'espace d'une tempête : autant en emportait le flot.

Le trop faible Petit-Pont fut détruit d'abord en 885, par un débordement brutal, mais logique. Puis il fut rétabli, puis détruit de nouveau ; puis rétabli, puis détruit. A mesure qu'on l'élevait il retombait ; un vrai pont de Sisyphe ! Et le Grand-Pont ? A mesure qu'on le grossissait il se vidait ; un véritable pont des Danaïdes ! L'ouragan de la nuit défaisait l'ouvrage du maçon du jour ; c'était la Pénélope des ponts.

Des philosophes du douzième siècle, qui connaissaient la durée des choses et l'inconstance des ponts, firent construire en pierres nos deux rebelles, le Petit-Pont et le Grand-Pont, le petit mutin et le grand mutin. Mais il faudra se défier de la philosophie de ces nouveaux *frères pontifes*, si l'on récapitule les éboulements successifs de 1185, 1196, 1206, 1280, 1296, 1376, 1393, 1405, 1408, et de tant d'autres années. Les philosophes d'alors connaissaient peu la sagesse des nations et des ponts.

En 1408, le Grand-Pont subit une si forte secousse, que quatorze boutiques de changeurs qui étaient construites sur les piles furent ruinées totalement ; il n'y eut que la masse qui résista ; les changeurs s'en allèrent au fond de l'eau avec leurs écus et leurs trébuchets. Les ravageurs du temps ne voulurent repêcher que les écus.

Les écus de 1408 n'étaient pas tous rognés. La profession de changeur était presque un ministère officiel. On disait un haut et puissant changeur comme un haut et puissant seigneur. Les changeurs avaient besoin d'être autorisés par le roi ; le roi nommait les changeurs comme il nommait des ministres. Les ministres et ces changeurs étaient responsables. Ils étaient obligés d'envoyer aux hôtels les monnaies les fausses pièces et les espèces décriées. Leur soin était de veiller à ce que les particuliers ne pussent retenir entre leurs mains ces monnaies trompeuses. Du moment que la moindre livre tournoi avait quelque chose d'apocryphe, ils avaient ordre de la faire saisir. Enfin, la surveillance de toutes les monnaies en circulation était de leur ressort ; ils pesaient tout à la balance et prenaient tout à leur trébuchet. Pour être changeur à cette époque, il fallait autant de science que de probité. On a démoli le pont, et l'on ne sait pas où s'en sont allés ces changeurs-là.

Il y avait déjà longtemps que les changeurs étaient établis sur le Grand-Pont ; il s'appelait maintenant du nom qui devait lui rester, *Pont au Change* : c'est-à-dire « le pont des changeurs et de la marchandise. » Il était chargé, ou plutôt orné de deux rangées de maisons. Il faut voir, dans le *Compendium de gestis Francorum*, la belle description du Pont-au-Change au quinzième siècle : « Lorsqu'on s'y promenait, ne voyant pas la rivière, l'on se croyait sur terre et au milieu d'une foire, par le grand nombre et la variété des marchandises qu'on y voyait étalées. On peut dire, sans crainte d'être taxé d'exagération, que ce pont, par la beauté et la régularité des maisons qui le bordaient, était un des plus beaux ouvrages qu'il y eût en France. » C'était le roi Louis VII qui avait voulu que le Pont-au-Change devînt aussi beau ; en le baptisant ainsi en 1141.

Les plus grands honneurs étaient réservés au Pont-au-Change ; de ce que ses changeurs se croyaient les notables de la ville, ils imaginaient chaque jour une fête, une solennité, une surprise éclatante. De ce que la richesse donne évidemment du génie, les changeurs avaient beaucoup de génie. Ils imaginèrent une fois de célébrer à leur façon l'entrée d'une reine de France à Paris. C'était en 1389 ; Isabelle de Bavière, femme de Charles VI, devait passer sur le Pont-au-Change. Au moment où elle arrivait au milieu du pont, on vit un homme, qui tenait un flambeau allumé dans chaque main, descendre sur une corde fixée au sommet d'une des tours de la cathédrale, et venir poser une couronne sur la tête de la nouvelle reine de France. Cet homme était un acrobate miraculeux payé par les changeurs opulents. Son nom a été oublié dans le dédale froid des chroniques ; il appartenait cependant à l'histoire du Pont-au-Change à un aussi beau titre que Blondin à l'histoire du Niagara.

Les dimanches et les fêtes, des marchands d'amours et des marchands d'oiseaux venaient s'établir sur le Pont-au-Change. Les amours et les oiseaux, c'est tout un. On en vendait beaucoup dans cet âge de chevalerie et de changeurs. Cette permission avait été accordée aux oiseliers, à la condition de donner la liberté à deux milliers d'oiseaux à l'heure où le roi et la reine passeraient, lors de leurs entrées solennelles dans la bonne ville de Paris. Il y avait alors, dans la bonne ville de Paris, d'autres captifs à qui on ne songeait pas d'ôter les chaînes.

II

Près du Pont-au-Change était une célèbre prison, la prison du grand Châtelet. Que dis-je ? une prison ! « Au lieu de prisons humaines, dit un contemporain, on fait des cachots, des tanières, cavernes, fosses et spélunques plus horribles, obscures et hideuses, que celles des plus venimeuses et farouches bestes brutes, où l'on fait les détenus roidir de froid, enrager de male faim, hanner de soif, et pourrir de vermines et poreté ; tellement que si, par pitié, quelcun va les voir, on les voit lever de la terre humoureuse et froide, comme les ours des tanières, vermoulus, bazanés, emboufiz, si chétifs, maigres et défaits, qu'ils n'ont que le bec et les ongles. »

Le grand Châtelet avait été construit pour servir à la défense du Grand-Pont, comme le petit Châtelet pour protéger le Petit-Pont. Mais comme le Grand-Pont était une position plus importante que le Petit-Pont, il avait fallu au grand Châtelet une prison plus grande que celle du petit Châtelet.

L'anecdotique historien Sauval, qui semble raconter tout cela en se jouant, dit que les prisons du *Châtelet* étaient au nombre de huit : elles avaient, comme par antithèse et par ironie, des noms très-pittoresques et très-doux ; on les appelait le *Berceau*, le *Paradis*, la *Gourdaine*, la *Grièche*, les *Chaines*, le *Puits*, la *Boucherie* et les *Oubliettes*. Mais un très-illustre monarque voulut le pousser jusqu'à la douzaine, et ce n'est même qu'à quinze qu'il fit une croix ! En 1425, Henri VI, roi de France et d'Angleterre (au moins souvenons-nous que c'était un Anglais !), dota le Châtelet de quinze prisons.

Ce n'est qu'après des siècles de pareilles tortures, qu'un arrêté du 23 août 1780 ordonna la destruction des cachots souterrains. C'était un effet assez tardif de la mansuétude royale. La terrible cage du mont Saint-Michel venait d'être brisée, en 1777, par la main du duc d'Orléans ; et le peuple de 89 allait raser la Bastille. Il y a des démolitions qui vont bien à l'histoire.

III

Le Pont-au-Change avait un beau destin ; c'était un pont de condition. Le Petit-Pont n'était qu'un pont de péage. De beaucoup plus important, le Grand-Pont était le mouvement de la ville. Il était la propriété des trois grandes autorités qui régnaient sur Paris. Ces trois grandes autorités se disputaient la fortune et les faveurs du Pont-au-Change, qui d'ailleurs était un amant très-libéral. C'était le don Juan et le don Magnifico des ponts. La chaussée était une princesse qui se donnait au roi ; les arches de côté étaient des bigotes qui se vouaient aux chanoines de Notre-Dame ; l'arche du milieu ouvrait son flanc aux marchands. Chacune de ces propriétés était seigneuriale ; elles avaient chacune le caractère d'une juridiction au bénéfice des titulaires. Quand on avait péché sur la chaussée, on devait demander pardon au Roi ; si l'on pêchait sous les arches de côté, on devait rendre ses filets au tribunal de l'Église ; l'arche du milieu était le Parloir aux bourgeois et ne relevait que de l'assemblée des marchands. — Trois personnes en un seul pont ; mais c'était le dieu des ponts !

Le Pont-au-Change était le grand pont de Paris, comme le Palais-de-Justice en était le grand palais.

Le *Grand-Palais* était l'âme et la prunelle de Paris ; mais je ne veux pas répéter les aventures que Sauval a écrites pour le Grand-Pont et pour le Grand-Palais. Sauval était un faiseur de fictions ! Cependant mieux vaut-il des fictions bien dites par Sauval, que des vérités si mal racontées par d'autres. Si l'on voulait être très-scrupuleux dans les choses historiques, d'ailleurs, on ne laisserait tracer l'histoire que par les philosophes. Le philosophe n'est d'aucun parti. Il ne doit point, comme Tite-Live et Sauval, entretenir son lecteur de prodiges ; il ne doit point, comme Tacite et le président de Thou, imputer toujours aux princes des crimes secrets, ou aux ponts des arches maudites. Le philosophe n'est d'aucune patrie, d'aucune faction, d'aucun palais, d'aucun pont.

Quand le palais de la Cité, — le *Grand-Palais* de tout à l'heure, — eut été approprié pour la demeure des rois, nos rois voulurent y demeurer, et ils y firent apporter leur couronne et leurs pantoufles. Hugues-Capet surtout donna l'exemple. Robert le Pieux l'imita. Dans sa piété, ce Robert — qu'on appelait indistinctement le Pieux ou le Fort, tant la piété était une force, — ce Robert fit construire la chambre de la Conciergerie où saint Louis passa la première nuit de ses noces et toute sa lune de miel avec Alix de Champagne.

Les amours de Saint-Louis se changèrent bientôt en oraisons. Louis IX ne rêvait plus qu'églises et monastères, et il fit ajouter au Palais la magnifique construction de la Sainte-Chapelle.

Ce Paris ne s'en allait pas encore : il s'agrandissait chaque jour à la faveur des démolitions. Ceci ne tuait pas cela. La Sainte-Chapelle édifiée, on ajouta maints autres compartiments au Palais : la *salle*, la *chambre*, les *cuisines*, puis la *grand'chambre du Parlement*. Cette grand'chambre, Louis XII la restaura plus tard ; Louis XII, le galant roi, qui avait si bien mérité le surnom de Père de son peuple ; Louis XII, l'ami de la comédie, le protecteur définitif des joyeux enfants de la basoche.

Mais ces jeunes et hardis comédiens renouvelaient si bien Aristophane au Palais, que le roi dut mettre Aristophane à la censure. Si l'on ne prend pas le roi, même aux échecs, il ne faut pas non plus le railler, même à la comédie. La critique d'un gouvernement est toujours difficile, même sous les Louis XII, pères du peuple. N'est-ce pas ce Louis XII qui disait aux rois et princes qui le visitaient en son Palais : Croyez-vous point, mes frères, qu'on est heureux et fier d'être roi de France ?

Louis XII avait un si grand amour pour le Palais, qu'il fit peindre en or et azur la grand'chambre. La justice est d'or, répétait-il, et elle est aussi d'azur que le ciel !

Les constructions du Palais-de-Justice étaient déjà formidables. Cependant la seule Thémis n'y logeait plus que seule. La royauté s'en était allée au Louvre avec les Valois, ces petits-maîtres qui préféraient l'élégance de ce Louvre à l'austérité d'un sanctuaire.

En 1618, le Palais fut attaqué par un incendie comme par un corsaire qui veut tout emporter. L'aimable narrateur Félibien raconte que le feu prit d'abord à la charpente de la grand'salle; « et comme il faisait beaucoup de vent, tout le lambris, qui était d'un bois sec et vernissé, s'embrasa en peu de temps. Les solives et les poutres qui soutenaient le comble tombèrent par grosses pièces sur les boutiques des marchands, sur les bancs des procureurs et sur la chapelle, remplie alors de cierges et de torches, qui s'enflammèrent à l'instant et augmentèrent l'incendie. Les marchands, accourus au bruit du feu (alors les marchands ne craignaient pas le feu), ne purent presque rien sauver de leurs marchandises. On sauva seulement les registres de quelques greffes qui n'étaient pas dans la grand'salle. (C'étaient sans doute les procès de quelques infortunés). L'embrasement, augmentant par un vent du midi fort violent, consuma en moins d'une demi-heure les requêtes de l'hôtel, le greffe du trésor, la première chambre des enquêtes et le parquet des huissiers. (Il n'y eut pas un seul huissier brûlé!) Le feu prit incontinent à une tourelle près de la Conciergerie; alors s'éleva une clameur des prisonniers qui crièrent que la fumée les étouffait. Plusieurs se sauvèrent malgré le geôlier, mais le procureur général fit conduire les principaux au Châtelet et dans les autres prisons de Paris. Le vent devint si violent, qu'il porta des ardoises jusque vers Saint-Eustache. Lorsque le reste du comble de la grand'salle vint à tomber, un brandon enflammé alla mettre le feu à un nid d'oiseau au haut de la tour de l'Horloge, qui eût couru grand risque, si on n'eût découvert la tour pour couper le feu..... » Ainsi un charmant nid d'oiseau avait été brûlé, et pas un greffier n'avait été roussi. C'est à peine si quelques prisonniers avaient pu s'échapper pour étendre l'aile comme l'oiseau.

A l'instar du Châtelet et de plusieurs autres Bastilles parisiennes, la Conciergerie était une de nos plus fameuses prisons. Elle avait déjà vu bien des drames; elle allait en voir bien d'autres. Ses oubliettes et ses cachots peuvent servir à nos fastes historiques. Depuis les Armagnacs et les Bourguignons jusqu'aux Girondins et aux Montagnards, la Conciergerie reste une des physionomies les plus sombres et les plus sanglantes de l'histoire de France. Mais à quoi bon redire tous ces noms, et relever tous ces cadavres qui emplissent un énorme fossé de quatre siècles?

IV

Pendant qu'on réparait le Palais-de-Justice, après l'incendie de 1618, advint l'incendie de 1621, qui réduisit en poudre le Pont-au-Change. On ne sait comment s'expliquer pourquoi le Pont-au-Change était alors en bois; toutefois, il brûla en moins de trois heures, c'est le plus clair de la chronique. On ne le rebâtit qu'en 1639, et les contemporains impatients ne le virent achever qu'en 1647. On avait vécu près de vingt-cinq ans sans passer sur l'ancien Grand-Pont! Mais au moins, cette fois, on le réédifiait en pierres incombustibles. Une belle bordure de maisons le décorait, et c'était encore la Compagnie des changeurs qui revenait s'y installer.

La Compagnie était un peu mêlée, et de là date la décadence du glorieux Pont-au-Change. L'âge d'or s'en allait déjà, et le poëte Mathurin Régnier n'avait pas à dire longtemps ces vers flatteurs :

> Va doncq : et d'un cœur sain voyant le Pont-au-Change,
> Désire l'or brillant sous mainte pierre étrange,
> Ces gros lingots d'argent qu'à grands coups de marteaux,
> L'art forme en cent façons de plats et de vaisseaux !

Aussi les belles pages du livre du Pont-au-Change se ferment-elles au siècle suivant. En 1769, on propose de démolir ses maisons; en 1786, on les jette bas. Vertu, tu n'es qu'un nom! Fortune, tu n'es que fumée! Le Pont-au-Change reste désormais seul et nu comme le pauvre de l'Évangile, *solus, pauper, nudus*.

V

La douleur du Pont-au-Change, ce personnage qui a joué des rôles si brillants et si pathétiques dans l'immortelle histoire de France, a dû s'augmenter encore depuis quelques années. On ne cesse d'embellir et de fleurir son voisin le Palais-de-Justice, son ancien compagnon de gloire et de splendeur. L'agrandissement et la restauration du Palais-de-Justice est un des travaux d'Hercule de la municipalité parisienne. La misère de la jalousie doit ronger le Pont-au-change ! Pauvre Pont-au-Change! on t'a donné un simple tablier neuf, et c'est tout ! Où donc est ton manteau de cour, ton manteau triplement lamé d'or, d'azur et d'argent; ton beau manteau que tu mettais pour voir passer les reines de France ? Te souvient-il qu'une d'elles, une des plus belles, une des plus amoureuses, une des plus arrogantes, reçut de toi la couronne? Où sont tes changeurs richissimes qui se mêlaient aux chevaliers, à ce point qu'on ne savait si c'étaient les changeurs qui étaient les chevaliers, ou les chevaliers qui étaient les changeurs ?

Hélas ! tout change, — et les changeurs les premiers.

CHARLES COLIGNY.

Aux Mes Bénard. — Imp. Pollevin, Seringe et Cⁱᵉ, Succ., place du Caire, 2.

DÉPÔT LÉGAL

PREMIÈRE ANNÉE.

6

LIVRAISON.

PARIS QUI S'EN VA

ET

PARIS QUI VIENT

PUBLICATION ARTISTIQUE

DESSINÉE ET GRAVÉE

Par Léopold FLAMENG

TEXTE PAR

Arsène HOUSSAYE, Théophile GAUTHIER, CHAMPFLEURY, Albéric SECOND, Albert de la FIZELIÈRE, Alfred DELVAU, Jean ROUSSEAU, Eugène MULLER, Alphonse DUCHESNE, CASTAGNARY, Amédée ROLLAND, Henri LEFORT, Ernest HAMEL, Zacharie ASTRUC, Georges DUPLESSIS, Charles COLIGNY, Firmin MAILLARD, Fernand DESNOYERS, BARRILLOT, De KERSÉNANY, Amédée HARDY, etc.

LIVRAISON — Prix : 1 Franc 50 Centimes

FÉVRIER

1860

PARIS

PUBLIÉ PAR ALFRED CADART, ÉDITEUR D'ESTAMPES

3, RUE SAINT-FIACRE, 3

On s'abonne à Londres

Chez W. JEFFS, 15, BURLINGTON ARCADE
ET 69, KING'S ROAD, BRIGHTON
Foreign Bookseller to the Royal Family.

St-Pétersbourg, { DUFOUR, libraire | Bruxelles, VAN-DER-KOLK. | Florence, VIEUSSEUX.
de la Cour impériale. | Turin, BOCCA. | Naples, DUFRÈNE.
Berlin, Dr DES POSTES. | Milan, DUMOLARD. | New-York, BAILLIÈRE.

PARIS QUI S'EN VA

ET

PARIS QUI VIENT

PUBLICATION ARTISTIQUE

DESSINÉE ET GRAVÉE PAR

LÉOPOLD FLAMENG

TEXTE

Par Arsène HOUSSAYE, Théophile GAUTHIER, CHAMPFLEURY, Albéric SECOND, Albert de la FIZELIÈRE, Alfred DELVAU, Jean ROUSSEAU, Eugène MULLER, Alphonse DUCHESNE, CASTAGNARY, Amédée ROLLAND, Henri LEFORT, Ernest HAMEL, Zacharie ASTRUC, Georges DUPLESSIS, Charles COLIGNY, Firmin MAILLARD, Fernand DESNOYERS, BARBILLOT, DE KERSENANT, Amédée HARDY, etc., etc.

Ce qui faisait les délices de nos savants, de nos artistes, de nos archéologues; le **Paris** de SAUVAL et de GILLES CORROYET, de dom FÉLIBIEN et de dom LOBINEAU; ces vieilles rues, ces vieux quartiers qui nous donnaient une idée si juste du Paris d'il y a des siècles; ces carrefours, ces places publiques foulées par tant de générations; cette myriade de lieux historiques si chers à ceux qui aiment à s'inspirer du passé..... Eh bien, encore quelques années, et tout cela aura disparu! Une ville nouvelle aura surgi comme par enchantement : pas une ruine, un vestige, une humble inscription même, pour attester que telle ou telle chose était là !

Où retrouver le vieux Paris? Çà et là quelque noble monument élevé par nos pères : Notre-Dame, la tour Saint-Jacques, Saint-Germain-l'Auxerrois, par exemple, mais rien de plus....

Sublimes et antiques chefs-d'œuvre encadrés à la moderne! Quelques heures suffiront à l'étranger surpris et désappointé pour voir ce qu'il y aura de remarquable encore dans la vieille Capitale, redevenue jeune par ses constructions.

Et voyant cela, un de nos graveurs les plus remarquables, s'est dit : Si nous nous imposions la tâche de reconstituer le vieux Paris?.. Si nous consacrions dans un ouvrage spécial tout ce qu'il y a d'intéressant encore dans ce Paris qui s'en va?...

Et M. Flameng s'est hardiment mis à l'œuvre. Aidé d'une foule d'écrivains distingués, il va nous montrer Paris vu à ses barrières dans ses bals, ses Californies; Paris à l'Opéra, à la descente de la Courtille, à l'ancien marché des Innocents; Paris à la Morgue; au parvis Notre-Dame. Paris partout; dans ses mœurs, dans ses monuments; tantôt pleurant, tantôt riant, enfin, dans tous ses mystères, ses contrastes, ses habitudes. Voilà le point de départ; la pensée mère de cette publication.

Deux premières livraisons ont déjà paru en Décembre comme Spécimens, sous le titre de : **LA CALIFORNIE** (*barrière Montparnasse*), et **LE CABARET DE LA MÈRE MARIE** (*barrière des Deux-Moulins*), texte par ALFRED DELVAU.

Ces deux numéros sont en dehors de l'Abonnement, au prix de 1 fr. 50 c. chaque, et 1 franc pour les personnes qui prennent un Abonnement.

Cette publication commencera à partir du 1er Janvier 1860. Il paraîtra régulièrement deux livraisons par mois. Chaque souscripteur recevra à la fin de l'année un frontispice illustré, et pour prime, une très-belle gravure, composée et gravée par LÉOPOLD FLAMENG.

CONDITIONS DE LA SOUSCRIPTION

PARIS		DÉPARTEMENTS		ÉTRANGER	
Un an..	20 fr.	Un an..	21 fr.	Un an..	22 fr.
Six mois.	11 »	Six mois..	12 »	Six mois.	15 »
Trois mois.	6 »	Trois mois..	7 »	Trois mois.	8 »

Édition sur papier de Hollande. — Prix. . . . . **40 francs.**

En souscrivant à l'avance pour Paris, un mois : 2 francs.

Première livraison de Janvier 1860

La rue de la Vieille-Lanterne (mort de Gérard de Nerval), texte par ARSÈNE HOUSSAYE.

Deuxième livraison de Janvier

Les Médaillés de Sainte-Hélène au Jardin du Luxembourg, texte par EUGÈNE MULLER

Résumé historique des transformations de Paris, texte par ALFRED DELVAU.

Bureau central d'abonnement, chez l'Éditeur ALFRED **CADART**, 3, rue Saint-Fiacre, et dans les principales maisons d'estampes et de librairie de la capitale.

Paris, le 1er Janvier 1860.

L'ÉDITEUR GÉRANT,

A. CADART.

(S'adresser, pour toutes réclamations et renseignements, 3, rue Saint-Fiacre, Paris.)

MARSHALL

MORGUE

A VERY LARGE ROOM

LA MORGUE.

[Cachet de bibliothèque]

I

Les Egyptiens plaçaient, dit-on, un cadavre dans la salle de leurs festins, pour se prévenir ainsi mutuellement que la vie ne leur était pas donnée, — mais seulement prêtée par le grand Fabricateur des Mondes et des Êtres. C'était le « Frères, il faut mourir ! » des Trappistes.

Malheureusement, comme tous les avertissements passés, présents et à venir, celui-là était dédaigné, — ou, pour mieux dire, il n'était pas aperçu. Ce cadavre de Damoclès, qui planait sans cesse sur tous les convives, n'éteignait pas un seul rayon de leur gaieté. Peut-être même lui riaient-ils au nez, — comme font et feront longtemps encore tous les don Juan au nez de toutes les statues de Commandeur. Rien ne blase comme l'habitude. La première fois, le spectacle épouvante ; puis, comme il se répète, *on s'y fait.*

De sorte que les Égyptiens — quand la mort venait les prier de partir avec elle pour le grand voyage — avaient des peurs malsaines et des révoltes puériles : « leurs bottes n'étaient pas graissées, » — comme dit le vieux Montaigne.

Il en est ainsi des lieux et des choses sinistres, parmi nous autres Parisiens. La Mort passe et repasse à travers nos rues, coupe nos pompes mondaines de ses pompes funèbres, — mais sans couper en rien notre appétit et notre gaieté. Nous faisons mieux que de danser sur des volcans : nous mangeons à la porte des cimetières.

Est-ce cynisme ? Est-ce mépris ? Est-ce indifférence ? C'est tout cela — et c'est autre chose. Parmi cette foule qui va et vient affairée et effarée à la recherche du plaisir et de la pièce cent sous, il y a de nombreux ignorants qui pensent exactement comme Panurge et comme Figaro, sans avoir lu une seule ligne de Rabelais ou de Beaumarchais. « Vive la joie ! disent-ils. Qui sait si le monde durera encore trois semaines ! »

Honoré de Balzac a fait du Parisien un portrait trop ressemblant, — qui me ferait adorer les Pawnies et les Comanches. « Le Parisien, a-t-il écrit, vit en enfant, quel que soit son âge ! Il murmure de tout, se console de tout, se moque de tout, oublie tout, veut tout, goûte à tout, prend tout avec passion, quitte tout avec insouciance... Il n'a de vrai parent que le billet de mille francs, d'autre ami que le Mont-de-Piété... »

Il serait affreux, le Parisien,— s'il n'était pas doublé de la Parisienne.

Ces femmes, ces enfants, ces vieillards qui rient, fument ou prisent, d'où croyez-vous qu'ils viennent ? De *la Californie* ou des *Deux Edmond ?*

Non : ils sortent de la Morgue.

II

Au temps, déjà loin, où je n'étais encore qu'un grand garçon curieux, il m'arrivait souvent de m'arrêter, pendant de longs quarts d'heure, sur le pont Saint-Michel, les coudes sur le parapet et regardant couler l'eau de la Seine, — spumoscuse, noire et comme dormante en cet endroit.

Devant moi, les bâtiments de l'Hôtel-Dieu, avec leurs grappes de malades en haut, et avec leurs rigoles fétides en bas, — les rigoles des gens d'en haut.

Sur le fleuve, — sorte de lac Stymphale,— quelques batelets ornés de pêcheurs à la ligne, qui prenaient là beaucoup plus de poissons qu'ailleurs. Je pense qu'ils en faisaient des fritures.

Sur ma gauche, les énormes champignons verts, sous

lesquels s'abritaient les commères du marché Palu, — et, comme limite de ces champignons, un monument de forme sépulcrale, faisant saillie, de toute sa profondeur, sur l'alignement du parapet qui bordait la rivière.

J'ignorais alors la destination de ce monument. Ce qui me clouait là, attentif et songeur, c'était un spectacle assez banal en soi, — mais qui là, cependant, avait une signification particulière. Je veux parler d'un jeune homme en gilet rouge qui s'accoudait souvent à l'une des petites fenêtres de cette sombre maison, en compagnie d'une jeune femme blonde et rose comme le printemps, — qu'il regardait comme Roméo sa Juliette sur le balcon que vous savez.

Ce gilet rouge — qui aimait peut-être mieux qu'un gilet blanc de la Chaussée-d'Antin — c'était le gardien de la Morgue, le collecteur des noyés publics !

Ces deux oiseaux dans cette cage ? Eh ! pourquoi non ? L'amour est une fleur qui se cueille partout, — et qui vient surtout à merveille sur le fumier.

III

J'entrai un jour, — pour savoir quels étaient les hôtes de ce logis de sinistre apparence, — et me trouvai d'abord dans un vestibule, à gauche duquel était un vitrage protégé par une barrière. J'avançai, et alors j'aperçus derrière ce vitrage — couchés nus sur des lits de marbre noir à oreillers de cuivre — des hommes et des femmes qui n'avaient plus apparence humaine. La face était convulsée, la lèvre criait la douleur, l'œil semblait agrandi par le désespoir, les cheveux étaient comme hérissés d'une horreur suprème, — des cheveux gris, presque blancs. Ah ! le navrant spectacle !

Tout autour de cette hôtellerie, au-dessus de ces hôtes lugubres, pendillaient des hardes, des loques, des haillons, — la livrée de ces pauvres diables que la faim, la souffrance, l'ivresse ou la folie poussent vivants dans les bras de la Mort. Avez-vous reconnu là votre frère, votre mère, votre amant, quelqu'un des vôtres ? Non ! Tant mieux : passez vite alors, passez vite !

L'abîme attire. Je revins encore une fois dans cette auberge mortuaire, — pour la visiter en détail. Il n'y avait, ce jour-là, qu'un lit de marbre noir d'occupé : les autres lits attendaient leurs hôtes et étaient en train de se faire beaux et propres pour les recevoir. On entendait tomber sur la dalle des gouttes d'eau des robinets situés à quelques pieds au-dessus.

C'était une belle jeune fille au corps un peu grêle, mais d'une perfection rare. La mort l'avait respecté, — ainsi que le visage. C'était une statue de marbre blanc sur un lit de marbre noir. N'avait été la rigidité

cadavérique, qui ôtait un peu de grâce à ce beau corps digne d'une meilleure fin, on eût pu le croire échappé au ciseau d'un artiste de la Renaissance, — à Jean Goujon ou à Germain Pilon.

Outre la rigidité cadavérique, ce qui annonçait encore que c'était une enveloppe charnelle et non une enveloppe marmoréenne, c'était le voltigement acharné d'une petite mouche, au corselet mordoré, tout autour des lèvres et du nez de cette pauvre jeune fille morte. Cette mouche agaçait le regard et la pensée. Je m'imaginai un instant qu'elle devait gêner et tourmenter ce visage immobile, — et je m'étonnai précisément de cette immobilité en face de cette taquinerie...

Pauvre jeune fille ! Pauvre victime de l'amour et de la fatalité ! Aboutir à ce lit glacé, après avoir habité quelque nid bien chaud, bien duveté, bien parfumé, peut-être ! Quelle mauvaise opinion elle avait dû emporter dans l'autre monde sur notre sexe — cette folle amoureuse !

IV

A côté de cette *Salle d'exposition* est la *Salle de dégagement* où sont déposés provisoirement, à l'abri des insectes, sous des cylindres en toile métallique, les corps dont la reconnaissance a été opérée et ceux qui sont inexposables.

A côté de cette *Salle de dégagement* est la *Salle de lavage*, où sont nettoyés, avant l'exposition, les cadavres trouvés dans la Seine ou dans la rue.

A côté de la *Salle de lavage* est la *Salle d'autopsie*, qui est garnie de deux tables de dissection — avec leur appareil désinfectant.

A côté de la *Salle d'autopsie* est la remise de la petite voiture verte qui sort tous les jours à la brune, et se dirige vers le cimetière des Hospices, emportant — roulés dans une serpillière — les corps qui n'ont pas été reconnus, ou qui, ayant été reconnus, n'ont pas été réclamés. J'ai suivi quelquefois l'homme qui traînait cette petite voiture verte, — d'un vert de cyprès : il fumait tranquillement sa pipe, ou sifflotait un refrain gaillard. Une fois, entr'autres, il faillit être accroché par une voiture de boucher.

A côté de la remise est le bureau du greffier de la Morgue.

Enfin, au premier étage, se trouve la chambre du garçon en gilet rouge dont j'ai parlé, — lequel doit passer la nuit dans l'établissement pour y être, à n'importe quelle heure, à la disposition des cadavres qui peuvent y être apportés.

V

Voilà quels sont les compartiments de ce sinistre monument, dont la démolition a été décrétée et qui doit être réédifié à la pointe de l'île Saint-Louis.

Il aura duré cinquante-six ans, — puisqu'on doit sa construction à l'ordonnance de police du 29 thermidor an XII.

Avant cette époque, les corps inconnus trouvés dans la rivière ou dans la rue étaient exposés dans la Basse-Geôle du Grand-Châtelet, — dans ce qu'on appelait alors, comme aujourd'hui, la Morgue.

Pourquoi ce nom à syllabes lugubres, à physionomie mortuaire ?

Vaugelas — qui était un savant — prétend qu'il signifie *visage,* en vieux français.

Huet, évêque d'Avranches, — un savant aussi, — prétend qu'il vient de *murus,* pour *musus, nez.*

Gilles Ménage — qui n'était pas moins savant que Huet et que Vaugelas — avoue tout simplement « qu'il ne sçait pas d'où vient ce mot. »

Cet aveu me dispense d'en rechercher plus longtemps l'étymologie. Je n'ai pas le droit d'en savoir plus long qu'un conseiller du roi.

Tout ce que je peux dire, c'est qu'il serait bon, sain et décent qu'on changeât un peu les dispositions de la nouvelle Morgue, et qu'il fût désormais interdit aux enfants, aux femmes, aux oisifs, aux curieux d'entrer là pour se repaître d'un horrible spectacle. Autant la mort est auguste partout ailleurs, autant elle arrive à être ridicule et odieuse dans cet endroit, au milieu de cette foule rieuse et indifférente. Excepté les gens qui ont perdu un parent, un ami, une femme, une sœur, une maîtresse, — et qui ne savent pas où aller pour en avoir nouvelles, — tout le reste n'a pas besoin de venir contempler ces débris humains « qui n'ont plus de nom dans aucune langue. »

VI

Si maintenant vous voulez savoir le nombre des hôtes que reçoit annuellement cette étrange hôtellerie, je vais vous le dire.

Tout le monde, à Paris, n'a pas le bonheur de mourir tranquillement dans son lit, entouré d'une femme qu'on aime et d'enfants qui vous aiment. Douze cents individus environ meurent chaque année de mort violente, soit par l'épée, soit par le charbon, soit par le poison, soit par le suicide, soit par accidents.

Mais tous ne sont pas transportés à la Morgue, — qui n'en reçoit, en moyenne, que 204, sur lesquels il faut malheureusement compter 169 suicidés, ainsi catégorisés :

Pour cause d'aliénation mentale, 30 cadavres, — dont 8 de femmes et 22 d'hommes ;

Pour cause de chagrins domestiques, 24 cadavres, — dont 6 de femmes et 18 d'hommes ;

Pour cause d'ivrognerie, 17 cadavres, — dont 2 de femmes et 15 d'hommes ;

Pour cause de misère, 17 cadavres, — dont 4 de femmes et 13 d'hommes ;

Pour cause de dégoût de la vie, 13 cadavres, — dont 2 femmes et 11 d'hommes ;

Par suite d'amour contrarié, 13 cadavres, — dont 3 de femmes et 10 d'hommes ;

Par suite d'inconduite, 10 cadavres, — dont 2 de femmes et 8 d'hommes ;

Pour causes incertaines, 45 cadavres.

Voilà des chiffres d'une horrible éloquence, n'est-ce pas ? Voulez-vous que je les complète en vous disant quels moyens de destruction sont employés par les 169 individus dont les corps sont apportés chaque année à la Morgue ?

La submersion, d'abord ; elle fournit un contingent de 123 cadavres, — dont 26 de femmes, et 97 d'hommes ;

Puis vient, en seconde ligne, la strangulation, qui donne un total de 18 cadavres, — dont 2 femmes et 16 d'hommes ;

Puis les armes à feu, qui donnent un total de 11 cadavres ; les chutes d'un lieu élevé, qui donnent un total de 7 cadavres ; l'asphyxie, qui donne un total de 7 cadavres ; et, finalement, les armes blanches, qui donnent un total de 3 cadavres.

Je n'ai ni l'envie ni le droit de discuter ici cette question de l'homicide de soi-même, que la religion païenne défendait aussi bien que le défend la religion chrétienne. Je n'ai ni à condamner ni à absoudre : « Chacun a ses raisons dans sa conduite » — dit Voltaire. Il y a des gens que la rude besogne de la vie a fatigués outre mesure et qui aiment à se coucher de bonne heure. Ne disputons donc pas des goûts. D'ailleurs, s'il faut du courage pour se tuer, — il n'en faut pas moins pour vivre.

Seulement, je ne comprends pas que ceux qui ont résolu de jeter leur guenille humaine au vent ne choisissent pas une autre façon et un autre lieu pour le faire. Paris est une ville indifférente et gouailleuse, qui n'a pas plus le respect de la mort qu'elle n'a celui de la vie, et qui étale autant de prisons et d'hôpitaux que de palais et de théâtres. Pourquoi se donner ainsi en pâture à la malignité publique ? On vous trouvera laid sur le pavé de la rue, — écrasé, esclaffé, broyé. On vous trouvera laid sur la dalle de la Morgue, — verdi, gonflé, tuméfié. Quand on meurt en public, il faut savoir mourir avec grâce, — comme un gladiateur. Autrement, ce n'est pas la peine !

Ah ! si j'avais un jour à me délivrer moi-même à moi-même le passeport de Werther, si j'avais la velléité sauvage de piquer une tête dans l'Inconnu, — avant l'heure légale, — je sais bien ce que je ferais. Je m'en irais droit devant moi, — jusqu'à la mer. Là, par un gros temps, je prendrais une barque et je gagnerais le large. Bientôt les vagues furieuses viendraient me fouetter au visage, et je boirais, à la dernière coupe amère, le suprême coup de l'étrier. Le canot s'emplirait de minute en minute, et le moment arriverait, — moment béni, moment attendu, — où je disparaîtrais

« Dans une mer sans fond, par une nuit sans lune,
Sous l'aveugle Océan à jamais enfoui !
Nul ne saurait mon sort, pauvre tête perdue !
Je roulerais toujours à travers l'étendue,
Heurtant de mon front mort des écueils inconnus...
Mon souvenir aussi serait enseveli !
Le corps se perd dans l'eau, le nom dans la mémoire,
Le temps, qui sur toute ombre en verse une plus noire,
Sur le sombre Océan jette le sombre oubli !... »

Ah ! les belles funérailles que j'aurais là ! Sardanapale sur son bûcher — avec ses cent femmes — a dû être moins heureux que je ne le serais dans ma coquille de noix, en pleine mer, en pleine nuit, en plein équinoxe !

VII.

Peut-être allez-vous trouver que j'écris là avec une encre bien noire. Mais le sujet ne prête pas beaucoup à la plaisanterie, — convenez-en. Et puis, il me revient à l'esprit en ce moment, malgré moi, un fragment du *Buch der Lieder* de Henri Heine, que je veux vous dire pour clore cet article — et l'enguirlander de scabieuses, d'aches et de cyprès.

« Au bord de la mer déserte et nocturne se tient un jeune homme, la poitrine pleine de tristesse, la tête pleine de doute, et d'un air morne il dit aux flots :

« Oh ! expliquez-moi l'énigme de la vie, la douloureuse et vieille énigme qui a tourmenté tant de têtes : têtes coiffées de mitres hiéroglyphiques, têtes en turbans et en bonnets carrés, têtes à perruques et mille autres pauvres et bouillantes têtes humaines. Dites-moi ce que signifie l'homme ? d'où il vient ? où il va ? qui habite là-haut, au-dessus des étoiles dorées ?...

« Les flots murmurent leur éternel murmure, le vent souffle, les nuages fuient, les étoiles scintillent, froides et indifférentes, — et un fou attend une réponse. »

ALFRED DELVAU.

Aux Mmes Benard.— Imp. Poitevin, Soringe et Cie, S^{ce}, place du Caire, 2.

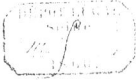

PREMIÈRE ANNÉE. 7 LIVRAISON.

PARIS QUI S'EN VA

ET

PARIS QUI VIENT

PUBLICATION ARTISTIQUE

DESSINÉE ET GRAVÉE

Par Léopold FLAMENG

TEXTE PAR

Arsène HOUSSAYE, Théophile GAUTIER, CHAMPFLEURY, Albéric SECOND, Albert de la FIZELIÈRE, Alfred DELVAU, Jean ROUSSEAU, Eugène MULLER, Alphonse DUCHESNE, CASTAGNARY, Amédée ROLLAND, Marc TRAPADOUX, Ernest HAMEL, Zacharie ASTRUC, Georges DUPLESSIS Firmin MAILLARD, DURANTY, Marc BAYEUX, Fernand DESNOYERS, Etienne MAURICE, BARRILLOT, De KERSÉNANT, Amédée HARDY, etc.

LIVRAISON — Prix : 1 Franc 50 Centimes

MARS

1860

PARIS

PUBLIÉ PAR ALFRED CADART, ÉDITEUR D'ESTAMPES

3, RUE SAINT-FIACRE

On s'abonne à Londres

CHEZ W. JEFFS, 15, BURLINGTON ARCADE

ET 69, KING'S ROAD, BRIGHTON

Foreign Bookseller to the Royal Family.

St-Pétersbourg,	Dufour, libraire de la Cour impériale.	Bruxelles, VAN-DER-KOLK.	Florence, VIEUSSEUX.
		Turin, Bocca.	Naples, DUPRÈNE.
Berlin, B. BEHR E. Bock.		Milan, DUMOLARD.	New-York, Courrier des États-Unis 73, Franklin Street.

PARIS QUI S'EN VA

et

PARIS QUI VIENT

PUBLICATION ARTISTIQUE

DESSINÉE ET GRAVÉE PAR

LÉOPOLD FLAMENG

TEXTE

Par Arsène HOUSSAYE, Théophile GAUTIER, CHAMPFLEURY, Albéric SECOND, Albert de la FIZELIÈRE, Alfred DELVAU, Jean ROUSSEAU, Eugène MULLER, Jules LEVALLOIS, Alphonse DUCHESNE, CASTAGNARY, Amédée ROLLAND, Marc TRAPADOUX, Ernest HAMEL, Zacharie ASTRUC, Georges DUPLESSIS, Firmin MAILLARD, DURANTY, Marc BAYEUX, Fernand DESNOYERS, Étienne MAURICE, BARRILLOT, DE KERSENANT, Amédée HARDY, etc., etc.

Ce qui faisait les délices de nos savants, de nos artistes, de nos archéologues : le **Paris** de SAUVAL et de GILLES CORROZET, de dom FÉLIBIEN et de dom LOBINEAU; ces vieilles rues, ces vieux quartiers qui nous donnaient une idée si juste du Paris d'il y a des siècles; ces carrefours, ces places publiques foulées par tant de générations; cette myriade de lieux historiques si chers à ceux qui aiment à s'inspirer du passé..... eh bien ! encore quelques années, et tout cela aura disparu ! Une ville nouvelle aura surgi comme par enchantement : pas une ruine, un vestige, une humble inscription même, pour attester que telle ou telle chose était là !

Où retrouver le vieux Paris? Çà et là quelque noble monument élevé par nos pères : Notre-Dame, la tour Saint-Jacques, Saint-Germain-l'Auxerrois, par exemple, mais rien de plus.... Sublimes et antiques chefs-d'œuvre encadrés à la moderne! Quelques heures suffiront à l'étranger surpris et désappointé pour voir ce qu'il y aura de remarquable encore dans la vieille Capitale, redevenue jeune par ses constructions.

En voyant cela, un de nos graveurs les plus remarquables s'est dit : Si nous nous imposions la tâche de reconstituer le vieux Paris?.. Si nous consacrions dans un ouvrage spécial tout ce qu'il y a d'intéressant encore dans ce Paris qui s'en va?...

Et M. Flameng s'est hardiment mis à l'œuvre. Aidé d'une foule d'écrivains distingués, il va nous montrer Paris vu à ses barrières, dans ses bals, ses Californies; Paris à l'Opéra, à la descente de la Courtille, à l'ancien marché des Innocents; Paris à la Morgue, au parvis Notre-Dame; Paris partout, dans ses mœurs, dans ses monuments; tantôt pleurant, tantôt riant ; enfin, dans tous ses mystères, ses contrastes, ses habitudes. Voilà le point de départ, la pensée mère de cette publication.

Deux premières livraisons ont déjà paru en Décembre comme Spécimens, sous le titre de : **LA CALIFORNIE** (barrière Montparnasse), **et LE CABARET DE LA MÈRE MARIE** (barrière des Deux-Moulins), texte par ALFRED DELVAU.

Ces deux numéros sont en dehors de l'Abonnement, au prix de 1 fr. 50 c. chaque, et 1 franc pour les personnes qui prennent un Abonnement.

Cette publication a commencé à paraître le 1er Janvier 1860. Il y aura régulièrement deux livraisons par mois. Chaque souscripteur recevra à la fin de l'année un frontispice illustré, et, pour prime, une très-belle gravure, composée et gravée par LÉOPOLD FLAMENG.

CONDITIONS DE LA SOUSCRIPTION

PARIS		DÉPARTEMENTS		ÉTRANGER	
Un an..........	20 fr.	Un an...........	21 fr.	Un an...........	22 fr.
Six mois........	11 »	Six mois.........	12 »	Six mois.........	13 »
Trois mois.......	6 »	Trois mois........	7 »	Trois mois........	8 »

Édition sur papier de Hollande. — Prix........ 40 francs.

DÉJÀ PARU :

SPÉCIMEN DE DÉCEMBRE :
1. — La Californie, texte par Alfred DELVAU.
2. — Le Cabaret de la Mère Marie, texte par Alfred DELVAU.

JANVIER 1860 :
3. — La rue de la Vieille-Lanterne, texte par Arsène HOUSSAYE.
4. — Les Médaillés de Sainte-Hélène, texte par Eugène MULLER.

FÉVRIER 1860 :
5. — Le Pont-au-Change, texte par Charles COLLIGNY.
6. — La Morgue, texte par Alfred DELVAU.

MARS 1860 :
7. — Intérieur de la Maison antique du Prince Napoléon (avenue Montaigne), texte par Théophile GAUTIER.
8. — Marchands de Ferraille et de Peaux de Lapins, texte par Marc TRAPADOUX.

Bureau central d'abonnement chez l'Éditeur **Alfred CADART**, 3, rue Saint-Fiacre, et dans les principales maisons d'estampes et de librairie de la capitale.

Paris, le 1er Janvier 1860.

L'ÉDITEUR GÉRANT,

A. CADART.

Les personnes de la province qui adressent des demandes d'abonnement sont instamment priées d'indiquer si elles désirent les deux livraisons spécimens de décembre 1859, Nos 1 et 2, en dehors de l'abonnement, cet oubli nécessitant presque toujours un second envoi.

MAISON ANTIQUE DU PRINCE NAPOLÉON

HAULT MONTAGNE

TÉP DILATRE

N°5.

INTÉRIEUR

de la

MAISON ANTIQUE

DU PRINCE NAPOLÉON.

Il est un rêve que fait naître chez tout artiste un voyage à Pompéi, cette ville qu'une mort soudaine a préservée de la lente destruction des siècles et qu'on a retrouvée intacte dans son linceul de cendres, comme une momie égyptienne, grâce au Vésuve, ce terrible embaumeur; en parcourant ces rues qui gardent encore l'empreinte des chars, on les repeuple de leurs passants antiques; en visitant ces maisons que la vie semble avoir abandonnées hier et auxquelles il ne manque guère qu'une toiture, on les restaure en idée, on y loge sa fantaisie, et l'on se dit malgré soi : là je mettrais mon lit, ici ma bibliothèque, là mes tableaux, plus loin mes fleurs rares; puis l'on reprend le chemin de Naples, et l'on oublie ce désir rétrospectif qui va où vont toutes les chimères.

Ce rêve, un prince intelligent et ami des arts l'a exécuté, et l'avenue Montaigne a vu s'élever une maison antique aussi complète que celle d'Arius Diomèdes, du poëte tragique, ou de Pansa. En isolant son regard et en le fixant sur la façade, on pourrait se croire à Pompéia, rue de Mercure ou de la Fortune, avant l'éruption du volcan; car ce n'est point un à peu près élégant, mais une restitution rigoureuse où Vitruve lui-même ne retrouverait rien à reprendre, un traité d'archéologie d'une science profonde écrit en pierre et qu'on peut habiter.

Une grille légère entrecoupée de piliers trace la ligne de démarcation entre la voie moderne et la maison antique, qui vous apparaît comme une vision d'un monde disparu avec son aspect noble, simple et sévère.

La façade présente à l'œil des lignes sobres et pures encadrant des surfaces qu'égayent les richesses de l'architecture polychrome. Le refend des pierres est indiqué avec du minium; des filets de couleur accusent les ornements des panneaux et de la frise. Un avant-corps tétrastyle occupe le milieu et forme le vestibule extérieur : il se compose de deux piliers aux angles et deux colonnes ioniennes, teintés de jaune jusqu'à moitié de leur fût et dont les bases et les chapiteaux ont reçu également des colorations. Quatre fenêtres, dissimulées dans les grandes divisions de l'architecture, percent, sans en altérer les lignes, la façade; deux niches carrées, peu profondes, creusées à droite et à gauche du péristyle, contiennent deux statues en bronze d'une patine verte, une Minerve, l'égide sur la poitrine, et un Achille, si notre mémoire ne nous trompe. Tout cela produit un ensemble tranquille, harmonieux et riche, sans surcharge. Ceux qui accu-

saient, avec quelque raison, l'architecture antique de froideur, n'en voyaient, pour ainsi dire, que le dessin. Le temps en avait fait tomber les couleurs, et il est maintenant hors de doute que les monuments de la Grèce, publics ou privés, étaient peints; les inscriptions trouvées dans l'Acropole avec le compte des sommes payées aux enlumineurs pour tant de coudées de frises, le prouvent surabondamment; et nous-même, nous étant hissé sur l'attique du Parthénon, nous y avons vu des traces non équivoques de bleu et de jaune. D'ailleurs, Pompéi n'est-il pas là pour montrer que les anciens, avec leur admirable bon sens, ne séparaient jamais la ligne de la couleur. L'architecture et la statuaire monochromes sont, au rebours de ce qu'on pense, des inventions modernes et relativement barbares. Un seul coup d'œil jeté sur cette charmante façade résout la question mieux que ne pourraient le faire de longues polémiques. La couleur discrètement appliquée, et d'après certaines règles, arrête le dessin, fait saillir les reliefs, varie les surfaces planes, ménage des repos, et, par ses différentes valeurs, agrandit la construction.

Quand on arrive sous le vestibule, deux grands chiens noirs, le poil hérissé, les crocs sortis, tendent leur chaîne à plein collier et font mine de s'élancer sur vous. Quoiqu'ils tâchent de justifier par des airs de Cerbère l'inscription placée à côté d'eux : *Cave canem*, passez sans crainte, ils ne sont qu'en mosaïque et ne vous feront aucun mal; en outre, pour vous rassurer contre leurs aboiements muets, le seuil hospitalier vous donne son bonjour lapidaire avec la formule *Salve.*

Ce vestibule portique est décoré avec beaucoup de goût : les caissons bleus du plafond sont constellés de larges étoiles blanches. Les oves, les palmettes, les doucines, ont reçu des teintes jaunes, rouges, vertes, bronzées, qui les détachent et leur donnent de la valeur. Dans les entre-colonnements s'épanouissent des corbeilles de fleurs et se balancent des lampes de forme antique.

Quand on pénètre dans le vestibule intérieur, il semble que l'aiguille des siècles ait rebroussé tout d'un coup de deux mille ans sur le cadran de l'éternité, et vous vous attendez à voir un hôte en toge, parlant latin ou grec, venir au-devant de vous, et l'on cherche involontairement à se rappeler quelque tour cicéronien, quelque phrase athénienne pour ne pas rester court.

Devant vous s'élève le mur de l'atrium, avec sa porte à compartiments carrés et ses panneaux décoratifs: A droite de la porte, lorsque vous tournez le dos à l'entrée, est peinte, sur fond bleu, la déesse Panthée, protectrice de la maison; comme son nom l'indique, Panthée est la personnification de tous les dieux, ou plutôt des forces secrètes de la Nature. Aussi ses attributs sont-ils multiples comme ceux des divinités hybrides résumant des idées cosmiques. Sur sa tête, au-dessus d'une couronne d'épis, s'élève comme une mitre, l'uræus égyptien avec le globe et les serpents; autour d'un de ses bras, dont la main s'appuie à un gouvernail, s'enroule plusieurs fois un reptile formant un bracelet symbolique; l'autre main tient une corne d'abondance; entre les ailes brille, au-dessous de l'épaule, un flambeau posé en carquois. Une peau de lion s'ajuste en péplum sur la tunique blanche. Aux pieds de la figure palpite un aigle à l'envergure éployée. Le caractère de la déesse est d'une sérénité mystérieuse et profonde, une robustesse tranquille comme il convient à une divinité tutélaire représentant le génie du lieu — *genius loci.* — Le ton mat et clair rappelle, à s'y tromper, celui de la peinture encaustique qu'employaient les anciens, et dont le secret est perdu, malgré les savantes recherches du comte de Caylus.

Sur le panneau de gauche qui fait pendant à celui-ci, on a figuré un autel votif chargé d'offrandes : fruits, fleurs, bouquets de lotus, parmi lesquels se glisse le serpent d'Esculape, symbole de longévité et de renouvellement. Une ornementation légère, faite de divisions architecturales et de filaments de plantes suspendant des médaillons où sont peintes des cigognes, oiseaux amis de la maison, achève de décorer cette paroi.

Sur les murailles latérales du vestibule sont représentés, d'un côté l'Automne s'endormant dans les bras de l'Hiver, de l'autre le Printemps couronnant l'Été de fleurs. Ces sujets sont peints sur un fond de rouge antique, à la manière des fresques décoratives de Pompéi. De chaque côté du sujet principal voltigent, sur fond bleu, des figures épisodiques : à droite et à gauche de l'Automne, un chasseur et une danseuse; près du Printemps, un moissonneur et une Flore. Le soubassement, noir mat, égayé de touffes de glaïeuls ou d'iris, porte sur une plinthe en forme de grecque.

L'atrium était, comme on le sait, le lieu important et visible, le centre orné, et, pour ainsi dire, le salon de l'habitation antique. — Sur cette espèce de cour, dont les patios espagnols ont conservé la disposition — disposition qu'on retrouve aussi dans les maisons mauresques, — s'ouvraient les portes des chambres, assez semblables aux cellules des moines autour d'un cloître. Les anciens, qui vivaient beaucoup en plein air et de la vie générale, n'accordaient que peu de place à l'individualité, et leurs appartements particuliers étaient petits relativement. — L'atrium de la maison néo-antique du Prince Napoléon est aussi le lieu le plus important et le plus vaste de l'édifice. On n'imagine pas à quel point cette disposition est élégante et rationnelle, et peut se plier aux exigences de la vie moderne.

Au centre de l'atrium se trouve l'impluvium, c'est-à-dire l'ouverture par laquelle la salle prend jour. Quatre colonnes d'ordre ionique, cannelées jusqu'à la moitié du fût et enveloppées de là jusqu'à la base d'un ton rouge comme d'une étoffe de pourpre, soutiennent sur leurs chapitaux polychromes, dont les volutes sont rattachées par des guirlandes de feuillages verts, un entablement richement orné et bordé de mufles léonins à langues rouges, vrais sinécuristes ayant pour fonction de vomir l'eau qui ne tombera pas sur la terrasse, protégée par une immense vitrine appuyée à un premier étage en retraite qu'on ne peut apercevoir ni d'en bas, ni du dehors.

Un bassin de quelques centimètres de profondeur, pavé de marbres variés et entouré d'une double grecque sur fond de marbre blanc, correspond exactement à l'ouverture supérieure, et, si le vitrage était enlevé, recevrait les eaux pluviales.

Au bord du bassin, entre les deux colonnes du fond, s'élève comme une sorte d'autel à guirlandes peintes et dorées, soutenant un magnifique buste de Napoléon en marbre blanc. — Si jamais figure fut modelée pour le paros et le carrare, c'est celle de l'Empereur, et, au milieu de cet atrium antique, il a naturellement l'air d'un Olympien ou d'un César divinisé.

Trois bancs de marbre blanc, à pieds de bronze, occupent les entre-colonnements et permettent de rêver ou de causer au clapotement de l'eau tombant d'un masque de Méduse placé au milieu du socle.

Autour de l'atrium sont rangées les images des aïeux, les chères têtes de la famille gardant le foyer avec les dieux lares. — Ce sont des bustes en marbre légèrement rehaussés d'or et posés sur des colonnes tronquées en marbre cipolin : nous les nommons dans l'ordre où ils sont, à partir de la gauche, en entrant : Catherine, Lætitia Bonaparte, Joséphine, Marie-Louise, Élise, Pauline, Caroline, Joseph, Lucien, Louis, Ch. Bonaparte père, Jérôme; la remarque que nous avons faite tout à l'heure à propos de l'Empereur peut s'appliquer à sa famille : tous ces types semblent créés d'avance pour le ciseau et le burin.

Sur les parois de l'atrium, coupées de portes symériques conduisant à la bibliothèque, au salon, à la salle à manger, — nous dirions presque au triclinium, — sont peints des sujets allégoriques ou mythologiques encadrés par ces légers cabinets d'architecture fictive qui décorent les murailles de Pompéi et les bains de Titus, et dont Raphaël a fait de si heureuses imitations dans ses loges du Vatican.

Le premier panneau à gauche de la porte qui mène à la bibliothèque représente la grande lutte cosmogonique de la Terre et de l'Air, la révolte des Titans contre le ciel. Jupiter, monté sur un quadrige que guide la Victoire, secoue la foudre sur les géants aux formes monstrueuses, qui lancent des blocs de rochers dont la chute les écrase; la Minerve guerrière et l'Hercule céleste aident leur père et assurent son triomphe. — Cette composition symbolise l'air.

Dans la frise, au-dessus du panneau, l'on a représenté la *Création de l'homme,* d'après les idées antiques. Le titan Prométhée, conseillé par Minerve, modèle dans l'argile plastique le premier type de la race des Éphémères. Némésis et les Parques, déesses de la destinée, assistent à cette création; les Parques se reconnaissent à leurs attributs et à un cippe surmonté d'une urne funèbre auquel s'appuie la dernière. Ainsi l'homme n'est pas encore créé que déjà il est mort. Neptune avec son trident, Cybèle assise sur un trône entre deux lions et tenant un rameau vert, représentent les deux éléments dont se compose la planète sur laquelle vivra la statue que Prométhée pétrit de son pouce, la terre et la mer. Un Mercure psychopompe arrive avec une petite âme blanche à ailes de papillon. Sa fonction de conducteur d'âmes commence.

Cette frise, faite par teintes plates étalées dans un trait rigoureusement accusé comme celui qui cerne les figures des vases grecs, a beaucoup de style et de caractère. Ce parti pris décoratif a été suivi pour toutes les autres. Le panneau qu'elle surmonte, plus rapproché de la vue, est aussi plus fini et plus traité en tableau, sans cependant sortir du système méplat que l'on doit adopter pour les peintures murales, sous peine de faire des trous à la paroi par les fuites de la perspective.

Le deuxième panneau, à droite, symbolise le feu. Phœbus, vêtu d'une draperie d'or, la tête nimbée du disque solaire, monte à l'horizon sur son char attelé de quatre chevaux blancs comme la lumière. Hesper le précède une torche à la main, et son éclat fait évanouir dans l'éther pâlissant les étoiles nocturnes figurées par de petits génies qui se dispersent et se précipitent. Les rayons de l'astre dorent la mer bleue et la terre, sur laquelle un satyre, dans une pose admirative, personnifie les forces de la nature éveillées par la présence du dieu.

Si le feu crée, il consume aussi : il est la vie et la *Mort*. Dans la frise qui règne au-dessus du panneau, Apollon, transformé en dieu destructeur, perce à coups de flèches, aidé par sa sœur Diane, les sept fils et les sept filles de Niobé. — Les statues isolées et les groupes de Niobides que l'antiquité nous a légués, ont été mis à contribution par le bonheur par l'artiste, qui en a reproduit les poses connues.

Sur la paroi de la salle à manger, qui fait face à la bibliothèque, l'on voit, dans le panneau à gauche de la porte, le triomphe de Neptune et d'Amphitrite, divinités de l'*Élément humide*; le char, traîné par des chevaux marins, fend les ondes au milieu d'une troupe de tritons, de néréides, d'océanides, de dauphins chevauchés par des enfants : tout ce monde aquatique agite des coraux, tient des madrépores, souffle dans des buccins et se joue autour du char dans les remous de l'écume.

Le sujet de la frise est la *Douleur*, symbolisée par différents épisodes du sac de Troie. Au centre de la composition, Ajax poursuit Cassandre, qui se réfugie en vain auprès de Palladium. Un peu plus loin, Pyrrhus s'apprête à tuer Priam, et pour balancer ce groupe, Énée emporte son père Anchise et traîne par la main son fils Iule, qui le suit *non passibus æquis*.

La *Terre* est figurée par le panneau de droite par le triomphe de Bacchus et de Cérès, divinités des forces productrices. Ils s'avancent côte à côte, couronnés de pampres et d'épis, sur un char d'or que traînant des centaures et des centauresses, qui jouent de la double flûte et du tympanon ou agitent des thyrses à pommes de pin. Au premier plan, un serpent sort du calathus mystique; un agneau repose dans une gerbe mûre.

Au-dessus la *Joie* est représentée par une bacchanale, à laquelle préside Lyæus, le dieu libre et gai, le père du contentement. Autour de lui se démènent, se cambrent et se tordent bacchants et bacchantes, ménades, mimallonides, satyres, égypans en proie au délire orgiaque. Les bas-reliefs antiques abondent en bacchanales, et l'artiste, pour composer la science, n'a eu qu'à choisir parmi les chefs-d'œuvre.

Dans le panneau à gauche de la porte d'entrée, Vénus sort du sein des eaux; une conque la porte sur l'azur. Les cheveux blonds ruissellent de perles amères, et l'écume argentée baise ses pieds blancs. Eros et Anteros, l'électricité positive et l'électricité négative de l'amour, les deux forces opposées, se disputent la jeune déesse. Himeros s'agenouille devant elle; la conque est suivie par une bande de néréides charmées. Jupiter, Neptune et Amphitrite président à cette naissance, qu'il faut entendre plutôt dans le sens cosmique que dans le sens mythologique, car Vénus ici représente la *Matière*, produit de l'élément igné et de l'élément humide, et la fable, ne l'oublions pas, fait Vénus fille de Cœlus et de la Mer.

La raison pour thème l'*Union* : Vénus et l'Amour rapprochent le beau Pâris de la belle Hélène; certes, jamais couple ne fut *naturellement* mieux assorti; mais de cette union naquirent une foule de désastres, de calamités et de discordes. Il eût été facile, ce nous semble, de choisir une autre paire d'amants, à moins qu'il n'y ait dans ce choix une malice allégorique que nous n'osons comprendre, de peur d'être trop fin.

C'est à l'*Esprit* qu'est consacré le panneau à droite de la porte d'entrée. Minerve jaillit tout armée du front de son père entr'ouvert par la hache d'Héphaïstos. L'assemblée des dieux assiste à cette naissance et témoigne un étonnement admiratif. Iris présente la ténia ou ceinture virginale à cette déesse, fille de la pensée, qui n'a pas été créée par l'amour et ne doit pas le connaître.

Dans la frise consacrée au *Travail*, l'ingénieux Dédale, le père des arts, fabrique des ailes avec des plumes et de la cire pour lui et pour son fils Icare, symbolise sous lequel les mythologues veulent voir l'invention des voiles de vaisseau, et qui pourrait tout aussi bien s'appliquer à un premier essai d'aérostation oublié et transfiguré; pour faire pendant à ce groupe, Minerve montre à Palamède surpris les lettres de l'alphabet tracées sur un papyrus. Désormais, les paroles pourront être fixées et ne mériteront plus autant l'épithète d'ailées qu'Homère leur applique si souvent.

Toutes ces peintures sont dues au pinceau de M. Sébastien Cornu, un artiste de talent qui a compris qu'il s'agissait ici d'une restitution archaïque, et n'a pas cherché à faire prévaloir son originalité propre. Toutes ces peintures sont exécutées dans un sentiment d'imitation intelligente, et l'on voit que l'artiste a consulté avec fruit les décorations de la maison de Salluste, des Vestales, des Danseuses, des Hermès, et autres habitations célèbres de Pompéi. Le vestibule et l'atrium sont d'ailleurs les seules pièces qui contiennent des panneaux à figures et à sujets; la décoration des autres salles consiste en champs de couleur, en divisions contrastées servant de fond à une ornementation légère.

Donnant le pas à l'esprit sur la matière, entrons d'abord dans la bibliothèque; nous visiterons ensuite la salle à manger. Rien n'est plus élégant et mieux entendu. De sveltes colonnettes de bois de citre autour desquelles tourne en spirale une brindille de lierre supportent les rayons, et à mi-hauteur de la salle, une étroite galerie en balcon qui forme comme le second étage de la bibliothèque et permet d'atteindre plus facilement les volumes. Trois parois sont occupées par le développement de ce système. Aux deux bouts, deux cabinets rouges à tiroir renferment les médailliers, les gravures et les plans; deux coupes de porphyre sont placées sur deux colonnes de marbre noir, de chaque côté de la porte qui mène à l'atrium.

En face, trois fenêtres, ou plutôt une seule et large fenêtre, divisée par deux pilastres, verse un jour tranquille à ce sanctuaire de l'étude; une cheminée de marbre blanc est ménagée au-dessous de la fenêtre du milieu; sur la tablette est posé un buste en bronze de Napoléon, ayant un cadran dans le socle. Les anciens ne connaissaient pas les pendules; ils mesuraient le temps avec des clepsydres, des gnomons et des sabliers; mais un mouvement d'horloge dissimulé sous un buste ne constitue pas une grave infraction archéologique, et il faut savoir l'heure dans une bibliothèque où tant de beaux et bons livres pourraient la faire oublier. Le rideau transparent qui tamise la lumière de la fenêtre porte, brodés dans ce tissu même, les attributs consulaires et impériaux; le plafond a pour ornement des caissons et des losanges tracés en filets de couleur sur un fond de bois de citronnier d'un effet calme et doux à l'œil.

De grandes tables où doivent s'ouvrir à l'aise les in-folio et où le travail peut amonceler des volumes autour de lui pour ses recherches savantes, sont, avec des fauteuils et des tabourets de forme antique, les seuls meubles de cette salle, dont un moelleux tapis, étouffant le bruit des pas, couvre le sol.

La salle à manger est placée en face de la bibliothèque, dont l'atrium la sépare; une large baie partagée en trois par deux pilastres lui donne la lumière, le soffite se divise en caissons, les murs en panneaux rouges, bleus et jaunes servant de champ à tout ce que l'ornementation pompéienne a imaginé de plus délicat: colonnettes fuselées, treillis, cabinets, longs filaments de plantes, guirlandes légères, fleurs aux pétales ailés, fruits blonds ou vermeils, nœuds de rubans, oiseaux, chimères, coupes, instruments de musique.

Le choix des attributs révèle la salle du festin sans rassasier les yeux avant l'estomac, comme on le fait trop souvent par des étalages de victuailles peintes, plus dignes de la boutique d'un marchand de comestibles que de convives délicats. — Des épis, des grappes, des oiseaux, des poissons, du gibier, mêlés discrètement à l'ornementation, marquent seuls au visiteur attentif la destination du lieu.

Sur la cheminée de marbre blanc et or, nous avons remarqué les bustes du roi de Rome, de la reine Hortense, du prince Jérôme fils, de Louis-Napoléon et de Louis fils.

De beaux lustres d'argent oxydé en manière de lampes antiques descendent du plafond. La couronne, d'où partent les branches, est formée par des Hercules adossés, la massue au poing; des Minerves sont debout à l'extrémité des bras.

De belles portes en chêne blond, avec boutons de bronze, complètent la décoration.

Le salon, situé au fond de l'atrium, est peint en rouge antique avec une plinthe noire. Sur ces fonds, d'une localité riche et sévère, voltigent les fantaisies légères de l'ornementation gréco-pompéienne, qui ont l'avantage d'égayer les surfaces de l'architecture et de n'en pas déranger les lignes.

Sur la cheminée de marbre blanc sont posés des candélabres d'argent oxydé et de grands vases de porcelaine d'un bleu foncé veiné d'or imitant le lapis-lazuli.

La chambre à coucher du prince avoisine le salon; elle est ornée de velariums jaunes tendus sur un fond de rouge.

Le cabinet de toilette est lilas avec filets, baguettes, cadres, palmettes de diverses couleurs.

Devant le salon, ou pour mieux dire sur la façade intérieure de la maison, se développe une serre au pavé de mosaïque, avec bassin et fontaine de marbre, où l'architecte a réalisé ces constructions imaginaires que les artistes pompéiens ont si souvent peintes dans leurs panneaux décoratifs.

Les parois murales de la serre sont ornées de lauriers roses et d'oliviers peints sur fond bleu. Les parois transparentes ont des vitres ouvragées et réunies par de frêles colonnettes d'une élégante légèreté.

D'un côté de la serre, il y a un gymnase et une piscine, encore en construction; de l'autre un passage à colonnes et à treillis, où se suspendent des fleurs et des feuillages, conduit à un bâtiment latéral, avec refends, frontons et niches, où se dessinent, sur un fond rouge, Cérès, Hercule, Vénus, Euterpe, statues en marbre blanc.

Mais quand on a franchi la porte où conduit le passage, une surprise vous attend. Vous pensiez arriver à des thermes, à un tepidarium, comme celui où Th. Chasseriau a fait se reposer les femmes de Pompéi; pas du tout: vous tombez dans un bain turc. Voilà la coupole bleue découpée d'étoiles laissant filtrer un jour mystérieux, les tables de massage, les fontaines pour les ablutions, le cabinet pour faire le kief. Nous qui avons visité Constantinople, nous concevons très-bien ce caprice oriental, qui, du reste, ne dérange en rien la physionomie antique de la maison.

Nous ne parlerons pas du cabinet de travail du prince, décoré avec une sobriété austère, et dont le principal ornement est un magnifique dessin représentant le serment des Horaces de David, copié par Ingres, ni du bureau des aides de camp, ni des appartements au second étage, cela nous exposerait à des répétitions fastidieuses, car les mots ne peuvent rendre de simples différences de lignes et de couleurs. Bornons-nous à dire que cette maison antique, malgré toute l'exactitude de son style, est parfaitement appropriée à la vie moderne et peut être beaucoup plus confortable que bien des palais et des hôtels à la dernière mode; des fils électriques, des cordons acoustiques transmettent les ordres aux esclaves... non, aux valets de chambre, avec célérité et certitude. Aucune des ressources de la science n'a été négligée pour rendre logeable ce beau rêve d'antiquité, dont la réalisation fait honneur au goût éclairé du prince et à l'habileté de l'architecte, M. Normant, qui l'a si bien compris.

THÉOPHILE GAUTIER.

DÉPÔT LÉGAL
Série
18..

PREMIÈRE ANNÉE.　　　8　　　LIVRAISON.

PARIS QUI S'EN VA

ET

PARIS QUI VIENT

PUBLICATION ARTISTIQUE

DESSINÉE ET GRAVÉE

Par Léopold FLAMENG

TEXTE PAR

Arsène ROUSSAYE, Théophile GAUTHIER, CHAMPFLEURY, Albéric SECOND, Albert de la FIZELIÈRE, Alfred DELVAU, Jean ROUSSEAU, Eugène MULLER, Alphonse DUCHESNE, CASTAGNARY, Amédée ROLLAND, Henri LEFORT, Ernest HAMEL, Zacharie ASTRUC, Georges DUPLESSIS, Charles COLIGNY, Firmin MAILLARD, Vernand DESNOYERS, BARRILLOT, De KERSÉNANT, Amédée HARDY, etc.

LIVRAISON — Prix : 1 Franc 50 Centimes

MARS

1860

PARIS

PUBLIÉ PAR ALFRED CADART, ÉDITEUR D'ESTAMPES

3, RUE SAINT-FIACRE, 3

On s'abonne à Londres

CHEZ W. JEFFS, 15, BURLINGTON ARCADE

ET 69, KING'S ROAD, BRIGHTON

Foreign Bookseller to the Royal Family.

St-Pétersbourg,	Dufour, libraire de la Cour impériale.	Bruxelles, Van-der-Kolk.	Florence, Vieusseux.
Berlin, Dr DES POSTES.		Turin, Bocca.	Naples, Dufrène.
		Milan, Dumolard.	New-York, Baillière.

PARIS QUI S'EN VA

et

PARIS QUI VIENT

PUBLICATION ARTISTIQUE

DESSINÉE ET GRAVÉE PAR

LÉOPOLD FLAMENG

TEXTE

Par Arsène HOUSSAYE, Théophile GAUTHIER, CHAMPFLEURY, Albéric SECOND, Albert de la FIZELIÈRE, Alfred DELVAU, Jean ROUSSEAU, Eugène MULLER, Alphonse DUCHESNE, CASTAGNARY, Amédée ROLLAND, Henri LEFORT, Ernest HAMEL, Zacharie ASTRUC, Georges DUPLESSIS, Charles COLIGNY, Firmin MAILLARD, Fernand DESNOYERS, DARRILLOT, DE KERSENAT, Amédée HARDY, etc., etc.

Ce qui faisait les délices de nos savants, de nos artistes, de nos archéologues; le **Paris** de SAUVAL et de GILLES CORROYET, de dom FÉLIBIEN et de dom LOBINEAU; ces vieilles rues, ces vieux quartiers qui nous donnaient une idée si juste du Paris d'il y a des siècles; ces carrefours, ces places publiques foulées par tant de générations; cette myriade de lieux historiques si chers à ceux qui aiment à s'inspirer du passé..... Eh bien, encore quelques années, et tout cela aura disparu! Une ville nouvelle aura surgi comme par enchantement : pas une ruine, un vestige, une humble inscription même, pour attester que telle ou telle chose était là!

Où retrouver le vieux Paris? Çà et là quelque noble monument élevé par nos pères : Notre-Dame, la tour Saint-Jacques, Saint-Germain-l'Auxerrois, par exemple, mais rien de plus....

Sublimes et antiques chefs-d'œuvre encadrés à la moderne! Quelques heures suffiront à l'étranger surpris et désappointé pour voir ce qu'il y aura de remarquable encore dans la vieille Capitale, redevenue jeune par ses constructions.

Et voyant cela, un de nos graveurs les plus remarquables, s'est dit : Si nous nous imposions la tâche de reconstituer le vieux Paris?.. Si nous consacrions dans un ouvrage spécial tout ce qu'il y a d'intéressant encore dans ce Paris qui s'en va?...

Et M. Flameng s'est hardiment mis à l'œuvre. Aidé d'une foule d'écrivains distingués, il va nous montrer Paris vu à ses barrières dans ses bals, ses Californies; Paris à l'Opéra, à la descente de la Courtille, à l'ancien marché des Innocents; Paris à la Morgue; au parvis Notre-Dame. Paris partout; dans ses mœurs, dans ses monuments; tantôt pleurant, tantôt riant, enfin, dans tous ses mystères, ses contrastes, ses habitudes. Voilà le point de départ; la pensée mère de cette publication.

Deux premières livraisons ont déjà paru en Décembre comme Spécimens, sous le titre de : **LA CALIFORNIE** (barrière Montparnasse), et **LE CABARET DE LA MÈRE MARIE** (barrière des Deux-Moulins), texte par ALFRED DELVAU.

Ces deux numéros sont en dehors de l'Abonnement, au prix de 1 fr. 50 c. chaque, et 1 franc pour les personnes qui prennent un Abonnement.

Cette publication commencera à partir du 1er Janvier 1860. Il paraîtra régulièrement deux livraisons par mois. Chaque souscripteur recevra à la fin de l'année un frontispice illustré, et pour prime, une très-belle gravure, composée et gravée par LÉOPOLD FLAMENG.

CONDITIONS DE LA SOUSCRIPTION

PARIS		DÉPARTEMENTS		ÉTRANGER	
Un an.	20 fr.	Un an.	21 fr.	Un an. . . . . , . . . à	22 fr.
Six mois.	11 »	Six mois. .	12 »	Six mois.	15 »
Trois mois.	6 »	Trois mois.	7 »	Trois mois.	8 »

Édition sur papier de Hollande. — Prix . . . . **40 francs.**

En souscrivant à l'avance pour Paris, un mois : 2 francs.

Première livraison de Janvier 1860

La rue de la Vieille-Lanterne (mort de Gérard de Nerval), texte par ARSÈNE HOUSSAYE.

Deuxième livraison de Janvier

Les Médaillés de Sainte-Hélène au Jardin du Luxembourg, texte par EUGÈNE MULLER
Résumé historique des transformations de Paris, texte par ALFRED DELVAU.

Bureau central d'abonnement, chez l'Éditeur ALFRED CADART, 3, rue Saint-Fiacre, et dans les principales maisons d'estampes et de librairie de la capitale.

Paris, le 1er Janvier 1860.

L'ÉDITEUR GÉRANT,
A. CADART.

(S'adresser, pour toutes réclamations et renseignements, 3, rue Saint-Fiacre, Paris.)

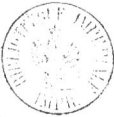

LE MÉTIER DU CHIFFON

I

Ici les choses vont parler; je comprends que je dois me borner à leur servir d'interprète; si je parviens à conserver leur esprit, mon rôle n'aura pas été un rôle ingrat.

C'est au crayon qu'appartient l'initiative de cette étude; c'est lui qui, un beau matin, est venu dire à la plume : Mettons-nous en chasse. Plus jeune, plus ingambe, plus hardi, il avait déjà maintes fois battu le pays. Je me confiai en tremblant à mon téméraire ami. Je me suis toujours méfié du pittoresque, quoique je lui aie déjà fait bien des sacrifices. Combien ce gouffre attirant n'a-t-il pas englouti d'existences ! Combien d'intelligences n'ont-elles pas été abruties par cette dévorante Circé ! L'on regarde et l'on regarde, l'on contemple et l'on contemple, et, à force de regarder et de contempler, l'on oublie de vivre et d'agir, et à quarante ans l'on se réveille sceptique, stérile, blasé : mauvaise spéculation! Sous prétexte de philosopher, l'on a musé, l'on a fait joujou avec la forme et la couleur, avec les idées et avec les choses, et l'on n'a fait ni son livre, ni sa statue, ni son tableau, ni sa vie : on n'a été qu'un sublime flâneur quand l'on se croyait un observateur profond. Ceux que nous allons voir sont des philosophes pratiques: c'est une des raisons pour lesquelles je les admire.

Les dangers dont je me préoccupais en partant pour ma petite descente aux enfers parisiens étaient d'un ordre infiniment moins relevé que je ne viens de le donner à croire. J'avais vêtu un paletot sordide, un chapeau de circonstance et des souliers qui avaient usé bien des pavés. Ce costume débraillé était autrefois le passeport indispensable de l'observateur populaire; il fit sourire mon ami. C'est très-bien, me dit-il; mais pourquoi ne prenez-vous pas un de ces jolis petits pistolets de poche qui se font si heureusement appeler *un coup de poing?* Mais où croyez-vous donc que je vous mène? Les gens avec lesquels je vais vous mettre en relation sont les êtres les plus inoffensifs du monde; mais ils ont leur clairvoyance. Pensez-vous que leur œil, qui est infaillible comme une pierre de touche, n'aura pas bientôt reconnu de quel métal vous êtes fabriqué? Votre méfiance les insultera, ces honnêtes chiffonniers, ces braves marchands de peau de lapin, et, ce qui est pis, elle les affligera. Votre déguisement leur paraîtra une précaution ridicule. « Bon ! » — se diront-ils en soupirant, — voilà encore un de nos orgueilleux » Ne vous inquiétez cependant pas de tout cela : vous auriez l'air par trop gauche. Je suis connu et je me charge de vous faire passer tel que vous êtes.

II

Nous étions arrivés, par la rue Mouffetard, à l'angle de la rue Saint-Médard. Mon ami m'arrêta par le bras. Il avait une importante recommandation à me faire :
— « Soyez simple, naturel, bon homme et donnez pleine carrière à votre curiosité ; si vous prenez des airs mystérieux et inquisiteurs, vous ne sauriez rien ; ne faites pas l'homme qui veut arracher les vers du nez ; soyez franc et net dans vos questions ; ils seront francs dans leurs réponses. Nous ne sommes pas les premiers artistes qu'ils reçoivent chez eux ; ils aiment assez les gens de notre race. Du reste, M. Lafleur, qui est un employé de la maison, sera votre introducteur, votre cornac et votre drogman ; je vous remettrai entre ses mains. » — Mais, — se hâta d'ajouter mon ami, — « il faut que vous sachiez à qui je vais vous présenter. J'aurais pu vous faire faire connaissance avec des *chineurs* ou des trolleurs, mais j'ai préféré vous montrer la boutique d'un marchand en demi-gros, qui a chiffonné lui-même et crié la peau de lapin. Là, vous trouverez tous les renseignements nécessaires; là, le métier vous révèlera pleinement les lois et le jeu de son organisme. « Maintenant, ouvrez les yeux. »

Nous passâmes devant des garnis et des échoppes qui s'alimentent de l'industrie du chiffon ou qui en sont tributaires; des garnis étroits, humbles mais honnêtes, avec leur lanterne, avec leur double écriteau de bois peint en jaune et formant chevron, avec leurs fenêtres à guillotine et leur long escalier en colimaçon; des échoppes encavées s'ouvrant sur la rue par une porte basse, bourrées jusqu'à la gueule de marchandises indescriptibles, échoppes vieillottes mais actives, tantôt rendant un sourd bruissement semblable à celui d'une fourmilière; tantôt faisant babiller leurs outils comme des commères; tantôt toussotant et crachant comme des machines détraquées. Que peut-il se passer là-dedans?

Vers le milieu de la rue, mon ami reconnut la boutique de son chiffonnier; il me laissa à la porte, me priant de l'attendre un moment. Je me mis à examiner la maison. Elle n'a rien de sinistre, rien de désolé, rien de gothique. Elle ne sue ni le crime, ni la misère, ni la légende. Elle n'est ni obèse, ni lézardée, ni crevassée. Son aspect est plus original; c'est quelque chose de multiforme, de postiche: quelque chose entre l'actrice dévenue portière et la douairière déchue qui conserve sa dignité au milieu de ses cocasseries. A une fenêtre, des peaux de lapins prennent l'air en compagnie d'une culotte de velours. A une autre, je remarque avec effroi de ces volets matelassés comme n'en présente que la demeure des riches. La devanture de la boutique se compose d'un haut et long vitrage, — évidemment emprunté aux démolitions. Les carreaux et les châssis sont de toutes dimensions; les vitres sont de toutes nuances, depuis le cristal jusqu'au vert bouteille, jusqu'à l'opale. Elles sont séparées par des baguettes rouges, jaunes, grises et recouvertes en certains endroits d'un treillis en fer rouillé. L'un de ces châssis est doré et encadre une lithophanie. L'imposte qui surmonte la porte est rempli par un panneau sculpté représentant une bergerie. Le bois de cet ornement est vermoulu, percillé, à couleur écaillée, la sculpture camarde. La porte s'ouvre par un bec de canne historié, mais en zinc débronzé. Derrière ce vitrage, pas de rideaux, mais si peu de transparence qu'il m'eût été impossible de voir dans l'intérieur.

Mon ami ne tarda pas à reparaître : il amenait avec lui un homme de belle prestance, coiffé d'un fez rouge à houppe de soie bleue, cadeau ou legs de quelque vieil Africain de ses amis; c'était M. Lafleur, employé chiffonnier. — « Monsieur n'est pas un espion, mon cher Lafleur, mais un ami; il aime les pauvres gens et les petits métiers; ce n'est pas un flâneur, mais un homme qui cherche à s'instruire; il croit que tous les hommes doivent s'aimer et s'estimer et que pour cela toutes les professions doivent se connaître et se fréquenter. » — Complétement rassuré sur mes intentions, M. Lafleur me fait un salut militaire; je lui offre la main. Nous entrons ; M. Lafleur nous annonce par un : « C'est des artistes » plein de bienveillance et de protection. Je me sentais quelque peu intimidé par la nouveauté des êtres et l'aspect étrange; de l'endroit; mes jambes hésitaient, mais une voix fraîche et grassouillette, une voix cordiale me rendit tout mon courage. —

C'était la patronne qui me criait : — «Mais entrez donc monsieur; n'ayez pas peur : les artistes, nous connaissons ça. »

Je tournai naturellement les yeux du côté de la patronne; elle se tenait en ce moment à son comptoir, ancien comptoir de marchand de vins qui, après de longs et honorables services, est venu prendre ses invalides dans cette boutique. Maintenant, dans ses vieux jours, il sert de bureau. Mais l'on voit que le travail le fatigue, car, chaque fois que l'on s'appuie sur lui, il laisse échapper de ses flancs endoloris des gémissements qui fendent l'âme. Comme lui, tous les objets qui meublent la boutique sont des rebuts, des antiquailles : des fauteuils éventrés, des chaises boiteuses, une commode déjetée, un poêle de faïence dont les organes respiratoires sont définitivement ruinés. Tout cela, on le voit au premier coup d'œil, n'a jamais été fabriqué pour l'usage des propriétaires actuels. Ne doivent-ils pas s'étonner de se trouver chez un chiffonnier, ce casier de notaire et cette vaste bibliothèque de savant veuve de ses respectables bouquins et dont les rayons sont occupés par de fades romances et de plats romans? Et ce pot à l'eau en vieux Saxe, tout raffistolé, tout rapiécé, tout rattaché avec du fil de fer et coiffé d'un ignoble couvercle de plomb, ne proteste-t-il pas contre ses malheurs? Ne semble-t-il pas crier : Plutôt la mort qu'un pareil déshonneur? Et ce portefeuille en maroquin jadis rouge! il a appartenu à un ministre, et, maintenant, il est en train de perdre jusqu'à son nom; c'est à peine si je peux lire : Minist... des aff.........ères. Il va sans dire qu'on l'a débarrassé de sa muselière en argent; il peut geindre tout à son aise. Mais passons : nous avons bien d'autres choses à voir, et plus curieuses et plus lamentables, et plus caractéristiques du métier.

La boutique est une vaste et haute pièce carrée blanchie à la chaux qui sert en même temps d'atelier. Le premier *triquage* (triage) a été fait, et tout ce qui n'est pas chiffon a été écarté et emmagasiné. Le carreau disparaît sous des couches plus ou moins épaisses de loques et de chiffons, de lambeaux et de guenilles répartis en lots suivant leur nature, divisés par catégories suivant leur nature, amoncelés en tas et en monceaux, en monticules et en montagnes ; l'on croit voir une carte géographique en relief. Plongées dans les vallées que forment ces éminences, l'on aperçoit deux femmes, dont l'une, encore assez jeune, conserve sa beauté, malgré ce milieu délétère, et une certaine grâce, malgré ses occupations grossières. Entièrement enveloppées d'un immense tablier de cuir, armées d'une paire de ciseaux formidables, elles reconnaissent et *triquent* la marchandise, séparent la soie, le drap, la peau, le papier, la corde et la ficelle, taillant, rognant, découpant chaque article; formant de grands morceaux, de petits morceaux, des morceaux imperceptibles, des bandes, des carrés, des losanges, des effilochures, des brins pour le raccommodage, pour la doublure, pour le rembourrage, et aussi pour une foule de fabrications à bon marché, assortissant les couleurs et les formes, façonnant et parant la marchandise. Rien n'est perdu : le velours et le drap font des casquettes, des pantoufles, des bottines, des manchons de fer à repasser, des coussinets pour les appuis de balcon, des pelotes, des rampes d'escalier, des polissoirs. Bien des chapeaux de femme, bien des bonnets, bien des courte-pointes, bien des robes même sont sortis rayonnants et triomphants de cet obscur chaos.

III

Jusqu'à présent, M. Lafleur a gardé un silence dédaigneux; il nous a laissés nous amuser aux bagatelles de la porte. Ça, nous dit-il, c'est l'ouvrage des femmes; mais il faut voir le magasin. Une porte vitrée s'ouvre devant nous, et nous mettons le pied dans une cour carrée encaissée entre quatre murs verdâtres et lézardés, une de ces cours sombres et profondes que l'on appelle des puits: c'est le magasin; singulier magasin! La boutique pouvait être comparée à une infirmerie,

à un hospice; cette cour représente le charnier, le cimetière des choses. Sous des appentis recouverts de lattes moussues et soutenus par des perches tremblantes, sont disposés des compartiments longs, étroits, profonds et inclinés. Dans ces tombeaux dorment, en attendant le jour de leur métamorphose, tous les détritus, tous les déchets des trois règnes. Côte à côte reposent les tessons de verre et les os, les porcelaines cassées et les peaux, la ferraille et les cornes, le vieux papier et les poils, les ficelles et les cheveux, les bouchons et les nerfs de bœuf, les dents, les brosses, les peignes et les croûtes de pain. Dans un coin, un baquet où nagent confusément des issues et des cervelles; tout près, un tonneau rempli jusqu'aux bords de philosophes (vieux souliers): les souliers de tout un arrondissement; un peu plus loin, deux caisses, dont l'une renferme des plumes et de la plume, du coton cardé et du crin, et l'autre des caractères d'imprimerie mêlés à des chandeliers oxydés et à des couteaux ébréchés. Le fantastique est complet; cet étrange assemblage d'éléments hétérogènes vous provoque comme un problème philosophique et fait surgir les plus redoutables questions sur l'origine, la nature et la destinée de l'être. Ou plutôt je ne sais quel vague naturisme, quel rêve palingénésique flotte autour de vous et vous pénètre peu à peu. Il tombe une pluie aiguë qui, en s'infiltrant à travers les lattes de l'appentis, dégoutte sur tous ces objets et leur prête une voix et une espèce d'animation. Toute cette matière fume, fermente, germe et va lever. Toutes ces larves frissonnent, s'agitent et semblent marmoter entre elles le mystère de leur résurrection. Pour aider à l'illusion, des peaux de lapin suspendues sur une corde oscillent et se balancent sous la brise glacée; par moments, des oreilles se dressent comme attentives, des queues frétillent.

Je me laissais mouiller. La voix du bon M. Lafleur me tira du rêve dans lequel mon esprit s'abîmait, et me ramena à la réalité. — « La première fois, ça fait de l'effet, mais on s'y habitue; venez donc sous le toit: nous serons mieux là pour causer. » — Une goutte rouge tomba sur ma manche; je relevai assez vivement la tête; M. Lafleur m'expliqua l'événement : il y avait un peu au-dessus de l'appentis une galerie de bois qui était l'abattoir des lapins et des chats. Je me mis à couvert, sans toutefois déserter la place, car je voulais faire mon étude sur nature, et, tirant bravement mon carnet de ma poche, je commençai à questionner M. Lafleur. J'ai fait mon possible pour obtenir des renseignements clairs et méthodiques; je supprimerai les détails trop connus et tous ceux qui ne seraient pas franchement significatifs. Dans tous les cas, je garantis l'authenticité de ma statistique; c'est M. Lafleur qui dicte.

Et d'abord, il nous faudra employer un argot dont quelques termes sont nouveaux. L'argot des métiers change tous les cinq ans, et celui des voleurs change incessamment. Le chiffonnier, le rouleur, est aujourd'hui un *biffin*; le cachemire d'osier (la hotte), est devenu un *berri*; le mannequin, une sauvette ; le crochet, un 7. Le chiffonnier au crochet *roule* la nuit; sa veillée commence à neuf heures et demie. Quelquefois il travaille en seconde, et alors il part de dix à onze heures du matin. Quand il est connu, aimé dans un quartier, il a ses *places*, que ses confrères ne lui disputent jamais ; la *place* de l'Hôtel du Louvre est fort avantageuse. Au bout d'un certain temps, s'il est régulier dans ses habitudes, les ménagères attendent son passage et lui donnent, tout triés, les déchets, sur lesquels il spécule de préférence. Le chiffonnier qui n'a pas de *places* est un *coureur*. Le coureur gagnait de 4 fr. 50 à 5 fr. par jour. La journée du chiffonnier qui a ses *places* varie, mais s'élève rarement à 5 fr. La fierté et l'honnêteté des chiffonniers sont proverbiales; ils n'acceptent jamais rien qu'entre eux, et leurs refus obstinés font le désespoir des cuisinières sensibles. S'ils empruntent de temps à autre dix francs au maître, ils rendent très-exactement la somme prêtée. Leur intempérance a été singulièrement exagérée. Il y a bien parmi eux quelques buveurs incorrigibles, mais la plupart préfèrent le café à toute autre boisson. Les ivrognes n'appellent plus le liquoriste un *camphrier*, mais un *jauttier*. Les jours de gala, ils vont à la *bibine*; la *bibine* est une vaste tabagie, où la grande choppe, pleine sans mousse, se vend 1 sou. Ils ont, à l'endroit de la vie, le philosophisme que l'on connaît : l'indispensable, et rien que l'indispensable. Ils se nourrissent d'arlequins à 3 et à 4 sous. Ils logent dans des garnis dont l'exiguïté et la simplicité d'ameublement sont suffisamment indiquées par le nom de *blockhaus* qu'ils leur ont donné. Ils se chaussent avec des *philosophes* ramassés au coin de la borne. C'est également le hasard du crochet qui leur fournit la coiffure, le linge et les habits. Les chemises trouvées sont des *limaces*. La coiffure : chapeau, bonnet de police, casquette, berret, tricorne, claque ou bonnet, est un *kolbach*. C'est vers midi que les chiffonniers viennent décharger leur hotte, ou porter la marchandise toute triée chez le marchand. Les *maîtres triquent* eux-mêmes.

La peau de lapin est une des branches importantes du commerce du chiffon. Elle est généralement achetée par les Auvergnats. L'*arrchaant* de peaux de lapin est un *chineur*. Le chat, qui supplée si volontiers le lapin dans la gibelotte, usurpe aussi sa place dans les besoins de l'industrie. Le *chineur* achète tout, depuis les cure-dents fatigués jusqu'aux galeries de tableaux, et il a toujours chez lui un Raphaël ou un Rembrandt. Quand il va offrir sa marchandise, le *chineur* prend le nom de *trolleur*. Les marchands de peaux de lapin ne sont pas fréquentés par les chiffonniers, qui les accusent d'être des ambitieux. Ils font rarement prendre l'air à leurs écus; leur manière de placer leurs économies est de les enfouir dans les biens-fonds et surtout dans la terre, qui, pour eux, est la plus fidèle des ménagères. Chaque année, ils retournent au pays, mesurent leur lopin, pour voir s'il n'a pas diminué, et l'arrondissent.

IV

Les hottes et les sacs sont vidés; le chaos a été débrouillé; la marchandise a été triquée, reconnue et emmagasinée : à quoi serviront ces choses conquises par l'industrie sur le néant? comment reconnaîtra-t-elle ses élus? comment opérera-t-elle le miracle de leur transfiguration? Ce que deviennent le vieux linge et le vieux papier, on le sait. On sait moins que les ficelles et les cordes donnent le papier goudron, et les rognures du papier la gélatine, dite colle de chiffonnier. Le verre et le cristal retournent aux verreries et aux cristalleries. Les croûtes de pain et la corne de cheval sont employées comme engrais. La faïence et la porcelaine ne sont bonnes que pour les remblais. Quelques industriels ont bien essayé d'enlever, au moyen de l'électricité, la dorure des porcelaines, mais ils n'ont obtenu que de maigres lingots. Plus heureux que Pélias, fils de Neptune et de la nymphe Tyro, les vieux bouchons trouvent dans la chaudière une seconde jeunesse. Ils en sortent si neufs et si pimpants, avec une chair si ferme et si lisse, que, pour retrouver les blessures que leur a faites le tire-bouchon, il faut les casser. Vous venez de faire cette épreuve, et vous croyez que tout est dit pour le bouchon, et qu'il n'a qu'à disparaître : vous connaissez bien mal les ressources infinies de l'industrie, cette magicienne plus puissante que Médée. Elle vous prend ces morceaux piteux et en fait de charmants petits bouchonnets, des bouchons tom-pouce qui boucheront parfaitement les fioles et flacons. Mais ce qui doit porter votre enthousiasme au comble, c'est le sauvetage des bouts de cigares; oui, des bouts de cigares, et ils s'achètent même et se revendent un fort beau prix. Le chiffonnier les a vendus 75 cent. la livre ; son camarade, qui est fumeur, les rachète 1 fr. tout hachés. Voilà un hachoir dont la journée est bien payée.

Une consommation plus impossible encore, une consommation presque inavouable et pour laquelle je suis obligé d'implorer toutes les indulgences du lecteur, est celle du *quiqui*. Depuis que je prends ces notes, je me trouve à côté de la boîte aux os. Cette terrible boîte me donne des distractions qui n'échappent pas à la perspicacité de M. Lafleur. Ce ne sont pas les os décharnés, ce ne sont pas les têtes grimaçantes des chats et des lapins qui m'inquiètent, mais des pattes de canard revêtues de leur peau, mais des têtes d'oie tout en plumes et en chair. Un horrible soupçon me traverse l'esprit: je pâlis. — « Je vois ce que c'est, » me dit M. Lafleur, — « vous regardez le *quiqui*, eh bien! quoi ? » ajoute-t-il en se scandalisant de mon air étonné, — « le quiqui, c'est des abattis, ça fait de fameux potages, allez, et on s'en lèche les doigts; savez-vous que ça se paie 3 sous, un quiqui ? et n'en a pas qui veut. »

J'en avais assez et je proposai à M. Lafleur un intermède au cabaret voisin. Il accepta; mais, comme mon attention soutenue avait exalté chez lui l'orgueil du métier, il désirait achever mon éducation, et il était loin d'être au bout de son rouleau. — « C'est aujourd'hui lundi, » me dit-il. — « Si vous avez le temps, je vous mènerai chez mon ami M. Bon, qui demeure au faubourg Saint-Antoine: c'est un homme instruit; il vous expliquera tout cela mieux que moi. Et puis il sait les prix, il connaît toute la manicle. » — Nous nous transporterons donc, si, toutefois le lecteur en a aussi le temps, chez M. Bon; c'est chez lui que je compléterai cette étude de mœurs; c'est lui qui nous dira l'histoire de l'os et l'histoire du cheveu. C'est à lui, que M. Lafleur cède l'honneur de nous raconter les multiples et brillantes destinées de la peau de lapin cette dépouille opime du marchand chiffonnier.

V

Chez M. Bon, le commerce du chiffon prend des proportions vraiment imposantes; sa maison est un des docks du chiffon; c'est par 10,000 kilog. que l'on vend. Des voitures, des camions attendent à la porte; le chiffonnier et le marchand de peaux de lapins font queue. Nous sommes reçus par le fils du patron, jeune homme doux, poli, bien élevé, comme je voudrais ne jamais en rencontrer de plus mal stylés. M. Bon nous fait le plus gracieux accueil et, sans nous permettre de nous excuser, il nous conduit immédiatement à travers ses magasins et ses ateliers, et nous offre avec empressement les fruits de son expérience commerciale.

Voici, parmi mes notes, celles qui m'ont paru le plus intéressantes.

Dans le commerce, l'on distingue quatre sortes de lapins : le *roucoucou* (lapin mort-né), l'*entre-deux*, le *clapier* et le *fort*. Il faut deux *entre-deux* pour un *clapier* et deux *clapiers* pour un *fort*. Le *jarre* du lapin est le poil, plus ou moins long, plus ou moins lustré, plus ou moins fin, plus ou moins solide, avec lequel on fabrique le feutre et presque tous les castors. Avec la peau, l'on obtient la colle de doreur, et quand cette peau est découpée à la mécanique, elle s'appelle vermicelle. Les forts sont réservés pour la fourrure. Leur poil simule à s'y méprendre presque toutes les pelleteries chères. Pour les raccommodages de pièces, mangées au vers, ou brûlées ou déchirées par un accroc, il rend des services inappréciables. Mais les marchands ne l'emploient pas seulement pour les réparations, et il y a des mantelets d'hermine, des manchons de martre, des collets de chinchilla uniquement fabriqués avec du lapin rapporté et assorti. Les joujoux brisés, jetés, abandonnés; les petits chiens, les petits chats, les petits lapins de carton ou de bois qui s'échappent dans la rue repassent leur défroque à ceux qui les remplacent dans les magasins et qui leur succèdent dans les caprices des enfants.

Le prix de la peau de lapin varie suivant les pays et suivant la saison. En hiver, la peau se vend 10 sous; en Normandie elle a valu 90 fr. le cent avec les quatre au cent d'escompte. Ce sont les marchands en gros qui font le cours; chaque quartier a son cours. La bourse du lapin se tient au Temple; c'est là que le fameux Landrier de la place Maubert, condamné, en 1857, à trois ans de prison pour une faillite de 3,500,000 fr., avait établi le siége de ses opérations. Sa spéculation consistait à revendre 40,000 fr., ce qu'il avait acheté 60,000 fr.

Il n'y a que quelques années que le chiffonnier a découvert dans son domaine le cheveu. A quelles rêveries nocturnes doit-on la justice tardive qu'il lui rend? je ne sais.— Mais, s'il l'a longtemps dédaigné, il en tire aujourd'hui bon parti. J'éloigne à regret la poésie spéciale qu'évoque ce mot Cheveu.

Le cheveu se vend 3 fr. la livre, quand il ne s'agit que du cheveu de démêloir. Les bonnes occasions, comme *perruques arrachées, dépits d'amants ; sacrifices volontaires*, se négocient de gré à gré avec le coiffeur, et ces occasions ne sont pas aussi rares qu'on pourrait le croire. Les chiffonniers sont très-reconnaissants aux marchands de joujoux du progrès qu'ils ont introduit dans la fabrication des poupées. La poupée *naturelle* leur offre souvent de superbes moissons.

La statistique de ce métier compliqué qui touche à tout ne peut être qu'effleurée ; il n'est pas permis au littérateur de vider telle quelle sa hotte devant le lecteur : il doit avoir d'avance trié son sujet ; et puis, pour étaler les principaux échantillons de tout ce chiffonnage, je n'ai que huit colonnes : l'histoire de l'os se trouvera donc un peu sacrifiée. J'en dirai cependant deux mots.

On ne trafique pas de l'os humain. Simplifiant les classifications anatomiques, les chiffonniers ne reconnaissent que l'os de raffinerie et l'os de *travail*. L'os de raffinerie est celui avec lequel on fabrique le noir animal quels que soient, d'ailleurs, la destination et l'emploi de ce produit organique. Avec l'os de travail rond l'on façonne les cannes, manches de parapluie, dés à jouer, etc. De l'os à côtes l'on tire les boutons, les brosses, cure-ongles, cure-oreilles, etc.

VI

Quand ma leçon de chiffonnage fut terminée, quand je fus initié aussi complétement que j'étais susceptible de l'être, M. Bon m'invita à monter me reposer dans sa chambre. Il avait ses intentions et me ménageait une surprise. La pièce dans laquelle il m'introduisit était entièrement tendue des plus beaux, des plus riches, des plus fantastiques papiers, et si frais, et si étincelants, qu'on aurait dit qu'ils sortaient de chez le tapissier. Parmi ces papiers, il y en avait de si merveilleux, de si artistiques, qu'ils étaient évidemment commandés et uniques. Et, cependant, ils avaient tous été ramassés à la pointe du crochet, du 7 ; formant des compartiments égaux de 50 centimètres carrés, encadrés de baguettes dorées, ils composaient le plus éblouissant décor, la plus ravissante fantaisie orientale que l'on puisse imaginer. Le plancher était recouvert d'un inestimable tapis de Perse obtenu par les mêmes procédés. Tel était le luxe, la coquetterie du chiffonnier.

VII

A un certain point de vue, et sans abuser du fantastique, sans avoir une imagination bien hofmanesque, sans avoir, pour regarder la vie, les yeux hallucinés de Grandville, qui en était venu à tout rapporter à la machine, l'on peut considérer les hommes dont je viens de parler comme des instruments : comme des espèces de rateaux, de tamis, de diviseurs. Mais on doit aussi les considérer comme des fonctionnaires importants dans le gouvernement de la Providence, fonctionnaires probes et intelligents. Sauveteurs courageux de la matière, ramasseurs d'atomes, raccoleurs de forces éparses, vous avez, à mes yeux, ce rare mérite de ne pas marcher en aveugles dans la vie, de n'être ni des fous, ni des indifférents, ni des lâches, d'aimer et de connaître votre métier et de pouvoir l'expliquer aux autres, d'être des gens avec lesquels il y a à profiter.

L'autre jour, j'ai vu un charmant jeune fils de famille qui revenait de l'Inde. Il ne m'a même pas récité Jaquemont ou le major Férier ; il m'a à peine retracé quelques scènes de Méry. Ce qu'il a pu me dire, je crois, de plus spécial et de plus exact sur un pays où il a vécu dix-huit mois est ceci : l'Inde est un pays chaud.

MARC TRAPADOUX.

PREMIÈRE ANNÉE. 9 LIVRAISON.

PARIS QUI S'EN VA

ET

PARIS QUI VIENT

PUBLICATION ARTISTIQUE

DESSINÉE ET GRAVÉE

Par Léopold FLAMENG

TEXTE PAR

Arsène HOUSSAYE, Théophile GAUTIER, CHAMPFLEURY, Charles MONCELET, Émile de la BÉDOLIÈRE, Albéric SECOND, Albert de la FIZELIÈRE, Alfred DELVAU, Jean ROUSSEAU, Eugène MULLER, De SAULT, Jules LEVALOIS, Marc TRAPADOUX, Achille GLEIZES, Alphonse DUCHESNE, Jean DERHEIMS, CASTAGNARY, Amédée ROLLAND, Ernest HAMEL, Zacharie ASTRUC, Georges DUPLESSIS, Victor FOURNEL, Charles COLLIGNY, Firmin MAILLARD, DURANTY, Marc BAYEUX, Fernand DESNOYERS, Étienne MAURICE, Jean DUBOYS, Régulus FLEURY, De KERSÉNANT, Amédée HARDY, etc.

LIVRAISON — Prix : **1** franc **50** centimes

UNE ANNÉE, 24 LIVRAISONS, 20 FRANCS

AVRIL

1860

PARIS

PUBLIÉ PAR ALFRED CADART, ÉDITEUR D'ESTAMPES

3, RUE SAINT-FIACRE

On s'abonne à Londres

CHEZ W. JEFFS, 15, BURLINGTON ARCADE

ET 69, KING'S ROAD, BRIGHTON

Foreign Bookseller to the Royal Family.

St-Pétersbourg, { DUFOUR, libraire de la Cour impériale.	Bruxelles, VAN-DER-KOLK.	Florence, VIEUSSEUX.
	Turin, BOCCA.	Naples, DUPRÈNE.
Berlin, B. BEHR E. BOCK.	Milan, DUMOLARD.	New-York, { Courrier des États-Unis. 73, Franklin Street.

PARIS QUI S'EN VA

et

PARIS QUI VIENT

PUBLICATION ARTISTIQUE

DESSINÉE ET GRAVÉE PAR

LÉOPOLD FLAMENG

TEXTE

Arsène HOUSSAYE, Théophile GAUTIER, CHAMPFLEURY, Charles MONSELET, Émile de la BÉDOLIÈRE, Albéric SECOND, Albert de la FIZELIÈRE, Alfred DELVAU, Jean ROUSSEAU, Eugène MULLER, De SAULT, Jules LEVALLOIS, Marc TRAPADOUX, Achille GLEIZES, Alphonse DUCHESNE, Jean DERHEIMS, CASTAGNARY, Amédée ROLLAND, Ernest HAMEL, Zacharie ASTRUC, Georges DUPLESSIS, Victor FOURNEL, Charles COLLIGNY, Firmin MAILLARD, DURANTY, Marc BAYEUX, Ferrand DESNOYERS, Étienne MAURICE, Jean DUBOYS, Régulus FLEURY, De KERSÉNANT, Amédée HARDY, etc.

Ce qui faisait les délices de nos savants, de nos artistes, de nos archéologues : le **Paris** de SAUVAL et de GILLES CORROZET, de dom FÉLIBIEN et de dom LOBINEAU; ces vieilles rues, ces vieux quartiers qui nous donnaient une idée si juste du Paris d'il y a des siècles; ces carrefours, ces places publiques foulées par tant de générations; cette myriade de lieux historiques si chers à ceux qui aiment à s'inspirer du passé..... eh bien ! encore quelques années, et tout cela aura disparu ! Une ville nouvelle aura surgi comme par enchantement : pas une ruine, un vestige, une humble inscription même, pour attester que telle ou telle chose était là !

Où retrouver le vieux Paris? Çà et là quelque noble monument élevé par nos pères : Notre-Dame, la tour Saint-Jacques, Saint-Germain-l'Auxerrois, par exemple, mais rien de plus.... Sublimes et antiques chefs-d'œuvre encadrés à la moderne! Quelques heures suffiront à l'étranger surpris et désappointé pour voir ce qu'il y aura de remarquable encore dans la vieille Capitale, redevenue jeune par ses constructions.

En voyant cela, un de nos graveurs les plus remarquables s'est dit : Si nous nous imposions la tâche de reconstituer le vieux Paris?.. Si nous consacrions dans un ouvrage spécial tout ce qu'il y a d'intéressant encore dans ce Paris qui s'en va?...

Et M. Flameng s'est hardiment mis à l'œuvre. Aidé d'une foule d'écrivains distingués, il va nous montrer Paris vu à ses barrières, dans ses bals, ses Californies; Paris à l'Opéra, à la descente de la Courtille, à l'ancien marché des Innocents; Paris à la Morgue, au parvis Notre-Dame; Paris partout, dans ses mœurs, dans ses monuments; tantôt pleurant, tantôt riant ; enfin, dans tous ses mystères, ses contrastes, ses habitudes. Voilà le point de départ, la pensée mère de cette publication.

Deux premières livraisons ont déjà paru en Décembre comme Spécimens, sous le titre de : **LA CALIFORNIE** (*barrière Montparnasse*), et **LE CABARET DE LA MÈRE MARIE** (*barrière des Deux-Moulins*), texte par ALFRED DELVAU.

Ces deux numéros sont en dehors de l'Abonnement, au prix de 1 fr. 50 c. chaque, et 1 franc pour les personnes qui prennent un Abonnement.

Cette publication a commencé à paraître le 1er Janvier 1860. Il y aura régulièrement deux livraisons par mois. Chaque souscripteur recevra à la fin de l'année un frontispice illustré, et, pour prime, une très-belle gravure, composée et gravée par LÉOPOLD FLAMENG.

CONDITIONS DE LA SOUSCRIPTION

PARIS		DÉPARTEMENTS		ÉTRANGER	
Un an.	20 fr.	Un an.	21 fr.	Un an.	22 fr.
Six mois.	11 »	Six mois.	12 »	Six mois.	13 »
Trois mois.	6 »	Trois mois.	7 »	Trois mois.	8 »

Édition sur papier de Hollande. — Prix . . . . **40 francs.**

DÉJÀ PARU :

Bureau central d'abonnement chez l'Éditeur **Alfred CADART**, 3, rue Saint-Fiacre, et dans les principales maisons d'estampes et de librairie de la capitale.

Paris, le 1er Janvier 1860.

L'ÉDITEUR-GÉRANT,

A. CADART.

Les personnes de la province qui adressent des demandes d'abonnement sont instamment priées d'indiquer si elles désirent les deux livraisons spécimens de décembre 1859, Nos 1 et 2, en dehors de l'abonnement, cet oubli nécessitant presque toujours un second envoi.

MARCHÉ DES INNOCENTS

I

L'origine du quartier des Halles ou, si mieux l'on aime, « le marché » où se venaient faire les approvisionnements de Paris, remonte à l'année 1136. « Champeaux » était le nom de l'emplacement sur lequel il était situé. Ainsi le disent les premiers chroniqueurs ; mais, comme cette affirmation pourrait conduire à des erreurs de dates, nous croyons devoir tout d'abord assigner au « marché des Innocents » sa propre origine. Ce ne fut qu'en 1781 qu'il fut en réalité là où le retrace notre gravure. Avant Louis XVI, depuis Louis VI, qu'un excessif embonpoint avait fait surnommer « le Gros, » le carreau de la Halle, qui formait anciennement les Halles proprement dites, était circonscrit entre les rues de la Tonnellerie, la partie de la rue de Rambuteau qui portait autrefois le nom des Piliers-Potiers-d'Etain, et le Marché-aux-Poirées. L'emplacement sur lequel est aujourd'hui la fontaine de Pierre Lescot, que vulgairement l'on attribue à Jean Goujon, n'était qu'un vaste cimetière longtemps ouvert aux passants. Ce ne fut qu'en 1186, sous Philippe Auguste, qu'on pensa à lui faire une clôture de murs. Dans la suite, on construisit, tout autour de la clôture, une galerie solidement voûtée, en forme de cloître, qu'on appela « les Charniers. » C'est là qu'on enterrait ceux qui pouvaient payer pour être séparés du commun des morts. Étrange privilège que celui qui vient de la fortune, ce hochet des âmes vaniteuses, — comme si l'égalité des hommes n'était point de principe divin ! Parmi les morts les plus distingués, enterrés dans le cimetière ou dans les « Charniers, » on cite : Boulanger (?), premier président au Parlement de Paris ; Nicolas Lefèvre, « habile critique ; » Mézeray, historiographe de France. — Le cimetière des Innocents servait à « plus de vingt paroisses de Paris. Depuis près de mille ans, les générations venaient successivement s'y engloutir. M. Héricart de Thury a calculé que, pendant près de sept siècles seulement, ce cimetière a dû dévorer un million deux cent mille cadavres. Le voisinage était infecté des exhalaisons méphitiques qu'il répandait. Les habitants de ce quartier portèrent plainte à différentes époques, et demandèrent la suppression de ce cimetière, qui ne fut arrêtée « en conseil » qu'en 1780. Les lecteurs auront peine à croire qu'on ait attendu jusque vers la fin du XVIIIᵉ siècle pour combler ce vaste tombeau, et qu'il ait fallu des sollicitations pressantes et une foule d'écrits que l'on traitait jadis de « har-

dis, » pour prouver que ce cimetière, au milieu d'une grande ville, dans un quartier où les habitations sont pressées et malsaines, était un attentat permanent à la santé et à la vie des citoyens. La principale porte d'entrée du cimetière des Innocents était au coin de la rue aux Fers ; la seconde se trouvait au coin de la rue de la Ferronnerie, et la troisième « place aux Chats, » Au centre du cimetière, était une tour octogone, fort élevée et fort ancienne, nommée « la tour des Bois. » Vers l'extrémité du cimetière, on voyait un petit édifice carré, en pierre de taille, terminé en façon de pyramide, nommé « le Prêchoir, » parce que les « fougueux » prédicateurs de la Ligue s'y rendaient pour animer le peuple contre Henri III. Nicolas Flamel, qui exerça la profession « d'écrivain, » sous les Charniers des Innocents, et qui devint riche sans qu'on ait pu découvrir l'origine de sa fortune, avait fait construire une chapelle sous les Charniers mêmes, où il avait, ainsi que Pernelle, sa femme, un mausolée et sa statue en marbre. Dans la partie des Charniers qui se trouvait du côté de la rue Saint-Denis, on voyait une armoire fermée, renfermant un beau morceau de sculpture, attribué à Germain Pilon représentant un squelette d'un mètre de haut, dont le bras droit était couvert d'une draperie. On ne laissait voir ce squelette que depuis le jour de la Toussaint, jusqu'au lendemain, à midi.

Mais, pour la hiérarchie des faits, revenons au quartier Champeaux. Tout aussi bien, disparu le premier, c'est par lui que nous aurions dû commencer. Quelque chemin que nous eussions pris, la route nous eût toujours conduit au Carreau des Innocents.

II

En 1136, on le nommait Champeaux, le quartier des Halles, — avons-nous dit. C'était, que cet endroit, un emplacement assez vaste ; il occupait, en ce temps-là, le « milieu » d'un des « faubourgs de Paris ; » un fossé le limitait, et l'on affirme, toujours les chroniqueurs du XIIᵉ siècle, — que Champeaux appartenait à Saint-Denis de la Châtre.

(Peut-être a-t-on remarqué, — si on ne l'a déjà fait, je souhaite qu'on le fasse, — que je tiens à n'endosser aucune responsabilité, en ce qui touche les détails historiques, par cette raison que, pour ce qui est d'eux, il n'existe nulle part de preuves patentes et certaines. J'avouerai même, ici, que je persisterai à m'éloigner à dessein des faits consignés dans les chroniques, non que je n'y croie, mais bien parce que je doute quelque peu de leur authenticité. J'ai ouï dire que, dans l'histoire effacée, il fallait ne rétablir que les grands traits quand manquaient les autres, ou lorsque ces autres semblaient être avancés trop superficiellement. Il arriverait, autrement, ce qui a lieu d'un travail fait sous l'empire d'un esprit borné. Le travail risquerait fort de ressembler à celui du naturaliste dont parle Niebuhr, — tome 1er, p. 61, — qui dégageait « des éléments étrangers un squelette d'ossements fossiles rassemblés avec trop de légèreté. » Ne pouvant être Cuvier, lequel reconstruisait la charpente d'un animal, contentons-nous, — c'est le moyen meilleur, — de rester ce que nous sommes : sceptique par nature, scrupuleux par devoir, sans nous amuser à chercher les plus petites saillies d'un os qui manque ou la couleur de la peau qui est perdue. Mieux vaut ignorer que deviner. Et, puisque les faits particuliers ont péri, que, seuls, les faits généraux subsistent, « faisons-nous philosophe pour rester historien. »)

III

Or donc, Champeaux n'était point, sous le règne de Louis le Gros, un site de Paris, mais un lieu choisi dans un des faubourgs de l'antique Lutèce, affecté à un « marché » pour l'approvisionnement de la *petite* capitale. C'était peu important, puisque les marchands de denrées des alentours n'y affluaient pas encore en nombre. Quarante-cinq ans plus tard, le marché des Innocents n'était déjà plus reconnaissable. Première amélioration. La foire Saint-Laurent, qui se tenait depuis l'église de ce nom jusqu'au Bourget, dans une campagne de trente-six arpents, y fut transférée en 1811. Deux ans après, Philippe Auguste, en prévision sans doute de l'agglomération de ses sujets, fit faire sur le marché deux halles entourées d'une muraille et fermées de « bonnes portes, » où les marchands étaient à couvert pour vendre leurs marchandises. Dès ce jour, l'on commença à venir par besoin réel au marché des Innocents. Non-seulement les marchands y vinrent par intérêt, mais plusieurs « métiers » s'y rendirent par obligation. En effet, dit M. Girault de Saint-Fargeau, pour augmenter les revenus du roi, qui percevait un droit sur les « étaux » et sur toutes les « hûches, » on forçait les changeurs, les pelletiers, les « marchands de soie, de cire, les selliers, et même les bouchers, de fermer leurs boutiques et ouvroirs pendant toute la durée de la foire, et de n'étaler qu'aux halles et aux environs, dans les limites de la foire Saint-Ladre. — Au XIIIe siècle, non-seulement chaque profession, chaque branche de commerce y avait sa place marquée et même sa halle particulière ; mais beaucoup de lieux manufacturiers de France y étaient représentés par leurs fabricants, qui avaient également leurs sièges fixes dans ce bazar. Ainsi, Beauvais, Cambrai, Amiens, Douai, Bruxelles, Aumale, Laon, Chaumont, Corbie, Saint-Denis, Avesnes, Pontoise, Lagny, Gonesse, etc., etc., avaient leur section de halles. — Le samedi, le marché au pain se tenait aux halles, accessibles aussi bien aux marchands forains qu'aux « tomeliers » de Paris. Ainsi l'on nommait alors les boulangers.

En présence de ce passé si grand, qui n'était que le prélude à de plus grandes choses encore, comparé à la décadence actuelle, sous l'empire d'une civilisation extra-philosophique, qui a produit des observations, des expériences, des découvertes, des machines, des arts et des industries entières, d'une civilisation qui a « accru la fertilité du sol, enlevé la foudre au ciel, éclairé la nuit de toute la splendeur du jour, accéléré le mouvement, anéanti les distances, rendu l'homme capable de pénétrer dans les profondeurs de l'Océan, de s'élever dans l'air, de traverser la terre sur des chars qui roulent sans chevaux, et l'Océan sur des navires qui filent dix nœuds à l'heure contre le vent. » En présence de ce passé si glorieux, de ce présent si mesquin, l'on peu, l'on doit s'étonner. Quoi ! la France entière était représentée dans un même cercle à une époque de servilité, de féodalité, et aujourd'hui que, depuis 1789, la France est libre, le cercle n'est plus et chacun vit loin des autres, pour soi, donnant au pays peu, mais exportant beaucoup au profit double... Oh ! que de réflexions il y aurait à faire !... Mais ce n'est ici ni le lieu, ni l'instant. Revenons à Philippe Auguste ? Nous sommes en 1222 ; l'influence cléricale sur l'esprit des rois domine. La preuve en est dans une charte de cette époque, qui accorde à l'évêque de Paris les revenus de chaque troisième semaine de la halle de Champeaux. Il ne fallut rien moins sur le trône qu'un roi comme Louis XIV, pensant que l'État c'était lui, pour oser racheter ce droit épiscopal. Ses prédécesseurs ne l'eussent jamais fait, soit crainte, soit faiblesse, soit peut-être aussi dévotion mal comprise. Saint Louis, François Ier et Henri II n'imitèrent Philippe Auguste que dans sa politique annexionniste. Le premier fit construire deux halles aux draps. Le second les reconstruisit. Quant au troisième, successeur de son père dans le cœur de la comtesse de Brézé, il se borna à les achever. En 1553, la halle était devenue si grande, que les marchands et artisans de Paris eurent chacun la leur. — On ne dit plus alors la halle, mais « les halles. » — Les rues qui sont aux environs de la halle aux draps et qui subsistent encore, les rues de la Tonnellerie, de la Cordonnerie, de la Friperie, de la Poterie, de la Lingerie, des Potiers-d'Étain, attestent suffisamment pour que nous n'ayons besoin d'autre preuve que plusieurs professions y avaient autrefois leurs halles particulières.

IV

A cet endroit où se trouvaient hier la halle au poisson et la halle au beurre, où sont aujourd'hui deux pavillons nouveau simulant la place métier ; on la nommait la « place du Pilori. » Le bourreau de Paris y logeait, et non loin de ce pilori — qui vit décapiter Olivier de Clisson en 1344, ainsi que le chevalier Maletrois et quatre écuyers bretons ; Jean Montaigu, le 17 octobre 1409 ; Colinet de Pisex, le traitre, avec six de ses complices, le 12 novembre 1411 ; et, le 4 août 1477, Jacques d'Armagnac, duc de Nemours ; — non loin de ce pilori, à l'extrémité de la place, était la fontaine du marché Carreau, dont l'eau ne put jamais servir à laver l'affront légitime et juste fait aux nobles, leur patrie. Ce pilori, dont on ignore l'origine, existait dès le XIIe siècle. Il fut reconstruit en 1542 pour remplacer un plus ancien, brûlé le 15 avril 1516, à la suite d'une exécution où le bourreau, nommé Fleurant, s'était repris à plusieurs fois pour trancher la tête à un patient. La vue des souffrances de la victime excita à un tel point l'indignation du peuple, qu'il fit pleuvoir une grêle de pierres sur le bourreau avant de commencer l'incendie de l'échafaud. Le malheureux Fleurant ayant cherché un refuge dans la cave située sous le pilori, y périt étouffé. Triste revers des châtiments d'ici-bas !...

Cet instrument à demeure, qui, fort heureusement, a été supprimé quelques mois avant la Révolution française, emportant à jamais avec lui un genre de supplice barbare et féodal, consistait en une tour octogone avec un rez-de-chaussée et un seul étage au-dessus, percé tout autour de hautes croisées. Au milieu de cette tour était placée une roue de fer mobile, semée de trous, où l'on faisait passer la tête des patients qui, pendant trois jours de marché, étaient exposés aux regards du peuple, trois heures par jour. De demi-heure en demi-heure, on faisait tourner la roue, et les suppliciés, « de par le roi, » faisaient ainsi le tour du pilori!... Horrible! horrible! horrible!... comme eût dit Shakspeare!

V

En ce temps-là, la charge de bourreau de Paris n'était pas l'une des moindres de l'État. Chaque jour, à toute heure, qu'il fît lune ou soleil, on pouvait avoir besoin de son ministère. Aussi le bourreau était-il une puissance qu'on ménageait et avec lequel, bon gré, mal gré, il fallait compter. Aussi le tenait-on en très-haute et très-grande estime, — le gouvernement s'entend, — car en ce qui concernait les nobles et les roturiers, il devait y en avoir peu de l'avis de Cocounas sur le chapitre des amitiés; or, il était choyé à un point que tout lui était aubaine. Non-seulement il était autorisé par ses lettres d'institution à loger sur la place du Pilori « et non ailleurs, » mais encore il avait obtenu le droit de construire et de louer à des marchands les boutiques et les échoppes qui entouraient la place, au carré de la halle aux poissons; en outre, car autrement ces faveurs n'eussent été rien, en outre, il jouissait de beaucoup d'autres priviléges qui compensaient, jusqu'à un certain point, les horreurs d'une pareille existence.

Il jouissait du droit de *havage*, c'est-à-dire qu'il pouvait exiger sur toutes les céréales exposées en vente autant de grain qu'on en pouvait prendre avec la main. « Il prélevait un droit sur les légumes verts, sur les fruits, sur la marée, le poisson d'eau douce, les balais, les gâteaux de la veille de l'Épiphanie, le passage du Petit-Pont, les lépreux, les marchands forains (pendant deux mois, le foin, les œufs, la laine, etc.). Il venait lui-même avec ses valets percevoir la part à laquelle il pouvait prétendre, et ses valets, à mesure qu'un débiteur se libérait, lui faisaient sur le dos une marque avec de la craie, afin de le reconnaître. »

Ce barbare usage subsistait encore vers la fin du XVIIIᵉ siècle. A cause des rixes qu'il occasionnait entre les préposés de « l'exécuteur de la haute justice » et ceux qui refusaient de payer ou de se laisser marquer, il fut supprimé. Quand donc viendra le tour du bourreau?

VI

Mais n'est-ce pas trop nous tenir en échec devant le passé si triste et si rempli d'abus? Pourquoi ne suivrions-nous pas de préférence ces deux flâneurs, l'un philosophe désœuvré, qu'on ne fixe pas, mais qui voit; l'autre, un de ces badauds enracinés que Dickens appellerait « cokneys » et qui semble marcher dans un rêve comme les dieux de l'*Iliade* marchaient parfois dans un nuage? — seulement c'est le contraire et des dieux et de l'ami : Gérard de Nerval.

Il faisait nuit. Les étoiles scintillaient dans un ciel bleu; la lune était pâle comme une pièce d'argent mat. Nul autre bruit que les charrettes des maraîchers, des marayeurs, des beurriers, des verduriers qui roulaient sur le pavé sec et s'entrecroisaient sans interruption. Point de cris, si ce n'est ceux qui sortaient des cabarets ouverts la nuit aux voituriers, mais dont ne profitaient que les hétaïres lutéciennes et les héros du calicot ou du 3 p. 0/0, — façon de s'encanailler comme jadis.

Nos deux touristes franchissaient le lieu où jadis étaient les petits piliers ou piliers d'étain; ils arrivaient à gauche de la halle aux poissons,— dont l'entrée autrefois était communément appelée la « Porte Merdeuse, » par cette raison que les égouts étaient alors plus propres que cette halle; ils s'arrêtaient, attirés par une foule d'hommes en blouse, en chapeau rond et en manteau blanc rayé de noir, couchés sur des sacs de haricots : quelques-uns se chauffaient, d'autres s'allumaient; d'autres, debout près des sacs, se livraient à des adjudications de haricots : là on parlait prime, différence, couverture, reports, hausse et baisse enfin, comme à la Bourse.

— « Ces gens en blouse sont plus riches que nous, — disait à Gérard son compagnon. — Ce sont de faux paysans; sous leur roulière ou leur bourgeron, ils sont parfaitement vêtus et laisseront demain leur blouse chez le marchand de vin pour retourner chez eux en tilbury. Le spéculateur adroit revêt la blouse comme l'avocat revêt la robe : ceux de ces gens-là qui dorment sont les *moutons* ou les simples voituriers... »

Et tandis qu'il discourait, des voix graves entonnaient les litanies de la *cote* : « 46-66 l'haricot de Soissons! 48, fin courant. Les nains, 28! — La vesce à 13-34!... »

La philosophie laissait le commerce, s'aventurant sous les colonnes du marché aux pommes de terre. L'on nous saura gré de laisser la parole, en cet endroit, à Gérard de Nerval, ce poëte dont l'avis était qu'il valait mieux savoir observer l'homme que de l'inventer;

« Des femmes matinales ou bien tardives épluchaient leurs denrées à la lueur des lanternes. Il y en avait de jolies qui, travaillant sous l'œil des mères, chantaient de vieilles chansons. Ces dames sont souvent plus riches qu'il ne semble, et la fortune même n'interrompt pas leur rude labeur. Mon compagnon prit plaisir à s'entretenir très-longtemps avec une jolie blonde, lui parlant du dernier bal de la Halle (1), dont elle avait dû faire l'un des plus beaux ornements... Elle répondit fort élégamment et comme une personne du monde, quand, je ne sais par quelle fantaisie, il s'adressa à la mère en lui disant : « Mais votre demoiselle est charmante, *a-t-elle le sac?* (cela veut dire en langage des Halles : a-t-elle de l'argent?) —Non, mon fy, dit la mère, c'est moi qui l'ai le sac! — Et mais, Madame, si vous étiez veuve, on pourrait... Nous recauserons de cela!... — Va-t'en donc, vieux

(1) Je ne sais si le compagnon de Gérard de Nerval voulait parler du bal qui a eu lieu le 17 août 1852. Dans cette hypothèse, nous croyons utile et curieux d'en dire aussi quelques mots.

La salle était ainsi distribuée : deux grands compartiments partagés par la fontaine, l'un du côté de la rue Saint-Denis, l'autre du côté de la rue de la Poterie. La fontaine était couronnée d'un aigle d'or. Sa partie supérieure était en même temps cascade et foyer lumineux. Les bassins formaient une immense jardinière. Les piliers de la salle portaient des palmes d'or. Ceux des quatre entrées étaient convertis en puissantes caryatides. Des galeries en surélévation régnaient tout à l'entour. Les anciens candélabres, les anciennes potences à réverbères étaient convertis en candélabres d'or chargés de cristaux et de girandoles. Des divans magnifiques étaient disposés tout à l'entour et au milieu des deux salles. Les tentures de la salle étaient blanches, or et amaranthe. 400 lustres et 500 girandoles, portant plus de 20,000 bougies, formaient le luminaire. Il y avait quatre entrées tournées aux quatre points cardinaux. La principale, au couchant, était décorée d'un portail magnifique figurant la Ville de Paris sur son vaisseau, tenant des cornes d'abondance d'où s'échappaient, par masses, des légumes, des fruits, du gibier, etc. La seconde principale entrée donnait sur la rue de la Ferronnerie, vis-à-vis la place Sainte-Opportune.

Pour peindre convenablement cette fête colossale, il faudrait le pinceau extravagant de Marilhat, ou le burin de Flameng. C'était un vrai bal babylonien. 20,000 personnes se pressaient dans ce vaste espace devenu trop étroit. Le coup d'œil était étrange. Des robes de soie et des robes de jaconas, des épaules nues et des fichus de madras, des habits noirs et des redingotes bleues, l'ALPHA et l'OMÉGA de la société parisienne. La salle était splendidement illuminée. Il y avait quatre entrées tournées aux... La fontaine de Pierre Lescot qui se dressait au milieu, projduisait surtout un effet merveilleux. Malheureusement, vers dix heures et demie, un orage qui n'était pas sur le programme, éclata tout à coup. Des flaques d'eau, balancées sur la toile goudronnée, firent irruption, et dames et cavaliers n'eurent rien de mieux à faire que d'ouvrir leurs parapluies. A onze heures l'orage était passé. Et néanmoins, le bal durait encore. L'on avait rentré les parapluies dans leur étui.

C'est en vain qu'on attendit à cette fête M. le Président de la République. Il n'y parut pas.

mufle! » cria la jeune fille avec un accent entièrement local, qui tranchait sur ses phrases précédentes. »

Le philosophe et le *cockney* tournaient les talons, poursuivis d'imprécations railleuses, qui rappelaient d'une façon assez classique les colloques de Vadé, — et décidaient de souper. Ni Bordier, ce rendez-vous des fruitiers-orangers et des orangères, ni son homonyme de la rue aux Ours, ni le restaurant des Halles, fraîchement sculpté et doré, près de la rue de la Reynie, ni les *charniers* qui bordent la partie du marché consacré aux choux, aucun ne leur plaisait, autre que Baratte. Mais que de choux à franchir pour s'y rendre!
« La rue parallèle de la Ferronnerie en est également remplie, et le cloître voisin de Sainte-Opportune en présente de véritables montagnes. La carotte et le navet appartiennent au même département : « Voulez-vous des *frisés*, des *milans*, des *cabus*, mes p'tits amours? nous crie une marchande. En traversant la place, nous admirons des potirons monstrueux. On nous offre des saucissons et des boudins, du café à un sou la tasse, — et aux pieds même de la fontaine de Pierre Lescot et de J. Goujon, sont installés, en plein vent, d'autres soupeurs plus modestes encore que ceux des charniers. »

Ils entraient chez Baratte que, du dehors, les poursuivaient encore les voix des syrènes criant :

— « Pommes de reinette et pommes d'api! — Mes p'tits choux, fleurissez vos dames? — Calvil! calvil! calvil rouge! — Calvil rouge et calvil gris! — Artichauds! salades! — Eh! *médème!* parlez-moi donc *médème?* »

Le souper fait, Gérard et son ami, sans honte ni vergogne, entrèrent dans l'établissement célèbre de Paul Niquet. C'était une salle dont les murs, très-élevés et surmontés d'un vitrage, étaient entièrement nus. Les pieds posaient sur des dalles humides. Un comptoir immense partageait en deux la salle. Le fond était occupé par une foule assez mêlée où les disputes ne sont pas rares. Comme on ne pouvait pas à tout moment aller chercher la garde, le fond était si célèbre sous l'Empire par ses cerises à l'eau-de-vie, avait fait établir des conduits d'eau très-utiles dans le cas d'une rixe violente. On les lâchait de plusieurs points de la salle sur les combattants, et si cela ne les calmait pas, on levait un certain appareil qui bouchait hermétiquement l'issue. Alors l'eau montait, et les plus furieux demandaient grâce.

VII

Mais voici le jour. Laissons nos désœuvrés? Tout aussi bien, nous n'avons plus besoin d'eux. Le carreau des halles est dans toute son animation. Les lanternes sont éteintes, et le soleil, ce grand dispensateur des lumières, éclaire ce pêle-mêle bizarre d'hommes et de femmes qui crient, se remuent et se heurtent en tout sens. La silhouette de Saint-Eustache ferme le tableau à droite; à gauche, la vue ne s'étend que jusqu'à la ligne de maisons régulières, derniers restes du cloître des Charniers.

C'est l'instant où se passe l'action que représente avec ses personnages la gravure de Flameng. Tous les caractères y sont, depuis le type de l'hypocrite, retracé par Sheridan, jusqu'à l'espèce de Scaramouche, qui grimace de bonne humeur, depuis le type de l'Italien sensuel du XVIe siècle, jusqu'au Français libre penseur du XIXe, frisant de près le roué du XVIIIe. Tout y est. Tout a sa place. Rien n'y manque, rien,

ni la grande aristocratie, ni sa bonne, ni la levrette de ces dames, qu'agace le gamin de Paris, ni la jeune ménagère, ni le petit fruitier du quartier, ni le fort de la halle, ni le servant d'hôtel, ni M. et Mme Prud'homme, ni l'Anglais beaucoup fort admirateur, ni sa pudique moitié enrubannée, roide et à mécanique, rien, pas même le chien démocrate, pas même les quatre à cinq cents parasols peints en rouge, en vert, en jaune, formant boutiques, rien, pas même la fontaine telle qu'elle était avant sa restauration, avec ses 13 mètres 65 centimètres de hauteur, son grand bassin carré, ses gradins, ses arcades ornées de pilastres corinthiens cannelés, son riche entablement, sa coupole de cuivre, et, aux angles du soubassement, ses lions en plomb.

C'est bien là la vérité vraie de ce qui a été, de ce qui a existé, de ce qui nous a parlé, de ce qui nous a instruit. Le livre est ouvert, la page est marquée, la ligne a un signet; lisez, vous qui entrez dans la vie ou qui la quittez! Ce souvenir a plus d'un trait glorieux, plus d'un exemple d'héroïsme. La halle, c'est un chapitre de Hogarth, d'une tristesse poignante, qui fait rire aux éclats par la bouffonnerie de ses épisodes, par la violence de ses caricatures.

Philosophiquement, c'est plus encore : la halle, c'est une scène de la comédie humaine, aux contrastes heureux et malheureux, contre lesquels sont venues, vont et iront sans cesse se briser nos illusions ou se retremper nos âmes.

Ces femmes ont eu leur privilèges aussi. Enfants! n'apprenez pas, à l'exemple du comte d'Artois, à les dédaigner sous le prétexte qu'on vous aura répété les acretés vicieuses de leur langage. Ces femmes sont plus grandes que les plus grandes, plus nobles que les plus nobles. Elles ont le courage civique, l'amour de la patrie, l'héroïsme du cœur, le germe des grandes actions. Les hommes ont fait le 14 juillet; mais les femmes, les dames de la halle, ont fait le 6 octobre. Les hommes ont pris la Bastille; elles, elles ont pris la royauté ; 1789 est sorti du 6 octobre, comme la liberté, du 14 juillet. Ce sont elles qui, le 28 juillet 1830, excitèrent le sexe fort à résister aux troupes. C'est l'une d'elles qui aida le jeune Sebire, mort si glorieusement, à planter l'étendard national sur la fontaine des Innocents. Ce sont elles enfin qui les premières, en 1848, prises d'un généreux élan, fêtèrent la victoire de l'idée sur le principe absolutiste. *Nullum bellum sine milite gallo*, a dit Plaute. A notre tour, nous pourrions affirmer qu'il n'y a pas de guerre sans héroïnes. Les titres fournis ne valent-ils pas tout autant, sinon plus, qu'un blason?

VIII

J'ai dit, et je termine, me repentant presque de n'avoir pas commencé comme les poètes dont parle Tite-Live en ses *Annales*, qui offraient des vœux et des prières aux dieux et aux déesses, pour qu'ils donnassent un heureux succès aux débuts de leur entreprise. J'aurais pu et dû suivre, et imiter leur prudence, mais j'ai fait l'aveu de mes craintes au lecteur. — Puisse donc cet aveu attirer sur mon travail toute la bienveillance et me faire pardonner les nombreuses omissions dont je me suis rendu coupable! *Nullum sine auctoramento malum est!*...

ACHILLE GLEIZES.

Aⁿⁱ M·ᵉ Dᴜɴᴀᴜᴅ. — Imp. Poitevin, Soringe et Cⁱᵉ, Srs, place du Caire, 2.

PREMIÈRE ANNÉE.   10   LIVRAISON.

PARIS QUI S'EN VA

ET

PARIS QUI VIENT

PUBLICATION ARTISTIQUE

DESSINÉE ET GRAVÉE

Par Léopold FLAMENG

TEXTE PAR

Arsène HOUSSAYE, Théophile GAUTIER, CHAMPFLEURY, Albéric SECOND, Albert de la FIZELIÈRE, Alfred DELVAU, Jean ROUSSEAU, Eugène MULLER, Alphonse DUCHESNE, CASTAGNARY, Amédée ROLLAND, Marc TRAPADOUX, Ernest HAMEL, Zacharie ASTRUC, Georges DUPLESSIS, Firmin MAILLARD, DURANTY, Marc BAYEUX, Fernand DESNOYERS, Étienne MAURICE, BARBILLOT, De KERSEKANT, Amédée HARDY, etc.

LIVRAISON — Prix : 1 Franc 50 Centimes

AVRIL

1860

PARIS

PUBLIÉ PAR ALFRED CADART, ÉDITEUR D'ESTAMPES

3, RUE SAINT-FIACRE

On s'abonne à Londres

CHEZ W. JEFFS, 15, BURLINGTON ARCADE
ET 69, KING'S ROAD, BRIGHTON
Foreign Bookseller to the Royal Family.

St-Pétersbourg,	Dufour, libraire de la Cour impériale.	Bruxelles, VAN-DER-KOLK.		Florence, VIEUSSEUX.	
		Turin, BOCCA.		Naples, DUPRÈNE.	
Berlin, B. BEHR E. BOCK.		Milan, DUMOLARD.		New-York,	Courrier des États-Unis 73, Franklin Street.

PARIS QUI S'EN VA

ET

PARIS QUI VIENT

PUBLICATION ARTISTIQUE

DESSINÉE ET GRAVÉE PAR

LÉOPOLD FLAMENG

TEXTE

Par Arsène HOUSSAYE, Théophile GAUTIER, CHAMPFLEURY, Albéric SECOND, Albert de la FIZELIÈRE, Alfred DELVAU, Jean ROUSSEAU, Eugène MULLER, Jules LEVALOIS, Alphonse DUCHESNE, CASTAGNARY, Amédée ROLLAND, Marc TRAPADOUX, Ernest HAMEL, Zacharie ASTRUC, Georges DUPLESSIS, Firmin MAILLARD, DURANTY, Marc BAYEUX, Fernand DESNOYERS, Etienne MAURICE, BARRILLOT, DE KERSENANT, Amédée HARDY, etc., etc.

Ce qui faisait les délices de nos savants, de nos artistes, de nos archéologues : le **Paris** de SAUVAL et de GILLES CORROYET, de dom FÉLIBIEN et de dom LOBINEAU; ces vieilles rues, ces vieux quartiers qui nous donnaient une idée si juste du Paris d'il y a des siècles; ces carrefours, ces places publiques foulées par tant de générations; cette myriade de lieux historiques si chers à ceux uiaiment à s'inspirer du passé..... eh bien! encore quelques années, et tout cela aura disparu! Une ville nouvelle aura surgi comme par enchantement : pas une ruine, un vestige, une humble inscription même, pour attester que telle ou telle chose était là !

Où retrouver le vieux Paris? Çà et là quelque noble monument élevé par nos pères : Notre-Dame, la tour Saint-Jacques, Saint-Germain-l'Auxerrois, par exemple, mais rien de plus.... Sublimes et antiques chefs-d'œuvre encadrés à la moderne! Quelques heures suffiront à l'étranger surpris et désappointé pour voir ce qu'il y aura de remarquable encore dans la vieille Capitale, redevenue jeune par ses constructions.

En voyant cela, un de nos graveurs les plus remarquables s'est dit : Si nous imposions la tâche de reconstituer le vieux Paris?.. Si nous consacrions dans un ouvrage spécial tout ce qu'il y a d'intéressant encore dans ce Paris qui s'en va?...

Et M. Flameng s'est hardiment mis à l'œuvre. Aidé d'une foule d'écrivains distingués, il va nous montrer Paris vu à ses barrières, dans ses bals, ses Californies; Paris à l'Opéra, à la descente de la Courtille, à l'ancien marché des Innocents; Paris à la Morgue, au parvis Notre-Dame; Paris partout, dans ses mœurs, dans ses monuments; tantôt pleurant, tantôt riant; enfin, dans tous ses mystères, ses contrastes, ses habitudes. Voilà le point de départ, la pensée mère de cette publication.

Deux premières livraisons ont déjà paru en Décembre comme Spécimens, sous le titre de : LA CALIFORNIE (*barrière Montparnasse*), et LE CABARET DE LA MÈRE MARIE (*barrière des Deux-Moulins*), texte par ALFRED DELVAU.

Ces deux numéros sont en dehors de l'Abonnement, au prix de 1 fr. 50 c. chaque, et 1 franc pour les personnes qui prennent un Abonnement.

Cette publication a commencé à paraître le 1er Janvier 1860. Il y aura régulièrement deux livraisons par mois. Chaque souscripteur recevra à la fin de l'année un frontispice illustré, et, pour prime, une très-belle gravure, composée et gravée par LÉOPOLD FLAMENG.

CONDITIONS DE LA SOUSCRIPTION

PARIS		DÉPARTEMENTS		ÉTRANGER	
Un an..........	20 fr.	Un an..........	21 fr.	Un an..........	22 fr.
Six mois..........	11 »	Six mois..........	12 »	Six mois..........	13 »
Trois mois..........	6 »	Trois mois..........	7 »	Trois mois..........	8 »

Édition sur papier de Hollande. — Prix.......... 40 francs.

DÉJÀ PARU:

Bureau central d'abonnement chez l'Éditeur **Alfred CADART**, 3, rue Saint-Fiacre, et dans les principales maisons d'estampes et de librairie de la capitale.

Paris, le 1er Janvier 1860.

L'ÉDITEUR GÉRANT,

A. CADART.

Les personnes de la province qui adressent des demandes d'abonnement sont instamment priées d'indiquer si elles désirent les deux livraisons spécimens de décembre 1859, Nos 1 et 2, en dehors de l'abonnement, cet oubli nécessitant presque toujours un second envoi.

LA SALPÊTRIÈRE (Cour des Loges)

LA SALPÊTRIÈRE

En 1656, le Parlement, reconnaissant que le nombre des vagabonds et gens dangereux s'était accru d'une foule de soldats que la cessation des guerres de la Fronde avait jetés sur le pavé, et qu'il était nécessaire de préserver Paris des inconvénients qu'amenait le séjour de tels hôtes, décida la fondation d'un hôpital général destiné à les recevoir. Une partie des terrains attenant à Bicêtre, et la maison de la Salpêtrière, ainsi nommée, parce qu'on y faisait du salpêtre, furent affectés à l'emplacement des bâtiments et succursales de cet hôpital, qui s'éleva rapidement sur les plans de l'architecte Libéral Bruant, et qui, dès 1662, contint déjà neuf à dix mille personnes.

L'irrégularité des finances publiques rendait fort difficile, à cette époque, l'administration d'un établissement où il fallait nourrir un tel nombre de bouches. La plupart du temps, le pain manqua aux malheureux renfermés à la Salpêtrière, et les directeurs de la maison finirent par déclarer qu'ils seraient forcés d'ouvrir les portes toutes grandes à des gens auxquels ils ne pouvaient donner à manger.

Le Parlement décida alors que les communautés religieuses des deux sexes contribueraient pour une somme de 100,000 livres, annuellement, à l'entretien de l'Hôpital général. Néanmoins, la misère et le désordre ne firent qu'empirer à la Salpêtrière. On créa, à la Pitié et à Bicêtre, deux autres maisons analogues, sur lesquelles on évacua le trop-plein de l'Hôpital général. Puis, peu à peu, on commença à réserver exclusivement la Salpêtrière aux femmes, aux enfants et aux vieux ménages. En 1720, il y avait à la Salpêtrière 250 cellules pour ces ménages. On enfermait, à titre de correction, à l'Hôpital, les filles et les femmes débauchées, et on y recevait, à titre d'asile, les femmes malades, quelles que fussent leurs infirmités, par conséquent les folles. Ce fut en 1752 qu'on attribua, pour la première fois, un logement séparé aux insensées et aux imbéciles.

Avant la Révolution, selon Dulaure, on comptait à la Salpêtrière 7 ou 8,000 indigentes, plus un nombre égal d'autres personnes classées sous les catégories suivantes : *Détenues de toute sorte; — Femmes et Filles enceintes; — Nourrices et Nourrissons;— Garçons de 7 mois à 5 ans; — Jeunes Filles; — Vieux ménages; — Filles perverses; — Imbéciles; — Paralytiques; — Epileptiques; — Aveugles; — Estropiées; — Teigneuses; — Incurables; — Enfants scrofuleux.*

Une supérieure, aidée de trente-deux sœurs dirigeait tout le service de l'Hôpital général, composé de la Salpêtrière et des succursales de Bicêtre et de la Pitié: cette dernière maison, de succursale était devenue le chef-lieu de tout l'établissement auquel était jointe une maison de force.

En 1802, la Salpêtrière rentra dans les attributions de l'Administration générale des hôpitaux. Le service fut depuis divisé en cinq grandes sections : les *Reposantes*, ou femmes ayant vieilli dans la maison; les *Indigentes*, ayant au moins 70 ans, si elles sont valides, et sans limite d'âge si elles sont atteintes d'infirmités incurables; l'*Infirmerie*, les *Aliénées*, les *Epileptiques*.

Sauf quelques changements de détail, ces divisions subsistent encore. Le service est fait actuellement par des surveillantes laïques. La population de la Salpêtrière est beaucoup moins considérable qu'autrefois et se borne à quatre ou cinq mille femmes, ce qui provient et des progrès des temps et des perfectionnements du mécanisme de l'assistance publique. Les vieux ménages et les enfants ont été transportés dans des hospices ouverts spécialement pour eux.

L'Hôpital général a donné son nom à un des boulevards de Paris, où il est situé, et qui, partant de la Seine, finit, ou plutôt finissait à la barrière de Fontainebleau, puisque celle-ci a disparu.

Au tiers de la hauteur du boulevard de l'Hôpital, non loin de la Seine, au fond d'un assez vaste quinconce, s'élève une grande porte dominant des murs qui s'étendent de chaque côté : c'est la porte de la Salpêtrière.

Quand on l'a franchie, on se trouve en face de deux guichets par où doivent passer séparément les hommes et les femmes; cette précaution est motivée par la règle de visiter les entrants et les sortants, afin de vérifier s'ils n'emportent aucun objet appartenant à la maison. On débouche ensuite dans une immense cour, qui est en même temps un jardin, et un jardin de Louis XIII et de Louis XIV, avec une charmille tout autour, et de larges plates-bandes dessinées géométriquement et entourées de grillages.

A partir de cette cour, la topographie de la Salpêtrière devient impossible à décrire : c'est une succession de places, de jardins, de bâtiments, d'enclos, de rues, semblable à une ville parmi les arbres. Le dôme de l'église s'élève au-dessus de ces masses de constructions ajoutées les unes aux autres à diverses époques, mais dont les principales remontent au dix-septième siècle et présentent le caractère sévère, imposant et monacal de l'architecture d'il y a deux cents ans.

J'ai vu la Salpêtrière par des jours de pluie, sous un ciel gris et froid. J'étais au pied des hautes murailles nues de l'église; devant moi, le jardin de promenade pareil à un fragment du parc de Versailles, gémissait dans tous ses vieux arbres; au-dessous les voûtes ouvertes à travers les grands corps de logis à pierres grises et éraillées par le temps, j'apercevais la solitude des cours lointaines. Par les vastes fenêtres des rez-de-chaussée, j'entrevoyais les rideaux blancs des lits, dans les dortoirs des malades. De loin en loin, passait une surveillante grave, dans sa robe noire, plastronnée d'un tablier blanc montant jusqu'aux épaules, ou bien j'entendais le bruit sec des béquilles sur le pavé, et une vieille femme courbée, misérablement vêtue, s'enfonçait dans les couloirs des escaliers.

Plus loin apparaissait, au fond du jardin, l'allée qui conduit vers les maisons où sont les folles.

Un sentiment d'irrésistible mélancolie s'emparait de l'esprit au pied de cette église, où l'on était transporté à deux cents ans en arrière ; mais la solitude du lieu, écartant l'idée d'hôpital, c'était un couvent d'autrefois qu'évoquait la pensée.

La Salpêtrière est bien plus triste quand il fait soleil : ce n'est plus une tristesse matérielle qui s'exhale de vieux bâtiments et de vieux jardins sombres. mais une tristesse toute morale, qui sort de toutes ces vieilles femmes, venant se traîner à la lumière et à la chaleur.

Pliées, défigurées, déformées, assises immobiles sous les arbres, ou bruyantes et avides de querelles, elles sont la plupart étranges de physionomie, presque toutes d'un type grossier, brutal : beaucoup de vices, l'ivrognerie, une existence démoralisante ayant passé souvent sur ces corps détruits et affligeants à voir.

Elles suivent d'un œil machinal, quelquefois mécontent, le visiteur qui passe et qui éprouve la même angoisse qu'auprès d'un animal indéfinissable dont le regard vague ne peut lui expliquer les intentions.

La misère a ôté là, à presque tout le monde, la noblesse de la vieillesse, et les ravages de l'âge n'ont laissé debout que l'égoïsme. On le sent et on ne tarde pas à le voir : au soleil, au dortoir, au réfectoire, les querelles, les prétentions, les jalousies montrent que le *moi* a survécu à la ruine du corps et s'est renforcé.

L'inégalité de la fortune apporte ses amertumes jusque dans cet asile spécial de toutes les pauvretés, la pauvreté de l'âme, de la matière humaine, de l'habit, de l'existence entière, de l'intérieur et de l'extérieur. Les jeux du sort jettent à l'hôpital, à côté de malheureuses créatures dont une misère incessante a comprimé toute la vie, des femmes qui ont vécu, relativement du moins, dans des positions brillantes.

Le contact est pénible entre ces deux classes *d'indigentes*. La jalousie, l'envie, d'une part, des restes de prétention, d'anciennes habitudes plus délicates, de l'autre, rendraient ce contact insupportable, s'il n'était réservé, à celles qui disposent du plus infime débris de l'aisance disparue, de petits coins à part, où on les réunit entre elles : des chambres de cinq à quinze ou vingt lits, et même de petites cellules séparées.

Du reste, la jouissance d'une chambre séparée à la Salpêtrière est très souvent le signe d'un futur passage à l'hospice de la Rochefoucauld, où l'on est admis moyennant le payement d'une faible redevance annuelle.

Le plus grand ordre règne à la Salpêtrière. On y dispose d'ailleurs, contre celles qui le troublent, de divers moyens de correction et de punition, tels que la privation de sortie, des travaux extraordinaires, si elles sont valides bien entendu, et enfin l'envoi au Dépôt de mendicité de Villers-Cotterets.

Les dortoirs sont frappants par un aspect de rigoureuse propreté qui résulte de la blancheur des lits et de la netteté des parquets. Les réfectoires ont une apparence moins satisfaisante. Les écuelles de bois et les couverts d'étain ou de fer, rangés sur de longues tables couvertes d'une toile cirée clouée, font penser à un repas rapide et ménagé. Rien là qui fasse disparaître l'idée de la pauvreté.

Les femmes valides se lèvent à cinq heures du matin en été et à six en hiver ; elles se couchent

vers huit heures du soir et plus tôt encore dans la saison sombre. On les fait sortir le plus possible dans les jardins et on ne leur permet pas de se reposer sur leur lit dans le jour. Les conditions de bon ordre, autant que les précautions d'hygiène, président à cette mesure.

Chaque lit est muni d'un grand tiroir pratiqué dans le bois au-dessous de la couchette, et où les pensionnaires de l'hôpital enferment leurs hardes. Dans les chambres où le nombre des lits est peu considérable, les habitants de ces chambres ont souvent une petite armoire basse où un réchaud sur lequel elles préparent les aliments qu'elles ajoutent à l'ordinaire de la maison. Toutes celles qui le peuvent doivent faire leur lit elles-mêmes.

Les repas se prennent par séries de femmes se succédant à la table. C'est là, surtout, qu'éclatent les hostilités, la personnalité égoïste. On se dispute les places, et les retardataires ont peine à approcher de l'écuelle.

On donne du travail à celles qui ont le désir ou l'ambition de gagner quelque argent, avec quoi adoucir un peu l'existence assez restreinte ou austère qui leur est faite à la Salpêtrière.

Un certain nombre de jours par semaine, toute la population valide est convoquée, à tour de rôle, pour éplucher les légumes. Les femmes qui ont le bonheur d'avoir leur petite bourse, sont autorisées à se faire remplacer dans ce travail par une compagne moins fortunée, et la minime redevance qu'elles lui donnent lui permet d'aller faire un tour à la cantine ou au marché, d'augmenter sa ration de vin, ou de renouveler son tabac.

La cantine et le marché jouent un grand rôle à la Salpêtrière. Le marché contient une vingtaine de boutiques : un café-restaurant, un pâtissier, un épicier, un cordonnier, une blanchisseuse et les quelques établissements à peu près indispensables pour le vêtement et la nourriture. Le café, ou plutôt le petit cabaret, s'appelle par excellence la cantine. Il est tenu à l'heure qu'il est par un nègre. Les femmes n'ont le droit de boire qu'une certaine quantité de vin, et, à cet effet, elles sont tenues de se faire délivrer, par un surveillant spécial, un petit bon qu'elles portent ensuite à la cantine avec leur argent, et qui sert de moyen de contrôle.

Elles jouissent, en somme, d'une assez grande liberté d'allures. On leur accorde facilement des sorties et même des congés de plusieurs jours.

Les parents ou les amis sont admis deux fois la semaine, le jeudi et le dimanche, de une heure à quatre. Ces jours de visites sont ceux où le marché a le plus d'animation. La cantine est remplie par les familles ; l'argent circule dans l'hôpital. Les femmes assez malheureuses pour être seules sur la terre contemplent avec tristesse et mécontentement cette fête des autres.

Il n'est pas rare non plus qu'il n'y ait à la Salpêtrière des mères dont les filles arrivent en robe de soie, et l'effet de ces apparitions du luxe parmi la misère est contrariant.

Une bibliothèque pieuse et édifiante est ouverte aux pensionnaires de bonne éducation qui veulent remplir les longues heures de la journée.

L'hôpital renferme aussi des bains. Les cuisines n'ont pas d'intérêt particulier.

Les services religieux sont suivis avec assez de ferveur. Une grande préoccupation parmi cette vieillesse, c'est la mort et l'enterrement. Elle est sans cesse présente, parce que la mort se promène sans cesse dans les dortoirs et vide chaque nuit plusieurs lits. La crainte que le corps ne soit disséqué, la crainte d'être portées en terre dans le sac qui sert de linteul à celles qui n'ont pu s'acheter d'avance et mettre dans le tiroir du lit leur drap mortuaire, ces deux craintes tourmentent beaucoup les pauvres vieux esprits. La plupart du temps, l'enterrement est fait par la famille, quand la morte en a une, ou mis, ainsi que les frais de séjour, à la charge du département auquel appartient la vieille femme.

L'infirmerie est naturellement occupée par les malades classées en service, comme dans tout autre hôpital, et, quoiqu'il s'y présente parfois des cas pathologiques curieux, il n'est rien de bien spécial à y citer. Les médecins y ont seulement beaucoup de peine, à cause de la difficulté d'obtenir des renseignements précis de la part des vieilles femmes, car elles répondent moins nettement encore que de petits enfants aux questions qu'on leur fait sur leur état.

L'organisation générale de la Salpêtrière consiste en séries, sections ou divisions, formant la transition de l'état valide à l'état de maladie, en passant par les divers degrés de gravité, d'incurabilité, de hideur même des affections ; ainsi le séjour à la division des *Grandes-Infirmes* précède l'entrée à l'infirmerie ; ainsi, un premier dépôt de folles, dont l'état ne paraît pas suffisamment inquiétant, reçoit les malheureuses atteintes dans leur raison, avant qu'elles ne passent dans les bâtiments où sont logées les folles définitives. Ainsi une section de cancéreuses, une d'idiotes. Nous ne poursuivrons pas ces détails, qu'on peut comprendre sans plus ample explication.

Les sections et salles portent leurs anciens noms de sainteté qu'elles avaient à l'époque où l'hôpital était desservi par les religieuses, et sont placées sous la direction d'une surveillante aidée de sous-surveillantes en nombre proportionnel à l'importance de la section. Tous les soins de leur personnel reviennent aux surveillantes, les changements, les congés et sorties, les punitions, etc., sur lesquels statue en dernier ressort le directeur. On peut reconnaître à la physionomie généralement grave, ferme, intelligente de ces surveillantes, combien de réclamations désordonnées, de tracasseries, de soucis minutieux, incessants, elles ont à dominer ; combien il leur faut de patience, d'abnégation et de jugement pour rendre supportable à leurs administrées la vie commune et ses règles nécessaires. Tous les soins matériels sont remplis par des *filles de service*, qui trouvent tout naturellement leur retraite dans la maison lorsqu'elles ont vieilli. Les indigentes encore assez valides, d'autres entrées avant l'âge de 70 ans par des circonstances exceptionnelles, d'anciennes malades de la maison, guéries, peuvent devenir filles de service. Un des plus curieux exemples de ce cas, est celui de folles ramenées à la santé et ayant demandé à servir.

Chaque année, il y a à la Salpêtrière une très-belle et curieuse fête : la procession de la Fête-Dieu, à laquelle prend part tout ce qui peut marcher, tout ce qui peut se traîner. Les idiotes ont place au cortége, qui traverse, clergé en tête, et formé par rang d'âge, tous les jardins dans lesquels sont dressés de splendides reposoirs. A cette procession figure le petit saint Jean, habillé d'une peau d'agneau, et conduisant en laisse la petite bête blanche symbolique.

Quand la procession est terminée, les flots de visiteurs se répandent partout, il ne reste plus que les malades dans les dortoirs. D'étranges formes apparaissent, des gaietés attristantes se montrent, la musique joue, le fantastique groupe des idiotes accourt, les vieilles créatures semblent se redresser, se réveiller, les épileptiques avec leurs faces ravagées et hébétées se collent aux planches de leur enclos. Tout ce monde étrange sort au soleil comme un peuple d'êtres mystérieux, cachés dans ces endroits noirs, qui se révèle tout à coup et vous remplit d'étonnement, d'effroi et de trouble.

En ceci, la Salpêtrière est plus terrible ou plus belle que tout autre hôpital, selon qu'on cèdera à l'impression du moment, ou qu'on voudra admirer la grandeur de raison pure et de morale qui a donné un asile à toutes les douleurs, à tout ce qui est affreux, débile, infirme, et exposé par conséquent à souffrir dans la vie publique.

J'ai longuement aussi vu les Folles.

Le tableau de M. Amand Gautier, dont la gravure *illustre* cet article, demande que je m'y arrête avant d'entrer dans la Folie.

Le tableau de M. Gautier est une des œuvres les plus hardies de la peinture contemporaine. Fait après de longues et pour ainsi dire courageuses études, il rend avec un grand sentiment de tristesse et d'observation un des plus redoutables spectacles de la Salpêtrière : cette cour des *Agitées*, là où sont enfermées, dans des cabanons grillés, les folles sans repos, dont la plus grande liberté est l'entrave de la camisole de force. Qu'on ne se trompe pas à celles qui ont les bras libres : tout à l'heure elles seront dans la camisole. Il semble que ces malheureuses femmes créent autour d'elles une atmosphère nuisible : l'herbe ne pousse pas dans le jardin où elles tournent, les arbres s'y flétrissent et se dessèchent, la muraille se ruine. C'est ce que le peintre a voulu rendre. Comme tentative de réalité, trois de ses personnages sont surtout remarquables : la vieille femme du milieu, qui est une *imbécile* ; la jeune fille au sourire sans fin, qui est une *nymphomane*, et la créature appuyée contre le mur, au fond, qui est une *mélancolique*. Le tableau de M. Gautier produisit une vive sensation, lorsqu'il fut exposé en 1857, et data le talent d'un des esprits le plus observateurs et le plus accessibles aux impressions mélancoliques qu'il y ait dans la jeune peinture.

Ce n'est pas principalement telle ou telle folie particulière qui frappe à la Salpêtrière, mais une vaste impression d'ensemble. Là règne par-dessus tout la terreur, la terreur sans bornes qui est le principe secret en même temps que le résultat de la plupart des folies. Un immense cauchemar accable ces esprits, tout entiers sa proie, et les fait hurler ou rester stupéfiés. Rarement le rêve est joyeux parmi les fous. Je dis rêve, car il y a une analogie singulière entre l'état du fou et celui de l'homme qui se débat dans les songes. De célèbres aliénistes, le docteur Falret entre autres, ont relevé cette analogie.

La terreur, qui est la base des rêves pénibles, des rêves pour ainsi dire fondamentaux de l'homme, de ceux qui l'habitent et qui ne le quittent pas, la terreur préside presque toujours à la folie. Et à cette terreur vient s'ajouter celle que causent l'emprisonnement et les moyens violents du traitement. Fureur et crainte, exaspération et désespoir, voilà les sentiments auxquels sont livrés les fous, quinze sur vingt ; voilà ce qui leur ôte le sommeil, la faim, la soif, le prive de sensations régulières et fait de toute maison de folie une cité gémissante, hurlante et terrifiée. Les folies comiques disparaissent au milieu des innombrables folies douloureuses.

C'est en été que j'ai vu les folles, en suivant la visite d'un des médecins dans son service.

Un grand nombre de folles étaient restées dans leur lit ou dans le dortoir ; on en interrogea quelques-unes, la plupart ne bougèrent point ; il y en eut qui se soulevèrent sur leur séant avec un espoir plein d'élan à la vue des hommes qui entraient. Le dortoir était calme ; l'affaiblissement, la fatigue, la prostration donnaient un moment de répit aux tourments des malades. Au milieu de celles-là se trouvaient des *mélancoliques*, folles plongées dans la stupeur, dans un chagrin de pierre, qui ne bougent ni ne parlent, ne voient ni n'entendent, ou ne se plaignent, de loin en loin, avec des pleurs sans terme, que pour laisser entrevoir d'effroyables tortures intérieures, tellement immenses qu'elles repoussent toute idée de les apaiser.

Au sortir de ce dortoir *paisible*, où la folie ne se révélait guère que par ce *démanchement* (je n'ai pas d'autre mot) particulier de tous les traits, si marqué chez les insensés, on passa dans un couloir, où, dans une rapide apparition, j'aperçus un être sauvage, les cheveux ras et hérissés, le visage ne gardant l'empreinte d'aucun sexe, les bras serrés dans la camisole, et que deux filles de service entraînaient vers le cabinet des *douches* : mais le regard de cette folle, qui savait où on la conduisait, ce regard plein de haine, d'horreur !

Un instant après, j'étais dans le cabinet des douches; une femme, attachée dans la baignoire, venait de subir son supplice bienfaisant : elle était apaisée, mais suppliait, implorait pour qu'on la tirât de ce lieu qui, pour les fous, représente une souffrance effective plus cruelle que toutes celles qu'ils conçoivent. La menace d'une douche dompte les furies les plus violentes.

Au sortir de là, on entra dans une cour où étaient rangées, à l'ombre, vingt ou trente *gâteuses*. Ce sont des femmes atteintes de la paralysie générale, chez qui le corps agit tout à fait séparément de l'esprit, quand même le cerveau a conservé l'ombre d'une activité. Le passage de la visite les laissait telles qu'elles étaient, indifférentes, affaissées ou absorbées dans leurs cris et leurs plaintes; tandis que partout ailleurs, lorsque le médecin et son entourage arrivaient, il se produisait une agitation, un bourdonnement croissant d'intensité, qu'on entendait encore derrière soi, après qu'on était parti.

On traversa ensuite une autre cour, remplie de beaucoup de folles de toute folie; chacun sait que, dans toute maison de fous, il y a des papes, des rois, des dieux, des millionnaires, des chansonniers satyriques, des inventeurs, etc. Je n'entreprendrai point de passer en revue ces types connus. On peut hardiment assurer que tous les *persécutés*, souffrent plus de la *persécution* qu'ils ne sont réjouis des espérances de leurs rêves, et que le calme n'est guère chez eux que de l'épuisement. Le calme vient aussi d'une intermittence partielle du délire : on en profite alors pour réunir les folles dans des ateliers de travail, où on leur fait faire des ouvrages de couture, depuis les plus simples jusqu'aux plus compliqués. Là encore, c'est une paix factice, troublée par des murmures, des cris; quelquefois le feu menace de se mettre aux poudres : l'inflammation subite d'un seul cerveau peut amener celle de tout l'atelier. La population de ces ateliers se renouvelle constamment par une sorte de navette. Telle qui semble apaisée et ourle tranquillement sa pièce de linge, passe une heure après au cabinet des douches; telle autre, furieuse la veille, recouvrera, après son accès et l'accablement qui le suit, un peu de calme et sera menée à l'atelier de travail.

Le médecin domine plus ou moins les folles, par son aspect, sa justice, sa fermeté; il en est qu'elles craignent, d'autres qu'elles insultent et raillent au passage; alors une sorte de frémissement de révolte, d'émeute parcourt l'atelier, et il faut vaincre les insensées par les menaces.

Je vis ensuite ces terribles *agitées* que M. Gautier a représentées dans son tableau. Le peintre a hésité à aller jusqu'au bout. Quand nous entrâmes, ce furent des cris, des danses, des paroles brutales; toutes les femmes fondirent sur nous et nous entourèrent. Elles étaient vêtues de la camisole, et le délire était leur mal-

tre absolu. L'influence d'un ardent soleil d'été se faisait sentir dans toute la Salpêtrière, ce jour-là. Je restai frémissant, véritablement effrayé, au milieu de ce désordre : l'obscénité, le spiritualisme, l'amour, la colère avaient là leurs types les plus exaltés; neuf ou dix femmes répandaient le bruit, le tumulte d'une foule ivre. Je fus heureux quand la barrière se ferma enfin entre nous et elles.

L'ordre et la propreté des salles et des dortoirs sont admirables dans les bâtiments qu'occupent les folles; ils sont inconcevables et adoucissent fortement les idées de trouble et de désordre qui s'attachent à la folie; il est vrai que ces idées renaissent dans les cours, à la vue des fous qui ont un peu d'espace à eux.

Les nuits doivent être fort étranges dans ces dortoirs, et j'admire la constitution antinerveuse des surveillantes et des filles de service, organisées pour demeurer gaies ou tranquilles dans ce monde épouvantant.

La visite finit par l'amphithéâtre, où se trouvaient deux cadavres sur les tables de marbre. La mort avait pris les deux folles au milieu de la fureur, et cette fureur était pétrifiée sur leurs visages contractés. On examina les cerveaux, dans lesquels on ne trouva aucune altération. Les cerveaux des fous pèsent un peu moins que les cerveaux des gens sains d'esprit, voilà tout. L'anatomie n'a apporté aucune révélation sur la folie. Les fonctions physiologiques sont altérées, et les organes ne le sont point. Quelle est la clef du mystère?

Les divisions du service des *folles*, contiennent à peu près chacune les mêmes variétés de folie, et semblent créées plutôt en vue de différentes méthodes de traitement que d'une classification régulière de la folie.

Néanmoins, on ne connaît encore qu'un seul système de médication consistant dans l'emploi des bains, des purgatifs et des douches : moyens empruntés au traitement des maladies cérébrales, et d'une efficacité douteuse.

Aussi la plupart des aliénistes donnent-ils la préférence au traitement moral. Mais ici encore la difficulté de systématiser et d'appliquer en moyens généraux les essais isolés, n'a permis aux médecins que des innovations simplement calmantes et nullement curatives, telles que l'atelier de travail par exemple.

L'épilepsie est voisine de la folie. Les folles sont sujettes à devenir épileptiques, et réciproquement les épileptiques à devenir folles ou idiotes. Les *épileptiques* forment à la Salpêtrière un service spécial. Elles ont une grande cour gazonnée et plantée, garnie d'un gymnase, afin que des exercices actifs préviennent un peu le retour si fréquent de leurs crises.

Les idiotes sont réparties à la fois parmi les *épileptiques, les folles* et les incurables.

Et maintenant, lorsqu'on quitte la Salpêtrière, on a les nerfs brisés, et l'esprit se tord sous cette pensée : on ne sait pas le principe de la folie, on ne sait pas, on ne peut pas la guérir.

DURANTY

PREMIÈRE ANNÉE.   11   LIVRAISON.

PARIS QUI S'EN VA

ET

PARIS QUI VIENT

PUBLICATION ARTISTIQUE

DESSINÉE ET GRAVÉE

Par Léopold FLAMENG

TEXTE PAR

Arsène HOUSSAYE, Théophile GAUTIER, CHAMPFLEURY, Charles MONSELET, Émile de la BÉDOLIÈRE, Albéric SECOND, Albert de la FIZELIÈRE, Alfred DELVAU, Jean ROUSSEAU, Eugène MULLER, De SAULT, Jules LEVALOIS, Marc TRAPADOUX, Achille GLEIZES, Alphonse DUCHESNE, Jean BERHEIMS, CASTAGNARY, Amédée ROLLAND, Ernest HAMEL, Zacharie ASTRUC, Georges DUPLESSIS, Victor FOURNEL, Charles COLLIGNY, Firmin MAILLARD, DURANTY, Marc BAYEUX, Fernand DESNOYERS, Étienne MAURICE, Jean DUBOYS, Régulus FLEURY, De KERSÈNANT, Amédée HARDY, etc.

LIVRAISON — Prix : **1** franc **50** centimes

UNE ANNÉE, 24 LIVRAISONS, 20 FRANCS

MAI.

1860

PARIS

PUBLIÉ PAR ALFRED CADART, ÉDITEUR D'ESTAMPES

3, RUE SAINT-FIACRE

On s'abonne à Londres

CHEZ W. JEFFS, 15, BURLINGTON ARCADE

ET 69, KING'S ROAD, BRIGHTON

Foreign Bookseller to the Royal Family.

St-Pétersbourg,	Dufour, libraire de la Cour impériale.	Bruxelles, Van-der-Kolk.	Florence, Vieusseux.
		Turin, Bocca.	Naples, Dufrène.
Berlin, B. Behr E. Bock.		Milan, Dumolard.	New-York, Courrier des États-Unis, 73, Franklin Street.

PARIS QUI S'EN VA

ET

PARIS QUI VIENT

PUBLICATION ARTISTIQUE

DESSINÉE ET GRAVÉE PAR

LÉOPOLD FLAMENG

TEXTE

Arsène HOUSSAYE, Théophile GAUTIER, CHAMPFLEURY, Charles MONCELET, Émile de la BÉDOLIÈRE, Albéric SECOND, Albert de la FIZELIÈRE, Alfred DELVAU, Jean ROUSSEAU, Eugène MULLER, De SAULT, Jules LEVALOIS, Marc TRAPADOUX, Achille GLEIZES, Alphonse DUCHESNE, Jean DERHEIMS, CASTAGNARY, Amédée ROLLAND, Ernest HAMEL, Zacharie ASTRUC, Georges DUPLESSIS, Victor FOURNEL, Charles COLLIGNY, Firmin MAILLARD, DURANTY, Marc BAYEUX, Fernand DESNOYERS, Étienne MAURICE, Jean DUBOYS, Régulus FLEURY, De KERSÉNANT, Amédée HARDY, etc.

Ce qui faisait les délices de nos savants, de nos artistes, de nos archéologues : le **Paris** de SAUVAL et de GILLES CORROZET, de dom FÉLIBIEN et de dom LOBINEAU; ces vieilles rues, ces vieux quartiers qui nous donnaient une idée si juste du Paris d'il y a des siècles; ces carrefours, ces places publiques foulées par tant de générations; cette myriade de lieux historiques si chers à ceux qui aiment à s'inspirer du passé..... eh bien! encore quelques années, et tout cela aura disparu! Une ville nouvelle aura surgi comme par enchantement : pas une ruine, un vestige, une humble inscription même, pour attester que telle ou telle chose était là!

Où retrouver le vieux Paris? Çà et là quelque noble monument élevé par nos pères : Notre-Dame, la tour Saint-Jacques, Saint-Germain-l'Auxerrois, par exemple, mais rien de plus..... Sublimes et antiques chefs-d'œuvre encadrés à la moderne! Quelques heures suffiront à l'étranger surpris et désappointé pour voir ce qu'il y aura de remarquable encore dans la vieille Capitale, redevenue jeune par ses constructions.

En voyant cela, un de nos graveurs les plus remarquables s'est dit : Si nous imposions la tâche de reconstituer le vieux Paris?.. Si nous consacrions dans un ouvrage spécial tout ce qu'il y a d'intéressant encore dans ce Paris qui s'en va?...

Et M. Flameng s'est hardiment mis à l'œuvre. Aidé d'une foule d'écrivains distingués, il va nous montrer Paris vu à ses barrières, dans ses bals, ses Californies; Paris à l'Opéra, à la descente de la Courtille, à l'ancien marché des Innocents; Paris à la Morgue, au parvis Notre-Dame; Paris partout, dans ses mœurs, dans ses monuments; tantôt pleurant, tantôt riant ; enfin, dans tous ses mystères, ses contrastes, ses habitudes. Voilà le point de départ, la pensée mère de cette publication.

Deux premières livraisons ont déjà paru en Décembre comme Spécimens, sous le titre de : **LA CALIFORNIE** (barrière Montparnasse), et **LE CABARET DE LA MÈRE MARIE** (barrière des Deux-Moulins), texte par ALFRED DELVAU.

Ces deux numéros sont en dehors de l'Abonnement, au prix de 1 fr. 50 c. chaque, et 1 franc pour les personnes qui prennent un Abonnement.

Cette publication a commencé à paraître le 1er Janvier 1860. Il y aura régulièrement deux livraisons par mois. Chaque souscripteur recevra à la fin de l'année un frontispice illustré, et, pour prime, une très-belle gravure, composée et gravée par LÉOPOLD FLAMENG.

CONDITIONS DE LA SOUSCRIPTION

	PARIS		DÉPARTEMENTS		ÉTRANGER
Un an............	20 fr.	Un an............	21 fr.	Un an............	22 fr.
Six mois...........	11 »	Six mois...........	12 »	Six mois...........	13 »
Trois mois..........	6 »	Trois mois..........	7 »	Trois mois..........	8 »

Édition sur papier de Hollande. — Prix......... 40 francs.

DÉJA PARU :

SPÉCIMEN DE DÉCEMBRE :	1. — La Californie, texte par Alfred DELVAU.
	2. — Le Cabaret de la Mère Marie, texte par Alfred DELVAU.
JANVIER 1860 :	3. — La Rue de la Vieille-Lanterne, texte par Arsène HOUSSAYE.
—	4. — Les Médaillés de Sainte-Hélène, texte par Eugène MULLER.
FÉVRIER 1860 :	5. — Le Pont-au-Change, texte par Charles COLLIGNY.
—	6. — La Morgue, texte par Alfred DELVAU.
MARS 1860 :	7. — Intérieur de la Maison antique du Prince Napoléon (avenue Montaigne), texte par Théophile GAUTIER.
	8. — Marchands de Ferraille et de Peaux de Lapins, texte par Marc TRAPADOUX.
AVRIL 1860 :	9. — Le Marché des Innocents, texte par Achille GLEIZES.
	10. — La Salpêtrière, Cour des Agitées, texte par DURANTY.

Bureau central d'abonnement chez l'Éditeur **Alfred CADART**, 3, rue Saint-Fiacre, et dans les principales maisons d'estampes et de librairie de la capitale.

Paris, le 1er Janvier 1860.

L'ÉDITEUR-GÉRANT,

A. CADART.

Les personnes de la province qui adressent des demandes d'abonnement sont instamment priées d'indiquer si elles désirent les deux livraisons spécimens de décembre 1859, Nos 1 et 2, en dehors de l'abonnement, cet oubli nécessitant presque toujours un second envoi.

RESTES DE L'ENCEINTE DE PHILIPPE-AUGUSTE
(Rue de Clovis)
(1er Hôtel de ville)

PREMIER HOTEL DE VILLE DE PARIS

Au temps des preux les villes avaient des cuirasses de pierre : à la fois défendue et opprimée par son armure, la cité féodale repoussait les routiers à coups d'arbalète, tout en maudissant le donjon de son seigneur. Un beau soir, les bourgeois s'avisaient d'une idée : qu'ils sauraient bien se défendre seuls contre l'ennemi du dehors ; et que l'ennemi du dedans, le seigneur, voulons-nous dire, ne saurait point défendre sa ville sans leur secours.

Mais ce maître était un homme redoutable ; d'un seul coup de son épée en fer de Bordeaux, il couchait à terre deux ou trois croquants. Pour traquer ce terrible adversaire, les bourgeois sonnaient le tocsin, allumaient les torches, couraient la nuit, en armes, par les rues. Ils se présentaient à la porte du donjon. Le seigneur sortait avec ses hommes d'armes :

— Qu'est-ceci, vilains ?

— Monseigneur, répondaient les vilains, nous nous sommes mis en *commune !*

La *commune*, la communauté des vilains contre leur sire, est le premier nom qu'ait pris en France la révolution. Les noms changent, les choses restent les mêmes ; et comme on a vu, de nos jours, les insurrections triomphantes chasser les rois et faire des hôpitaux avec leurs palais, on vit, au moyen âge, les communes établir souvent leurs hôtels, dans les tours féodales, élevées contre les bourgeois.

Parfois il fallait combattre. Des luttes gigantesques après lesquelles la flamme folle dansait dans les décombres d'une ville écroulée sur ses habitants. Quelquefois, le sire s'exécutait de bonne grâce, — ou à peu près — il reconnaissait la commune après avoir, au préalable, détranché quelques dizaines de gens des métiers.

Tandis que les *communes*, au commencement du XII° siècle, s'établissaient dans le nord de la France, au plus flots du sang, Paris, plus favorisé, voyait son organisation municipale se fortifier pacifiquement. L'origine de la Commune de Paris remonte à la plus haute antiquité ; sans doute, les *nautœ parisiaci*, qui, sous Tibère, élevèrent *Jovi optimo maximo* un autel récemment retrouvé et transporté au Musée des Thermes, avaient jeté les premières bases de l'association des marchands parisiens, de la *hanse de la marchandise parisienne*, comme on disait au moyen âge.

Ce fut probablement dans un but politique que les rois de France accrurent et fortifièrent les libertés municipales de Paris. Ils avaient intérêt à briser les seigneurs qui se partageaient féodalement la capitale du royaume. Protégés par la royauté, les bourgeois soutenaient à leur tour leur protectrice ; ce fut seulement deux siècles après que la bourgeoisie devint menaçante pour les rois. qu'elle avait secondés. Alors, la hache intervint.

Dans notre XIX° siècle, la bourgeoisie menace quelquefois, mais n'est plus jamais menacée. Les statues blanches des anciens prévôts des marchands, qui veillent dans les niches de l'Hôtel-de-Ville, applaudiraient avec fierté, si l'âme de ceux qu'elles représentent venaient les animer un instant, à ce grand triomphe de leurs héritiers. Nos modernes Préfets de la Seine, lorsque, dans leurs splendides soirées, ils voient tourbillonner dix mille invités sous les feux des lustres, le long des galeries dorées, ne songent plus guère qu'ils sont les successeurs d'Étienne Marcel ; que le splendide Hôtel-de-Ville remplace les humbles *parloirs*, sorte de taudis, où nos pères discutaient les affaires de l'État, avec la perspective de la corde et de la hache.

La *hanse*, ou pour employer le langage moderne, la *ligue* des marchands de Paris, posséda, aux époques les plus reculées, une maison commune dans le quartier voisin du Grand-Châtelet, nommé la *Vallée de Misère* ; un joli quartier, comme on voit, dont le nom devait singulièrement affriander les gens qui tentaient le commerce à Paris. Dans la suite, la maison commune fut établie entre le Grand-Châtelet lui-même et l'église Saint-Leufroy, aujourd'hui démolie. Mais ces établissements étaient précaires, tolérés par les rois, plutôt que reconnus ; le chef de la ligue n'avait aucun titre officiel. Une contestation entre les marchands de Paris et ceux de la haute Seine fut, en 1204, l'occasion que les bourgeois saisirent pour se constituer définitivement. Les rivières, ces chemins qui marchent, a dit Pascal, étaient alors les principales voies de transport employées par le commerce ; les bourguignons gênaient considérablement, par leur position géographique, les marchands parisiens. Philippe-Auguste intervint ; il donna gain de cause aux habitants de sa bonne ville (1) ; il avait ses motifs pour les ménager. Il levait sur eux de grosses sommes, afin de paver les rues de Paris, et pour les fortifications dont il avait

(1) ORDONNANCES DU LOUVRE, tome XI.

commencé à entourer sa capitale, en 1190. Non-seulement il défendit aux marchands de la haute Seine d'empiéter sur les droits de la hanse parisienne, mais il gratifia cette hanse d'un logis plus convenable pour ses assemblées. Ce logis fut, à proprement parler, le PREMIER HÔTEL-DE-VILLE de Paris.

Il était situé (1) sur les fortifications de la ville, derrière l'enclos des Jacobins, entre la porte Saint-Michel, alors nommée porte Gibard, et la porte Saint-Jacques. La porte Saint-Michel et la porte Saint-Jacques se trouvaient, l'une rue de la Harpe, à la hauteur de la fontaine, l'autre rue Saint-Jacques, à la hauteur de la rue Soufflot. L'enceinte de cette partie de Paris ne fut construite qu'en 1208, quatre ans après l'ordonnance du roi; il est vraisemblable que les marchands profitèrent de ce délai pour arranger selon leur gré leur Hôtel-de-Ville, leur *parloir aux bourgeois*, comme on disait alors.

Ce bâtiment ce composait de plusieurs parties distinctes; une construction carrée et deux tours, avec des toitures d'ardoises; et au moins d'une autre tour à créneaux, avec plateforme en pierre de liais, comprise dans les fortifications de la ville. La dernière de ces tours, s'il en a existé plusieurs, dernier débris de ce vieil Hôtel-de-Ville, est représentée dans notre gravure, telle que l'on peut la voir encore aujourd'hui. Le boulevard de Sébastopol ne tardera pas à la faire disparaître.

Ce n'est pas sans regret que nous voyons le boulevard moderne dévorer ainsi, une à une, tant de reliques du passé. Ces vieilles pierres nous rappellent que nos pères ont lutté, ont souffert. Virgile l'a dit : *sunt lacrymæ rerum* ; sous l'influence de ces trois mots, les pierres inertes, à nos yeux, prennent un aspect de tristesse. Nous leur croyons une philosophie. Auprès de cette vieille tour, les constructions, ses contemporaines, ont été successivement jetées à bas. Elle seule restait, c'est à présent à elle d'être attaquée et broyée sous le marteau. La voici qui s'en va, dernier vestige d'une cité, et pour ainsi dire, dernière idée d'une civilisation qui n'est plus. Devant elle nous évoquons les fantômes de ces bourgeois vaillants; nous les voyons avec leur pourpoint de drap de Troyes et leurs chausses de laine, par groupes pressés et inquiets, deviser entre eux sur la portée d'une ordonnance de *nostre sire le Roy*, qui menaçait leurs libertés et leurs franchises. Tous les successeurs de Philippe II ne l'imitèrent pas dans sa bienveil-

lance; il arriva, plus d'une fois, qu'un bourgeois, coupable d'une motion hardie, disparut nocturnement, sans que sa femme ou ses enfants en entendissent plus parler. Le malheureux, avec ses bonnes chausses et son solide pourpoint, cousu dans un sac par le maître tourmenteur juré, était jeté en Seine, sans croix et sans *Pater*. C'était ainsi qu'en leur rébellions, on avait coutume d'amender les manants.

La hanse parisienne sut profiter, après l'ordonnance de 1204, du bon vouloir du roi ; son chef prit le titre de Prévost des marchands. Ce titre contesté pendant longtemps, lui fut enfin acquis vers la fin du siècle. Elle fit construire un port sur la Seine, sans doute le port Saint-Landry ; elle acheta du roi, en 1220, le droit de *criage* dans Paris. Une ordonnance du Louvre, datée de cette année, nous apprend que le droit de *criage* fut concédé aux bourgeois, moyennant une rente annuelle de trois cent vingt livres parisis; à ce droit était attaché celui de fixer les poids et mesures, et aussi celui de basse justice sur les individus attachés à la hanse. Le roi, par une clause expresse, se réservait la haute justice, c'est-à-dire le jugement des crimes entraînant la peine capitale.

Les juridictions du Bailli du Palais, du Grand-Châtelet, du Prévost de Paris, qui avait son siège au Petit Châtelet, celle de l'évêque de Paris, siégeant au For-l'Évêque ; toutes les juridictions féodales enfin, dont les piloris et les potences encombraient les carrefours de Paris, ne laissèrent point sans chicane la justice bourgeoise jouir de ces droits. Le parlement de Paris résista longuement aux prétentions du Prévost des marchands, qu'il s'obstinait à nommer le *maître des échevins*. Dans le fait , il semblait que Paris, dont la population était travaillée chaque jour par une cinquantaine de bourreaux, devait se trouver suffisamment pourvu de ce côté. Mais les bourgeois, avec plus de malice que le sujet, peu malicieux pour lui-même, n'en comportait, tinrent absolument à se pilorier en famille. Cette idée singulière prenait d'ailleurs naissance dans ce principe, fort souvent invoqué au moyen âge, qu'on devait être jugé par ses pairs. L'obstination des drapiers, charpentiers, armuriers, cordiers, teinturiers, pelletiers, tint bon, avec l'appui du roi, et eut gain de cause. Après tout, quand on paye par an une somme de trois cent vingt livres, pour se donner soi-même la question, c'est le moins qu'on jouisse en paix de ce joli droit.

Nous n'avons point les comptes de l'Hôtel-de-Ville de cette époque. Les plus anciens comptes connus, sont de 1353 ; ceux mêmes qui sont reproduits par Sauval, dans son troisième volume, ne commencent qu'en 1399. Aussi les documents précis nous manquent sur les événements et les délibérations dont notre vieille tour a été le théâtre. Peut-être a-t-elle servi de prison. Les épaisses murailles, les étroites meurtrières qui ne laissent arriver que peu de jour à l'intérieur, son épaisse plateforme en pierre de liais, en faisaient une construction exclusivement propre à

(1) Jacques du Breuil, bénédictin, LE THÉÂTRE DES ANTIQUITÉS DE PARIS et SUPPLEMENTUM ANTIQUITATUM PARISIENSIUM. Ces deux ouvrages ont été compilés par Claude Malingre, sieur de Saint-Lazare, dans LES ANNALES DES ANTIQUITÉS DE LA VILLE DE PARIS. Malingre est très-inférieur au Père du Breuil.

RECHERCHES SUR LES ANTIQUITÉS DES VILLES DE FRANCE, ouvrage attribué à André Duchesne.

Sauval, ANTIQUITÉS DE LA VILLE DE PARIS, tome II, livre VII.

Dulaure, HISTOIRE DE PARIS. Ce dernier historien , exact quant à la topographie, commet plusieurs erreurs historiques, et ne doit être consulté qu'avec réserve.

Théophile La Vallée, HISTOIRE DE PARIS, Très-supérieur à Dulaure.

la guerre ou à la détention. Il n'est point impossible, cependant, que d'abord le Prévôt des marchands y ait tenu ses séances entouré des échevins. Le moyen âge ne haïssait pas les réduits obscurs, cela était dans les mœurs. L'existence des autres bâtiments, complétant l'Hôtel-de-Ville du treizième siècle, ne détruit pas cette supposition. On voit, par exemple, le Prévôt de Paris, possesseur d'un superbe hôtel, rue Saint-Antoine, ne pas dédaigner le séjour du Petit-Châtelet, dont l'aspect était tout aussi peu souriant que celui de la tour du Prévôt des marchands.

En 1356, lorsque le roi Jean était prisonnier des Anglais, la bourgeoisie de Paris fut subitement appelée à jouer un plus grand rôle. Étienne Marcel était alors Prévôt des marchands. Le récit des troubles dont Paris fut alors le théâtre sous la régence du dauphin Charles, appartient à la grande histoire; mentionnons seulement un fait peu connu, ou du moins, peu remarqué. Le prévôt Marcel, descendant de son Hôtel-de-Ville, accompagné des échevins, des bourgeois, des écoliers et d'une foule de populaire, suivait la rue de la Harpe et allait tenir dans l'église des Cordeliers (place de l'École de Médecine) ces orageuses conférences dans lesquelles le dauphin Charles avait toujours le désavantage. Ce fut alors que Marcel arbora, comme signe de ralliement, le célèbre chaperon rouge et bleu que tout Paris adopta avec enthousiasme. Ce chaperon rouge et bleu, couleurs de la ville de Paris, auxquelles, dans la suite, on ajouta le blanc, devint, en 1790, le drapeau tricolore. Le triomphe des couleurs de la France moderne reporte notre pensée aux lieux où elles furent adoptées; le superbe Hôtel-de-Ville de Dominique de Cortone, c'est la victoire, la vieille tour du quartier latin, cachée par les maisons de la place Saint-Michel, ensevelie dans l'oubli, c'est la lutte. L'apothéose là-bas, mais la naissance ici.

Au reste, l'importance qu'acquit rapidement la bourgeoisie au chaperon rouge et bleu lui fit abandonner son vieux parloir. Il est vrai que cette position excentrique, sur les hauteurs méridionales de la ville, convenait peu au corps municipal ; ses rapports quotidiens avec ses compères des métiers le rappelaient au centre de Paris. Place de Grève, une maison célèbre, possédée tour à tour par la reine Clémence de Hongrie, veuve de Louis X le Hutin, puis par Guy, dauphin de Viennois, attira l'attention d'Étienne Marcel. C'était une maison ornée de deux tourelles et d'une galerie ou promenoir, qui lui faisait donner le nom de *Maison aux Piliers*. Le 7 juillet 1357, les marchands achetèrent cette Maison aux Piliers, qui devint leur Hôtel-de-Ville, situé à la même place que celui d'aujourd'hui. La maison fut payée huit cent quatre-vingts livres parisis, forte monnaie, au receveur des gabelles, qui l'occupait alors.

Le parloir aux bourgeois des fortifications ne fut point d'abord abandonné. Les marchands avaient conservé leurs maisons de la Vallée de Misère et celle de Saint-Leufroy ; ils conservèrent de même leur tour à meurtrières (1). Les comptes de la Prévôté mentionnent, en 1365, une somme payée au pionnier Robert de Pierrefonds, pour avoir enlevé des platras, tombés du vieil Hôtel-de-Ville dans les fossés des fortifications.

Autre somme, payée l'année suivante, 1366, pour recouvrir « de nouvel » le vieil hôtel. En 1368, les bourgeois y font exécuter, par Jean de Blois, des peintures qui lui sont payées vingt-six livres parisis.

Un registre de la Chambre des Comptes, de 1386, mentionne encore le parloir aux bourgeois en l'Université.

Enfin, en 1504, presque au moment où Dominique Boccardo Cortone, allait élever, sur l'emplacement de la Maison aux Piliers , l'Hôtel-de-Ville qui subsiste aujourd'hui , le 17 février , frère Jean Leclerc , prêcheur de l'ordre de Saint-Dominique, docteur en théologie, se présenta devant l'assemblée des échevins de la ville de Paris, présidés par leur Prévôt, et demanda qu'ils cédassent leur ancien parloir aux jacobins. Les jacobins, dont le couvent occupait presque tout l'emplacement compris entre la rue des Cordiers et la rue Soufflot, se disaient fort gênés par le voisinage du chemin de ronde des fortifications, et convoitaient la possession du vieil hôtel, pour des raisons à eux connues.

Les échevins répondirent que c'était une grosse affaire et remirent leur réponse au commencement de mars. Lorsque le jacobin se présenta de nouveau, il avait eu soin de se munir de lettres du roi Louis XII, par lesquelles il priait les échevins de consentir à la vente de leur parloir. Le roi disait qu'il avait fait examiner, par des personnes suffisantes, si cela ne nuirait point à la défense de la ville, et que le rapport avait été qu'on pouvait déférer au désir des religieux.

Les échevins en jugèrent autrement, portèrent l'affaire au Parlement, qui, par décision du 5 avril suivant, statua, contrairement à l'avis du roi, qu'il importait à la sûreté de la ville de Paris que les religieux de Saint-Dominique ne s'étendissent point jusqu'aux remparts.

Dans la suite, à la faveur des guerres de religion sans doute, les jacobins parvinrent à s'emparer du terrain qu'ils convoitaient, et firent démolir le parloir aux bourgeois, dont une tour reste seule. Dulaure a cru reconnaître le premier Hôtel-de-Ville de Paris, dans une construction à contre-forts, beaucoup plus moderne, qui existait dans le jardin d'une maison de la rue Saint-Hyacinthe (2); mais Sauval affirme, et il

(1) Sauval, ANTIQUITÉS DE PARIS.
(2) C'est là une des nombreuses erreurs de Dulaure. Dans ce passage, il prouve qu'il n'a même pas lu les documents qu'il cite. Comment, s'il avait lu Sauval, aurait-il pu reconnaître l'ancien parloir aux bourgeois, dans les débris d'un doctoir construit pour les jacobins? En consultant les plus anciens plans de Paris, on n'y voit rien de ce que Dulaure prétend y avoir reconnu; une seule tour est marquée sur le PLAN DE TAPISSERIE, une seule encore, sur le plan de Turgot, gravé en 1734; c'est évidemment celle que nous avons retrouvée. (Voir ces plans à la bibliothèque de l'Hôtel-de-Ville.)

était à portée de le savoir mieux que Dulaure, que le Parloir avait été démoli dès le commencement du dix-septième siècle. Comme il ne parle pas de cette tour, nous devons supposer qu'elle a échappé à ses recherches. Une importante partie de l'ancienne courtine tient à la tour; ce débris est intéressant à tous les points de vue, et sans doute le lecteur nous saura gré de lui donner quelques détails sur cet ancien système de fortifications, que l'invention des armes à feu fit abandonner dès le commencement du XVIe siècle.

L'enceinte d'une ville se composait d'une courtine, fort élevée au-dessus du sol, et protégée en avant par un fossé large et profond, inondé toutes les fois que cela était possible. Lorsqu'on n'avait pas d'eau à portée, on semait le fossé de chausse-trapes, sorte d'engin composé de quatre pointes de fer, disposées de façon à ce que l'une se trouvât toujours en l'air. De place en place, le mur était renforcé de tours, qui faisaient une saillie considérable en avant de la courtine, commandaient celle-ci par leurs embrasures, et permettaient de tirer, avec les armes de trait en usage, sur les assaillants qui tentaient l'escalade. Naturellement, les tours défendant la courtine, et n'étant point elles-mêmes défendues pas d'autres ouvrages, étaient le côté faible de la place; aussi voyons-nous, au moyen âge, que les assiégeants s'attaquaient aux tours, d'abord. Rarement l'assaut se donnait à la courtine.

C'est encore le rôle des bastions, dans les fortifications modernes. Le bastion a tous les avantages et tous les inconvénients de la tour. Seulement, l'immense portée des armes à feu a fait donner au bastion une circonférence plus considérable; en outre, le danger de voir les murailles abattues par l'artillerie a fait aussi abaisser la courtine et le bastion au niveau du sol de la place, pour les abriter derrière le glacis. Par suite, nos fortifications, mieux appropriées à leur but, n'ont plus cependant l'aspect pittoresque des fières murailles du moyen âge.

On remarque la forme particulière des embrasures. Elles sont longues et étroites, terminées à leur partie inférieure par une ouverture circulaire, destinée à recevoir le bout de l'arbalète de rempart. Le soldat visait l'ennemi, sans courir aucun danger, par l'étroite rainure qui se trouve au-dessus. Sur la plateforme de la tour et la crête du mur, d'autres arbalétriers, abrités par les créneaux, envoyaient pareillement leurs viretons à l'ennemi. En temps de paix, ces tours étaient employées à divers usages : elles servaient de logement aux officiers royaux, de magasins, de bureaux pour les receveurs. Dans les parties les moins fréquentées de la ville, les voleurs et mauvais garçons y établissaient souvent leurs repaires.

Outre les souvenirs qu'éveille l'histoire de la Commune de Paris, pensons que ces murs, encore debout après six siècles et demi, que ces fossés, aujourd'hui comblés, ont supporté pendant ce long espace de temps, les sièges des Anglais, ceux des guerres de religion, avec Henri IV et ceux de la Fronde. Ici, les anecdotes se présentent en foule à notre plume; et quoique l'histoire guerrière n'entre point dans notre cadre, nous ne pouvons résister au désir de recueillir en passant l'un de ces souvenirs.

Les *Grandes Chroniques* ou Froissard, je ne sais au juste, racontent qu'après la bataille de Poitiers, le roi d'Angleterre étant venu camper devant Paris, à Bourg-la-Reine, un chevalier anglais fit vœu d'approcher les Parisiens de si près, qu'il planterait sa lance dans les fossés de la ville. Les moines, les écoliers, les bourgeois, les rares soldats qui défendaient Paris, encombraient les remparts, entre les portes Saint-Michel et Saint-Jacques.

L'Anglais, à cheval, suivi de son écuyer, vint accomplir son vœu. Il défia en combat singulier tout noble homme qui voudrait se mesurer contre lui; mais il ne trouvait là aucun chevalier, tous étaient morts, en fuite, ou s'étaient vendus. L'Anglais jeta sa lance contre le mur, cria quelques injures, tourna bride, et reprit le chemin de Bourg-la-Reine. Mais, un pauvre boucher du faubourg Saint-Jacques releva le défi de l'ennemi. Par les fentes de sa porte mal jointe, il avait vu la pantomime du chevalier et deviné l'affront. Cet homme, alors, saisit un long couteau d'étal, ouvrit sa porte, et sortit au devant de l'Anglais. Comme un Romain de Corneille, il invoqua les dieux de la patrie, et cria :

— Tu ne passeras pas!

Le noble homme regarda cette *chiennaille*, se mit à rire, et poussa son cheval en avant. Mais le boucher se courbant brusquement, enfonça son couteau jusqu'au manche dans le ventre du dextrier. Cheval et cavalier roulèrent à terre; et tandis que l'Anglais cherchait à se relever, il fut lui-même égorgé par son indigne ennemi.

L'écuyer prit la fuite sans chercher à venger son maître; et le boucher, regardant les remparts couverts de monde, s'assit tranquillement sur le cadavre du cheval, sans donner un regard de pitié à l'homme qui râlait à ses pieds.

Ce trait est sans doute d'un courage barbare; mais, c'est aux historiens anglais, et non à nous, qu'il appartient de le trouver : *improper*. Notre vieux mur a été témoin de cette lutte, de bien d'autres scènes encore. Pensons, lorsque nous parcourons le Paris moderne, que nous rencontrons à tout coin de rue des témoins qui ont vu de grandes actions, et que nous foulons, à chaque pas, la poussière de ceux qui les ont accomplies.

AUG. MARC-BAYEUX.

PREMIÈRE ANNÉE.   1 2   LIVRAISON.

PARIS QUI S'EN VA

ET

PARIS QUI VIENT

PUBLICATION ARTISTIQUE

DESSINÉE ET GRAVÉE

Par Léopold FLAMENG

TEXTE PAR

Arsène HOUSSAYE, Théophile GAUTIER, Paul de St-VICTOR, Henri MURGER, CHAMPFLEURY, Charles MONSELET, Émile de la BÉDOLLIÈRE, Édouard FOURNIER, Albéric SECOND, Albert de la FIZELIÈRE, Alfred DELVAU, Jean ROUSSEAU, Eugène MULLER, De SAULT, Jules LEVALOIS, Marc TRAPADOUX, Achille GLEIZES, Alphonse DUCHESNE, Jean DERHEIMS, CASTAGNARY, Amédée ROLLAND, Ernest HAMEL, Zacharie ASTRUC, Georges DUPLESSIS, Victor FOURNEL, Charles COLLIGNY, Firmin MAILLARD, DURANTY, Marc BAYEUX, Fernand DESNOYERS, Etienne MAURICE, Jean DUBOYS, Régulus FLEURY, De KERSÉNANT, Amédée HARDY, etc.

LIVRAISON — Prix : **1** franc **50** centimes

UNE ANNÉE, 24 LIVRAISONS, 20 FRANCS

MAI.

1860

PARIS

PUBLIÉ PAR ALFRED CADART, ÉDITEUR D'ESTAMPES

3, RUE SAINT-FIACRE

On s'abonne à Londres

CHEZ W. JEFFS, 15, BURLINGTON ARCADE

ET 69, KING'S ROAD, BRIGHTON

Foreign Bookseller to the Royal Family.

St-Pétersbourg,	DUFOUR, libraire de la Cour impériale.	Bruxelles, VAN-DER-KOLX.	Florence, VIEUSSEUX.
		Turin, BOCCA.	Naples, DUPRÈNE.
Berlin, B. BEHR E. BOCK.		Milan, DUMOLARD.	New-York, *Courrier des Etats-Unis.* 73, Franklin Street.

PARIS QUI S'EN VA

ET

PARIS QUI VIENT

PUBLICATION ARTISTIQUE

DESSINÉE ET GRAVÉE PAR

LÉOPOLD FLAMENG

TEXTE

Arsène HOUSSAYE, Théophile GAUTIER, Paul de St-VICTOR, Henri MURGER, CHAMPFLEURY, Charles MONSELET, Émile de la BÉDOLLIÈRE, Édouard FOURNIER, Albéric SECOND, Albert de la FIZELIÈRE, Alfred DELVAU, Jean ROUSSEAU, Eugène MULLER, De SAULT, Jules LEVALOIS, Marc TRAPADOUX, Achille GLEIZES, Alphonse DUCHESNE, Jean DERHEIMS, CASTAGNARY, Amédée ROLLAND, Ernest HAMEL, Zacharie ASTRUC, Georges DUPLESSIS, Victor FOURNEL, Charles COLLIGNY, Firmin MAILLARD, DURANTY, Marc BAYEUX, Fernand DESNOYERS, Étienne MAURICE, Jean DUBOYS, Régulus FLEURY, De KERSÉNANT, Amédée HARDY, etc.

Ce qui faisait les délices de nos savants, de nos artistes, de nos archéologues : le Paris de SAUVAL et de GILLES CORROZET, de dom FÉLIBIEN et de dom LOBINEAU; ces vieilles rues, ces vieux quartiers qui nous donnaient une idée si juste du Paris d'il y a des siècles; ces carrefours, ces places publiques foulées par tant de générations; cette myriade de lieux historiques si chers à ceux qui aiment à s'inspirer du passé.... eh bien ! encore quelques années, et tout cela aura disparu! Une ville nouvelle aura surgi comme par enchantement: pas une ruine, un vestige, une humble inscription même, pour attester que telle ou telle chose était là !

Où retrouver le vieux Paris? Çà et là quelque noble monument élevé par nos pères : Notre-Dame, la tour Saint-Jacques, Saint-Germain-l'Auxerrois, par exemple, mais rien de plus.... Sublimes et antiques chefs-d'œuvre encadrés à la moderne! Quelques heures suffiront à l'étranger surpris et désappointé pour voir ce qu'il y aura de remarquable encore dans la vieille Capitale, redevenue jeune par ses constructions.

En voyant cela, un de nos graveurs les plus remarquables s'est dit : Si nous nous imposions la tâche de reconstituer le vieux Paris?.. Si nous consacrions dans un ouvrage spécial tout ce qu'il y a d'intéressant encore dans ce Paris qui s'en va?...

Et M. Flameng s'est hardiment mis à l'œuvre. Aidé d'une foule d'écrivains distingués, il va nous montrer Paris vu à ses barrières, dans ses bals, ses Californies; Paris à l'Opéra, à la descente de la Courtille, à l'ancien marché des Innocents; Paris à la Morgue, au parvis Notre-Dame; Paris partout, dans ses mœurs, dans ses monuments; tantôt pleurant, tantôt riant ; enfin, dans tous ses mystères, ses contrastes, ses habitudes. Voilà le point de départ, la pensée mère de cette publication.

Deux premières livraisons ont déjà paru en Décembre comme Spécimens, sous le titre de : LA CALIFORNIE (barrière Montparnasse), et LE CABARET DE LA MÈRE MARIE (barrière des Deux-Moulins), texte par Alfred DELVAU.

Ces deux numéros sont en dehors de l'Abonnement, au prix de 1 fr. 50 c. chaque, et 1 franc pour les personnes qui prennent un Abonnement.

Cette publication a commencé à paraître le 1er Janvier 1860. Il y aura régulièrement deux livraisons par mois. Chaque souscripteur recevra à la fin de l'année un frontispice illustré, et, pour prime, une très-belle gravure, composée et gravée par LÉOPOLD FLAMENG.

CONDITIONS DE LA SOUSCRIPTION

PARIS		DÉPARTEMENTS		ÉTRANGER	
Un an.	20 fr.	Un an.	21 fr.	Un an.	22 fr.
Six mois.	11 »	Six mois.	12 »	Six mois.	15 »
Trois mois.	6 »	Trois mois.	7 »	Trois mois.	8 »

Édition sur papier de Hollande. — Prix. . . . . 40 francs.

DÉJÀ PARU:

Bureau central d'abonnement chez l'Éditeur Alfred CADART, 3, rue Saint-Fiacre, et dans les principales maisons d'estampes et de librairie de la capitale.

Paris, le 1er Janvier 1860.

L'ÉDITEUR-GÉRANT,

A. CADART.

Les personnes de la province qui adressent des demandes d'abonnement sont instamment priées d'indiquer si elles désirent les deux livraisons spécimens de décembre 1859, Nos 1 et 2, en dehors de l'abonnement, cet oubli nécessitant presque toujours un second envoi.

COLLÈGE DE CLUNY

LE COLLÉGE DE CLUNY

I

Les ruines sont tristes, même en plein soleil, même quand la mousse et le lierre leur font un manteau vert, égayé de fleurettes sauvages. Mais, quand la ruine est un souterrain, une cave, une crypte, un *in-pace*, la tristesse se change en horreur; on voit des spectres. La peinture y trouve son compte, avec le clair-obscur; mais en vérité, un écrivain qui, sur la foi du mot Collége, avait rêvé les joyeusetés de la vieille sapience rabelaisienne, est bien mal à son aise, pour conserver sa belle humeur. Ajoutez à cela, les avanies innumérables auxquelles on est exposé, en fouillant ces débris du vieux Paris. Tout à l'heure, j'ai risqué ma vie. Afin de pénétrer dans le vieux Collége de Cluny, j'ai bravé les démolisseurs, j'ai reçu des plâtras sur la tête; un moellon, tombant d'un sixième étage, m'a effleuré le bras droit.

C'est un voyage de découverte, aux mers polaires, dirais-je presque, avec ses péripéties, ses dangers et ses joies. M'accusera-t-on de traiter plaisamment un sujet grave, ou de faire du pathos? Cependant, ce vieux monde me semble congelé par le froid des siècles, comme les vaisseaux de navigateurs disparus sous la neige des pôles. Eux aussi, nos pères, ces hommes d'autrefois, ont cherché à découvrir le problème de la vie, et leur église, leur arche, leur vaisseau enfin, est échoué maintenant, désemparé par les tempêtes sociales, crevé par la pioche, ruiné, brisé. Où est la boussole, où est la croyance et la vie? Demandez-le au vent qui pleure, la nuit, à travers les fentes des murs; demandez-le à l'ombre qui remplit les profondeurs du souterrain.

Comprenez-vous pourquoi ma gaieté s'est envolée?

Ce Collége de Cluny ou *Clugny*, s'émiette présentement au coin de la rue des Grès et de la rue de la Harpe; au moment où j'écris ceci, il existe encore; à l'heure où vous me lirez, lecteur, il n'en restera plus vestige. Notre gravure est un portrait après décès. Les maçons blancs bourdonnent autour de la ruche des moines noirs de Saint-Benoît; l'ouvrier attaque la maison du prêtre; la pioche renverse l'asile de la prière et de la science. Le XIXe siècle dévore le XIIIe; n'est-ce pas un symbole? De nos jours, la Matière assassine l'Esprit.

Je ne veux avoir pour mon siècle, ni louange outrée, ni blâme excessif. Je suis fils de ce siècle : je doute des idées; mais je vois le fait. S'il est mauvais, qu'à d'autres en revienne la peine. Mais enfin, on a fait des magasins à fourrages avec les églises; on nourrit les bêtes, là où nos pères distribuaient aux âmes le pain

de vérité. On a fait des marchés avec les cloîtres des couvents, voyez les Carmes de la place Maubert! Une machine à vapeur crie, geint et souffle dans l'église romane de l'Abbaye de Saint-Martin. N'est-ce point toujours le même principe, qui met le corps au-dessus de l'âme? Principe matériel, qui nous refait païens, à la grandeur près. Nous sommes aussi matériels que les athéniens, mais nous sommes moins beaux.

Je vais, en quelques lignes, tracer l'histoire d'une des plus glorieuses institutions de la vieille Université. Grâce au ciel, *Paris qui s'en va* me permet de parler en lieu convenable de ces illustres bénédictins! J'ai devant moi, quatre pages in-folio, de beaux caractères et de solide papier; je puis donc offrir à ces savant moines quelque chose de mieux qu'un volume *Charpentier*. Quant à l'érudition, qu'ils me pardonnent s'il y a défaut.

II

L'Abbaye de Cluny, chef d'ordre, du diocèse de Mâcon, aujourd'hui département de Saône-et-Loire, fut fondée en 910, sous la protection de Guillaume Ier, comte d'Auvergne, par Bernon, qui en fut le premier abbé (1).

Cette abbaye fut placée sous la règle de saint Benoît, aucune autre peut-être, n'eut une célébrité si grande, dans toute l'Europe; une ville se fonda autour du monastère, les abbés jouissaient de droits régaliens, et mirent toujours leur haute influence au service des causes justes et des persécutés. L'Abbaye de Cluny fut, en 1130, le refuge de l'un des plus grands hommes de la philosophie du moyen âge; Abailard trouva dans l'abbé, Pierre le Vénérable, un ami qui le consola de la haine folle de saint Bernard.

Comme tous les Bénédictins, les moines de Cluny se consacraient aux études les plus fortes. Leurs écoles isolées avaient une grande renommée, et conservaient un foyer de lumières dans les provinces de l'archevêché de Lyon. Lorsque, sous la troisième race, la France eut trouvé dans Paris son centre naturel, les abbés de Cluny voulurent se rattacher à la nationalité naissante par une solide institution. Yves de Vergy, abbé de Cluny, en 1269, fonda un collège sur la montagne Sainte-Geneviève, près de la porte Gibard, aujourd'hui place Saint-Michel. Tous les prieurs de l'ordre de Cluny furent obligés d'y envoyer quelques jeunes moines, afin de leur faire acquérir la haute science qu'on ne trouvait déjà qu'à Paris. Ces jeunes bénédictins, avant de se rendre dans la capitale du royaume, devaient subir

(1) GALLIA CHRISTIANA, tom. VI, col. 1117. A.

un examen rigoureux, qui prouvait des études déjà assez avancées ; ils les complétaient en cinq années.

Nous dirons plus loin quels étaient la discipline et les règlements intérieurs de ce collége.

III

Ce quartier de la Porte-Gibard, où se trouvaient déjà les Jacobins, la Sorbonne et le Parloir aux Bourgeois, jouissait d'une assez mauvaise renommée. (Voir la livraison du *Premier Hôtel-de-Ville de Paris*.) Les rues portaient des noms trop significatifs pour les passer sous silence. L'une, occupant à peu près l'emplacement actuel de la rue des Grès, traversait l'enclos des Jacobins, de la rue Saint-Jacques à la rue de la Harpe : on la nommait rue *Coupe-Gorge* (1).

C'était déjà réjouissant ; voici plus encore : descendant de la rue Coupe-Gorge à la rue des Mathurins, entre la rue de Sorbonne et celle des Maçons, une autre s'appelait rue *Coupe-Gueule*. Ici, le mauvais goût s'allie au mauvais coup. *Gorge*, passe encore : les gentilshommes se coupaient la gorge. Mais *gueule !* quels truands, quelles canailles avaient choisi cette rue « *Via jugulatrix* » pour théâtre de leurs ribauderies ? L'histoire se tait : elle a raison. Il ne m'appartient pas de déployer une pruderie exagérée, mais ces noms de rue m'effarouchent. Sans compter que j'en connais d'autres, en particulier celle du Pélican, dont je ne donnerais pas l'étymologie, pour tout l'or du monde. Ma plume honnête rougirait jusqu'au bec.

On conçoit dès lors que tous les historiens aient hautement félicité l'abbé Yves de Vergy, fondateur du collége de Cluny, d'avoir fait entourer ledit collége de bons gros murs. Je trouve cette mention des *gros murs*, dans Félibien, dans Sauval, dans la *Gallia christiana*.

Ce n'était point un luxe, au coin de la rue Coupe-Gorge et de la rue Coupe-Gueule ; j'imagine même, que les portes devaient être solides, bien verrouillées, bien cadenassées. Les innocents moinillons qui arrivaient de leurs provinces, un *gualimart* à la ceinture, éprouvaient sans doute d'étranges angoisses, en entendant la nuit, par-dessus les gros murs en question, les cris des ribauds et le râle des assassinés. Et maintenant, laissez-moi vous citer cet acrostiche, fabriqué par un rimeur bucolique, sur le nom de la *grand'ville*.

Paisible domaine,
Amoureux vergier,
Repos sans dangier,
Justice certaine,
Science haultaine ,
C'est PARIS entier.

Chaque vers est une ironie ; mais passons.

Dans l'enceinte des gros murs, Yves de Vergy fit construire le dortoir, la cuisine et le réfectoire ; il commençait à faire édifier le cloître, lorsque la mort le surprit. Yves de Chassant, son neveu, qui lui succéda dans la dignité d'abbé de Cluny, fit achever le cloître, bâtit le chapitre,

(1) Sauval, ANTIQUITÉS DE PARIS, tome Ier, p. 468.

la bibliothèque o̶ l'église. Tous ces bâtiments furent répare̶ r l'abbé Jacques d'Amboise. Certaines parties de l'église semblent même n'avoir été construites qu'à l'époque de cette restauration ; deux petites roses en ogive trilobée, entre autres, que masquaient dans ces derniers temps les maisons voisines, m'ont paru appartenir certainement à l'architecture de la fin du XVe siècle. L'inhospitalité des maçons m'a empêché d'examiner le reste dans tous les détails.

Cette église était élevée sur une crypte. Notre collaborateur, par son omnipotence, a choisi cette crypte pour sujet de sa gravure ; il était d'ailleurs impossible de faire une gravure sincère de l'intérieur de l'église, divisée qu'elle était par des cloisons, qui formaient plusieurs étages de plusieurs logements. Ce souterrain est, du reste, plein de caractère. Là était sans doute enterré Jean Raulin, de Nogent-le-Rotrou, doyen de Saint-Denis, une des célébrités universitaires de son temps.

IV

Les abbés de Cluny portaient à leur collége le plus grand intérêt. Ils ne tardèrent pas à faire élever dans le voisinage, rue des Mathurins, un superbe hôtel qui leur servait de demeure lorsqu'ils venaient à Paris. Cet hôtel, dans lequel on a établi de nos jours le Musée Du Sommerard, fut reconstruit vers la fin du XVe siècle ; les abbés étaient ainsi à portée de surveiller le collége.

Les règlements donnés par Yves de Vergy furent complétés et rendus définitifs par l'abbé Henri Ier (ces abbés de Cluny se chiffrent comme des rois), élu en 1308 (1).

« Le collége est destiné à l'étude spéciale de la théologie ; les études durent cinq années. Deux ans sont consacrés à la logique, trois à la physique et autres parties de la philosophie naturelle.

» Le pape Benoît XII, par une bulle de 1338, autorise dans ce collége l'étude du Droit Canon.

» Les élèves envoyés au collége doivent, avant d'être admis, subir un examen sous les yeux de l'abbé ou d'une personne suffisante, déléguée par lui. Les candidats doivent répondre à toutes les questions qu'on leur fera, sur la *grammaire*, terme général sous lequel on comprenait, au moyen âge, ce que nous nommons aujourd'hui *les lettres*.

» Aucun élève ne passe d'une année à l'autre sans un nouvel examen ; il est encore interrogé à la fin des cinq années du *quinquennium*. Ceux qui, à la fin du *quinquennium* , révèleront un goût particulier pour l'étude, ou des aptitudes spéciales, seront autorisés à rester au collége. On les pourvoira de bénéfices et d'emplois en rapport avec leurs aptitudes.

» Dans les autres colléges, lorsqu'un emploi se trouvait vacant, on le donnait, de droit, au postulant qui était bachelier ; si deux bacheliers se présentaient, on préférait le plus âgé. L'abbé de Cluny, pour son collègue, jugeant que l'âge n'est pas toujours une garantie de capacité, se réserve de choisir entre les bacheliers, sans autre règle que le savoir de chacun d'eux.

(1) Félibien, HISTOIRE DE LA VILLE DE PARIS, tome Ier, p. 346.

» Les écoliers sont libres de suivre les cours des autres colléges, s'ils les trouvent mieux faits que ceux de Cluny; cependant ils doivent, une ou deux fois par semaine, assister aux cours de la maison, et toujours honorer les professeurs, afin que le lien de la discipline ne se rompe point.

» Les élèves qui étudient la Bible sont tenus de prêcher, en français, de quinze en quinze jours; on choisira les plus capables pour faire une leçon sur une question de philosophie, dont ils auront le choix.

» Tous les huit ou quinze jours, il y aura une controverse publique, soutenue par les deux élèves les plus capables.

» Tous les soirs, à l'heure de la collation, le prieur du Collége, ou, s'il est empêché, un professeur désigné par lui, interrogera nominativement chaque élève sur les études qu'il aura faites dans la journée, et s'informera quelle connaissance nouvelle l'élève aura acquise, ce jour-là.

» En dehors des cours, chaque écolier étudiera seul dans sa chambre. Défense à deux jeunes élèves de sortir ensemble; on ne sort que sur la permission expresse du prieur, et accompagné d'un servant de la maison. On ne peut coucher hors du Collége que dans les cas d'extrême urgence, avec permission. Défense de manger en ville, avec des personnes étrangères à l'ordre de Saint-Benoît, à moins que ce ne soit à la table d'un grand seigneur.

» Les bacheliers seuls ont le droit de sortir librement pour les cours du dehors; les autres élèves, pour se rendre à ces cours, doivent être accompagnés.

» La bibliothèque du Collége est confiée aux soins d'un élève. Il distribuera les livres à ceux qui en feront la demande; et il tient note du titre du volume, du nom de l'élève à qui il a été remis, et du temps que l'ouvrage est resté entre ses mains.

» Les mauvais élèves sont chargés des ouvrages manuels du Collége, comme punition. »

Tel était le règlement du Collége de Cluny, en ce qui concerne les études. Je n'ai pas besoin d'insister pour faire remarquer tout ce que cette discipline a d'austère, et en même temps de paternel. Il est difficile de concevoir mieux, de prévoir et d'encourager davantage. Je cherche vainement, dans cette règle bénédictine, la trace des châtiments odieux que l'on infligeait aux écoliers dans les autres colléges, en particulier dans celui de Montaigu. Ici, rien de pareil; le mauvais élève est puni par le point d'honneur : il vaquera aux gros ouvrages de la maison, aux besongnes du Collége, voilà tout. Cluny repousse avec raison les coups, l'emprisonnement, les jeûnes au pain et à l'eau, etc.

V

Les intérêts matériels du Collége de Cluny n'étaient point réglés avec moins de sollicitude. Là encore tout est prévu; l'abbé envoie, de la grande Abbaye, les jeunes frères qu'il juge dignes d'étudier, à Paris. En outre, les prieurs des nombreux couvents qui relèvent

du chef de l'ordre, sont également obligés d'envoyer, chaque année, un certain nombre d'élèves, à l'entretien desquels ils doivent pourvoir. Ces élèves des prieurés sont au nombre de vingt-huit, répartis ainsi qu'il suit :

Le Prieuré de La Charité sur Loire, deux élèves.

Je note, en passant, que La Charité était le plus important prieuré de Cluny; on l'appelait, la première fille de l'Abbaye : *Prioratus Caritatis ad Ligerim primæ Cluniaci filiæ* (1).

Saint-Martin-des-Champs et Aneth, réunis pour cela, deux élèves.

Les prieurés dont les noms suivent, envoyaient chacun un élève :

Saucillanges, Souvigny en Bourbonnais, Marcigny, Sainte-Eutrope-lès-Xaintes, N.-D. de Montdidier, Nogent-le-Rotrou, Crespy, Longpont, La Voulte, Margerie, Saint-Orient d'Auch, Saint-Roman-le-Moustier, Pont-Saint-Esprit, Gaye, Saint-Saune-sous-Valenciennes, l'île d'Aix, Saint-Vincent, Coincy, Lihons, Paret-le-Nouvel, Abbeville, Sainte-Marguerite d'Hetincourt, Saint-Leu d'Esserans, Reuil.

Le règlement d'Yves de Vergy, confirmé par Henri Ier, fixe l'entretien de chaque boursier, par an, à 20 livres parisis, ou 25 livres tournois. Nous allons voir, ci-après, ce que représentaient ces sommes, si minimes en apparence.

Au XVe siècle, les bourses sont portées à 50 livres; au XVIe siècle, on les fixe à 100 livres.

Les écoliers d'outre-Saône, d'Allemagne, et en général tous ceux qui venaient de pays trop éloignés, étaient autorisés à rester à Paris, pendant les vacances, entretenus au collége, à raison de 3 sous 6 deniers *parisis* pour chaque semaine.

Aucun boursier ne pouvait avoir de clerc ou de valet à son service, à moins de payer lui-même l'entretien au collége, soit 12 livres *parisis* par an. J'ignore à quel chiffre les cotisations pendant les vacances et l'entretien des valets furent portés aux XVe et XVIe siècles.

J'évalue approximativement la valeur de chaque bourse, d'après le règlement d'Yves de Vergy, à 400 fr., somme qui, en tenant compte de la différence des temps, serait aujourd'hui au moins triple. Il est fort difficile, du reste, d'entrer dans ces détails avec une complète exactitude; car, on remarquera qu'il n'est point spécifié partout si les livres et les sous sont *parisis, tournois,* ou autres. Or, les abbés de Cluny, parmi leurs priviléges régaliens, comptaient le droit de battre monnaie, et cette monnaie de Cluny était plus forte que la monnaie parisis. Qu'on me permette de citer un texte :

« Addam Cluniacum jus olim habuisse cudendæ monetæ, quæquidem erat quarto parte fortior parisiensi; nam ad efficiendum francum unum, sexdecim solidi parisienses desiderabantur, duodecim tantum cluniacenses; ad unum itidem album quatuor denarii pari-

(1) GALLIA CHRISTIANA, tom. VII, col. 545 A.

sienses, tres duntaxat cluniacenses; ac denique solidus cluniacensis unum veterem grossum efficiebat, solidus parisiensis valebat tantum tres albos, hoc est 15 denarios Turonenses aut Viennenses, hæc enim utraque monetæ æquivalebat. Hæc autem jam ab an. 1382 et citrà constant, ex Chartis authenticis (1). »

La monnaie de Cluny était donc d'un quart plus forte que celle de Paris, bien que conservant le même nom. Toutes deux ont dû encore varier, selon les époques; de là des erreurs faciles. Aussi je crois devoir m'en tenir, sous toutes réserves, à mon évaluation précédente.

Le règlement prévoyait le cas où l'avarice des prieurs les porterait à ne point envoyer d'élèves à Paris, pour s'exonérer de la pension. Qu'ils envoyassent ou non des écoliers, les prieurs étaient tenus de verser la même somme; ils devaient, en outre, justifier qu'ils étaient innocents de toute négligence à cet égard, sous peine de censure.

En cas de mort d'un élève pendant son séjour à Paris, le prieur du collége devait, avec l'assistance de deux boursiers, faire un inventaire de ce que possédait le défunt. Ses livres étaient acquis à la bibliothèque du collége, excepté ceux de théologie, que l'on portait à la bibliothèque particulière de l'abbé. L'argent servait à payer les dettes et à faire les frais de l'inhumation; quant aux effets, linge et vêtements étaient répartis entre les écoliers qui se trouvaient en avoir le plus grand besoin.

VI

Grâce à cette excellente organisation, le Collége de Cluny traversa les siècles en conservant intacte la tradition des fortes études. Sa splendeur se maintint entière, ainsi que celle de la puissante Abbaye sa mère; au XVI° siècle et au commencement du XVII°, trois cardinaux de Lorraine furent successivement abbés de Cluny. Enfin, le cardinal par excellence, le Grand Cardinal, Richelieu, prit rang parmi les successeurs d'Yves de Vergy; il jugea que, pendant les guerres de religion, la discipline des bénédictins s'était affaiblie; il s'occupa activement de leur *réforme*, tant de ceux de Saint-Maur que de ceux de Cluny. Parmi les hommes éminens, qu'il fit travailler à cette œuvre importante, nous voyons figurer le *prieur du Collége de Cluny;* preuve évidente que, même en 1633, ce collége loin d'avoir besoin de réformes, pouvait fournir à l'abbaye des hommes capables de la réformer.

Il se maintint ainsi pendant tout le XVIII° siècle, la Révolution Française seule put renverser l'œuvre des vieux abbés; le collége de Cluny fut déclaré propriété nationale, ses élèves furent dispersés.

Ce n'est pas que je veuille me faire le panégyriste d'une époque et d'une civilisation à jamais détruites. Je répète ici ce que je disais en commençant, je suis fils de mon siècle, enfant de la Révolution, héritier comme vous, lecteur, des hommes de 89; mais souvent

(1) Gallia christiana, tom. VI, col. 1117. D.

je me suis arrêté avec admiration devant la vigueur du lien social qui unissait les hommes et les institutions du moyen âge; et je me suis demandé, non sans inquiétude, si notre société moderne trouverait une force pareille? Je n'ai eu, dans cet article, à m'occuper que d'un seul collége; il eût été plus intéressant de voir en grand toute la vieille Université; mais j'ai dû m'arrêter sur cette pente : je sais que l'un de nos collaborateurs prépare un travail sur ce sujet, pour *Paris qui s'en va.* Ce travail sera fait, assurément, avec toute l'autorité désirable, et permettra de conclure clairement sur la question générale. En particulier, il ne me paraît pas que nous ayons aujourd'hui rien à opposer aux bénédictins. Je viens de m'efforcer de faire connaître ceux de Cluny; les autres, ceux de Saint-Maur surtout, sont assez célèbres pour que je sois dispensé d'en parler; il n'est pas, j'ose l'affirmer, dans notre siècle de lumières, un seul ouvrage digne de figurer auprès de la *Gallia christiana,* que j'ai eu occasion de citer déjà plusieurs fois. Pas une histoire de Paris ne fera oublier celle de Félibien et Lobineau; et je répète que, dans nos Lycées, je ne vois pas d'études comparables à celles de Cluny.

VII

A toute chose il faut une fin; celle du collége de Cluny fut triste. Louis David, eut, au commencement de ce siècle, son atelier dans l'église désolée, veuve d'autels et de tombeaux. Des bourgeois hébétés se fabriquèrent des logements dans les dépendances du collége; et, par ma foi, un marchand de nouveautés étala ses *rayons* à la place même où se trouvait la bibliothèque. En d'autres parties, la profanation fut moins hideuse; on y établit des hôtels garnis, peuplés d'étudiants. Ceux-là, sans doute, n'étaient point de la taille des boursiers de Cluny, mais, au moins, ils étaient jeunes et avaient leurs bons quarts d'heure.

Un peu plus haut, dans la rue des Grès, toujours dans les maisons prises sur le collége, j'ai eu l'honneur de connaître un usurier.

Tout dernièrement, l'église, débarrassée de la peinture en serviettes mouillées de Louis David, avait été convertie en maison à peu près habitable. Les combles de cette maison, formés par la voûte en ogive de l'église, servaient de magasin à la librairie Hachette. Cette destination était moins affligeante; les bénédictins en auraient peut-être pris leur parti; mais cependant, je vous l'assure, cela était bien laid.

J'ai exploré ces débris, j'ai visité ces ruines; j'y ai médité cet article. Rentré chez moi, en l'écrivant, je me suis, pour quelques heures, isolé du présent : j'ai vécu dans le passé. Eh bien! dans quinze jours, quand je suivrai le nouveau boulevard, dont le macadam recouvrira la tombe de Jean Raulin, je regarderai la place bien nette, et je me dirai :

J'ai rêvé!

Ainsi va le monde.

AUG.-MARC BAYEUX.

PREMIER VOLUME.   1 5   LIVRAISON.

PARIS QUI S'EN VA

ET

PARIS QUI VIENT

PUBLICATION ARTISTIQUE

DESSINÉE ET GRAVÉE

Par Léopold FLAMENG

TEXTE PAR

Théophile GAUTIER, Arsène HOUSSAYE, Henri MURGER, CHAMPFLEURY, Charles MONSELET, Émile de la BÉDOLLIÈRE, Paul de St-VICTOR, Édouard FOURNIER, Alhéric SECOND, Albert de la FIZELIÈRE, Alfred DELVAU, Amédée ROLLAND, Paul de LASCAUX, Zacharie ASTRUC, Marc BAYEUX, Jean ROUSSEAU, Eugène MULLER, De SAULT, Jules LEVALOIS, Marc TRAPADOUX, Alphonse DUCHESNE, Victor FOURNEL, Jean DUBOYS, Achille GLEIZES, Charles COLLIGNY, Firmin MAILLARD, DURANTY, Fernand DESNOYERS, Jean DERRHEIMS, Ernest HAMEL, Georges DUPLESSIS, Etienne MAURICE, Régulus FLEURY, De KERSÉNAN, Amédée HARDY, etc.

LIVRAISON — Prix : **1** franc **50** centimes

UNE ANNÉE, 24 LIVRAISONS, 20 FRANCS

JUIN

1860

PARIS

PUBLIÉ PAR ALFRED CADART, ÉDITEUR D'ESTAMPES

3, RUE SAINT-FIACRE

On s'abonne à Londres

CHEZ W. JEFFS, 15, BURLINGTON ARCADE

ET 69, KING'S ROAD, BRIGHTON

Foreign Bookseller to the Royal Family.

St-Pétersbourg, { Dufour, libraire de la Cour Impériale.	Bruxelles, VAN-DER-KOLK.	Florence, VIEUSSEUX.
	Turin, BOCCA.	Naples, DUBRÈNE.
Berlin, B. BEHR E. BOCK.	Milan, DUMOLARD.	New-York, { Courrier des États-Unis. 73, Franklin Street.

PARIS QUI S'EN VA ET PARIS QUI VIENT, paraît par deux livraisons par mois; vingt-quatre par an, formant un volume composé de cent pages de texte et de vingt-quatre gravures. L'ouvrage, terminé en quatre années, au 15 décembre 1863, comptera donc un total de quatre-vingt-dix-huit gravures, quatre cents pages de texte; le tout formant un ouvrage complet, divisé en quatre volumes.

PARIS QUI S'EN VA

ET

PARIS QUI VIENT

PUBLICATION ARTISTIQUE

DESSINÉE ET GRAVÉE PAR

LÉOPOLD FLAMENG

TEXTE

Par Théophile GAUTIER, Arsène HOUSSAYE, Henri MURGER, CHAMPFLEURY, Charles MONSELET, Émile de la BÉDOLLIÈRE, Paul de SAINT-VICTOR, Edouard FOURNIER, Albéric SECOND, Albert de la FIZELIÈRE, CASTAGNARY, Alfred DELVAU, Amédée ROLLAND, Paul de LACROIX, Zacharie ASTRUC, Marc BAYEUX, Jean ROUSSEAU, Eugène MULLER, DE SAULT, Jules LUVALLOIS, Marc TRAPADOUX, Alphonse DUCHESNE, Victor FOURNEL, Jean DUBUYS, Achille GLEIZES, Charles COLLIGNY, Firmin MAILLARD, DURANTY, Fernand DESNOYERS, Jean DEREZEIMS, Ernest HAMEL, Georges DUPLESSIS, Étienne MAURICE, Régulus FLEURY, DE KERSÉNART, Amédée HARDT, etc.

4 années, 4 volumes, 96 gravures, 400 pages de texte.

Les villes sont comme les institutions : elles se renouvellent sans cesse, s'efforçant toujours de se tenir à la hauteur des besoins sociaux, et de se faire une physionomie appropriée au caractère spécial de chaque époque.

Cette vérité ne saurait mieux s'appliquer qu'au Paris de notre temps.

Le vieux Paris, le Paris de Sauval, de Gilles Corrozet, de dom Félibien, de dom Lobineau, est sur le point de disparaître. Ces mille et mille rues, ruelles, passages, détours, places, carrefours, au travers desquels ont passé tant de générations; ces anciens quartiers, qui semblaient autant de villes distinctes, ayant chacune son caractère, sa population, son industrie, ses mœurs; ces maisons sur la façade desquelles les époques ont successivement marqué leur empreinte et laissé un peu de leur histoire;—tout cet ensemble étrange et merveilleusement divers d'art, de poésie et de pittoresque, qui faisait de la grande ville comme un livre de pierre, une sorte de résumé de la France, où venaient lire à la fois l'archéologue, l'artiste, le penseur; tout cela s'efface, tout cela s'en va : le vieux Paris se meurt!

Mais un Paris nouveau s'élève. Les voies larges et spacieuses s'alignent; un quartier qui tombe fait place à un square, à une promenade; une rue démolie laisse surgir un palais; l'air et la lumière sont conviés de toutes parts à purifier les vieux cloaques et à baigner la nouvelle Ville éternelle.

Reconstruire le Paris qui s'en va, constater les développements du Paris qui vient, tel est le but de la publication que nous avons entreprise.

Reconstruire le Paris qui s'en va, et non-seulement le Paris d'hier, celui dont nos yeux ont vu les derniers vestiges, mais même ressusciter le Paris du moyen âge, le Paris de la Ligue, de la Fronde, avec ses monuments, ses fêtes, ses plaisirs, tout ce qui survit encore dans la tradition;—assister au développement de Paris qui vient, en constater les progrès journaliers, afin d'encourager les artistes qui s'emploient à ouvrer sa robe, si neuve encore, mais pourtant si riche d'étoffe;—

n'est-ce pas élever à la gloire de Paris un monument digne des plus hauts encouragements?

Pour remplir notre tâche, une double condition était nécessaire: retracer aux yeux et parler à l'esprit. — M. Léopold Flameng, a pris courageusement l'initiative, il a voulu retracer en effet les monuments et les mœurs, dans des gravures aussi originales de conception, que soignées d'exécution. Et pour ce qui concernait la rédaction, qu'il fallait rendre tout à la fois élégante, consciencieuse et soignée, il s'est adressé à des écrivains d'un talent éprouvé, dont quelques-uns sont illustres dans les lettres.

La tâche était difficile, et demandait, tant de la part du graveur que de la part des écrivains qui ont bien voulu lui prêter leur concours, un redoublement de zèle et de talent.

Nous croyons avoir pleinement réalisé notre but; et les suffrages du public éclairé sont venus nous montrer que nous ne nous sommes pas trompés.

Les plus hauts encouragements sont venus à nous. Par décision du Ministre d'État, en date du 2 mai, le Gouvernement a officiellement souscrit à notre publication. N'est-ce pas là la meilleure garantie que nous puissions donner aux personnes qui ne reçoivent pas encore le Paris qui s'en va et Paris qui vient?

Quatorze Livraisons ont déjà paru. Elles donnent une ample idée de ce que sera la publication entière.

Nos deux premiers numéros remontant au 1er décembre 1859, et nous continuerons à fournir régulièrement, comme nous l'avons fait jusqu'à ce jour, deux Livraisons par mois.

Chaque Souscripteur recevra, à la fin de l'année, un Frontispice illustré, et pour prime, une très-belle Gravure, composée et gravée par M. Léopold Flameng.

L'abonnement commençant au 1er janvier 1860, les deux Livraisons de décembre 1859 sont en dehors de l'Abonnement, et se payent 1 fr. 50 la Livraison, et 1 fr. pour les personnes qui souscrivent.

CONDITIONS DE LA SOUSCRIPTION.

PARIS		DÉPARTEMENTS		ÉTRANGER	
Un an	20 fr »	Un an	21 fr. »	Un an	22 fr. »
Six mois	11 »	Six mois	12 »	Six mois	13 »
Trois mois	6 »	Trois mois	7 »	Trois mois	8 »

Édition sur papier de Hollande, épreuves avant la lettre. — Prix : 40 francs.

DÉJÀ PARU :

Pour cette Publication :	Les épreuves séparées de l'ouvrage et tirées sur grande marge	prix : 2 fr.
	Les épreuves d'artistes seront tirées sur papier de Hollande	prix : 5 fr.

DURÉE DE L'OUVRAGE.

Bureau central d'Abonnement, chez l'Éditeur, ALFRED CADART, 3, rue Saint-Fiacre, et dans les principales Maisons d'Estampes et de Librairie de la Capitale.

Paris, le mai 1860.

L'ÉDITEUR-GÉRANT, A. CADART.

NOTA. — Beaucoup de demandes nous sont adressées sur le temps que doit durer notre publication.

Paris qui s'en va et Paris qui vient paraît par deux livraisons par mois, vingt-quatre par an, formant un volume composé de cent pages de texte et de vingt-quatre gravures. L'ouvrage complet terminé en quatre années, au 18 décembre 1862, comptera donc un total de quatre-vingt-seize livraisons, quatre-vingt-seize gravures, quatre cents pages de texte. Livraisons spécimens, publiées en décembre 1859; le tout formant un ouvrage complet de quatre volumes.

NOTA. — Les personnes de la Province qui adressent des demandes d'Abonnement sont priées d'indiquer si elles désirent les deux Livraisons Spécimens de décembre 1859, N°. 1 et 2, en dehors de l'Abonnement, cet envoi nécessitant presque toujours un second envoi.

Toute demande d'Abonnement devra être accompagnée d'un mandat sur la Poste ou d'un bon payable à vue sur Paris.

FLÈCHE DE NOTRE-DAME DE PARIS

LA FLÈCHE DE NOTRE-DAME

aussi bien que par des mots, les idées se traduisent par des formes. Les hiéroglyphes égyptiens parlaient clairement comme une page manuscrite. Jamais, dans la nature, la forme n'est indifférente ; et l'homme, qu'il en ait ou non conscience, subit dans ses œuvres la loi commune qui donne à toute chose un aspect varié, par lequel l'origine et la fin de cette chose sont symbolisées.

Je parlais d'abord des Égyptiens : ce n'est pas la première fois qu'on aura fait remarquer le singulier rapport qui existe entre le gouvernement de ce peuple et la forme de son architecture. L'Égypte théocratique, immobile dans ses institutions, ennemie du mouvement et du progrès, éternisant ses arts et son industrie dans une routine inflexible, affectionnait pour ses monuments une forme singulière, robuste, inflexible aussi : le trapèze. Temples, pylônes, obélisques procèdent de cette forme, plus larges à la base qu'au sommet ; la pyramide est la dernière exagération de ces bâtiments indestructibles. J'ajoute que, dans la statuaire même, l'horreur du mouvement social trouve un symbole, commun à tous les peuples théocratiques ; la statue est presque toujours assise, ou bien, si elle est debout, elle ne marche pas, elle ne peut pas marcher. Ses jambes sont engagées dans le bloc de porphyre, à peine indiquées par un contour.

Les Grecs, peuple élégant et progressiste, ont une sculpture grandiose, mais cependant aussi toute gracieuse et vivante. Leur origine égyptienne se révèle d'abord par l'art éginétique, aux plis roides ; et leurs temples sont alors construits dans cet ordre dorique primitif, qui rappelle vaguement encore la vieille Égypte de Cécrops. Dans la suite, l'ordre dorique trouve au Parthénon son apothéose ; les ordres corinthiens et ioniens font irruption sur toute la Grèce ; mais jamais les architectes, successeurs d'Ictynus, n'employèrent, du moins dans l'ornement, la forme cintrée. La voûte appartient aux Romains ; et l'on voit encore ici le symbolisme de l'architecture : la voûte ronde, le plein-cintre enfin, en même temps qu'il est l'œuvre dans laquelle excellent les architectes romains, s'adapte parfaitement aux idées de ces conqué-

rants. Bâtisseurs d'aqueducs et de municipes, fondateurs de basiliques et légistes, constructeurs de ponts et créateurs d'*alliances et d'amitiés* du peuple romain, ces gens-là s'étaient donné pour tâche, d'enfermer la terre dans le cercle de Popilius Lœnas.

II

« Tout chemin mène à Rome, » dit le proverbe. Nous avons pris le chemin le plus long, mais nous sommes à Rome en effet. Voilà, n'est-il pas vrai, un étrange étalage d'Égyptiens, et de Grecs et de Romains ? Tout cela en pure perte, et j'ai honte d'avouer qu'au bout de cette érudition, je n'ai rien de plus à dire qu'une chose souvent dite déjà, et, bien mieux dite, assurément, que je ne le peux faire. Je voulais seulement remarquer, une fois de plus, le merveilleux rapport qui existe entre les hommes du moyen âge, ces grands penseurs, sophistes, retourneurs de dogmes, quêteurs de vérités, et les cathédrales qu'ils ont bâties. C'est à l'auteur de *Notre-Dame de Paris* que nous devons la plus complète analyse de ces rapports étranges ; il m'était impossible de parler de la vieille cathédrale sans prononcer le nom de Victor Hugo. Blâmée par ceux-ci, admirée par ceux-là, *Notre-Dame de Paris* n'en est pas moins une œuvre immense, dans laquelle l'archéologie tient une place égale à celle du roman. Ce qui est écrit dans le livre, l'auteur le pensait ; il n'était point rare de lui entendre développer, dans la conversation, ses idées sur le symbolisme des constructions religieuses de ces temps, où les pierres semblaient avoir une âme et un langage.

Notre-Dame de Paris fut commencée sous l'évêque Maurice de Sully, en 1161. Son plan primitif et les piliers de la nef en font une cathédrale romane ; mais la plus grande partie du chœur, les bas-côtés et les chapelles sont de l'architecture ogivale du XIIIe siècle. On y travaillait encore au commencement du XIVe ; la construction de l'édifice entier dura plus d'un siècle et demi. L'un des architectes, chose peu usitée au moyen âge, a signé son nom : Jean de Chelles, sur le portail méridional de la croisée, qu'il a commencé en 1257.

Cette cathédrale est une des rares églises qui nous sont restées complètes dans leur ensemble, et qui ont conservé la plus grande partie de leurs détails. Les mutilations les plus considérables n'ont eu lieu qu'à une époque assez récente, pour qu'il soit possible de les réparer par une restauration intelligente, maintenant en cours d'exécution. Les statues brisées des rois et des saints ont repris, intactes, leur places dans les niches ; toute la population hideuse des diables et des damnés, se cramponne de nouveau sur les plates-formes des tours. Les grandes roses sont rétablies, bientôt le chœur nous apparaîtra avec toute la splendeur qu'il avait autrefois ; on va rendre aux murailles, leur éclatant vêtement de peintures vives. Notre-Dame, enfin, sera ressuscitée ; dès à présent l'artiste, l'archéologue, la retrouvent presque entière.

III

Le symbolisme que les *maîtres ès-œuvres* se plaisaient à imprimer aux églises ogivales se retrouve là, vivant : lutte sur la terre, horreur de l'enfer, espérance du ciel. La cathédrale en croix, ouvre son porche trinitaire à la foule de chrétiens, qu'appelle dans le sanctuaire la trompette de l'Ange.

Cet ange, au-dessus du pinacle, s'essouffle benoîtement à sonner sa tibicine : *Surgite, mortui !* — Et les fidèles accourent.

De la profondeur des rues sombres, les voici qui s'avancent en colonnes serrées. Les dames, avec leurs hennins à voiles blancs, marchent d'un pied léger, effleurant à peine le pavé. Chacune d'elles, d'une main, tient son missel armorié ; de l'autre main, elle relève les plis lourds de sa robe, dont la queue traîne dans la poussière. Les nobles sires marchent avec majesté et lenteur, sous leurs longs manteaux ; les gens de justice étalent leurs simarres d'hermine ; les bourgeois sont endodelinés de leurs meilleures nippes ; les artisans montrent orgueilleusement leurs chausses, pudiquement rapiécées. C'est là ton troupeau, Seigneur ! Que d'appelés ! Combien d'élus ? Tu le sais.

L'orgue chante et mugit ; les cloches sonnent, carillonnent, tintent, bourdonnent ; les chanoines psalmodient dans leurs stalles ; les chantres crient à tue-tête en se promenant dans le chœur.

L'Ange du pinacle fatigue sa trompette. Le diable est en colère de voir cette grand'foison de gens qui viennent à l'arche du Seigneur ; aux balustrades des tours, il s'accoude, avec tout son peuple de damnés, et regarde, fâché et grimaçant, le défilé des élus. Le Seigneur, d'accord avec l'architecte, a cloué ces maudits dans leur impuissance ; ils sont pétrifiés au bord de leur plate-forme, stupides, mais hideux. A les regarder d'en bas, une hallucination vous saisit : ne vont-ils point démolir le portail, pour en jeter les miettes sur ce peuple qui se réfugie dans l'église ? Voici une horrible goule qui vous regarde ; un ours, avec des oreilles d'âne ; un bœuf écorné, un bouc affreux de lasciveté ; une larve sortie du cercueil, un juif, type des réprou-

vés par excellence, avec son bonnet pointu. Des squelettes d'oiseaux couverts de suaires, des dogues méditatifs, des éléphants abrutis. Tout ce que la magie la plus affreuse peut évoquer dans les sabbats ; tout ce que l'épouvante en démence peut imaginer de hideurs, se tient là, au pied des tours, regardant passer la procession des fidèles. Ces deux tours du portail, épaisses, carrées, formidables, noires, établissent leur masse sur la Cité ; phares appelant au salut le navigateur perdu sur l'océan de la vie. Malgré le diable, le fidèle franchit le porche, les deux battants de la porte se referment, la prière s'installe dans la croix de l'église, avec l'encens et le mystère.

Du centre de cette église, de l'intersection de cette croix, au-dessus de l'autel où le prêtre invoque, où le croyant s'agenouille, s'élance droit, aigu, mais ferme comme l'espérance au milieu des tempêtes, couronné du signe de la rédemption qui nous conduit à Dieu, le clocher, la flèche flamboyante et dentelée, à travers les arceaux de laquelle les étoiles du ciel scintillent dans le calme du firmament éternel.

Quelques coups de crayon de notre gravure ont rendu sensible cette pensée. Tandis que le dessin s'achevait, ceci a été écrit sur les tours mêmes de la cathédrale ; et nous les avions devant nous, ces damnés du portail. La lutte, l'enfer, la vie ! Mais au dedans, la prière, le salut. Vous voyez, comme ils sont noirs et laids, les maudits qui veulent nous interdire l'entrée du sanctuaire ? Chrétiens, passez pourtant ; et voyez là-bas, dans le ciel bleu aux nuages cotonneux, au milieu du vol des hirondelles messagères du printemps, la flèche aiguë, éblouissante de lumière, lancée dans l'infini. Elle unit le temps à l'éternité, la terre au ciel ; elle appelle la foudre ici-bas, et porte la prière là-haut !

IV

Je n'aime pas les architectes. Cette idée, qu'on pourra trouver singulière, ne m'est pas venue sans raison. Je m'explique.

Les architectes, dans leur orgueil, ne considèrent les autres arts, peinture et sculpture, que comme des arts accessoires et de pure décoration. Pour la plupart d'entre eux, une statue remplit une niche, un tableau couvre un pan de mur ; et c'est tout. Statue et tableau, hors de cet emploi, n'ont aucune valeur. Cette opinion leur vient traditionnellement du moyen âge, du temps où l'architecture était en effet le premier des arts, et appelait les autres arts à son aide, sans cesser de les dominer de toute son imposante majesté.

Mais, du moyen âge, la tradition de l'orgueil reste seule, et la supériorité dans l'œuvre fait défaut. Notre architecture moderne *conçoit* fort mal ; et ici je me hâte de protester contre les éloges donnés, par de trop indulgents critiques, aux constructions d'églises prétendues gothiques, Ste-Clotilde, par exemple. Ces pastiches sont de vraies caricatures; je n'ai point ici l'espace nécessaire pour une critique complète, qui d'ailleurs sortirait de mon sujet, je me borne à demander à mon lecteur, que je suppose du jugement sain, si les deux tours de Ste-Clotilde ne sont point d'un effet grotesque ? Vues du haut de Notre-Dame, ces tours et celles de l'église de Belleville, de construction aussi récente, font l'effet de petites quilles, qu'on aimerait à déplanter avec la boule du Panthéon. Je ne puis en parler que sur ce ton de plaisanterie : elles sont si dépourvues de majesté, que le sérieux m'est impossible ; l'humble clocher de St-Séverin, que personne ne regarde, vaut, dans sa modestie, mille fois mieux.

Le sens du grandiose, de l'ampleur, fait défaut à ces petits-fils de Pierre de Montreuil ; sur un terrain qui eût servi à ce grand maître, pour construire une seconde édition de la Sainte-Chapelle, ils bâtissent de petites miniatures de cathédrales, en biscuit, d'un effet, piteux. Par bonheur, Notre-Dame de Paris a échappé aux maladroits ; car il est des exceptions en toute chose ; et la restauration de la flèche de Notre-Dame est l'œuvre d'un architecte qui fait exception.

M. Violet-le-Duc est un artiste. Avec talent, il a rétabli la flèche démolie à la fin du siècle dernier ; il a écrit avec esprit l'histoire de cette restauration, dans la 31ᵐᵉ livraison de la *Gazette des Beaux-arts*. Nous ne pouvons mieux faire que de nous renseigner d'après lui.

Ce fut en mars 1858, que le projet de M. Violet-le-Duc fut approuvé par S. E. M. le Ministre de l'Instruction publique et des Cultes. L'ancienne flèche, œuvre du XIIIᵐᵉ siècle, avait été démolie, pour des causes incertaines, par M. Godde, à la fin du siècle dernier. Alors régnait la forme ronde. C'est de cette époque étrange que datent tant de bâtisses hétéroclites : le Panthéon, la Monnaie, la Halle aux blés, la Rotonde du Temple, toutes plus rondes les unes que les autres. Pour les gens qui bâtissaient ces rotondes et ces dômes, les angles aigus répugnaient à l'œil ; on démolit donc, sous prétexte de vétusté, les flèches de la Ste-Chapelle et de Notre-Dame.

M. Violet-le-Duc raconte gaiement les étranges oppositions qu'il rencontra dans l'exécution de son œuvre. On lui contestait l'existence de l'ancienne flèche, et, par conséquent, on s'opposait à l'édification de la nouvelle. Il fournit des preuves qu'autrefois la cathédrale de Paris avait un clocher à l'intersection de la croisée ; nous croyons que ces preuves sont inutiles à reproduire, vu l'érudition de nos lecteurs. Cependant, nous renvoyons les sceptiques à la *Gazette des Beaux-Arts* :

« La nouvelle flèche de Notre-Dame de Paris repose « entièrement sur les quatre piliers du transept, au « moyen d'un système de quatre fermes inclinées et « de deux grandes fermes diagonales. Sa hauteur, « sous comble, est de quatorze mètres, compris les « jambes de force, qui descendent jusqu'au niveau « des reins de la grande voûte. Du sommet du faîtage,

« au-dessous du coq, on compte quarante-quatre « mètres cinquante centimètres. Elle est entièrement « construite en bois de chêne de Champagne, dont « quelques brins n'ont pas moins de quinze mètres de « longueur......

« Les quatre grandes contrefiches bases des noues, « sont décorées d'ajours, des quatre symboles des « évangélistes, et des douze apôtres, d'une hauteur de « trois mètres. Ces figures sont faites en cuivre re- « poussé, autant pour offrir une plus grande résis- « tance, que pour éviter un poids trop considérable. « Au-dessus du faîtage, la flèche est plantée sur un « plan octogonal, posé les angles sur les quatre faî- « tages et dans les quatre noues... Le soubassement « est plein, percé seulement de huit ouvertures vi- « trées, pour donner du jour à la base de la flèche. « Au-dessus, est placée la première enrayure octogo- « nale, qui porte la première plate-forme. Sur cette « plate-forme est une ordonnance à jour, puis une « seconde plate-forme, à laquelle on monte par un « escalier intérieur, surmontée d'un second étage « ajouré, portant huit grands gables percés d'ouver- « tures. Les huit poteaux d'angles sont doubles, incli- « nés, et se terminent par de longs pinacles décorés de « crochets, de fleurons et d'aigles aux ailes fermées. « C'est à la hauteur des gables, à la base des pinacles, « que commence la grande pyramide, dont le plan « forme une étoile composée de deux carrés se péné- « trant. Cette pyramide est décorée de grands cro- « chets qui n'ont pas moins de cinquante centimètres « de saillie, bien qu'à la hauteur où ils sont placés « ils paraissent fort minces. La pyramide se termine « par une couronne, surmontée d'une colonnette por- « tant la croix en fer et le coq. La croix, avec son « armature, n'a pas moins de huit mètres de hauteur, « et est maintenue, au poinçon et aux huit arêtiers, « par quatre fourchettes frettées, fortement frettées « et boulonnées. Toute cette charpente est entière- « ment revêtue de plomb ; les ornements sont de « même en plomb, repoussés au marteau et attachés « au moyen de tiges de fer revêtues de plomb. A « chaque plate-forme, seize gargouilles rejettent les « eaux au dehors.

« Le poids de la charpente est d'environ 500,000 « kilog., et le poids du plomb de 250,000 ; total : « 750,000 kilog. »

Nous arrêtons ici notre citation ; M. Violet-le-Duc est obligé de donner tous les détails techniques sur son œuvre ; nous ne voulons parler que de sa poésie. Tâche facile ! N'est-ce point un vrai poëme que cette flèche élégante, dentelée, fleuronnée, étonnante de hardiesse, de quelque endroit qu'on la contemple ? Vision des siècles passés, qui parles à l'âme en frappant les yeux, je ne veux pas savoir ce que tu pèses, ni de quels matériaux on te fit. Il me suffit de penser que celui qui t'a élevée a retrouvé par toi l'un des secrets des vieux maîtres, de ceux-là pour qui le travail était une prière et un acte de foi.

V

Des vingt et une églises, —sans compter les chapelles,
— qui jadis s'élevaient dans la Cité, Notre-Dame et la
Sainte-Chapelle restent seules. Les clochers, les flèches
fourmillaient autour de l'église mère dans cet étroit
espace ; toutes sont tombées.

Toutes avaient leurs souvenirs : Saint-Denys-de-la-
Châtre, Saint-Denys-du-Pas, l'une où le premier évêque
de Paris avait été emprisonné ; l'autre où il avait souffert le martyre. La Magdeleine, église repentie, qui
dans sa jeunesse avait été synagogue ; Saint-Germain-
le-Vieux, qui possédait les reliques sauvées des mains
des Normands ; Saint-Eloi, fondée par le ministre de
Dagobert. Saint-Barthélemy, paroisse des rois, Saint-
Luc, chapelle des peintres enlumineurs ; Saint-Pierre-
aux-Bœufs, qui, pour justifier son surnom, avait à sa
porte des lions sculptés, entre lesquels le seigneur
laïque rendait la justice. Sainte-Geneviève des Ardents,
qui guérissait de la peste ; Sainte-Marine où l'on ma-
riait avec un anneau de paille les amoureux qui n'a-
vaient point attendu le contrat.

Les nommerai-je toutes ? Saint-Landry, Sainte-Co-
lombe, Sainte-Croix, Saint-Pierre-des-Assis, Saint-
Michel, Saint-Christophe, Saint-Jean-le-Rond, Saint-
Martial, la chapelle de l'Hôtel-Dieu. C'était une Cité
sainte, qui tenait le centre de Paris, comme Paris
tenait le centre de la France. Quand les carillons
sonnaient à toutes volées, les bourgeois émerveillés
allaient se promener sur le quai des Augustins, pour
écouter à leur aise ce concert inouï ; et moi, d'y penser
seulement, j'ai les oreilles fatiguées. Le gros bourdon
et les cloches de Notre-Dame dominaient le vacarme ;
six de ces cloches étaient emprisonnées dans la flèche,
non comprise la cloche de bois, qui servait pendant la
semaine sainte, alors que ses compagnes étaient muettes.
Le dix-huitième siècle se leva et commença les des-
tructions. Sainte-Geneviève des Ardents et Saint-
Christophe se turent d'abord, puis Saint-Barthélemy,
puis toutes! La Révolution était arrivée. Les cloches
jetées à la fournaise en sortirent canons, et leur
voix puissante annonça l'ère nouvelle à l'Europe
vaincue par quatorze armées d'héroïques va-nu-pieds.
Certainement, dans leurs tombes, les chevaliers de
Bouvines ne s'indignèrent pas de cet emploi du bronze,
doublement sacré ; l'ancien clergé de France eut sans
doute donné ses cloches, heureux qu'elles gagnassent
la victoire, au lieu de la célébrer. Ce vieux clergé
n'avait-il pas béni Philippe IV, qui enivré de la victoire de Mons-en-Puelle, était, au *Te Deum*, entré tout
à cheval, dans le chœur de Notre-Dame ?

Mais les haines civiles, songeant peu à cette concorde
du passé, démolissaient; l'indifférence laissait le
temps renverser ces ruines, qui étaient des reliques.
Hélas ! de la vieille France à la nouvelle, quelle est la
différence, pourtant ?

La flèche de Notre-Dame est restaurée ; mais, est-
ce Paris qui s'en va ou Paris qui vient ? Quelle part la
foi a-t-elle pris à cette œuvre ; et n'est-ce que la brillante fantaisie d'un architecte, jaloux de s'illustrer par
un archaïsme splendide ? Je ne sais. Parce qu'on réta-
blira les cloches, le sonneur sera-t-il chrétien? Une
anecdote que je vais citer répondra peut-être à cette
question.

Tandis que nous étions sur la plate-forme des tours,
l'un dessinant, l'autre écrivant au milieu du peuple
des diables, nous avons été distraits de notre travail
par des voix rauques et vulgaires. C'était le sonneur
et ses aides, qui s'ébattaient entre eux. Ces successeurs
de Quasimodo étaient fort laids, mais peu poétiques ;
on les aurait pris pour des rôdeurs de barrières, avi-
nés, grossiers, ignobles. Ils passèrent près de nous, en
lançant des plaisanteries lourdes et obscènes; et se
réunirent au pied de l'une des tours. Nous nous remî-
mes au travail.

Tout à coup, un bruit métallique, le bruit d'un
palet de cuivre se heurtant contre du bois, appela
notre attention.

— Que font-ils ?

— Ils jouent au *tonneau*, répondis-je.

Et je me mis à réfléchir.

Le tonneau était installé, et l'est encore, précisément à l'encoignure, auprès des diables que représente
notre gravure. Les gros rires, les paris, les injures
plaisantes et les plaisanteries sales troublaient notre
travail. En vérité, c'était un petit scandale à huis-clos.
Cela se passait en famille ; mais la signification était
profonde, et ce tonneau de gens du peuple en goguette,
placé au milieu de tout le symbolisme chrétien,
est lui-même un symbole que je n'oublierai pas.

Les tours, six fois séculaires, sont toujours debout;
le clocher, restauré, lance sa flèche dans les nuages
et fait briller sa croix d'or au soleil. Les hirondelles,
les martinets, avec mille cris joyeux, volent en tour-
noyant autour de leur asile. Rien n'est changé, pour
ainsi dire, rien. Vous le croyez; mais, en regardant
attentivement, vous trouverez deux grandes choses :
ce tonneau de plus et la foi de moins.

AUG. MARC-BAYEUX.

Anc Mon Bernard — Imp. Poitevin, Seringe et Cie, Succr., place du Caire, 9.

PREMIER VOLUME. 14 LIVRAISON.

PARIS QUI S'EN VA

ET

PARIS QUI VIENT

PUBLICATION ARTISTIQUE

DESSINÉE ET GRAVÉE

Par Léopold FLAMENG

TEXTE PAR

Théophile GAUTIER, Arsène HOUSSAYE, Henri MURGER, CHAMPFLEURY, Charles MONSELET, Émile de la BÉDOLLIÈRE, Paul de St-VICTOR, Édouard FOURNIER, Albéric SECOND, Albert de la FIZELIÈRE, Alfred DELVAU, Amédée ROLLAND, Paul de LASCAUX, Zacharie ASTRUC, Marc BAYEUX, Jean ROUSSEAU, Eugène MULLER, De SAULT, Jules LEVALOIS, Marc TRAPADOUX, Alphonse DUCHESNE, Victor FOURNEL, Jean DUBOYS, Achille GLEIZES, Charles COLLIGNY, Firmin MAILLARD, DURANTY, Fernand DESNOYERS, Jean DERHEIMS, Ernest HAMEL, Georges DUPLESSIS, Etienne MAURICE, Régulus FLEURY, De KERSENAN, Amédée HARDY, etc.

LIVRAISON — Prix : **1** franc **50** centimes

UNE ANNÉE, 24 LIVRAISONS, 20 FRANCS

JUIN

1860

PARIS

PUBLIÉ PAR ALFRED CADART, ÉDITEUR D'ESTAMPES

3, RUE SAINT-FIACRE

On s'abonne à Londres

CHEZ W. JEFFS, 15, BURLINGTON ARCADE

ET 69, KING'S ROAD, BRIGHTON

Foreign Bookseller to the Royal Family.

St-Pétersbourg,	Dufour, libraire	Bruxelles, VAN-DER-KOLK.	Florence, VIEUSSEUX.
	de la Cour impériale.	Turin, BOCCA.	Naples, DUPRENE.
Berlin, B. BEHR É. BOCK.		Milan, DUMOLARD.	New-York, Courrier des États-Unis, 73, Franklin Street.

PARIS QUI S'EN VA ET PARIS QUI VIENT, paraît par deux livraisons par mois; vingt-quatre par an, formant un volume composé de cent pages de texte et de vingt-quatre gravures. L'ouvrage, terminé en quatre années, au 15 décembre 1863, comptera donc un total de quatre-vingt-dix-huit gravures, quatre cents pages de texte; le tout formant un ouvrage complet, divisé en quatre volumes.

PARIS QUI S'EN VA

ET

PARIS QUI VIENT

PUBLICATION ARTISTIQUE

DESSINÉE ET GRAVÉE PAR

LÉOPOLD FLAMENG

TEXTE

Par Théophile Gautier, Arsène Houssaye, Henri Mürger, Champfleury, Charles Monselet, Émile de la Bédollière, Paul de Saint-Victor, Édouard Fournier, Alfred Busquet, Albert de Pierrefonds, Castagnary, Alfred Delvau, Amédée Rolland, Paul de Lacroix, Zacharie Astruc, Marc Gayeux, Jean Rousseau, Eugène Müller, De Saint, Jules Lecomte, Marc Trapadoux, Alphonse Duchesne, Victor Fournel, Jean Duboys, Achille Gleizes, Charles Coligny, Pierre Malitourne, Duranty, Fernand Desnoyers, Jean Duranty, Ernest Hamel, Georges Duplessis, Étienne Maurice, Régaline Fleury, De Kersabiec, Amédée Marie, etc.

3 années, 4 volumes, 96 gravures, 400 pages de texte.

Les villes sont comme les institutions : elles se renouvellent sans cesse, s'efforçant toujours de se tenir à la hauteur des besoins nouveaux et de se faire une physionomie appropriée au caractère spécial de chaque époque.

Cette vérité ne saurait mieux s'appliquer qu'au Paris de notre temps.

Le vieux Paris, le Paris de Sauval, de Gilles Corrozet... bien, de dom Lobineau, est sur le point de disparaître. Ces mille, mille rues, ruelles, passages, détours, placets, carrefours, qui s'en... ...blaient autant de villes distinctes, ayant chacune son aspect, sa population, son industrie, ses mœurs, ses coutumes sur la figure desquelles les époques qui successivement marqué leur empreinte... ...peu de leur histoire ; — tout cet ensemble étrange et merveilleusement... ...vers d'art, de poésie et de pittoresque, qui faisait de la grande ville comme un livre de pierre, une sorte de résumé de la France, où venaient lire à la fois l'archéologue, l'artiste, le penseur, tout cela s'efface, tout cela s'en va ; le vieux Paris se meurt !

Mais un Paris nouveau s'élève. Les voies larges et spacieuses s'alignent, un quartier qui tombe fait place à un square, à une promenade, une rue étroite laisse surgir un palais ; l'air et la lumière sont conviés de toutes parts à purifier les deux chaque et à baigner la nouvelle Ville éternelle.

Reconstruire le Paris qui s'en va, constater les développements du Paris qui vient, tel est le but de la publication que nous avons entreprise.

Reconstruire le Paris qui s'en va, et notamment le Paris d'hier, celui dont nos yeux ont vu les derniers vestiges, mais même ressusciter le Paris du moyen âge, de la Ligue, de la Fronde, avec ses monuments, ses fêtes, ses plaisirs, tout ce qui survit encore dans la tradition ; — constater le développement du Paris qui vient, en constater... journalisme, en s'occupant des artistes qui s'emploient à... ouvrir sa robe... d'œuvre encore, mais pourtant si riche d'indices...

...pour élever à la gloire de Paris un monument digne des plus hauts encouragements.

...remplir notre tâche, une double condition était nécessaire... ...parler aux yeux et parler à l'esprit. — M. Léopold Flameng, à qui... ...nos gravures, a voulu retracer en effet les monuments... ...gravures aussi originales de conception... ...de l'exécution. Et pour ce qui concernait la rédaction, il... ...s'est rendu tour à tour piquante, consciencieuse et soignée, à... ...écrivains d'un talent éprouvé, dont quelques-uns sont... ...illustres dans les lettres.

La tâche était difficile, et demandait, tant de la part du graveur que de la part des écrivains qui ont bien voulu nous prêter leur concours, un redoublement de zèle et de talent.

Nous croyons avoir pleinement réalisé notre but ; et les suffrages du public éclairé sont venus nous montrer que nous ne nous sommes pas trompés.

Les plus hauts encouragements sont venus à nous. Par décision de M... ...notre d'État, en date du 2 mai, le Gouvernement a officiellement souscrit à notre publication. N'est-ce pas là la meilleure garantie que nous puissions donner aux personnes qui le reçoivent pas encore le Paris qui s'en va et Paris qui vient ?

Quatorze Livraisons ont déjà paru. Elles donnent une ample idée de ce que sera la publication entière.

Nos deux premiers numéros remontent au 1er décembre 1859 ; nous continuerons à fournir régulièrement, comme nous l'avons fait jusqu'à ce jour, deux Livraisons par mois.

Chaque Souscripteur recevra, à la fin de l'année, un Frontispice illustré, et pour prime, une très-belle gravure, composée et gravée par M. Léopold Flameng.

L'Abonnement commençant au 1er janvier 1860, les deux Livraisons du décembre 1859 seront en dehors de l'Abonnement, et se payent 1 fr. 25 la Livraison, et 1 fr. pour les personnes qui souscrivent.

CONDITIONS DE LA SOUSCRIPTION

PARIS		DÉPARTEMENTS		ÉTRANGER	
Un an.	20 fr.	Un an.	24 fr.	Un an.	28 fr.
Six mois.	11	Six mois.	13	Six mois.	15
Trois mois.	6	Trois mois.	7	Trois mois.	8

Édition sur papier de Hollande, épreuves avant la lettre. — Prix : 48 francs.

DÉJÀ PARU

Spécimen de Décembre 1859	N° 1	Le Café-Sca, texte par Alfred Delvau
	2	Le Cabaret de la Mère Maria, texte par Alfred Delvau
Janvier 1860	3	La rue de la Vieille-Lanterne, texte par Arsène Houssaye
	4	La Médaille de Sainte-Hélène, texte par Eugène Müller
Février	5	Le Pont-au-Change, texte par Charles Coligny
	6	La Morgue, texte par Alfred Delvau
Mars	7	Intérieur de la Maison antique du Prince Napoléon, avenue Montaigne, texte par Théophile Gautier
	8	Le Marchand de Ferraille et de Peaux de Lapins, texte par Marc Trapadoux
Avril	9	Le Marché des Innocents, texte par Achille Gleizes
	10	La Salpêtrière, rue des Agies, texte par Duranty
Mai	11	Le premier Hôtel de Ville de Paris (cabinet d'un Bourgeois), texte par Auguste Marc-Baycon
	12	Le Collège de Cluny (rue des Grès), texte par Auguste Marc-Baycon
Juin	13	La Flèche de Notre-Dame, texte par Charles Coligny
	14	Le Temple, texte par Marc Baycon

Pour cette Publication, les épreuves séparées de l'ouvrage et tirées sur grande marge...
Les épreuves d'artistes seront tirées sur papier de Hollande... ... 48 fr.

RÉSUMÉ DE L'OUVRAGE

Bureau central d'Abonnement, chez l'Éditeur, Alexis CADART, 3, rue Saint-Pierre, et dans les principales Maisons d'Estampes et de Librairie de la Capitale.

Paris, le mai 1860.

L'Éditeur-Gérant, A. CADART.

Nota. — Beaucoup de demandes nous sont adressées sur le temps que doit durer notre publication.

Paris qui s'en va et Paris qui vient paraîtra deux livraisons par mois, vingt-quatre par an, formant un volume composé de cent pages de texte et de vingt-quatre gravures. L'ouvrage complet terminé en quatre années, au 31 décembre 1863, comptera donc en tout cent quatre-vingt-seize livraisons, quatre vingt-seize gravures et quatre volumes. Les deux livraisons spécimen, publiées le décembre 1859, ne sont pas comprises dans ce nombre et ne formant un ouvrage complet de quatre volumes.

NOTA. — Les personnes de la Province qui adressent des demandes d'Abonnement sont priées d'indiquer si elles désirent les deux Livraisons Spécimen de décembre 1859 N° 1 et 2, en dehors de l'Abonnement, qui seront montrant presque toujours un second envoi.

Toute demande d'Abonnement devra être accompagnée d'un mandat sur la Poste n u d'un coupon payable à vue sur Paris.

LE TEMPLE

I

Un moine noir se promène dans un obscur souterrain. A quoi rêve ce moine ? Quelles pensées s'agitent au fond de cette âme, visitée par la foi ? Tout est-il dit, pour le bénédictin, quand il a récité son symbole ; et le *Credo* a-t-il apaisé tous les doutes de son esprit ?

Non. Le symbole achevé, le missel refermé, un abîme d'incertitudes se creuse devant le croyant du moyen âge. Une question terrible a remué puissamment toutes les écoles, et fait monter en chaire tous les docteurs : Les pensées de l'homme sont-elles *subjectives* ou *objectives* ? Voilà ce que l'Église n'a point décidé ; le moine se reporte aux livres du grand philosophe de l'antiquité, et médite s'il doit conclure pour un contre Aristote. Sur cette ligne étroite, il chemine avec les syllogismes de la vieille scolastique. Ce bénédictin penche vers l'hérésie.

Ce noir promeneur, nos lecteurs le connaissent déjà ; sombre vision que nous avons eue dans les ruines du Collège de Cluny. Maintenant, c'est une apparition plus brillante, mais aussi fantastique, que nous évoquons ; le passé, dont nous recueillons les débris, est fertile en contrastes :

Sur un cheval à la nerveuse encolure, un fantôme se dresse devant nous. Ce chevalier, vêtu d'une cotte de mailles en fin acier, laisse flotter sur ses épaules un vaste manteau blanc, constellé de croix rouges. Sa figure, basanée au vent du désert, s'anime par l'éclair du courage ; la longue épée qu'il tient à la main, luit sous le soleil de Palestine, de tout l'éclat d'un fer immaculé. Ce guerrier, c'est un moine ; il combat et il prie. C'est un Templier.

Mais, si différents que soient le bénédictin et le soldat, un point commun les rassemble. Celui qui vit dans l'ombre obscure des écoles, celui qui meurt au grand soleil des batailles, se rencontrent sur le terrain de la foi. Tous deux récitent leur symbole ; mais après, tous deux doutent aussi. Qui le croirait ? Cet homme de fer est encore un chercheur de problèmes ; ce guerrier, qui mourra martyr pour sa foi pure, est hérétique !

Etrange époque que ce moyen âge, où le fer et les pierres étaient intelligents. Époque d'esclavage, où le roi proclamait tous les hommes libres et francs par droit de nature ; époque de foi, où la foi se discute et se nie ; époque qu'on a traitée de barbare, où cependant nous l'avons vu dans le Collège de Cluny, on tenait des écoles d'éloquence, fermées en notre siècle parlementaire.

II

Le TEMPLE, à Paris, est un emplacement et non un monument. Il y a longtemps déjà que la pioche a fait son office ; rien ne reste debout, ni du palais du Grand Maître, ni du dortoir des frères, ni de l'église, ni de la Tour où fut enfermé Louis XVI. Ici, comme partout, on a établi un marché ; et quel marché ! Sur ce sol où sonna le pas de fer des chevaliers aux éperons d'or, se trouvent une halle en laide charpente et une ignoble rotonde de pierres. De grotesques friperies sont étalées autour ; raillerie amère de la vaillance, de cette vaillance, seul héritage que nous ayons sauvé. Je ne vois ni cottes de mailles, ni casques, ni boucliers ; mais seulement de vieilles culottes d'artilleur et de dragon, des colbacks de chasseur, des schapskas de lancier, des tuniques de garde national, des vestes et des habits de tout uniforme. Tout cela, souillé, déchiré, sordide. Voilà sous quels vêtements nos soldats vont, à présent livrer une bataille. Soldats héroïques de Sébastopol et de Solférino, vous êtes nés en une ingrate époque ! Dans six siècles, nul collectionneur pieux ne viendra recueillir vos armures ; et les haillons de votre gloire n'ont pas attendu six ans, pour passer à la hotte du chiffonnier.

III

Cette amertume convient mal à un historien. Je me rappelle trop volontiers que je fus poëte, et que tout de bon, moi aussi, j'ai répudié le vers, épique, mais servant peu, pour bâtir à sa place d'honnête et utile prose, appropriée à mon temps. Disons donc ce que fut le *Temple*, avant de dire ce qu'il est, et laissons les contrastes parler d'eux-mêmes.

Jérusalem, la ville sainte, était encore aux mains des

infidèles ; des marchands d'Amalfi obtinrent la permission d'avoir, dans le voisinage des lieux saints, un hospice pour y recevoir les pèlerins malades. Jean d'Yprès, dans sa *Chronique*, dit que cet hospice était desservi par des oblats du monastère de Sainte-Marie des Latins ; c'est ainsi que fut établi, au milieu du XIe siècle, l'ordre des Hospitaliers de Saint-Jean de Jérusalem.

Lorsqu'après la première croisade, les chrétiens eurent fondé un royaume de Palestine, sous Godefroy-de-Bouillon, les Hospitaliers virent autour d'eux la guerre en permanence, ils voulurent prendre part à la défense commune. L'ordre de Saint-Jean devint guerrier, sans cesser d'être religieux. Mais, pour leur infatigable charité, c'était peu de soigner et de défendre les malades ; il fallait encore faciliter aux pèlerins le voyage pénible, au bout duquel l'hôpital les attendait.

En 1118, les frères de Saint-Jean, Hugues des Payens et Geoffroy de Saint-Omer, se présentèrent avec sept autres frères, devant le patriarche de Jérusalem. Ils demandèrent et obtinrent la permission de sacrifier leur vie à la protection des voyageurs ; ces neuf moines chevaliers furent gratifiés d'un petit logis dans le couvent voisin du Temple de Salomon, d'où leur vint le nom de *frères de la milice du Temple*. Hercule et Thésée furent divinisés par les Grecs, pour avoir rendu sûres les routes jusqu'alors infestées de brigands ; la Palestine eut d'abord neuf héros, et ne les divinisa pas.

En ces temps-là, les œuvres d'abnégation étaient accueillies avec ferveur. L'ordre du Temple grandit rapidement. Au concile de Troyes, en 1128, Hugues des Payens vint humblement demander la confirmation de son ordre de chevalerie, et sollicita une règle de la main de saint Bernard. Dès 1120, les Templiers s'étaient établis à Bure (Côte-d'Or) ; et cette première maison fondée resta la première en vénération, sinon en importance, de toutes celles que les Templiers eurent en France (1).

L'époque de leur établissement à Paris est incertaine ; Lacaille la fait remonter à 1128 ; Félibien et Lobineau, à 1149. Cependant, on a la certitude que cent trente Templiers tinrent à Paris, en 1147, un chapitre de l'ordre ; était-ce à la place même qu'occupe actuellement le Temple ? Il serait difficile de le décider ; ce n'est qu'en 1182 qu'on voit le Temple mentionné d'une façon précise (2) ; mais alors il devait exister depuis longtemps.

La topographie de cet enclos du Temple, qui nous intéresse particulièrement, est assez facile à rétablir. Il occupait tout l'espace compris entre la rue de Vendôme, la rue Charlot, qui n'existaient point à cette époque, la rue de Bretagne, alors nommée rue de la Corderie, et enfin la rue du Temple. Cette dernière n'était alors qu'un chemin à travers champs, et ce fut primitivement par la *vieille* rue du Temple, alors la seule de ce nom, qu'on se rendit au couvent des soldats du Christ.

(1) Documents inédits, tom. 1er, pag. 304, et tom. 2e, pag. 358.
(2) Tableau de Paris, de Saint-Victor, 1808.

Dans ce vaste enclos, les templiers bâtirent d'abord une chapelle, rapidement transformée en église ; puis quelques constructions pour le logement des frères, un palais pour le Grand Maître de l'ordre, et plus tard, en 1306, le commandeur Jean le Turc fit élever la *Tour du Temple*. Un vaste terrain, d'abord réservé, et nommé la *culture du Temple*, se couvrit par la suite de maisons particulières, qui formaient une véritable ville. Cette affluence se conçoit ; l'enclos était un lieu d'asile pour tous les criminels, pour les débiteurs ; le Grand Maître seul, en dedans de ses murailles, avait droit de justice, et ne s'occupait guère des crimes commis au dehors.

Le palais du Grand Maître occupait la partie du jardin actuel qui touche à la rue du Temple ; l'église et les bâtiments de la communauté se trouvaient où l'on voit aujourd'hui le marché en charpente, dont nous parlerons plus loin. La Tour, à jamais célèbre, fut bâtie à l'extrémité du jardin du Grand Maître, à l'angle nord-est du jardin maintenant public.

Toutes ces constructions, élevées successivement, avaient, dans leur ensemble, un aspect religieux et guerrier ; l'église était fort belle, dit-on ; elle fut dédiée sous l'invocation de saint Simon et saint Jude ; les murailles de l'enclos étaient hautes et épaisses, avec créneaux et tourelles, la Tour était formidable d'aspect.

. . . .

Un décret et constitution du concile général de Vienne, en 1311, abolit l'ordre des Templiers ; toutes leurs propriétés foncières, leur couvent à Paris, les innombrables maisons qu'ils avaient en France, sont données aux Hospitaliers de Saint-Jean de Jérusalem.

En 1310, cinquante-neuf templiers sont brûlés vifs, comme hérétiques, dans un enclos de l'abbaye de Saint-Antoine, au faubourg Saint-Antoine (1). Le 11 mars 1314, Jacob de Molay, grand maître de l'ordre, et Guy, commandeur de Normandie, sont aussi brûlés comme hérétiques, dans une petite île dépendante de la Cité, à peu près à l'endroit où se trouve aujourd'hui la place Dauphine.

IV

C'est un dénoûment aussi imprévu qu'horrible, pour l'histoire des soldats du Christ, que de les voir brûlés en masse, en masse hérétiques.

Cette accusation est-elle vraie ? Comment croire que les héroïques combattants de Ptolémaïs et de Tibériade, que ces Templiers, dont six cents, à Sasphad, préférèrent la mort la plus cruelle au reniement de leur foi, soient des hérétiques damnés ? Philippe IV le Bel et le pape Clément V ne sont-ils point d'infâmes bourreaux ?

Non ! Philippe le Bel et le Pape furent justes : les Templiers étaient coupables.

Coupables du moins, au point de vue inflexible de la foi du moyen âge ; cinq cents ans plus tôt, ou cinq

(1) Sauval, Antiquités de Paris, tom. II, pag. 610.

cents ans plus tard, on les eût absous. Je voudrais avoir ici un espace suffisant, pour traiter à fond ce grand procès; mais, resserré comme je le suis, je dois me borner à quelques mots. On s'intéresse encore aujourd'hui au sort de ces martyrs ; je crois disposer de documents jusqu'à présent peu connus.

La divinité de Jésus-Christ, telle qu'elle est admise aujourd'hui par l'Eglise catholique, fut primitivement un motif de doutes et d'interprétations plus ou moins entachées d'hérésie, au milieu desquelles la foi orthodoxe fut quelque temps avant de se reconnaître. L'Eglise discutait cette divinité. Les Ariens furent, à l'origine même du christianisme, maîtres du terrain pour quelque temps, et la question fut résolue, moins par la discipline d'un concile, que par l'épée des Francs catholiques, qui frappa les Visigoths ariens.

Ce qui ne fut, en Occident, qu'une discussion sur un point, fondamental il est vrai, de la foi, devint dans l'Orient l'origine de toute une théologie nouvelle. Le Perse Manès, au troisième siècle, et en Egypte et en Grèce, les *gnostiques*, avaient fondé deux sectes puissantes, que la persécution et la mort de leurs apôtres ne purent anéantir. Dans ces pays orientaux, où les traditions de la philosophie païenne se conservaient avec les néo-platoniciens; au milieu des souvenirs de la domination grecque et des querelles du Bas-Empire, l'hérésie se maintint, sous des noms divers, quoique toujours vivace. Elle eut ses rameaux en Europe, mais la racine était en Palestine. Ce fut dans ce pays, théâtre de leur gloire, que les Templiers s'inoculèrent le venin.

La gnose admettait l'essence divine, existant par elle-même, et ne pouvant participer en rien aux impuretés d'ici-bas. Un Dieu, pour ainsi dire, *impassible*. Manès, d'accord avec les gnostiques, croyait qu'à cette essence du BIEN était opposée l'essence du MAL, autrement dit un Satan, dieu aussi. On voit par là la proche parenté du manichéisme avec les croyances de l'Inde : Orosmane et Arhimane ; et combien l'Eglise du moyen âge y a sacrifié. Le diable, admis par l'orthodoxie, n'est point l'égal de Dieu ; mais à une certaine époque, et même aujourd'hui, pour beaucoup d'humbles catholiques, il s'en faut de si peu, que Satan se trouve avoir encore une bien belle part dans la puissance universelle.

On conçoit aussi comment de la croyance à une divinité impassible, les gnostiques manichéens arrivèrent à l'idée que cette divinité n'avait pu ni s'incarner ni souffrir en Jésus-Christ. Et, par une suite naturelle, beaucoup de sectaires en vinrent à croire que Jésus-Christ était un Christ inférieur, plus rapproché de l'essence du mal, qui pouvait s'incarner, que de celle du bien, qui ne le pouvait pas. Ils doutaient aussi de la révélation, et comme toute la philosophie du moyen âge, à propos d'Aristote, mirent en cause la pensée humaine, *objective* ou *subjective*. Tout s'enchaîne dans ces hérésies.

Telle était la croyance de l'*Ordre du Temple*, je souligne ce mot, parce que le crime paraît être plus tôt

celui de l'Ordre que celui des chevaliers. Le reniement du Christ, imposé dans les réceptions, répugnait à beaucoup de nouveaux frères, qui reniaient *de bouche, et non de cœur*. Quand il fallait cracher sur la croix, ils crachaient à côté.

Mais, malgré ces restrictions personnelles, le crime de l'Ordre est demeuré prouvé par le procès (1). Les pratiques infâmes des manichéens, sont aussi hors de doute chez les frères du Temple; plusieurs coffrets récemment retrouvés, en particulier celui d'Essarois (Côte-d'Or), qui appartient à M. le duc de Blacas, ne permettent aucune contradiction. L'idolâtrie du *Baphomet*, de la Tête Barbue, est pareillement une chose avérée; et l'on peut dire que l'opinion publique s'est montrée fort injuste envers le roi Philippe IV et le pape Clément V.

V

L'ordre du Temple aboli, ses biens mobiliers furent confisqués par la couronne, et ses immeubles furent donnés aux frères Hospitaliers de Saint Jean de Jérusalem, plus tard chevaliers de Rhodes, en dernier lieu chevaliers de Malte. La maison de Paris conserva le nom de *Temple*, et fut le séjour du Grand Prieur, dignité possédée souvent par les bâtards de nos rois. Les soupers que le grand prieur Philippe de Vendôme y donnait furent célèbres. Chaulieu, La Fare, Chapelle, etc., y venaient souvent; Jean-Baptiste Rousseau parle en quelque strophe des :

Innocents soupers du Temple !

Le prince de Conti, étant grand prieur, en 1770, offrit, dans le Temple, un asile à Jean-Jacques Rousseau, après son retour de Suisse. Le séjour était agréable autant que sûr ; les rois du temps jadis venaient volontiers au Temple, y mettaient leur trésor en garde. Henri III, roi d'Angleterre, en 1254, préféra le Temple au logement que saint Louis lui avait fait préparer dans le Palais de la Cité.

Un autre roi, en 1792, vint de même au Temple ; mais celui-là était un roi de France, et les temps où la Tour servait d'asile étaient bien loin.

VI

Pour la génération moderne, la célébrité de la Tour du Temple vient surtout de la captivité de Louis XVI et de sa famille. Je place les quelques mots que j'y

---

(1) Je ne puis, je le répète, qu'indiquer ici, la criminalité des Templiers. J'ai entre les mains deux volumes intitulés : MONOGRAPHIE et SUITE DE LA MONOGRAPHIE DU COFFRET DE M. LE DUC DE BLACAS, OU PREUVES DU MANICHÉISME DE L'ORDRE DU TEMPLE, PAR M. MIGNARD, CORRESPONDANT DU MINISTÈRE DE L'INSTRUCTION PUBLIQUE. 1853, Paris, Dumoulin, quai des Augustins, 13. J'y renvoie ceux de mes lecteurs, qui voudront approfondir la question. Consulter aussi M. HENRI MARTIN, HISTOIRE DE FRANCE, règne de Philippe le Bel (Furne).

consacre entre deux larges interlignes , mais je m'abstiens de tout jugement. Il me conviendrait aussi peu d'insulter la mémoire des grands révolutionnaires — qui sauvèrent la France, quoi qu'on en ait dit — que d'outrager un roi, coupable, il est vrai, mais coupable de n'avoir eu que les vertus d'un homme, quand son époque exigeait qu'il fût quelque chose de plus que ce que César, Charlemagne et Henri IV avaient été, à eux trois.

Heureux, Louis XVI mériterait de trouver l'histoire sévère; son malheur lui donne le droit à la pitié.

VII

Une partie de l'enclos du Temple avait été vendue par bail emphythéotique, en 1779; la rotonde qu'on voit aujourd'hui fut bâtie en 1781. Les murailles féodales furent jetées à terre en 1802; la Tour fut démolie en 1811; et le marché de charpente fut établi en 1812.

Ce marché, cette rotonde qui se trouve au bout, font la mine, sur le sol, d'un I gigantesque, avec un point dessus. Ce souvenir d'une ballade célèbre est d'autant mieux à sa place, que la lune d'Alfred de Musset brille dans la nuit brune, fait rêver forêt sombre , et que justement l'un des quartiers du marché du Temple s'appelle : *la forêt noire !*

C'est même une enseigne. J'ai étudié les enseignes du Temple; peu sont remarquables. La palme revient en ce genre aux cordonniers, qu'on appelle là : *pignoufs*. Le pignouf aime les couleurs tendres et les devises tendres aussi. *A la pensée;* au-dessous d'une fleur énigmatique, bleue et jaune. Par exemple, l'un de ces cordonniers *Watteau* déshonore la corporation. Saisi de je ne sais quel vertige, il a osé écrire sur son enseigne cette chose affreuse: *Au p.. volant.*

Une chapelière, mieux inspirée, a vaillamment arboré le *Drapeau du Temple.* Car on trouve des chapeaux au Temple, aussi bien que des souliers. On y trouve de tout. Les boutiques se divisent en deux séries, rouge et noire; mais les industries sont confondues, pêle-mêle, dans l'une et l'autre série. Chaque boutique, se loue à raison de 4 fr. 75 c., par semaine; elles sont généralement occupées par des femmes; les *Marchandes du Temple* sont le pendant des *Dames de la Halle.* En quoi le Temple de Paris diffère de celui de Jérusalem : tout le monde sait que Jésus-Christ n'y trouva que des marchands.

J'ai maintenant la conviction que sous ces portiques, qui ne sont point en cèdre, — autre différence avec Jérusalem, — une jolie femme peut acquérir une robe de soie pour 27 fr. 45, et un chapeau pour 8 fr. La toilette peut se compléter aux mêmes prix modestes; et je vous assure que, robe et chapeau, etc., ont une excellente façon. Une marchande, dont j'ai su captiver la confiance, m'a avoué, dans le tête-à-tête, — elle a soixante-neuf ans ! — que ce n'est pas tout à fait de la première qualité. Je veux le croire, mais je n'en sais rien, n'ayant jamais porté de robe à volants; ce que je puis dire, pour l'avoir vu, c'est que les modes

parisiennes sont fort bien représentées dans ces boutiques, comme forme et comme couleur, comme fraîcheur irréprochable principalement. Après tout, cette fraîcheur dure ce qu'elle peut; et les femmes, en ce bas monde, se fanent aussi.

Outre les objets de toilette, on trouve sous les galeries une exposition complète et permanente de ce qui *monte* un ménage. Ainsi, robes et matelas, chapeaux et quincailleries, cordonnerie, ferraille, bijouterie, rideaux, linge tout cela tellement habitué à se trouver ensemble, qu'il s'en compose un tout harmonieux et *plein d'attrait.* La Rotonde est plus particulièrement réservée aux objets d'un usage masculin, et même militaire; vous y chercheriez vainement un bout de ruban, une épingle à cheveux.

J'ai parlé, en commençant, de cette Rotonde. Le mot va paraître gros, mais je déclare que c'est effroyable. Je frémis en pensant au serrement de cœur que doit éprouver l'homme d'esprit à qui elle appartient, quand une nécessité impérieuse l'oblige à visiter sa propriété. Il y a autour des galeries, comme rue de Rivoli. Vaste entassement de guenilles, babel de loques, pyramide de haillons. La puanteur de ces vieux uniformes, dans lesquels la gloire française a sué sang et eau, se répand autour de la caverne; au cœur de l'antre fourmille une ménagerie de bêtes féroces, qui rongent le petit bénéfice, pour en extraire le gros gain. *Marchands d'habits, pour la province!*

D'énormes ballots préparés pour l'expédition attendent le camion *ouest-factage;* ce que Paris envoie de chiffes aux départements ne se peut comprendre qu'en voyant ces ballots colossaux et innombrables. Ce commerce est si considérable, qu'il donne naissance a une *Halle;* on y cote le cours de la guenille, comme à la Bourse, celui de la *Rente* et du *Mobilier.* Cette bourse se tient vers deux heures, entre la Rotonde et les galeries de bois; nous en offrons la gravure à nos lecteurs.

Marchands d'habits ! Il y a des millionnaires parmi eux, aussi bien que parmi les marchands de peaux de lapin. Après tout, le vieil habit et la peau de lapin, c'est toujours la dépouille d'une bête, écorchée par la spéculation. Que d'écorcheurs sont là, devant la boutique de M. Julien Brière, *marchand d'habits, pour la province;* de M. Petit, au *Souvenir de Béranger,* pour la province aussi; du jeune et du vieux Durieu, *Au petit caporal;* de Z. Marcas, remarquez ce nom ! de Mme veuve Mille ! Pour la province, tous !

Ainsi, pour résumer l'histoire de l'emplacement du Temple, il y eut un couvent, une église, une forteresse, un palais, un jardin, une prison. Il fut occupé par des chevaliers, par des moines, par des hérétiques, par des rois et par des régicides.

Aujourd'hui, il y a un marché; demain, il y aura un boulevard; et dans le marché, il y a des marchands, qui rouleront demain voiture sur le boulevard.

AUG. MARC-BAYEUX.

Les deux Livraisons paraissent toujours en même temps, à dater du 1er juillet elles seront dans une même couverture.

PREMIER VOLUME.   15   LIVRAISON.

PARIS QUI S'EN VA

ET

PARIS QUI VIENT

PUBLICATION ARTISTIQUE

DESSINÉE ET GRAVÉE

Par Léopold FLAMENG

TEXTE PAR

Théophile GAUTIER, Arsène HOUSSAYE, Henri MURGER, CHAMPFLEURY, Charles MONSELET, Émile de la BÉDOLLIÈRE, Paul de St-VICTOR, Édouard FOURNIER, Albéric SECOND, Albert de la FIZELIÈRE, CASTAGNARY, Alfred DELVAU, Amédée ROLLAND, Paul de LASCAUX, Zacharie ASTRUC, Marc BAYEUX, Jean ROUSSEAU, Eugène MULLER, De SAULT, Jules LEVALOIS, Marc TRAPADOUX, Alphonse DUCHESNE, Victor FOURNEL, Jean DUBOYS, Achille GLEIZES, Charles COLLIGNY, Firmin MAILLARD, DURANTY, Fernand DESNOYERS, Jean DERUEIMS, Ernest HAMEL, Georges DUPLESSIS, Étienne MAURICE, Régulus FLEURY, De KERSÉNAN, Amédée HARDY, etc.

LIVRAISON — Prix : **1 franc 50** centimes

UNE ANNÉE, **24 LIVRAISONS, 20 FRANCS**

JUILLET

1860

PARIS

PUBLIÉ PAR ALFRED CADART, ÉDITEUR D'ESTAMPES

3, RUE SAINT-FIACRE

On s'abonne à Londres

CHEZ W. JEFFS, 15, BURLINGTON ARCADE

ET 69, KING'S ROAD, BRIGHTON

Foreign Bookseller to the Royal Family.

St-Pétersbourg, { Dufour, libraire de la Cour impériale.	Bruxelles, VAN-DER-KOLK.	Florence, VIEUSSEUX.
	Turin, BOCCA.	Naples, DUFRÊNE.
Berlin, B. BEER E. BOCK.	Milan, DUMOLARD.	New-York, { Courrier des États-Unis 73, Franklin Street.

PARIS QUI S'EN VA ET PARIS QUI VIENT paraît par deux livraisons par mois; vingt-quatre par an, formant un volume composé de cent pages de texte et de vingt-quatre gravures. L'ouvrage, terminé en quatre années, au 15 décembre 1863, comptera donc un total de quatre-vingt-dix-huit gravures, quatre cents pages de texte; le tout formant un ouvrage complet, divisé en quatre volumes.

PARIS QUI S'EN VA

ET

PARIS QUI VIENT

PUBLICATION ARTISTIQUE

DESSINÉE ET GRAVÉE PAR

LÉOPOLD FLAMENG

TEXTE

Par Théophile Gautier, Arsène Houssaye, Henri Murger, Champfleury, Charles Monselet, Émile de la Bédollière, Paul de Saint-Victor, Edouard Fournier, Albéric Second, Albert de la Fizelière, Castagnary, Alfred Delvau, Amédée Rolland, Paul de Lascaux, Zacharie Astruc, Marc Bayeux, Jean Rousseau, Eugène Muller, De Sably, Jules Levallois, Marc Trapadoux, Alphonse Duchesne, Victor Fournel, Jean Dubois, Achille Gleizes, Charles Coligny, Firmin Maillard, Duranty, Fernand Desnoyers, Jean Derreims, Ernest Hamel, Georges Duplessis, Etienne Maurice, Régulus Fleury, De Kersénany, Amédée Hardy, etc.

4 années, 4 volumes, 98 gravures, 400 pages de texte.

Les villes sont comme les institutions : elles se renouvellent sans cesse, s'efforçant toujours de se tenir à la hauteur des besoins sociaux, et de se faire une physionomie appropriée au caractère spécial de chaque époque.

Cette vérité ne saurait mieux s'appliquer qu'au Paris de notre temps.

Le vieux Paris, le Paris de Sauval, de Gilles Corrozet, de dom Félibien, de dom Lobineau, est sur le point de disparaître. Ce milieu de mille rues, ruelles, passages, détours, places, carrefours, au travers desquels ont passé tant de générations ; ces anciens quartiers, qui semblaient autant de villes distinctes, ayant chacune son caractère, sa population, son industrie, ses mœurs ; ces maisons sur la façade desquelles les époques ont successivement marqué leur empreinte et laissé un peu de leur histoire ;—tout cet ensemble étrange et merveilleusement divers d'art, de poésie et de pittoresque, qui faisait de la grande ville comme un livre de pierre, une sorte de résumé de la France, où venaient lire à la fois l'archéologue, l'artiste, le penseur; tout cela s'efface, tout cela s'en va : le vieux Paris se meurt!

Mais un Paris nouveau s'élève. Les voies larges et spacieuses s'alignent ; un quartier qui tombe fait place à un square, à une promenade; une rue démolie laisse surgir un palais; l'air et la lumière sont conviés de toutes parts à purifier les vieux cloaques et à baigner la nouvelle Ville éternelle.

Reconstruire le Paris qui s'en va, constater les développements du Paris qui vient, tel est le but de la publication que nous avons entreprise.

Reconstruire le Paris qui s'en va, et non-seulement le Paris d'hier, celui dont nos yeux ont vu les derniers vestiges, mais même ressusciter le Paris du moyen âge, de la Ligue, de la Fronde, avec ses monuments, ses fêtes, ses plaisirs, tout ce qui survit encore dans la tradition ;— assister au développement de Paris qui vient, en constater les progrès journaliers, afin d'encourager les artistes qui s'emploient à ourrer sa robe, si neuve encore, mais pourtant si riche d'étoffe ; —

n'est-ce pas élever à la gloire de Paris un monument digne des plus hauts encouragements ?

Pour remplir notre tâche, une double condition était nécessaire : retracer aux yeux et parler à l'esprit. — M. Léopold Flameng, à pris courageusement l'initiative, il a voulu retracer en effet les monuments et les mœurs, dans les gravures aussi originales de conception, que soignées d'exécution. Et pour ce qui concernait la rédaction, qu'il fallait rendre tout à la fois élégante, consciencieuse et soignée, il s'est adressé à des écrivains d'un talent éprouvé, dont quelques-uns sont illustres dans les lettres.

La tâche était difficile, et demandait, tant de la part du graveur que de la part des écrivains qui ont bien voulu lui prêter leur concours, un redoublement de zèle et de talent.

Nous croyons avoir pleinement réalisé notre but; et les suffrages du public éclairé sont venus nous montrer que nous ne nous sommes pas trompés.

Les plus hauts encouragements sont venus à nous. Par décision du Ministre d'État, en date du 2 mai, le Gouvernement a officiellement souscrit à notre publication. N'est-ce pas là la meilleure garantie que nous puissions donner aux personnes qui ne reçoivent pas encore le Paris qui s'en va et Paris qui vient?

Quatorze Livraisons ont déjà paru. Elles donnent une ample idée de ce que sera la publication entière.

Nos deux premiers numéros remontent au 1er décembre 1859, et nous continuerons à fournir régulièrement, comme nous l'avons fait jusqu'à ce jour, deux Livraisons par mois.

L'Abonnement commençant au 1er janvier 1860, les deux Livraisons de décembre 1859 sont en dehors de l'Abonnement, et se payent 1 fr. 50 la Livraison, et 2 fr. pour les personnes qui souscrivent.

CONDITIONS DE LA SOUSCRIPTION.

PARIS		DÉPARTEMENTS		ÉTRANGER	
Un an	20 fr. »	Un an	21 fr. »	Un an	22 fr. »
Six mois	11 »	Six mois	12 »	Six mois	13 »
Trois mois	6 »	Trois mois	7 »	Trois mois	8 »

Édition sur papier de Hollande, épreuves avant la lettre. — Prix : 40 francs.

DÉJÀ PARU :

Pour cette Publication : Les épreuves séparées de l'ouvrage et tirées sur grande marge .... prix : 3 fr.
Les épreuves d'artistes seront tirées sur papier de Hollande .... prix : 5 fr.

DURÉE DE L'OUVRAGE.

Bureau central d'Abonnement, chez l'Éditeur, Alfred Cadart, 3, rue Saint-Fiacre, et dans les principales Maisons d'Estampes et de Librairie de la Capitale.

Paris, le mai 1860. **L'Éditeur-Gérant, A. Cadart.**

Nota. — Beaucoup de demandes nous sont adressées sur le temps que doit durer notre publication.

Paris qui s'en va et Paris qui vient, commencé par deux livraisons par mois, vingt-quatre par an, formant un volume composé de cent pages de texte et de vingt-quatre gravures. L'ouvrage complet terminé en quatre années, au 15 décembre 1863, comptera donc un total de quatre-vingt-seize livraisons, quatre-vingt-dix-huit gravures et comprenant les deux livraisons spécimen, publiées en décembre 1859; le tout formant un ouvrage complet de quatre volumes.

NOTA.—Les personnes de la Province qui adressent des demandes d'Abonnement sont priées d'indiquer si elles désirent les deux Livraisons Spécimens de décembre 1859, Nos 1 et 2, en dehors de l'Abonnement, cet oubli nécessitant presque toujours un second envoi.

Toute demande d'Abonnement devra être accompagnée d'un mandat sur la poste ou d'un bon payable à vue sur Paris.

LES NUITES D'UN BAL DU PRADO (Damine EXTREMITAS.)

LE PRADO

I

BIBLIOTHÈQUE IMPÉRIALE

Au bout du Pont-au-Change, dont on pourrait fort bien dire en ce moment ce qu'en disait Claude le Petit, sous Louis XIV :

> Et si par un malheur estrange,
> On te ravaude tous les jours;
> On t'a bien nommé Pont-au-Change,
> Puisque tu changes toujours ;

dans la rue de la Barillerie, dont il ne reste plus trace, existait au V° siècle une Chapelle dédiée à Saint-Barthélemy, construite par les soins du comte Eudes.

Ce fut en cette Chapelle que la reine Clotilde, femme du roi Clovis, fit baptiser deux enfants, l'un en 485 et l'autre en 486.

En 966, les Chanoines qui desservaient cette Chapelle furent transférés à Saint-Michel, pour faire place aux religieux venus de Basse-Bretagne, à cause des guerres, et qui apportaient les corps de saint Magloire, saint Samson et saint Maclou.

Hugues le Grand leur fit bâtir un monastère, et ils y restèrent jusqu'en 1138, qu'ils furent transférés en une chapelle de Saint-Georges, rue Saint-Denis, à cause de la proximité du Palais, qui leur causait trop de bruit.

Louis VII le Jeune fit alors de l'église des Bénédictins bretons un prieuré cure, et l'érigea définitivement en paroisse royale (les rois habitaient le palais).

Les rois dévôts paroissiens y exerçaient leurs dévotions et y rendaient le pain bénit.

En 1525, Saint-Barthélemy s'agrandit encore de l'ancienne chapelle de Notre-Dame des Voûtes, qui devint Notre-Dame de la Fontaine (1),

En 1791, l'ancienne paroisse des rois fut vendue et démolie, et sur son emplacement s'éleva le théâtre de la Cité (1).

Ce théâtre, qui devait s'appeler le *théâtre Henri IV*, s'ouvrit en 1792, sous le titre de *théâtre du Palais des Variétés*.

En 1793, il prit le nom de *Cité-Variétés*, Franconi l'inaugura. *Frogères, Michot, Tiercelin* y introduisirent le vaudeville, la comédie et la pantomime.

Brunet, enfin, qui jouait la bête comme son émule *Potier* jouait le sot, y commença la grande vogue de Cadet-Roussel.

En 1795, le libraire *Barba* y débuta dans le rôle de Frontin, de *Guerre ouverte. Martinville* y joua *Frontin tout seul*.

En 1800, la troupe de *Picard*, chassée par le premier incendie de l'Odéon, s'y fixa quelque temps.

Puis vinrent les Funambules, *Revel et Forioso*, puis les acteurs de Montansier, chassés du Palais-Royal.

Puis en 1802, des chanteurs Allemands, qui donnèrent au théâtre le nom de *Théâtre de Mozart*.

Puis les acteurs des Variétés, qui s'y installèrent provisoirement pendant qu'on leur construisait le théâtre du boulevard Montmartre.

Le théâtre de la Cité se transforma alors en *loge maçonique. Napoléon et Joséphine* y assistèrent à une fête donnée par le maréchal *Lannes* et le général *Poniatowski*, vénérables de loges.

Les Francs-Maçons furent remplacés par un établissement public qui tenait à la fois du théâtre et du bal, la *Salle des Veillées*.

En 1810, *Venaud* fonda le Prado.

> Enfin Bullier parut, et le premier en France
> Fit connaître un cancan tout farci d'élégance.

---

(1) Les deux galeries voûtées qui se croisaient sous le Prado, et dont celle de la place du Palais servait d'entrée au bal, paraissaient appartenir à cette reconstruction de 1525.

(1) Dès qu'une église est délaissée, on en fait un temple du plaisir. En province, il n'est peut-être pas de ville qui n'ait placé son théâtre dans une de ses chapelles. A Paris, le THÉATRE DU PANTHÉON était jadis l'ÉGLISE SAINT-BENOIT. Le SALON DE MARS de la rue du Bac a remplacé je ne sais quel sanctuaire. Le THÉATRE DES THÉATINS fut bâti avec les pierres du couvent du même nom.

II

La nouvelle salle conserva le nom trouvé par Venaud. Mais si rien n'était plus espagnol que le nom, rien n'était moins espagnol que la chose. A moins que l'on ne cherche une analogie dans les œillades assassines des Rosines de la rive gauche, et dans les berrets plus ou moins basques des Almavivas du quartier latin.

Oh! j'oubliais la grille, car il y avait une grille où l'on vendait des éventails à vingt centimes, et par laquelle passaient les senoras des plus hauts parages de la montagne Sainte-Geneviève. Mais voilà, je crois, tout ce qui pouvait avoir un rapport quelconque avec l'illustre promenade de Madrid.

Le Prado était flanqué, à gauche, d'un commissionnaire au Mont-de-Piété. On dit que le remède est toujours près du mal. Quand, féru d'amour, un jeune clerc de la Basoche voyait passer une des senoras dont nous venons de parler, il tâtait son cœur et sa bourse; son cœur battait bien fort, mais sa bourse ne battait plus du tout. Alors il prenait une résolution. C'était sa première année de droit, il avait encore une montre, il allait consulter le voisin du Prado, suivait au bal l'objet de ses rêves, et finissait assez souvent par enlever son Angélique. Que de confidences a dû recevoir cette pauvre voisine! Mais elle est si discrète!

A droite de la grille du Prado était le café d'Aguesseau, — un nom bien ronflant pour un café. — L'étudiant devenu avocat, avoué, notaire, huissier, juge, procureur ou tout ce que vous voudrez, y venait en robe, en rabat et en toque, se reposer d'une plaidoirie, ou reprendre haleine d'un réquisitoire et déjeuner avec un plaideur. On n'y entendait parler que de successions, subrogations, émancipations, interdictions, légitimations, donations, prescriptions, séparations et autres mots en ions. — Les garçons de l'établissement étaient tous Normands ou Manceaux; et je suis sûr que si Cujas et Barthole avaient, aussi bien que Servin (1), dormi sous ledit café, ils se seraient réveillés vingt fois par jour au bruit des doctes discussions de messieurs de la Cour.

Toutes ces citations de décrets, d'ordonnances, de constitutions, de règlements et d'appels; ce conflit de paternité et de filiation, d'ascendant et de descendant, de mur mitoyen et de servitudes, de meubles et d'immeubles, — tout ce tohu-bohu de jurisprudence, en un mot, eût fait tressaillir d'aise leurs vieux ossements dans la bière.

Le soir, les apprentis docteurs en droit argumen-

(1) L'avocat-général Servin était enterré dans l'église Saint-Barthélemy. Là se trouvaient encore inhumés : le savant Clerselier, Cureau de la Chambre, de l'Académie des sciences, et Jean Forest, peintre de paysages.

taient d'autre sorte en ce même lieu , et gagnaient plus souvent leurs causes devant l'aréopage féminin, bien plus facile à persuader et à émouvoir que l'aréopage fourré d'hermine.

Tels étaient les voisins du Prado.

Avant le bal et son orgie, le Mont-de-Piété. Après le bal et la jeunesse, le café d'Aguesseau et le déjeuner sérieux du magistrat.

Si vous êtes moraliste, vous trouverez là quelque chose; moi, je ne suis pas moraliste.

III

Mais ne nous arrêtons pas aux bagatelles de la porte. Entrons, suivons la foule, et gravissons les escaliers qu'encombrent déjà les pierrots et les pierrettes, les chicards et les bébés, les turcs et les écossaises, les titis et les débardeurs, les sauvages et les diablotins, et tous les masques possibles et impossibles. Car c'était surtout dans les bals masqués que brillait de tout son éclat l'illustre bal du Prado.

Ne nous perdons pas dans ce labyrinthe de cafés et de salons, de billards et de tirs au pistolet. Car en haut, en bas, à côté, tout autour, ce ne sont que tables couvertes de moos, où s'abreuvent à longs traits les habitués de l'endroit.

Passons. — Passons. — Ah! voici la rue Saint-Denis, où brillent les hauts et puissants seigneurs du madapolam et du calicot. Descendons à la Chaussée-d'Antin, c'est la rotonde où trônent les louves, association bien plus puissante que celle des Mentors, pour plumer les jeunes Télémaques de Brives-la-Gaillarde ou de Quimper-Corentin. C'est Louise..... Une autre Louise le Voyageur, Eugénie Malakoff, — Maria Ballon, — Delphine la Colonne, — Angélina Traîne-Patte, — les Souris, — l'antique Chichinette, — Athalie Bébé, — le caporal Anna, — Louise Sauvageon, — Maria l'Auvergnate, et tant d'autres; pastiches un peu pâles des Mogador, des Pomaré, des Rigolette, des Pavillon, des Rose Pompon, des Clara Fontaine, etc., etc., qui tenaient autrefois le sceptre corégraphique du Prado, et qui n'étaient elles-mêmes que les héritières de ces gourgandines, de ces femmes folieuses et de ces ribaudes qui s'appelaient Ysabiau l'Espinète, — Édeline l'Enragée, — Jehanne la Meigrète, — Maheut la Lombarde, — Florie du Boscage, — Peronelle aux Chiens, Genevieve la bien, fetée, Maria la Picarde, Agnès aux blanches mains, etc., etc.

Mais les coureuses de Clapiers, modestes boutiques au péchié, les reines de la Chaumière, simples grisettes au frais bonnet, les louves elles-mêmes du Prado, — sous le corsage desquelles se devine encore un lambeau de cœur, — n'avaient pas eu jusqu'ici l'effronterie d'afficher leur cynisme de dix-huit ans, comme vient de le faire une trop fameuse *biche*. Cette manière de traiter le monde par-dessous la jambe ne peut venir, il est vrai, que d'une danseuse ; mais, soit dit sans la fâcher, il fallait que Paris, ce grand enfant, eût bien besoin de hochet pour en chercher si bas. Il est vrai qu'il s'est bien occupé des bottes de Bastien. Aussi sont-elles bien éculées et tout au plus bonnes pour les chiffonniers les plus infimes. — Qu'elles servent d'exemple aux statues de carton-pâte des salons de la rue Cadet.

La réclame qui leur fait lever la jambe pourrait bien leur faire *lever le pied ;* — et quand on vise à l'Académie, on n'arrive souvent qu'au pont des Arts, bien heureux d'y trouver un coin, le soir, pour y vendre des allumettes et des crayons.

Sur ce, que le diable, leur patron, les ait en sa sainte et digne garde !

Pour Institut, les *Lisettes* n'avaient que leur maison, pour maison que le Prado. — Mais aussi quelle Académie ! — Revenons-y donc.

Entendez-vous ces cris, ces quolibets, ces réparties ? Nous sommes en famille ici. Tout le monde se connaît. Voilà le père Bullier, voici le beau-frère ; là-bas le neveu fait la police (1). C'est la Basoche aussi bruyante, aussi tapageuse qu'autrefois, quoi qu'on en dise.

Eh ! mon Dieu, laissons-les faire. Il faut bien que jeunesse se passe ; et croyez-vous donc qu'ils ne travaillent pas mieux après. N'élevez pas une digue à ce fleuve impétueux de l'effervescence juvénile. La digue croulera, et le fleuve ne reprendra son calme que beaucoup plus loin. Le plaisir est de leur âge : qu'ils s'en donnent à cœur joie, la désillusion ne viendra que trop tôt.

Le bal s'anime, tout grouille, danse, saute, boit, chante, crie, hurle et se démène de cent façons. Mais l'orgie carnavalèsque, ici du moins, garde toujours un cachet spirituel et de bon aloi.

L'ivresse, dans presque tous les bals publics de Paris, sans en excepter l'Opéra, arrive bien vite à des propos de taverne d'une grossièreté révoltante ; les saillies semblent sortir d'un égout : l'orgie est sale et dégoûtante.

Au Prado, elle est tapageuse, mais gaie et pleine de verve comique ; les réparties sont étourdissantes d'esprit, et le cancan le plus orageux prend un caractère artistique qui lui est particulier.

C'est que là brille au premier rang tout ce que le quartier latin a de plus jeune et de plus fantasque.

C'est que là se trouvent,

Non pas l'étudiant au col créneau, qui fait son droit pour avoir des procès avec ses fermiers : celui-là ne hante que le faubourg Saint-Germain et les actrices ;

Non pas l'étudiant vertueux et hypocrite qui vise à un mariage avantageux : celui-là ne fréquente que ceux qui lui servent à quelque chose ;

Non pas l'étudiant pédant et presque docteur : celui-là ne danse qu'avec les filles des professeurs, auxquelles il parle de Tribonien et de Papinien ;

Non, non ; mais bien le véritable étudiant sans souci, qui vient, en sortant de l'hôpital ou du cours de droit, banqueter avec force flacons, rire, chanter et s'esbaudir avec la blanche savetière et la gente saulcissière, que remplacent avec plus ou moins d'avantages la piqueuse de bottines ou la marchande de prunes de la rue Monsieur-le-Prince ou de la rue Racine.

Celui-là vous le trouverez toujours le même, en 1860 comme en 1450 et comme en 1200. Celui-là trouve sa place dans le *Paris qui s'en va*, comme dans le *Paris qui vient*.

IV

Et qu'on vienne nous chanter encore qu'il n'y a plus d'étudiants ; mais, pour démontrer le contraire, il suffit d'aller au Prado.

Parce que les vieux tabacs aux berrets rouges, aux pantalons barriolés, aux vareuses hérissées, ont senti fléchir leurs jambes, et, devenus pères de famille, n'entendent plus crier autour d'eux que leurs marmots, ils disent partout : il n'y a plus d'étudiants !

Détrompez-vous, mes braves *enfants du Prado* (1), Porthos, Bras-de-Fer, Galoupet, Grosse-Tête, Frontispice, Barbe-Rouge, Tartempion, Ragaillot.

Et vous, de la société de la Mansarde et de la société des Malins, et vous, membres de la Flotte et de la famille des Cousins, vous avez fumé vos bouffardes et vos brûlegueules en lisant la *Lanterne du quartier latin* et l'*Avant-Garde* (2). Vous dîniez chez Janodet, chez Rousseau l'Aquatique ou chez Flicoteaux.

Plus heureux qu'Alexandre, vous avez eu des Homère. Gavarni et Paul de Kock ont légué vos types à la postérité.

Vous n'êtes pourtant ni les derniers ni les premiers étudiants.

Nous avons eu notre *Voix des Écoles* et notre *Tribune des Poëtes* (3). Nous dînions chez Viot, aux grandes

(1) Tout ce que nous disons de l'ancien Prado, nous pourrions le dire du Prado actuel, car, ainsi que Polichinelle, le Prado ne meurt pas. Le bal de la place du Palais de Justice est transféré au local de la Closerie des Lilas, — à l'issue du Luxembourg, comme dit l'affiche. — Le Prado est mort, Vive le Prado !

(1) Rue des Grès existait encore, il y a quelques années, un cabaret en planches qui portait ce titre : AUX ENFANTS DU PRADO, et où se réunissaient tous les Trompe-la-soif du quartier latin.
(2) Journaux du quartier, en 1846.
(3) Journaux du quartier, en 1858.

carafes, et nous avons montré tout dernièrement encore..... Mais ne parlons pas de nous, la modestie convient au jeune âge.

De votre temps, d'ailleurs, ne disait-on pas déjà :
Il n'y a plus d'étudiants !
Voici les romantiques de 1832 qui réclament.
Ils ont trouvé le Cancan et la Robert-Macaire.

Coiffés à la Périnet-Leclerc et revêtus du pourpoint de Buridan, ils dînaient au *Cocher*, juraient par saint Fiacre de Brie, buvaient dans des hanaps, cassaient les banquettes de l'Odéon, rossaient les suppôts du pouvoir, chantaient la *Parisienne* et faisaient des manifestations patriotiques.

Qu'en dites-vous ?

Et ceux de 1793, Camille Desmoulins en tête, flanqué de Volnay, de Moreau et d'Omnes-Omnibus, avec leur *Sentinelle du Peuple*, qui, même en province, se battaient dans les rues et menaient le mouvement révolutionnaire.

Et les Martinets et les Capètes du royaume de la Basoche régnante et triomphante en titre d'honneur, qui commencèrent la lutte et fermèrent les portes de l'Université pour résister aux édits de Henri II.

Et Panurge, pantagruélisant et machinant toujours quelque chose contre le guet et les sergents.

Et les confrères de la Passion, les Enfants sans souci, les compagnons de la Mère Sotte dînant avec Villon et faisant repues franches au Plat-d'Étain ou à la Pomme de Pin.

Et Jean Pain et Chair, avec ses pauvres escoliers de la pauvre maison de Sorbonne, qui arrêtaient bel et bien monsieur le prévôt pour maintenir les priviléges de l'Université, chère et amée fille des rois de France.

Et Pierre le Mangeur, — Adam du Petit-Pont, avec leur maître Abeilard, c'étaient de vrais étudiants, ou je ne m'y connais plus ; ils faisaient trembler jusqu'à la cour de Rome.

Ne criez pas trop haut, mes maistres, car, sans remonter au Déluge, Alcibiade lui-même, qui fréquentait à ses moments perdus le jardin d'Académus (le père Bullier du temps), et dansait la Pyrrique (cancan de l'époque) avec les Aspasies, les Lastenies et les Axiothées d'Athènes (grisettes de ce quartier latin), viendrait vous dire que vous n'occupez plus personne et que lui occupe encore le monde ; que vous ne gouvernez rien et que lui a gouverné la Grèce.

Laissons aux vieux le regret du passé, et nous, soyons toujours jeunes et marchons.

Revenons au Prado (nous en étions un peu loin).

Il est toujours le même ; la jeunesse qui le fréquente est aussi vivace, aussi française qu'autrefois.

L'étudiant est toujours grand buveur, grand affronteur du guet, beau joueur, vert-galant et bon compagnon. S'il ne crie pas si fort, il est peut-être plus sérieux et plus ferme ; mais, comme la jeune Amérique, il porte sur son drapeau la glorieuse devise :

Go-a-Head ! Allons de l'avant !

HENRY DE KERSÉNANT.

DÉPOT LÉGAL
Seine

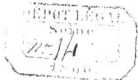

Les deux Livraisons paraissent toujours en même temps, à dater du 1ᵉʳ juillet elles seront dans une même couverture.

PREMIER VOLUME.   16   LIVRAISON.

PARIS QUI S'EN VA

ET

PARIS QUI VIENT

PUBLICATION ARTISTIQUE

DESSINÉE ET GRAVÉE

Par Léopold FLAMENG

TEXTE PAR

Théophile GAUTIER, Arsène HOUSSAYE, Henri MURGER, CHAMPFLEURY, Charles MONSELET, Émile de la BÉDOLLIÈRE, Paul de St-VICTOR, Edouard FOURNIER, Albéric SECOND, Albert de la FIZELIÈRE, CASTAGNARY, Alfred DELVAU, Amédée ROLLAND, Paul de LASCAUX, Zacharie ASTRUC, Marc BAYEUX, Jean ROUSSEAU, Eugène MULLER, De SAULT, Jules LEVALOIS, Marc TRAPADOUX, Alphonse DUCHESNE, Victor FOURNEL, Jean DUBOIS, Achille GLEIZES, Charles COLLIGNY, Firmin MAILLARD, DURANTY, Fernand DESNOYERS, Jean DEMERINS, Ernest HAMEL, Georges DUPLESSIS, Étienne MAURICE, Régulus FLEURY, De KERSÉNAN, Amédée HARDY, etc.

LIVRAISON — Prix : **1** franc **50** centimes

UNE ANNÉE, 24 LIVRAISONS, 20 FRANCS

JUILLET

1860

PARIS

PUBLIÉ PAR ALFRED CADART, ÉDITEUR D'ESTAMPES

3, RUE SAINT-FIACRE

On s'abonne à Londres

CHEZ W. JEFFS, 15, BURLINGTON ARCADE

ET 69, KING'S ROAD, BRIGHTON

Foreign Bookseller to the Royal Family.

St-Pétersbourg,	Dufour, libraire de la Cour impériale.	**Bruxelles**, VAN-DER-KOLK.	**Florence**, VIEUSSEUX.
		Turin, BOCCA.	**Naples**, DUFRÈNE.
Berlin, B. BEHR E. BOCK.		**Milan**, DUMOLARD.	**New-York**, Courrier des Etats-Unis, 73, Franklin Street.

PARIS QUI S'EN VA ET PARIS QUI VIENT paraît par deux livraisons par mois; vingt-quatre par an, formant un volume composé de cent pages de texte et de vingt-quatre gravures. L'ouvrage, terminé en quatre années, au 15 décembre 1863, comptera donc un total de quatre-vingt-dix-huit gravures, quatre cents pages de texte; le tout formant un ouvrage complet, divisé en quatre volumes.

PARIS QUI S'EN VA

ET

PARIS QUI VIENT

PUBLICATION ARTISTIQUE

DESSINÉE ET GRAVÉE PAR

LÉOPOLD FLAMENG

TEXTE

Par Théophile GAUTIER, Arsène HOUSSAYE, Henri MURGER, CHAMPFLEURY, Charles MONSELET, Émile de la BÉDOLLIÈRE, Paul de SAINT-VICTOR, Edouard FOURNIER, Albéric SECOND, Albert de la VIERLIÈRE, CASTAGNARY, Alfred DELVAU, Amédée ROLLAND, Paul de LASCAUX, Zacharie ASTRUC, Marc BAYEUX, Jean ROUSSEAU, Eugène MULLER, DU SAULT, Jules LEVALLOIS, Marc TRAPADOUX, Alphonse DUCHESNE, Victor FOURNEL, Jean DUBOYS, Achille GLEIZES, Charles COLIGNY, Firmin MAILLARD, DURANTY, Fernand DESNOYERS, Jean DUREHEIMS, Ernest HAMEL, Georges DUPLESSIS, Etienne MAURICE, Régulus FLEURY, DE KERSÉNANT, Amédée DABOT, etc.

4 années, 4 volumes, 99 gravures, 400 pages de texte.

Les villes sont comme les institutions: elles se renouvellent sans cesse, s'efforçant toujours de se tenir à la hauteur des besoins anciens, et de se faire une physionomie appropriée au caractère spécial de chaque époque.

Cette vérité ne saurait mieux s'appliquer qu'au Paris de notre temps.

Le vieux Paris, le Paris de Sauval, de Gilles Corrozet, de dom Félibien, de dom Lobineau, est sur le point de disparaître. Ces mille et mille rues, ruelles, passages, détours, places, carrefours, au travers desquels ont passé tant de générations; ces anciens quartiers, qui semblaient autant de villes distinctes, ayant chacune son caractère, sa population, son industrie, ses mœurs; ces maisons sur la façade desquelles les époques ont successivement marqué leur empreinte et laissé un peu de leur histoire;—tout cet ensemble étrange et merveilleusement divers d'art, de poésie et de pittoresque, qui faisait de la grande ville comme un livre de pierre, une sorte de résumé de la France, où venaient lire à la fois l'archéologue, l'artiste, le penseur, tout cela s'efface, tout cela s'en va: le vieux Paris se meurt!

Mais un Paris nouveau s'élève. Les voies larges et spacieuses s'alignent; un quartier qui tombe fait place à un square, à une promenade; une rue démolie laisse surgir un palais; l'air et la lumière sont conviés de toutes parts à purifier les vieux cloaques et à baigner la nouvelle Ville éternelle.

Reconstruire le Paris qui s'en va, constater les développements du Paris qui vient, tel est le but de la publication que nous avons entreprise.

Reconstruire le Paris qui s'en va, et non-seulement le Paris d'hier, celui dont nos yeux ont vu les derniers vestiges, mais même ressusciter le Paris du moyen âge, de la Ligue, de la Fronde, avec ses monuments, ses fêtes, ses plaisirs, tout ce qui survit encore dans la tradition;—réaliser au développement de Paris qui vient, en constater les progrès journaliers, afin d'encourager les artistes qui s'emploient à ouvrir sa robe, si neuve encore, mais pourtant si riche d'étoffes;—

n'est-ce pas élever à la gloire de Paris un monument digne des plus hauts encouragements?

Pour remplir notre tâche, une double condition était nécessaire: retracer aux yeux et parler à l'esprit.—M. Léopold Flameng, a pris courageusement l'initiative, il a voulu retracer en effet les monuments et les mœurs, dans les gravures aussi originales de conception, que soignées d'exécution. Et pour ce qui concernait la rédaction, qu'il fallait rendre tout à la fois élégante, consciencieuse et soignée, il s'est adressé à des écrivains d'un talent éprouvé, dont quelques-uns sont illustres dans les lettres.

La tâche était difficile, et demandait, tant de la part du graveur que de la part des écrivains qui ont bien voulu lui prêter leur concours, un redoublement de zèle et de talent.

Nous croyons avoir pleinement réalisé notre but; et les suffrages du public éclairé sont venus nous montrer que nous ne nous sommes pas trompés.

Les plus hauts encouragements sont venus à nous. Par décision du Ministre d'État, en date du 2 mai, le Gouvernement a officiellement souscrit à notre publication. N'est-ce pas là la meilleure garantie que nous puissions donner aux personnes qui ne reçoivent pas encore le Paris qui s'en va et Paris qui vient?

Quatorze Livraisons ont déjà paru. Elles donnent une ample idée de ce que sera la publication entière.

Nos deux premiers numéros remontent au 1er décembre 1859, et nous continuerons à fournir régulièrement, comme nous l'avons fait jusqu'à ce jour, deux Livraisons par mois.

Chaque Souscripteur recevra, à la fin de l'année, un Frontispice illustré, en outre prime, une très-belle Gravure, composée et gravée par M. Léopold Flameng.

L'Abonnement commençant au 1er janvier 1860, les deux Livraisons de décembre 1859 sont en dehors de l'Abonnement, et se payent 1 fr. 50 la Livraison, et 1 fr. pour les personnes qui souscrivent.

CONDITIONS DE LA SOUSCRIPTION.

PARIS	DÉPARTEMENTS	ÉTRANGER
Un an. . . . . 20 fr. »	Un an. . . . . 21 fr. »	Un an. . . . . 22 fr. »
Six mois. . . . . 11 »	Six mois. . . . . 12 »	Six mois. . . . . 15 »
Trois mois. . . . . 6 »	Trois mois. . . . . 7 »	Trois mois. . . . . 8 »

Édition sur papier de Hollande, épreuves avant la lettre. — Prix : 40 francs.

DÉJÀ PARU:

	N°		
Spécimens de Décembre 1859	1	La Californie, texte par Alfred DELVAU.	
	2	Le Cabaret de la Mère Marie, texte par Alfred DELVAU.	
Janvier 1860	3	La rue de la Vieille-Lanterne, texte par Arsène HOUSSAYE.	
	4	Les Médaillés de Sainte-Hélène, texte par Eugène MULLER.	
Février »	5	Le Pont-au-Change, texte par Charles COLIGNY.	
	6	La Morgue, texte par Alfred DELVAU.	
Mars »	7	Intérieur de la Maison antique du Prince Napoléon, avenue Montaigne, texte par Théophile GAUTIER.	
	8	Les Marchands de Ferraille et de Peaux de Lapins, texte par Marc TRAPADOUX.	
Avril »	9	Le Marché des Innocents, texte par Achille GLEIZES.	
	10	La Salpêtrière, cour des Agités, texte par DURANTY.	
Mai »	11	Le premier Hôtel de Ville de Paris (parloir aux Bourgeois), texte par Auguste MARC-BAYEUX.	
	12	Le Collège de Cluny (rue des Grès), texte par Auguste MARC-BAYEUX.	
Juin »	13	La Flèche de Notre-Dame, texte par Charles COLIGNY.	
	14	Le Temple, texte par Marc BAYEUX.	
Juillet »	15	Les Suites d'un Bal du Prado, Chambre d'Étudiant, texte par de KERSÉNANT.	
	16	L'Hôtel-Dieu, texte par CASTAGNARY.	

Pour cette Publication : Les épreuves séparées de l'ouvrage et tirées sur grande marge. . . . . prix : 2 fr.
Les épreuves d'artistes seront tirées sur papier de Hollande . . . . prix : 4 fr.

DURÉE DE L'OUVRAGE.

Bureau central d'Abonnement, chez l'Éditeur, ALFRED CADART, 3, rue Saint-Fiacre, et dans les principales Maisons d'Estampes et de Librairie de la Capitale.

Paris, le mai 1860.

L'ÉDITEUR-GÉRANT, **A. CADART.**

NOTA.—Beaucoup de demandes nous sont adressées sur le temps que doit durer notre publication.

Paris qui s'en va et Paris qui vient paraît par deux livraisons par mois, vingt-quatre par an, formant un volume composé de cent pages de texte et de vingt-quatre gravures. L'ouvrage complet terminé en quatre années, au 1 décembre 1863, comptera donc un total de quatre-vingt-seize livraisons, quatre-vingt-dix-huit en y comprenant les deux livraisons spécimen, publiées en décembre 1859; le tout formant un ouvrage complet de quatre volumes.

NOTA.—Les personnes de la Province qui adressent des demandes d'Abonnement sont priées d'indiquer si elles désirent recevoir les deux Livraisons Spécimens de décembre 1859, N° 1 et 2, en dehors de l'Abonnement, cet oubli nécessitant presque toujours un second envoi.

Toute demande d'Abonnement devra être accompagnée d'un mandat sur la Poste ou d'un bon payable à vue sur Paris.

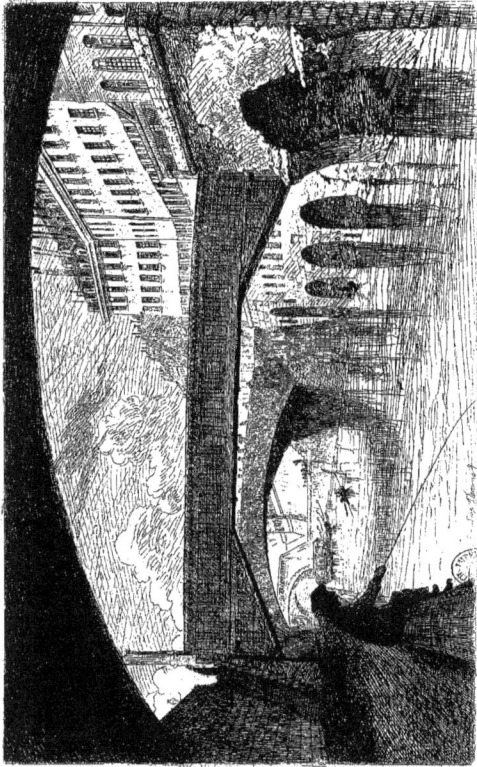

L'HOTEL-DIEU

I

LES TROIS MONUMENTS DE LA CITÉ

Des vingt et quelques édifices qui, à un moment donné de notre histoire, se pressaient et s'entassaient dans l'espace étroit de la Cité, faisant office de mâture au *grand navire enfoncé dans la vase et échoué au fil de l'eau*, dont a parlé Sauval, trois seulement sont debout aujourd'hui :

L'*Église Notre-Dame ;*

Le *Palais de Justice*, dont la Sainte-Chapelle est devenue une enclave ;

L'*Hôtel-Dieu.*

Or, une particularité remarquable, c'est que le Temps, ce destructeur si souvent aveugle et stupide, a fait, en épargnant ces trois monuments, preuve de clairvoyance et précise ? Et à eux trois, groupés comme ils le sont, il a frappé sans pitié ce qui était marqué pour être abattu, respecté sans presque y toucher ce qui était désigné pour rester debout. En effet, de tous les édifices qui encombraient autrefois le sol de la Cité, les trois survivants ne sont-ils les seuls qui eussent une raison d'être absolue et une existence légitime ? Chacun d'eux n'est-il pas par lui-même un monument typique, par conséquent nécessaire ? Chacun d'eux n'a-t-il pas sa signification distincte et précise ? Et à eux trois, groupés comme ils le sont, et reliés l'un à l'autre par l'idée que chacun représente, ne dispensent-ils pas de toutes ces constructions disparues ? Ne forment-ils pas cet ensemble complet qui est le propre des êtres nécessaires ? Pour tout dire, en un mot, n'expriment-ils pas dans leur trinité fatidique les forces essentielles à toute société qui se développe : la *Religion*, la *Justice*, la *Charité ?*

Bien plus, il se trouve que, par l'effet d'une de ces combinaisons que les esprits vulgaires appellent hasards, mais qui sont les résultats longtemps préparés de puissances inconnues, la position respective de Notre-Dame, du Palais-de-Justice et de l'Hôtel-Dieu, sur le plan géométrique de l'île, est en harmonie rigoureuse avec le déplacement de la civilisation à la surface du globe, et adéquate à la position géographique et chronologique que chacune des trois grandes forces sociales dont je viens de parler occupe dans l'histoire du monde.

Notre-Dame est à l'est de la Cité, comme la *Religion*, dont elle est la formule actuelle, se trouve à la naissance de l'Histoire ;— rappelant ainsi que l'Humanité s'est levée à l'extrême Orient, dans la *Théocratie* pure.

Le *Palais de Justice* est au couchant, comme le principe d'*Égalité*, dont il est l'expression momentanée, est au couchant de l'Histoire ; — exprimant ainsi que l'Humanité mûrie sort de la *Théocratie* et entre dans la *Justice* avec les nations occidentales.

Enfin, l'*Hôtel-Dieu* est entre Notre-Dame et le Palais comme la *Charité collective*, dont il est l'organe, est, dans l'Humanité, transition entre la *Théocratie* et la *Justice*, entre l'inégalité originelle et l'égalité finale.

Ainsi le cycle est entier. La Cité, berceau de Paris, n'apparaît plus seulement comme l'embryon d'une ville ou d'un peuple, c'est l'image réduite de l'humanité tout entière. La formule du progrès, par une sorte de prédestination unique dans l'histoire, est mystiquement enfermée dans ses édifices, comme le symbole de la civilisation est figuré dans la forme de son vaisseau : étrange effet de cette loi mystérieuse qui gouverne l'homme et qui lui fait déposer à son insu, dans quelques pierres, le secret de sa destinée !

II

L'HOPITAL

Sur le quai méridional de la Cité, à la hauteur du Parvis, à gauche et un peu en avant de Notre-Dame, comme un enfant se serre contre le sein de sa mère, l'Hôtel-Dieu se presse contre la vieille cathédrale dont il est issu.

Cette position d'un hôpital près d'une église n'a rien qui nous doive surprendre ; c'était la coutume ordinaire dans les premières communautés chrétiennes. L'évêque étant détenteur de toutes les fortunes, c'est à lui qu'incombait le soin des malades, et c'est lui qui institua les premiers hôpitaux chrétiens. Naturellement, il les plaça à côté de l'église, à portée de sa surveillance.

Ce n'est point à dire par là que le Christianisme ait le droit de revendiquer comme œuvre sienne la fondation des lieux de refuge et des institutions de bienfaisance. Protestons contre cette illégitime prétention que trop d'écrivains se sont cherché à légitimer. Le Christianisme a reçu ces institutions, comme tant d'autres choses et sans en rien dire, de l'antiquité païenne, qui elle-même les avait reçues d'une antiquité antérieure. L'honneur de l'invention appartient à l'Humanité, à l'Humanité seule. L'Humanité, de même qu'elle fait sa politique, et par suite ses gouvernements ; sa théosophie, et par suite ses religions ; son esthétique, et par suite ses littératures et ses arts, fait son socialisme, et par suite ses institutions charitables. Car c'est le propre de la civilisation de développer parallèlement chez l'homme l'*égoïsme* et l'*altruisme*, éléments inséparables de sa personnalité. Ces deux éléments, les sociétés antiques comme les sociétés modernes, les réfléchissent dans leurs institutions; et, bien avant le Christ, de même qu'il y avait des institutions qui sauvegardaient la personne et les biens, de même il y en avait qui assuraient aux pauvres, aux infirmes, aux malades, un asile et des soins. Hérodote, Diodore et les autres ne laissent point de doute à cet égard.

Revenons à la topographie de l'Hôtel-Dieu.

Indépendamment du bâtiment principal situé dans la Cité, cet hôpital possède sur la rive gauche le bâtiment *Saint-Charles* et l'enclos *Saint-Julien* : ce qui lui donne un pourtour considérable.

Je ne veux point vous imposer la fatigue de ce long périple; mais il est essentiel que nous nous arrêtions sur trois points : à la porte d'entrée, au Petit-Pont et dans la rue Saint-Julien-le-Pauvre.

I. La porte d'entrée qui débouche sur la place du Parvis date de 1804 ; elle a été élevée sur les dessins de l'architecte Clavareau. C'est une construction d'un style grave et d'une belle simplicité, au dire des classiques ; d'un style lourd et d'une insigne platitude, au dire des romantiques. Choisissez entre ces épithètes au gré de votre tempérament : moi, qui suis sans parti pris, je déclare que la chose ne vaut pas la peine d'une opinion.

Cette porte donne accès à un vestibule. De chaque côté de la grille d'entrée, on a placé une statue : — la première est en marbre : c'est celle de M. Auguet de Montyon, conseiller d'État, mort en 1819, après avoir légué aux hôpitaux une fortune de 5,312,000 fr.; — la seconde est en simple plâtre : c'est celle du nommé Vincent de Paul (saint), décédé également à Paris, mais insolvable, le 27 septembre 1660. Un marbre qui date de l'an X de la République perpétue la mémoire de Desault et de Bichat, et le souvenir de leurs travaux. Les portraits des anciens médecins et chirurgiens les plus éminents de l'Hôtel-Dieu sont appendus aux murailles.

Dans un autre vestibule se coudoient, sur un pied d'égalité parfaite : saint Landry, évêque de Paris; — Louis IX, roi de France et saint; — Henri IV, roi de France seulement ; — et M. Benjamin Delessert, — quatre réputations consacrées, mais à des titres différents!

II. La vue prise du Petit-Pont est la plus pittoresque que fournisse l'Hôtel-Dieu. A cet endroit la Seine, grâce à la récente canalisation du bras gauche, apaise ses chuchottements, et étend d'un quai à l'autre sa nappe silencieuse et alourdie. Une terrasse étroite et longue, étayée sur des arches formidables qui plongent dans l'eau dormante, forme le rez-de-chaussée de la monumentale construction. Le long de cette terrasse court un parapet de pierre, surmonté çà et là de vases à fleurs. Des croisées à treillis de fer, des portes grillées s'ouvrant à fleur de Seine sont percées dans le soubassement. Des pigeonniers, des volières; des capucines, des liserons et d'autres plantes grimpantes; un petit bateau de pêche endormi sous une arche, adoucissent l'aspect féodal de cette fondation bizarre, et semblent le sourire de la sinistre muraille.

Quand le soleil horizontal fait flamboyer la rose de Notre-Dame et illumine les quatre cents fenêtres de l'hôpital, quelques convalescents, vêtus de la houppe-lande grise et coiffés du bonnet de coton blanc, viennent sur cette terrasse se réchauffer aux rayons obliques, et amuser leur pâle regard à la surface de l'eau malade qui passe, se plissant à peine aux arches des ponts. Spectacle rassurant! Les passants fourmillent sur les quais, les omnibus et les voitures sillonnent la foule en tous sens. Du nord, du midi, du couchant, du levant, le bruit de la vie qui continue à marcher autour de lui, enveloppe comme un vaste bourdonnement le grand hôpital. Parfois un cri strident déchire l'air et domine tous les bruits : c'est la *ville de Corbeil* qui passe, ou tout autre remorqueur de la *Compagnie de touage de la Haute Seine*. L'horrible coup de sifflet meurtrit l'oreille; un nuage de fumée grasse et sale aveugle les yeux ; puis tout s'efface comme une fantasmagorie : le remorqueur a franchi le pont.

III. Dans la rue Saint-Julien-le-Pauvre, à droite, en revenant de la rue Galande, vous rencontrez une porte cochère, peinte en vert et fermée intérieurement au moyen d'une barre de bois. Quand cette porte s'ouvre, vous apercevez au fond d'une cour un fronton haut et nu qui détache sur le ciel l'angle de son sommet. C'est l'église de Saint-Julien-le-Pauvre, qui, depuis 1825, sert de chapelle à l'Hôtel-Dieu. Cette église sur les piliers romans de laquelle le XIIᵉ siècle a jeté son ogive, est bien celle qui convient à l'antichambre de la mort : elle est petite, nue et glaciale.

Ainsi, le malade arrive par la grande porte lumineuse et aérée du Parvis. En traversant la place sur son brancard, il respire, à travers le rideau de coutil qui le cache, le vent de la Seine plus frais autour de la vieille église; il aperçoit, à travers les fentes, le gai soleil qui inonde le pavé ; il entend le murmure de la foule; et ce qu'il entend, ce qu'il voit, ce qu'il respire, tout est joyeux, vivant, et proteste contre la mort. Il entre, et trouve sous le vestibule M. de Montyon et saint Vincent de Paul, qui l'accueillent avec leur bienveillant sourire. Puis on le conduit à la couchette blanche, autour de laquelle commencera dès demain le grand duel de la science et de la maladie. Si, la science étant vaincue et la maladie l'emportant, il succombe à la fin, il sort, mais non par la porte qui l'a vu entrer. Il sort par la petite rue, humide et sombre, de Saint-Julien-le-Pauvre. Il a traversé l'hôpital de part en part, passant par le bâtiment principal, le pont jeté sur la Seine, le chemin souterrain creusé sous le quai, le bâtiment Saint-Charles, la passerelle de la rue de la Bûcherie, l'enclos, la chapelle, tantôt sur l'eau, tantôt sous terre, tantôt en l'air, zigzaguant dans tous les sens. Il sort mutilé par la dissection, cousu dans une toile d'emballage, étendu sur un lit de sciure de bois dans une bière mal clouée. Il sort seul, recouvert d'un drap noir, porté dans un corbillard noir, que traîne un cheval noir, que conduit un homme noir.....

III

HISTOIRE, STATISTIQUE.

L'histoire de l'Hôtel-Dieu, qui fut, pendant près de dix siècles, le seul hôpital de Paris, est liée de façon à n'en pouvoir être séparée aux plus sombres annales de la misère en France. A la fois *medicus et hospes*, comme l'annonçait sa devise, cet hôpital était ouvert à tous les malades, de quelque affection qu'ils fussent atteints, et non-seulement aux malades de Paris, mais à ceux de France et à ceux de l'étranger, de quelque patrie et de quelque religion qu'ils fussent; et non-seulement aux malades, mais même aux valides, aux mendiants, aux vagabonds, aux voyageurs arrivés le soir et cherchant un gîte. Aussi, ce qu'il a vu passer de douleurs, reçu d'infirmités, englouti de générations de misérables, surtout durant les calamiteuses périodes dont notre histoire est pleine, est impossible à raconter. Pour remuer les pitiés sans nombre de cette cité dolente, pour écrire ce long martyrologe de la plèbe déshéritée, il faudrait un volume. Nous devons nous borner à quelques indications sommaires.

Une tradition populaire rapporte la fondation de l'Hôtel-Dieu à saint Landry, huitième évêque de Paris, l'an 660, sous le règne de Clovis II.

Plusieurs de nos rois, notamment Philippe Auguste et saint Louis, le prirent successivement sous leur protection. Si on veut bien se souvenir que, du Xe au XIIIe siècle, la France n'eut pas moins de trente-huit famines principales à subir; que, dans le même temps, sévissaient à intervalles rapprochés les diverses contagions connues sous les noms de *feu sacré, mal des ardents, feu Saint-Antoine, lèpre*, etc.; que les guerres, les inondations, les froids excessifs, les fléaux de toute nature, déchaînés contre la pauvre espèce humaine, apparaissaient à tour de rôle, et, le plus souvent, se conjuraient pour agir de concert, on restera convaincu que jamais patronage royal ne fut plus nécessaire.

Durant ces épouvantables années, chaque désastre qui survenait jetait dans l'Hôtel-Dieu une partie de la population de Paris. On peut juger de la condition des malades qui s'y entassaient par la donation que leur fit Philippe Auguste de toute la paille de sa chambre et de sa maison, chaque fois qu'il quitterait Paris pour aller coucher ailleurs. Saint Louis fut plus libéral, et ses largesses permirent de donner annuellement des soins à plus de 6,000 malades.

Mais la bonne volonté des rois était impuissante. Les maux étant illimités, on ne pouvait pas limiter le nombre des lits ni des places. Dans les années d'épidémie, et même dans les années ordinaires, on entassait les lits dans les salles et les malades dans les lits. Aussi la mortalité était-elle effroyable. En 1348, l'épidémie presque universelle qui enleva Laure de Novès à Pétrarque, et que Boccace a décrite en son Décaméron, causa à l'Hôtel-Dieu de tels ravages, que, pendant longtemps, dit Mézeray, on comptait tous les jours au cimetière des Saints-Innocents plus de cinq cents corps dans des charrettes. » En 1562, on constata 67,000 décès; en 1580, 20,000; en 1596, 12,000. En vain Henri IV, un autre bienfaiteur de l'Hôtel-Dieu, essaie de décentraliser les services et d'isoler les foyers de contagion : la création des deux succursales de Saint-Louis et de Sainte-Anne n'arrête point le mal, qui va croissant jusqu'à la fin du XVIIIe siècle.

Au 1er janvier 1786, l'Hôtel-Dieu renfermait 1219 lits et avait journellement de 2,500 à 6,000 malades. Aussi en entassait-on quatre et souvent six dans le même lit; en certains cas, on les plaçait même les uns au-dessus des autres, au moyen de matelas jetés sur l'impériale des lits, où l'on n'arrivait que par une échelle. La mortalité était de 1 sur 4 1/2, et sur 1,100,000 malades reçus en cinquante ans, plus de 240,000 étaient morts.

Le rapport de Bailly à l'Académie des sciences, les mémoires de Tenon, les écrits de l'abbé de Recalde et de plusieurs autres, éveillèrent enfin l'attention publique sur ce lieu d'horreur, sur cet endroit « redouté du dernier des hommes par le trop grand nombre de pauvres que le malheur y rassemble. » Une réforme radicale et prompte fut demandée de toutes parts. Elle ne fut définitivement accomplie qu'en 1802, lors de l'entrée en fonctions du Conseil général des hospices.

A partir de cette époque, l'Hôtel-Dieu, uniquement affecté au traitement des maladies aiguës, rentre dans la loi générale. Il perd la sombre couleur et le renom terrible qui faisaient son émouvante originalité; il devient semblable à tous les autres hôpitaux de Paris, et, comme les peuples heureux, il n'a plus d'histoire.

IV

MORTS ILLUSTRES.

Le poëte, l'artiste, le philosophe, — les cigales qui chantent pendant que la fourmi amasse, — sont de toute éternité voués à la misère; et la misère, chacun le sait, est la grande route de l'hôpital. Est-ce une loi? j'ignore; mais il me suffit que vous le croyiez, et je me garderai, pour ma part, de protester jamais contre les décrets de l'infaillible Providence. Que puis-je faire de mieux que de me ranger à votre avis, moi, pauvre cigale, ignorante du destin qui m'attend. Disons-le donc ensemble : il est bon, il est sain, il est juste que celui qui passe sa vie à faire et défaire la pénélope trame de l'inutile idée; qui s'amuse le long du chemin, pendant que dans le champ le laboureur sème ou moissonne, à chanter comme la linote dans une haie, à nieller comme l'abeille dans un creux d'arbre, à rêver comme le lézard sur une pierre grise; il est bon, dis-je, il est sain, il est juste que celui-là n'ait, à la fin de sa carrière, d'autre asile que l'hôpital; d'autre demeure que le palais de l'inutilité; d'autre halte qu'une paillasse de seigle sous un rideau de calicot; d'autre oasis qu'une longue salle parquetée et cirée, où les palmiers sont figurés par une double rangée de lits en fer.

Combien de ces grands insouciants, — coupables, n'est-ce pas? — ont été, dans leur course déréglée, touchés du doigt qui, au dire de Bossuet, gouverne le monde; et sont venus s'éteindre ici ou là, dans un hôpital ou dans un bouge, comme une étoile dans un marais!

L'Hôtel-Dieu, pour sa part, a vu, selon la tradition, mourir le dernier des *Estienne*, le paysagiste *Lantara*, Jacques de Saint-Remy de Valois, dernier descendant de Henri II, le poëte Gilbert, enfin, plus récemment, le journaliste Jeanty-Sarre.

La tradition se trompe. Lantara n'est pas mort à l'Hôtel-Dieu, mais bien à la Charité. Gilbert, lui-même, n'est pas mort à l'Hôtel-Dieu. A la suite d'une chute de cheval qui lui avait ouvert le crâne, il y fut transporté en octobre 1780, et opéré sans succès par le grand chirurgien Desault. Ramené ensuite à son domicile, rue de la Jussienne, il y mourut le 11 novembre 1780, à l'âge de 29 ans.

Quelques mots sur ce faux jeune homme pauvre ne seront peut-être pas hors de circonstance.

Fils de paysan, poëte de hasard, nature à la fois orgueilleuse et servile, dévoré de l'ambition de parvenir, mais ne disputant pas sur le choix des moyens, il vint à Paris de bonne heure, — non pour s'y faire, au prix du travail, du temps, et même de la misère, un nom illustre et respecté ; — mais pour y vendre, à qui voudrait l'acheter, une plume belliqueuse et déjà aguerrie. La philosophie le méprisa ; le clergé lui ouvrit les bras. Monseigneur de Beaumont, archevêque de Paris, le prit à sa solde et l'enrôla dans les troupes qu'il dirigeait contre l'Encyclopédie : cinq cents livres de rente, inscrites sur le registre de la caisse épiscopale des économats, furent le prix de ce honteux marché ; et la guerre de Gilbert contre les philosophes, et contre le mouvement intellectuel qui devait aboutir à la révolution française, commença.

Après avoir vanté Baculard et Fréron,
Il crut de d'Alembert étouffer le renom.
Il voulut renverser, de sa main trop hardie,
Le portique imposant de l'Encyclopédie.
. . . .
De Voltaire lui-même osant être jaloux,
Jeune homme il attaqua sa gloire octogénaire ;
Qui vanta Baculard dut décrier Voltaire.
Il prétendit flétrir d'un souffle criminel
Les palmes qui couvraient le vieillard solennel.
Mais Œdipe et Brutus, mais Tancrède et Zaïre,
Mérope, Mahomet, Sémiramis, Alzire,
Accablèrent bientôt de leur poids glorieux
Le Titan révolté luttant contre les dieux.

(M.-J. CHÉNIER.)

Cette guerre porta, du reste, les fruits que Gilbert en attendait : il émargea.

Dans les années qui précédèrent sa mort, il touchait : — 1° une pension de 800 livres sur la cassette du roi ; — 2° une pension de 100 écus sur le *Mercure de France* ; — 3° une pension de 500 livres sur la caisse épiscopale. Il recevait en outre, à l'époque des étrennes, un mandat de 600 livres de Mesdames, tantes du roi. Ce qui forme un revenu total de 2,200 livres, soit environ *cinq mille francs de notre monnaie*.

Et Gilbert personnifie en France la poésie mourant de faim ! Et au collège comme à l'Académie, dans le peuple et dans la bourgeoisie, dans le clergé et dans l'armée, tout le monde le dit et le répète ! Et ce pauvre et grand Hégésippe Moreau lui-même, sur son lit d'hôpital, s'y est trompé ! — O histoire ! histoire !

Restent donc, pour le contingent fourni par l'Hôtel-Dieu, trois personnages seulement : le dernier des Estienne, le dernier des Valois et Jeanty-Sarre.

Du dernier des Estienne (Antoine) je ne parlerai pas : il avait abjuré sa religion.

Du dernier des Valois je ne parlerai pas non plus : il avait du sang de roi dans les veines.

Un souvenir seulement à Jeanty-Sarre, homme du peuple et défenseur de la liberté. Jeanty-Sarre était né à Saint-Germain-les-Belles (Haute-Vienne), et avait été le secrétaire et le collaborateur d'Étienne Arago. Ancien rédacteur du Journal *la Réforme*, esprit droit, cœur fort, il se battit pour sa cause. Condamné à la déportation par la commission militaire, il se sauva en Belgique, où il vécut de hasards. Mais le mal du pays le

prit ; il se sentit besoin de revoir son ruisseau de la rue Saint-Jacques. Il revint. Atteint plus tard d'une pneumonie, il entra à l'Hôtel-Dieu sous un faux nom. Un misérable le dénonça. On l'arrête, on le conduit à Sainte-Pélagie. La maladie empirait ; la mort s'approchait visiblement. Des amis intervinrent et obtinrent de la haute bienveillance de M. Piétri, alors préfet de police, que leur cher malade fût réintégré à l'Hôtel-Dieu. Le transport eut lieu de nuit, à deux heures du matin. Sur son lit d'hôpital, Jeanty se sentit mieux tout à coup : il fit des projets d'avenir, parla de ses travaux littéraires à reprendre et à mettre à fin, de la gloire à conquérir dans le noble champ de la pensée. C'était la mort qui arrivait. Il expira en janvier 1855, quelques jours après son transport.

La Société des gens de lettres fit les frais de son enterrement ; son corps ne fut point mené à l'église.

V

RECONSTRUCTION DE L'HÔTEL-DIEU.

La démolition de l'Hôtel-Dieu et sa reconstruction sur un autre point de Paris sont aujourd'hui décidées en principe. Reste la question de réalisation. Ce n'est pas la première fois qu'une pareille décision vient menacer le sombre hôpital. Après les mémoires de Tenon, notamment, on résolut son déplacement, et même une souscription fut ouverte pour faire face à la dépense. Huit millions avaient été réunis, et on allait se mettre à l'œuvre quand le ministère Brienne jugea à propos de mettre la main sur les fonds.

Qu'adviendra-t-il du projet actuel ? Nul ne le sait.

Mais la symbolique que j'ai développée au commencement de cet article nous enseigne que l'Hôtel-Dieu dans la Cité représente le principe de la charité collective dans l'histoire. Or, ce principe de charité, tout transitoire qu'il est, ne semble pas devoir disparaître de sitôt. Peut-être l'Hôtel-Dieu, qui en est la figure, est-il rivé pour le même temps au sol de la Cité. Les monuments nécessaires sont des êtres vivants : on ne les tue pas quand on veut.

Le jour où l'Hôtel-Dieu sera démoli, c'est que les temps seront mûrs pour la Justice. Alors la reconstruction deviendra inutile.

J'appelle ces temps de tous mes vœux ; ils viendront. Un matin, le maçon apportera sur la place du Parvis sa pioche inconsciente ; en fumant sa pipe, il jettera bas le vieil édifice, et l'emportera dans sa brouette. Le terrain déblayé, il ne restera plus en présence, dans le cirque resserré des parapets et des quais, que Notre-Dame et le Palais, la Religion et la Justice, le Passé et l'Avenir. Alors l'évolution sera proche de sa fin, et ce qui est contenu dans la destinée humaine s'accomplira.

Tombe donc l'Hôtel-Dieu ! Tombe le monument inexpiable ! Et puisse la démolition de ce calvaire du peuple martyr, puisse la dispersion de ces pierres tout imbibées de souffrances et toutes résonnantes de malédictions, hâter l'inéluctable combat qui doit donner le sceptre à la seule Justice.

CASTAGNARY.

Au XIᵐᵉ Bénard. — Poilcrin, Seringe et Cⁱᵉ, place du Caire, 9.

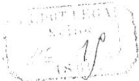

Les deux Livraisons paraissant toujours en même temps, à dater du 1ᵉʳ juillet elles seront dans une même couverture.

PREMIER VOLUME.   17 ET 18   LIVRAISON.

PARIS QUI S'EN VA

ET

PARIS QUI VIENT

PUBLICATION ARTISTIQUE

DESSINÉE ET GRAVÉE

Par Léopold FLAMENG

TEXTE PAR

Théophile GAUTIER, Arsène HOUSSAYE, Henri MURGER, CHAMPFLEURY, Charles MONSELET, Émile de la BÉDOLLIÈRE, Paul de St-VICTOR, Édouard FOURNIER, Albéric SECOND, Albert de la FIZELIÈRE, CASTAGNARY, Alfred DELVAU, Amédée ROLLAND, Paul de LASCAUX, Zacharie ASTRUC, Marc DAYEUX, Jean ROUSSEAU, Eugène MULLER, De SAULT, Jules LEVALLOIS, Marc TRAPADOUX, Alphonse DUCHESNE, Victor FOURNEL, Jean DUBOYS, Achille GLEIZES, Charles COLIGNY, Frédéric LOCK, Firmin MAILLARD, DURANTY, Fernand DESNOYERS, Jean DERUEIMS, Ernest HAMEL, Georges DUPLESSIS, Étienne MAURICE, Régulus FLEURY, De KERSÉNAN, Amédée HARDY, etc.

LIVRAISON — Prix : **1** franc **50** centimes

UNE ANNÉE, 24 LIVRAISONS, 20 FRANCS

1860

PARIS

PUBLIÉ PAR ALFRED CADART, ÉDITEUR D'ESTAMPES

3, RUE SAINT-FIACRE

On s'abonne à Londres

CHEZ W. JEFFS, 15, BURLINGTON ARCADE

ET 69, KING'S ROAD, BRIGHTON

Foreign Bookseller to the Royal Family.

St-Pétersbourg,	DUFOUR, libraire de la Cour impériale.	**Bruxelles,** VAN-DER-KOLK.	**Florence,** VIEUSSEUX.
		Turin, BOCCA.	**Naples,** DUPRÈNE.
Berlin, B. BEHR E. BOCK.		**Milan,** DUMOLARD.	**New-York,** Courrier des Etats-Unis, 13, Franklin Street.

PARIS QUI S'EN VA ET PARIS QUI VIENT paraît par deux livraisons par mois; vingt-quatre par an, formant un volume composé de cent pages de texte et de vingt-quatre gravures. L'ouvrage, terminé en quatre années, au 15 décembre 1863, comptera donc un total de quatre-vingt-dix-huit gravures, quatre cents pages de texte; le tout formant un ouvrage complet, divisé en quatre volumes.

PARIS QUI S'EN VA

ET

PARIS QUI VIENT

PUBLICATION ARTISTIQUE

DESSINÉE ET GRAVÉE PAR

LÉOPOLD FLAMENG

TEXTE

Par Théophile Gautier, Arsène Houssaye, Henri Murger, Champfleury, Charles Monselet, Émile de la Bédollière, Paul de Saint-Victor, Edouard Fournier, Albéric Second, Albert de la Fizelière, Castagnary, Alfred Delvau, Amédée Rolland, Paul de Lascaux, Zacharie Astruc, Marc Bayeux, Jean Rousseau, Eugène Muller, De Sault, Jules Levallois, Marc Trapadoux, Alphonse Duchesne, Victor Fournel, Jean Dubois, Achille Gleizes, Charles Coligny, Firmin Maillard, Duranty, Fernand Desnoyers, Jean Derbrins, Ernest Hamel, Georges Duplessis, Etienne Maurice, Régulus Fleury, De Kersérant, Amédée Hardy, etc.

4 années, 4 volumes, 98 gravures, 400 pages de texte.

Les villes sont comme les institutions : elles se renouvellent sans cesse, s'efforçant toujours de se tenir à la hauteur des besoins sociaux, et de se faire une physionomie appropriée au caractère spécial de chaque époque.

Cette vérité ne saurait mieux s'appliquer qu'au Paris de notre temps.

Le vieux Paris, le Paris de Sauval, de Gilles Corrozet, de dom Felibien, de dom Lobineau, est sur le point de disparaître. Ces mille et mille rues, ruelles, passages, détours, places, carrefours, au travers desquels ont passé tant de générations; ces anciens quartiers, qui semblaient autant de villes distinctes, ayant chacune son caractère, sa population, son industrie, ses mœurs; ces maisons sur la façade desquelles les époques ont successivement marqué leur empreinte et laissé un peu de leur histoire;—tout cet ensemble étrange et merveilleusement divers d'art, de poésie et de pittoresque, qui faisait de la grande ville comme un livre de pierre, une sorte de résumé de la France, où venaient lire à la fois l'archéologue, l'artiste, le penseur; tout cela s'efface, tout cela s'en va : le vieux Paris se meurt!

Mais un Paris nouveau s'élève. Les voies larges et spacieuses s'alignent; un quartier qui tombe fait place à une promenade; une rue démolie laisse surgir un palais; l'air et la lumière sont conviés de toutes parts à purifier les vieux cloaques et à baigner la nouvelle Ville éternelle.

Reconstruire le *Paris qui s'en va*, constater les développements du *Paris qui vient*, tel est le but de la publication que nous avons entreprise.

Reconstruire le *Paris qui s'en va*, et non-seulement le *Paris d'hier*, celui dont nos yeux ont vu les derniers vestiges, mais même ressusciter le Paris du moyen âge, de la Ligue, de la Fronde, avec ses monuments, ses fêtes, ses plaisirs, tout ce qui survit encore dans la tradition;—assister au développement de *Paris qui vient*, en constater les progrès journaliers, et d'encourager les artistes qui s'emploient à ouvrir sa robe, si neuve encore, mais pourtant si riche d'étoffe;—

n'est-ce pas élever à la gloire de Paris un monument digne des plus hauts encouragements?

Pour remplir notre tâche, une double condition était nécessaire : retracer aux yeux et parler à l'esprit.—M. Léopold Flameng, a pris courageusement l'initiative, il a voulu *retracer* en effet les monuments et les mœurs, dans les gravures aussi originales de conception, que soignées d'exécution. Et pour ce qui concernait la rédaction, qu'il fallait rendre tout à la fois élégante, consciencieuse et soignée, il s'est adressé à des écrivains d'un talent éprouvé, dont quelques-uns sont illustres dans les lettres.

La tâche était difficile, et demandait, tant de la part du graveur que de la part des écrivains qui ont bien voulu lui prêter leur concours, un redoublement de zèle et de talent.

Nous croyons voir pleinement réalisé notre but; et les suffrages du public éclairé sont venus nous montrer que nous ne nous sommes pas trompés.

Les plus hauts encouragements sont venus à nous. Par décision du Ministre d'État, en date du 2 mai, le Gouvernement a officiellement souscrit à notre publication. N'est-ce pas là la meilleure garantie que nous puissions donner aux personnes qui ne reçoivent pas encore le *Paris qui s'en va et Paris qui vient?*

Quatorze Livraisons ont déjà paru. Elles donnent une ample idée de ce que sera la publication entière.

Nos deux premiers numéros remontent au 1er décembre 1859, et nous continuerons à fournir régulièrement, comme nous l'avons fait jusqu'à ce jour, deux Livraisons par mois.

Chaque Souscripteur recevra, à la fin de l'année, un Frontispice illustré, et pour prime, une très-belle Gravure, composée et gravée par M. *Léopold Flameng.*

L'Abonnement commençant au 1er janvier 1860, les deux Livraisons de décembre 1859 sont en dehors de l'Abonnement, et se payent 1 fr. 50 la Livraison, et 1 fr. pour les personnes qui souscrivent.

CONDITIONS DE LA SOUSCRIPTION.

PARIS		DÉPARTEMENTS		ÉTRANGER	
Un an..................	20 fr. »	Un an..................	21 fr. »	Un an..................	22 fr. »
Six mois..............	11 »	Six mois..............	12 »	Six mois..............	15 »
Trois mois..........	6 »	Trois mois..........	7 »	Trois mois..........	8 »

Édition sur papier de Hollande, épreuves avant la lettre. — Prix : 40 francs.

DÉJÀ PARU:

		N°	
Spécimens de Décembre 1859		1	La Californie, texte par Alfred Delvau.
		2	Le Cabaret de la Mère Marie, texte par Alfred Delvau.
Janvier	1860	3	La rue de la Vieille-Lanterne, texte par Arsène Houssaye.
		4	Les Médaillés de Sainte-Hélène, texte par Eugène Muller.
Février	»	5	Le Pont-au-Change, texte par Charles Coligny.
		6	La Morgue, texte par Alfred Delvau.
Mars	»	7	Intérieur de la Maison antique du Prince Napoléon, avenue Montaigne, texte par Théophile Gautier.
Avril	»	8	Les Marchands de Ferraille et de Peaux de Lapins, texte par Marc Trapadoux.
		9	Le Marché des Innocents, texte par Achille Gleizes.
		10	La Salpêtrière, cour des Agités, texte par Duranty.
Mai	»	11	Le premier Hôtel de Ville de Paris (parloir aux Bourgeois), texte par Auguste Marc-Bayeux.
		12	Le Collège de Cluny (rue des Grès), texte par Auguste Marc-Bayeux.
Juin	»	13	La Flèche de Notre-Dame, texte par Charles Coligny.
		14	Le Temple, texte par Marc Bayeux.
Juillet	»	15	Les Suites d'un Bal du Prado, Chambre d'Étudiant, texte par De Kersérant.
		16	L'Hôtel-Dieu, texte par Castagnary.
Septembre	»	17	Les Petites Sœurs des Pauvres de la rue Saint-Jacques, texte par Jean Larocque.
		18	Le Marché aux Chevaux, texte par Alfred Delvau.

Pour cette Publication: Les épreuves séparées de l'ouvrage et tirées sur grande marge.......................... prix : 9 fr.
Les épreuves d'artistes seront tirées sur papier de Hollande.......................... prix : 5 fr.

DURÉE DE L'OUVRAGE.

Bureau central d'Abonnement, chez l'Éditeur, Alfred Cadart, 3, rue Saint-Fiacre, et dans les principales Maisons d'Estampes et de Librairie de la Capitale.

Paris, le mai 1860. L'ÉDITEUR-GÉRANT, A. CADART.

NOTA. — Beaucoup de demandes nous sont adressées sur le temps que doit durer notre publication.

Paris qui s'en va et Paris qui vient paraît par deux livraisons par mois, vingt-quatre par an, formant un volume composé de cent pages de texte et de vingt-quatre gravures. L'ouvrage complet terminé au premier janvier 1863, comptera donc au total de quatre-vingt-seize livraisons, quatre-vingt-dix-huit et y comprenant les deux livraisons spécimen, publiées en décembre 1859; le tout formant un ouvrage complet de quatre volumes.

NOTA. — Les personnes de la Province qui adressent des demandes d'Abonnement sont priées d'indiquer si elles désirent les deux Livraisons Spécimen de décembre 1859, N°s 1 et 2, en dehors de l'Abonnement, cet oubli nécessitant presque toujours un second envoi.

Toute demande d'Abonnement devra être accompagnée d'un mandat sur la Poste ou d'un bon payable à vue sur Paris.

IMPÉRIALE

UN ENTERREMENT CHEZ LES PETITS SŒURS DES PAUVRES

LES PETITES SŒURS DES PAUVRES

DE LA RUE SAINT-JACQUES

Les vieilles femmes de la gravure sont les pauvresses des Petites Sœurs de la rue Saint-Jacques. Elles sortent de la Cité du Val-de-Grâce. Le fond blanc est une cour. Plusieurs cours se succèdent. De grandes maisons, au style sévère, s'échelonnent tout du long de ces cours, et se continuent jusqu'aux Feuillantines d'Hugo. L'herbe croit entre les pierres de la vieille allée que vous suivez; au numéro 3, sur la gauche, bâille une petite porte : voilà l'entrée de la maison des pauvres. N'avancez pas sans avoir à faire aux pauvres quelque bien; non que les Petites Sœurs rançonnent celui « que Dieu leur amène, » mais vous auriez honte de paraître un indifférent, de ne pas gagner le droit de dire à l'hospitalière : *Ma sœur!*

La maison est largement divisée par un escalier à formes massives. Au rez-de-chaussée, le parloir, garni de simples chaises et d'images en plâtre; les ouvroirs, où les femmes sont occupées à coudre, les hommes à faire des mèches; la cuisine, ornée d'un calorifère moderne, de marmites et casseroles en cuivre, peu nombreuses, mais amples. Au premier étage, l'infirmerie; ensuite, la lingerie, de nombreux dortoirs. Le tout propre, clair, aéré.

Les lits des pauvres allongent leurs matelas de bonne épaisseur sous une enveloppe blanche et lisse qui les égaye et qui les pare; les lits des Sœurs sont des paillasses tout bonnement, qu'on ne montre pas.

L'infirmerie porte le nom d'une des fondatrices, morte à trente ans à peine, sœur Marie-Thérèse. Elle contient les aveugles, les autres infirmes : quinze ou vingt du côté des femmes. Ce sont de pauvres êtres que l'on couche, que l'on fait manger, que l'on habille, incapables de s'aider, inhabiles à vivre ailleurs. Là elles vivent, sont assises au soleil (rare cette année!), aisément, doucement; sont gardées par une Petite Sœur, qui tricote pour quelqu'une d'elles un grand jupon de laine; ressemblent à des enfants, se trouvent bienheureuses, pour la première fois de leur sainte vie, à ce qu'elles disent.

Je voudrais bien savoir à quoi pensent ces vieilles tout le jour, immobiles sur leur chaise comme un saint à l'église dans sa niche. Il semble qu'elles auraient à faire de curieux récits, maintenant qu'elles se reposent. Mais la matière seule est en jeu : soit qu'elles aient oublié le passé (elles en sont si loin), soit qu'elles s'efforcent de l'oublier, soit que la longue souffrance ait oblitéré l'esprit, l'on supposerait à les voir qu'elles ne pensent plus.

Moi, tombé là comme un désastre, je m'enquérais aux Sœurs de ces misères : « La première a mendié dès cinq ans, me dit-on; avant cet âge, elle mendiait déjà dans les bras de sa mère. La seconde à vingt ans était belle..... La troisième survit à ses enfants; cette nouvelle venue a été chassée par les siens... »
Elles font bien de se taire, les vieilles. Sépulcre, garde tes secrets.

Cent bonnes femmes grouillent là-dedans. Parmi les plus braves, quelques-unes aident à faire les lits, à balayer les chambres; mais tout le gros de la besogne appartient aux Sœurs.

Le reste du travail des vieux, — qui sont quarante, — et des vieilles, est vendu à leur profit. Avec les sous qu'ils gagnent, ils se procurent *des douceurs*, du tabac surtout. L'on en fournit, comme matière indispensable, à ceux qui ne gagnent pas. Une autre douceur qu'on ne gagne pas est le café au lait de tous les matins. On le fait du vieux marc que les limonadiers donnent, et le bon Dieu, disent les Petites Sœurs, y réserve toujours un peu d'arome pour ses pauvres.

Des larges fenêtres du premier étage, l'œil tombe sur une cour où le plus grand nombre des vieux, en casquette, le brûle-gueule aux dents, sont assis par bandes de quatre ou cinq à des tables vertes. Quelques-uns tiennent leurs béquilles devant eux, par habitude; d'autres se promènent sous les arbres, gravement, et discutent tout haut.

« Ah! nous dit une Sœur, notre sainte religion aura bien de la peine à venir à bout de ces discuteurs-là. Ils ont la tête pleine de mauvaises choses; tous savent lire, tous connaissent l'histoire de la révolution, — c'est leur grand mot, — et le pis, est qu'ils comprennent ce qu'ils lisent. Pour nos lectures spirituelles, ah bien oui! ils en savent plus long que tout ça, disent qu'ils sont de Paris! C'était bien autre chose dans notre Bretagne.

« Celui qui se croise les bras, dans le coin de gauche, poitrine robuste, grosse tête, prétend qu'il doit sauver le monde, qu'il est un nouveau Christ (voyez le blasphème!). Hormis quand il parle de sauver le monde, on trouve à causer avec lui, et il est doux comme un agneau. Ce nez en bec d'aigle fait des vers, a été un grand poëte en son temps; il nous appelle même ses Vierges; nous ne savons pas ce qu'il veut dire. Égoïste d'ailleurs, et mauvais cœur. Tous les poëtes sont ainsi. Cette barbe fourchue, sous une tête carrée à l'œil triste et terne, quoique sagace, occupait une cave remplie d'ossements et de chairs mortes gardées dans des cuves de vinaigre. Il a passé sa vie à détacher fibre à fibre toutes ces chairs, à en supputer les anses. Il veut réformer la science; il espérait transporter ici ses charognes... Pauvre fou, qui ne sait pas que tous les remèdes sont en Dieu. Ce petit vieux à la voix aigre qui regrette de n'avoir pas su le grec, et qui a possédé pour femme, dit-il, une divinité, se vante d'être meilleur chrétien que nous... Il se chamaille avec un ancien concierge voltairien que le diable a envoyé chez nous prêcher la philosophie... Voilà nos pauvres !...»

Piqué de curiosité par l'intervention de Satan en cette affaire, nous descendîmes trouver le voltairien. Il disait à son adversaire religieux : « N'est-ce pas horrible? Moi, l'apôtre de la tolérance, me forcer à me confesser! Je refusai d'abord, on me mit à la porte. Je ne suis rentré que par un mensonge, on le sait bien. En m'asservissant à un tel usage, on me déshonore, et on dégrade la religion qui est l'objet d'un pareil culte.»

Nous trouvâmes au fond de nous que le voltairien pouvait bien avoir raison, et nous crûmes entendre la Charité s'écrier : « Religion, qu'y a-t-il entre vous et moi? »

Près de nous passèrent quelques Sœurs : nous portâmes les yeux sur ces pâles visages, jeunes encore, mais privés de toute vie de relation. Nous comprîmes que la grande pensée d'une humanité qu'on aime pour elle seule ne puisse pas les atteindre; nous leur pardonnâmes.

Les Petites Sœurs à venir sortiront tout frais émoulues d'un noviciat de religieuses sis près de Rennes... Oh! alors, tout ira mieux!—Celles d'aujourd'hui, ignorantes filles d'ouvriers, se sont faites spontanément ce qu'elles sont, se sont faites mendiantes, à vrai dire, vivent d'aumônes, trouvent que c'est trop de vivre, même ainsi; laissent avec vive joie le bien acquis pour courir *en fondation*, chercher de nouvelles épreuves, des privations, des aventures, des misères, tant qu'il plaît à Dieu.

Pour alimenter une foi si active, croyez-vous que l'amour des pauvres suffise? Moi, je ne le crois guère. Le pauvre n'est, entre leurs mains, que la machine de leur œuvre. Elles ont raison de dire, ce qui les pousse est l'amour de Dieu.

Dans une société bien faite, il n'y aura pas de Petites Sœurs, comme il n'y aura pas de pauvres. Mais tant qu'il y aura défaut de hiérarchie dans ce bas monde, tant qu'il y aura souffrance du corps, il y aura aussi souffrance de cœur.

L'on dit que les couvents sont le refuge d'amours malheureux. Comment l'entend-on? Si on l'entend dans le sens noble, je ne dis pas le contraire. Si on l'entend honteusement, je rejette l'insulte à la figure des sots, heureux quand même.

La laideur des filles de charité est proverbiale : serait-ce à dire que toutes les femmes laides ont de la charité?

Une des Petites Sœurs que je rencontrai n'est pas de cette classe : grande, élancée, la peau fine et les mains fines, d'une élégance et d'une grâce qui sentent leur éducation privilégiée, sa pâleur s'atténuait sous la cornette blanche; elle avait dix-huit ans, elle était belle... et essuyait d'un grand torchon gris les assiettes des pauvres.

Son regard, doux et humble, n'était pas éteint encore, quoique mystiquement vague. Charité, transformation de l'Amour, je reconnais le maudit sous tes yeux baissés et sous tes voiles. Sœurs de la Castillane Teresa, vous avez bu les vives haleines qui consument dans l'ombre. Du sein des froides habitudes, des froides murailles où vos corps sont enfermés, vous êtes bien plus loin du monde que ne suppose celle qui vient vous voir.

C'est une personne riche, une dame du monde.

— Entrez, madame. Donnez aux Petites Sœurs un peu de votre or et de vos sourires. Vous souriez si bien! Vos larmes même ont tant de charmes! Vous avez pitié, à vos heures; vous avez l'usage du bienfait; les Petites Sœurs vous écoutent, se confient à vous, qui êtes leur protectrice, leur tutrice, leur mère; vous vous croyez de cœur avec elles, dans cette maison où vous apparaissez tous les huit jours; en vain vos salons, vos enfants, vos dentelles, les affaires de votre mari vous en séparent : vous vous sentez vivre de leur vie..... Eh bien, vous vous trompez. Il n'y a rien de commun entre ces âmes et la vôtre, que les pauvres; et s'il me fallait chercher dans la société qui nous environne leurs analogues, je m'adresserais bien plus haut que vous, ou, — bien plus bas..... Mais vous conduisez avec vous votre demoiselle, qui regarde et paraît surprise. Vous voulez l'initier de bonne heure aux œuvres charitables, pour en faire une mère de famille, une épouse... Prenez garde; ne laissez pas une heure de plus votre fille dans cette maison; si l'air qu'on y respire pénétrait jusque dans son âme, vous auriez perdu votre enfant... Vous sortez à temps pour que l'impression s'évanouisse. Vous la marierez demain. Quand elle aura pris le pli du monde, elle pourra venir sans crainte chez les Petites Sœurs. —

Les Petites Sœurs n'ont pas de mère à suivre, pas de respect humain à garder, pas de liens au monde. Ont-elles donc brisé tout cela? — Rien ne se brise. Mais il y a des cœurs qui naissent brisés...

Qui aiment être absurdes, protester, être seuls, se flageller, se sentir mourir; qui recherchent l'appât surnaturel, mystique, et chérissent tout ce qui les sépare du monde odieux; que l'ordre admis froisse; qui se complaisent aux tâches étranges, inouïes; auxquels il faut la cellule sombre, le regard intime des nuits et des matins calmes, le frisson de l'hiver, l'exténuation du corps, les joies de l'âme, — des joies que bien des gens ne connaissent pas : des sensations, des voix à eux; une conversation avec soi-même, l'aisance des mouvements et des idées, la légèreté du sommeil; le bourdonnement, les chants amis du réveil agile; cette fraîcheur d'impressions, cette liberté intérieure, cette éternelle jeunesse, cette saveur du courage, cette jouissance de soi; cette virginité, fleur de la beauté et de la grâce, — mais fleur qui demande à être cueillie.

Le parfum délaissé meurt sur la tige, quelques pauvres femmes seules le recueillent : il les transforme et les rajeunit. Elles embrassent ces Sœurs, pleurent et courent en les voyant, comme des nouveau-nés. L'âme des Petites Sœurs est pour la vieille pécheresse le premier mystère, une révélation vivante de leur Dieu. Elle les voit coucher sur la dure, se priver de pain pour elle, s'asseoir sur les talons à cause d'elle, manger et boire dans les vieux pots ébréchés, tandis qu'elle en a de neufs... Tant de niaiserie sublime! rien ne l'étonne plus; elle n'est plus elle-même, elle se laisse gagner à leur insouciance, renonce au doute, retrouve son épanouissement, sa franchise des rires. Les jours de fête, on chante, et on fait chanter les pauvres vieilles; on danse, et elles dansent aussi.

Ces vierges, que suscitent nos temps nébuleux, arracheront-elles du sol de France l'égoïsme stérile? le resèmeront-elles d'énergie, en l'arrosant du lait des pensées pieuses? Elles ont la puissance qui renouvelle. Elle conjureraient la foudre, — si la foudre pouvait être conjurée.

La preuve de leur puissance créatrice, c'est leur histoire, — une véritable légende populaire.

LÉGENDE DES PETITES SŒURS.

Saint-Servan est une petite ville de Bretagne séparée de Saint-Malo par un bras de mer que la marée descendante laisse à sec deux fois par jour. La principale industrie de ses habitants se fait sur mer; aussi voit-on sur cette côte beaucoup de petits enfants orphelins et de vieilles femmes veuves. Les petits enfants, comme les petits poissons, deviennent grands; puis, là ils naissent dans l'eau, là ils sont mariniers de bonne heure; puis, la destinée humaine a je ne sais quoi de tendre pour les petits enfants orphelins: mais aux pauvres vieilles toutes les peines; la vie leur reproche, une fois seules, le peu de nourriture qu'elle leur laisse prendre; leurs pauvres os décharnés grelottent sous le vent de la mer, qui les chasse à travers le pays inhospitalier, loin du lieu où elles devaient mourir.

Voilà bien des années que cela dure, et que dure aussi l'indifférence. Quand chacun court à la fête, cherchant à devancer l'heure rapide, tant pis pour celui qui tombe, malheur aux vaincus!

Un pauvre vicaire de campagne, — il y a vingt-cinq ans de cela, — trouva cette loi mauvaise, et fut pris d'une grande pitié, non pour ces corps dénués que la mer roule dans ses abîmes, mais pour ces âmes plus dénuées que ballotte cruellement la vie.

Seul encore, et pauvre, que pouvait-il? Augustine et Thérèse arrivèrent.

Augustine et Thérèse, — étaient-ce deux saintes, ou deux reines? c'étaient deux pauvres petites ouvrières... L'une avait dix-huit ans au plus; Thérèse, orpheline, en avait seize. — Petites ouvrières en couture, en lingerie... Et elles ont fait, d'elles-mêmes, les bonnes filles, plus que jamais deux reines n'ont fait.

Ces deux filles se prirent d'amitié. Un chemin isolé, conduisait à un creux de rocher qui regarde la mer, fut leur rendez-vous des dimanches: cette immensité du ciel et de l'eau, reflétait bien leurs pensées; elles aimèrent ces bruits mystérieux qui leur parlaient seuls à seules.

Une vieille aveugle se rencontra un soir sur leur route. Thérèse et Augustine la recueillirent; une servante du voisinage leur vint en aide; une amie de celle-ci fournit chez elle le logement; Jeanne Jugan (c'était le nom de la servante) donna six cents francs qu'elle possédait, — une vraie mine d'or pour ceux qui ne possèdent rien.

Elles commencèrent ainsi, petitement; depuis, on les nomma les Petites Sœurs. La charité est le grain de blé qui se propage à l'infini. Ne nous moquons pas des humbles.

Les mendiantes qu'on recueillit d'abord continuèrent leur métier, — celles qui pouvaient. Leur quête était partagée le soir. Mais les bonnes femmes se grisaient souvent, et ne rapportaient pas leur quête: grande affliction et grande détresse pour les Petites Sœurs! Grande résolution aussi fut prise: Augustine, Thérèse et Jeanne allèrent mendier au lieu des pauvres.

Le linge vint à manquer tout à fait... Qui en donna? Ce fut la sainte Vierge. On lui éleva sur la rue un petit autel, un beau matin; il fut dressé par un bon gendarme du voisinage. La Vierge tenait dans ses bras l'enfant Jésus. Tout le pauvre linge fut étendu devant: cinq ou six mauvaises chemises, point de draps. La sainte se laissa toucher: la blanche et belle toile s'amoncela à ses pieds. Tout Saint-Servan fut attendri... On vit des filles, qui n'avaient pas autre chose, ôter leurs bagues et les passer au cou de l'enfant Jésus.

Mais les jours suivants Satan prit sa revanche: la médisance alla son train dans le village, où ce ne fut plus qu'un discours sur les Petites Sœurs. On les montrait au doigt dans la rue; leurs anciennes amies les évitèrent. Ce fut un deuil dans la famille d'Augustine, et sa sœur même de trouver que son vilain panier lui faisait honte. Il y avait, parmi les sœurs, Louise, qui aurait bien voulu faire comme les Petites Sœurs, mais elle n'osait pas; et encore Félicité, qui souhaitait depuis longtemps d'être religieuse, « mais non pas chez les Petites Sœurs. »

Toutes ont tour à tour été attirées à cette flamme. La première ne croyait venir que pour aider un jour: elle ne quitta plus. Une curieuse fut prise par son péché: elle trouva les Sœurs si joyeuses, si heureuses, qu'elle n'avait jamais rien vu de tel, et resta sous le charme. Ainsi des autres.

Tout cela se fit en son temps, comme Dieu voulut.

Elles achetèrent une grande maison, qui coûta vingt-deux mille francs!... Avec quel argent? On n'avait rien. La montre d'or, une petite chapelle en argent de M. Lepailleur, le vicaire, et toutes les économies de Fanchon, l'amie de Jeanne, et ce qu'on put y joindre, — tout réalisé, tout réuni, paya presque les frais du contrat.

Ce fut peu. Les pauvres naissaient à côté de l'asile; l'un poussait l'autre; pauvres dans la ville, pauvres aux champs, aux champs, toujours des pauvres...

Les Petites Sœurs avaient un terrain vide, — et dix sous en caisse: la pièce d'argent déposée aux pieds de la Vierge, vite des pioches, des marteaux, des couteaux à défaut. Les voici à l'œuvre. Voici les délicates mains après le mortier, après la pierre! Voici le terrain déblayé, les fondations assises; les matériaux, pris çà et là, déjà s'amassent... Le petit peuple, qui les vit faire, et qui riait d'abord, n'y tint plus: il mit, lui aussi, ses mains, ses rudes et bonnes mains, à l'œuvre; la bâtisse alla un train d'enfer; le diable lui-même aurait aidé, s'il eût été là.

Peu de temps après Jeanne recevait un prix de vertu

de l'Académie : le prix n'enorgueillit pas beaucoup la brave fille, mais les trois mille francs vinrent merveilleusement à propos.

Quand tout fut bien ordonné à Saint-Servan, on fit une fête, dans laquelle les vieilles portèrent en triomphe la plus ancienne pauvre de la maison, couronnée et vêtue magnifiquement, assise dans le plus beau fauteuil qu'on put trouver, en grande pompe et en grande joie.

Puis, sans prendre halte, Augustine partait pour Rennes. De Rennes, elle vint à Dinan, de Dinan à Tours, — où Louise perdit comme elle sa santé, où Félicité mourut d'épuisement, — de Tours à Paris, — où resta Louise.

Au printemps de 1849, Augustine et Louise y demandèrent l'hospitalité dans la maison de Nazareth ; ne connaissant point la ville. Armées d'un plan, naïvement, elles parcouraient les rues, cherchaient une maison à leur guise. Elles se crurent perdues dans cette Babylone, où nul n'a d'oreilles. Il fallut cinq mois battre le pavé ; il fallut, pour vivre, aller aux fourneaux des Sœurs de charité attendre son tour de passer, pour un sou ou deux, la petite écuelle au guichet des pauvres.

C'était là un tumultueux rendez-vous du peuple d'alors : bien des ouvriers sans ouvrage, bien des ambitions déçues, bien des dévouements punis s'y amoncelaient aux heures terribles de la faim. Quel dommage pour le bon peuple de Paris qu'en ces temps de courage il faille faire comme les autres jours, manger !

Les Petites Sœurs pensaient de même.

Qu'il aurait à écrire de touchantes histoires celui qui recueillerait tous les traits gracieux et tristes de la fondation des cinquante-trois maisons actuelles des Petites Sœurs, contenant huit mille pauvres !

Elles ont tout fait avec rien, — non, avec le cœur du peuple. Elles avaient beau venir dans une ville nouvelle : le peuple est partout le même ; s'installer dans le quartier le plus misérable, parmi les cabarets et les guinguettes : c'est là qu'habite la pitié.

A Rennes, quand il s'agit de transférer les pauvres infirmes dans une maison neuve, ce furent les habitués des cabarets qui portèrent les vieilles.

Elles arrivaient sans argent, prenaient asile dans l'endroit le plus humide, dans les égouts qu'on avait trouvés malsains comme prisons : tout leur était bon, pourvu qu'elles eussent une seule chambre saine et des pauvres à y placer le lendemain, et partout les suivait une force vraiment surnaturelle : la Pitié !

Les Sœurs content l'histoire d'une marmite en fonte qui contenait de la soupe pour huit personnes tout juste, et qui, lorsqu'on fut trente, suffit encore. C'est le symbole de la charité, l'histoire du peuple et des Petites Sœurs.

A Tours, elles se trouvaient trois avec sept pauvres, ne s'étaient réservé à trois qu'un drap et deux paillasses, quand la huitième bonne femme arriva, ayant un lit garni, mais pas de draps... L'on se mit à partager en deux le drap restant.

Voilà des traits qui touchent le peuple.

Le peuple ne donne pas autant que l'homme riche, mais il vient le premier. C'est lui le créateur, le père.

Thérèse était restée seule à Nantes, avec vingt francs,

attendant avant d'agir, — c'est-à-dire avant de chercher des pauvres, — la permission des Vicaires Capitulaires, qui tarda jusqu'à la fin de son argent, et pourtant... arriva. La Petite Sœur loue vite une maison et s'y installe. Le propriétaire lui demande où sont ses meubles : elle montre un peu de paille, et amène des pauvres. Le bonhomme eut pitié de cette misère, laissa entrer. — Le lendemain, au marché aux légumes, trois sacs étaient mis en place pour la Sœur, et ce fut à qui jetterait dedans l'une ses fruits, l'autre ses pois verts, l'autre ses raves. Quand Thérèse voulut placer le premier sac sur son dos : « Nous ne souffrirons pas cela ! » lui dit-on. « Vous reviendrez nous voir tous les mercredis et samedis, » ajoutèrent les marchandes, s'essuyant les yeux de leurs grands mouchoirs rouges. « Qui sait si je n'aurai pas besoin de vous quand je serai vieille ! » disait l'une. « S'il m'arrivait malheur, disait l'autre, ce serait ma mère ! » — Et les trois gros sacs rebondis suivirent Thérèse, sans qu'elle portât rien.

A Rouen, deux Sœurs avaient jeté les yeux sur une maison qui pouvait contenir quarante lits. Les autorités du lieu, — dont il ne faut médire, — trouvaient que c'était beaucoup... Augustine arrive, et, sans s'arrêter à la maison qu'on lui propose, en prend à loyer une de deux cents lits. Elle disait à cela, que Rouen est assez grand pour fournir ce nombre de pauvres. — Au premier marché il y eut émeute, tant le peuple avait à cœur de répondre à ce cri de confiance folle, et de montrer que si Rouen est assez grand pour les fournir, lui, pauvre peuple, est assez courageux pour les nourrir.

La quêteuse ne suffisait pas : un âne fut de la fête. Les bonnes femmes le donnèrent pour tâche harnaché, content de sa tâche, — qu'il remplit équitablement. L'âne fut bientôt connu de toute la ville : l'aumône descendait des toits sur ses paniers. Les paniers servirent tant, qu'ils crevèrent, et qu'un jour, heurtés dans les étroites rues par une voiture, ils laissèrent aller dans la boue le dîner des pauvres et des sœurs... Le soir, l'âne reçut deux beaux paniers neufs, dont bien fier, dit-on, il se sentit.

Le bon âne a fait comme le peuple : il a porté l'Œuvre sur son dos.

Quoi qu'il en arrive maintenant, de cette œuvre ; quelque sens étroit et faux que des vues intéressées lui prêtent ; que la Charité éternelle refuse ou non de consentir à ce que votre sainte cause populaire soit étouffée par ceux qui prendront votre défense — telle est toute l'histoire des religions ! — vous ce pieux hommage, si peu que ma voix soit écoutée, bonnes filles, sœurs des pauvres gens. La mission païenne des poëtes et votre mission chrétienne ne sont pas contraires. A travers les indifférents et les sots qui peuplent le monde, elles portent toutes deux le même signe : ce signe est la foi. Je ne dis pas telle ou telle foi, je dis la foi même, énergie spontanée pour le bien et le beau qui ne dérive pas du préjugé, du ouï-dire, du dogme, comme l'or ne dérive pas de sa gangue obscure. Cette force a été la vôtre : c'est aussi la nôtre, si nous en avons quelqu'une ; et c'est pour cela que, comme le peuple, nous vous comprenons et vous aimons.

Jean LAROCQUE.

Anc Mon Bénard. — Poitevin, Saringe et Cie, place du Caire, 3.

16

Les deux Livraisons paraissent toujours en même temps, à dater du 1er juillet elles seront dans une même couverture.

PREMIER VOLUME. 12 LIVRAISON.

PARIS QUI S'EN VA

ET

PARIS QUI VIENT

PUBLICATION ARTISTIQUE

DESSINÉE ET GRAVÉE

Par Léopold FLAMENG

TEXTE PAR

Théophile GAUTIER, Arsène HOUSSAYE, Henri MURGER, CHAMPFLEURY, Charles MONSELET, Émile de la DÉDOLLIÈRE, Paul de St-VICTOR, Edouard FOURNIER, Albéric SECOND, Albert de la FIZELIÈRE, CASTAGNARY, Alfred DELVAU, Amédée ROLLAND, Paul de LASCAUX, Zacharie ASTRUC, Marc BAYEUX, Jean ROUSSEAU, Eugène MULLER, De SAULT, Jules LEVALLOIS, Marc TRAPADOUX, Alphonse DUCHESNE, Victor FOURNEL, Jean DUBUYS, Achille GLEIZES, Charles COLIGNY, Frédéric LOCK, Firmin MAILLARD, DURANTY, Fernand DESKOYERS, Jean DERHEIMS, Ernest HAMEL, Georges DUPLESSIS, Étienne MAURICE, Régulus FLEURY, De KERSÉNAN, Amédée HARDY, etc.

LIVRAISON — Prix : 1 franc 50 centimes

UNE ANNÉE, 24 LIVRAISONS, 20 FRANCS

1860

PARIS

PUBLIÉ PAR ALFRED CADART, ÉDITEUR D'ESTAMPES

3, RUE SAINT-FIACRE

On s'abonne à Londres

CHEZ W. JEFFS, 15, BURLINGTON ARCADE

ET 69, KING'S ROAD, BRIGHTON

Foreign Bookseller to the Royal Family.

St-Pétersbourg,	DUFOUR, libraire de la Cour impériale.	**Bruxelles,** VAN-DER-KOLK.
Berlin, B. BEHR E. BOCK.		**Turin,** BOCCA.
		Milan, DUMOLARD.

Florence, VIEUSSEUX.
Naples, DUFRÈNE.
New-York, Courrier des États-Unis. 73, Franklin Street.

PARIS QUI S'EN VA ET PARIS QUI VIENT paraît par deux livraisons par mois; vingt-quatre par an, formant un volume composé de cent pages de texte et de vingt-quatre gravures. L'ouvrage, terminé en quatre années, au 15 décembre 1863, comptera donc un total de quatre-vingt-dix-huit gravures, quatre cents pages de texte; le tout formant un ouvrage complet, divisé en quatre volumes.

PARIS QUI S'EN VA

et

PARIS QUI VIENT

PUBLICATION ARTISTIQUE

DESSINÉE ET GRAVÉE PAR

LÉOPOLD FLAMENG

TEXTE

Par Théophile Gautier, Arsène Houssaye, Henri Murger, Champfleury, Charles Monselet, Émile de la Bédollière, Paul de Saint-Victor, Édouard Fournier, Albéric Second, Albert de la Fizelière, Castagnary, Alfred Delvau, Amédée Rolland, Paul de Lascaux, Zacharie Astruc, Marc Bayeux, Jean Rousseau, Eugène Muller, Du Sault, Jules Levallois, Marc Trapadoux, Alphonse Duchesne, Victor Fournel, Jean Dupoys, Achille Gleizes, Charles Coligny, Firmin Maillard, Duranty, Fernand Desnoyers, Jean Derxsims, Ernest Hamel, Georges Duplessis, Étienne Maurice, Régulus Fleury, De Kersénant, Amédée Harry, etc.

4 années, 4 volumes, 96 gravures, 400 pages de texte.

Les villes sont comme les institutions : elles se renouvellent sans cesse, s'efforçant toujours de se tenir à la hauteur des besoins sociaux, et de se faire une physionomie appropriée au caractère spécial de chaque époque.

Cette vérité ne saurait mieux s'appliquer qu'au Paris de notre temps.

Le vieux Paris, le Paris du Sauval, de Gilles Corrozet, de dom Félibien, de dom Lebineau, est sur le point de disparaître. Ces mille et mille rues, ruelles, passages, détours, places, carrefours, au travers desquels ont passé tant de générations ; ces anciens quartiers, qui semblaient autant de villes distinctes, ayant chacune son caractère, sa population, son industrie, ses mœurs ; ces maisons sur la façade desquelles les époques ont successivement marqué leur empreinte et laissé un peu de leur histoire ; — tout cet ensemble étrange et merveilleusement divers d'art, de passé et de pittoresque, qui faisait de la grande ville comme un livre de pierre, une sorte de résumé de la France, où venaient lire à la fois l'archéologue, l'artiste, le penseur ; tout cela s'efface, tout cela s'en va : le vieux Paris se meurt!

Mais un Paris nouveau s'élève. Les voies larges et spacieuses s'alignent ; un quartier tombe fait place à un square, à une promenade ; une rue démolie laisse surgir un palais ; l'air et la lumière sont conviés de toutes parts à purifier les vieux cloaques et à baigner la nouvelle Ville éternelle.

Reconstruire le *Paris qui s'en va*, constater les développements du *Paris qui vient*, tel est le but de la publication que nous avons entreprise.

Reconstruire le *Paris qui s'en va*, et non-seulement le Paris d'hier, celui dont nos yeux ont vu les derniers vestiges, mais même ressusciter le Paris du moyen âge, de la Ligue, de la Fronde, avec ses monuments, ses fêtes, ses plaisirs, tout ce qui survit encore dans la tradition ; — constater le développement de *Paris qui vient*, en constatant les progrès journaliers, afin d'encourager les artistes qui s'emploient à ouvrer sa robe, si neuve encore, mais pourtant si riche d'étoffe ; n'est-ce pas élever à la gloire de Paris un monument digne des plus hauts encouragements ?

Pour remplir notre tâche, une double condition était nécessaire : retracer aux yeux et parler à l'esprit. — M. Léopold Flameng, a pris courageusement l'initiative, il a voulu *retracer* en effet les monuments et les mœurs, dans des gravures aussi originales de conception, que soignées d'exécution. Et pour ce qui concernait la rédaction, qu'il fallait rendre tout à la fois élégante, consciencieuse et soignée, il s'est adressé à des écrivains d'un talent éprouvé, dont quelques-uns sont illustres dans les lettres.

La tâche était difficile, et demandait, tant de la part du graveur que de la part des écrivains qui ont bien voulu lui prêter leur concours, un redoublement de zèle et de talent.

Nous croyons avoir pleinement réalisé notre but ; et les suffrages du public éclairé sont venus nous montrer que nous ne nous sommes pas trompés.

Les plus hauts encouragements sont venus à nous. Par décision du Ministre d'État, en date du 2 mai, le Gouvernement a officiellement souscrit à notre publication. N'est-ce pas là la meilleure garantie que nous puissions donner aux personnes qui ne reçoivent pas encore le *Paris qui s'en va et Paris qui vient?*

Quatorze Livraisons ont déjà paru. Elles donnent une ample idée de ce que sera la publication entière.

Nos deux premiers numéros remontent au 1er décembre 1859, et nous continuerons à fournir régulièrement, comme nous l'avons fait jusqu'à ce jour, deux Livraisons par mois.

Chaque Souscripteur recevra, à la fin de l'année, un Frontispice illustré, et pour prime, une très-belle Gravure, composée et gravée par M. *Léopold Flameng.*

L'abonnement commençant au 1er janvier 1860, les deux Livraisons de décembre 1859 sont en dehors de l'Abonnement, et se payent 1 fr. 50 la Livraison, et 1 fr. pour les personnes qui souscrivent.

CONDITIONS DE LA SOUSCRIPTION.

PARIS		DÉPARTEMENTS		ÉTRANGER	
Un an.	20 fr. »	Un an.	21 fr. »	Un an.	22 fr. »
Six mois.	11 »	Six mois.	12 »	Six mois.	15 »
Trois mois.	6 »	Trois mois.	7 »	Trois mois.	8 »

Édition sur papier de Hollande, épreuves avant la lettre. — Prix : 40 francs.

DÉJÀ PARU :

Spécimens de Décembre 1859	N°° 1	**La Californie**, texte par Alfred Delvau.
	2	**Le Cabaret de la Mère Marie**, texte par Alfred Delvau.
Janvier 1860	3	**La rue de la Vieille-Lanterne**, texte par Arsène Houssaye.
	4	**Les Médaillés de Sainte-Hélène**, texte par Eugène Muller.
Février »	5	**Le Pont-au-Change**, texte par Charles Coligny.
	6	**La Morgue**, texte par Alfred Delvau.
Mars »	7	**Intérieur de la Maison antique du Prince Napoléon**, avenue Montaigne, texte par Théophile Gautier.
	8	**Les Marchands de Ferraille et de Peaux de Lapins**, texte par Marc Trapadoux.
Avril »	9	**Le Marché des Innocents**, texte par Achille Gleizes.
	10	**La Salpêtrière**, cour des Agités, texte par Duranty.
Mai »	11	**Le premier Hôtel de Ville de Paris** (parloir aux Bourgeois), texte par Auguste Marc-Bayeux.
	12	**Le Collège de Cluny** (rue des Grès), texte par Auguste Marc-Bayeux.
Juin »	13	**La Flèche de Notre-Dame**, texte par Charles Coligny.
	14	**Le Temple**, texte par Marc Bayeux.
Juillet »	15	**Les Suites d'un Bal du Prado, Chambre d'Étudiant**, texte par De Kersénant.
	16	**L'Hôtel-Dieu**, texte par Castagnary.
Septembre »	17	**Les Petites Sœurs des Pauvres de la rue Saint-Jacques**, texte par Jean Larocque.
	18	**Le Marché aux Chevaux**, texte par Alfred Delvau.

Pour cette Publication : Les épreuves séparées de l'ouvrage et tirées sur grande marge. . . . . prix : 7 fr.
Les épreuves d'artistes seront tirées sur papier de Hollande. . . . . prix : 5 fr.

DURÉE DE L'OUVRAGE.

Bureau central d'Abonnement, chez l'Éditeur, Alfred Cadart, 3, rue Saint-Fiacre, et dans les principales Maisons d'Estampes et de Librairie de la Capitale.

Paris, le mai 1860.

L'Éditeur-Gérant, A. CADART.

Nota. — Beaucoup de demandes nous sont adressées sur le temps que doit durer notre publication.

Paris qui s'en va et Paris qui vient paraît par deux livraisons par mois, vingt-quatre par an, formant un volume composé de cent pages de texte et de vingt-quatre gravures. L'ouvrage complet terminé en quatre années, au 15 décembre 1863, comptera donc au total de quatre-vingt-seize livraisons, quatre-vingt-dix-huit ou y comprenant les deux livraisons spécimen, publiées en décembre 1859; le tout formant un ouvrage complet de quatre volumes.

NOTA. — Les personnes de la Province qui adressent des demandes d'Abonnement sont priées d'indiquer si elles désirent les deux Livraisons Spécimen de décembre 1859, N°° 1 et 2, en dehors de l'Abonnement, et cela nécessitant presque toujours un second envoi.

Toute demande d'Abonnement devra être accompagnée d'un mandat sur la Poste ou d'un bon payable à vue sur Paris.

Les deux Livraisons paraissent toujours en même temps, à dater du 1er juillet elles seront dans une même couverture.

PREMIER VOLUME.　　　　　　　　　　　12ᵉ ET 13ᵉ　　　　　　　　　　　LIVRAISON.

PARIS QUI S'EN VA

ET

PARIS QUI VIENT

PUBLICATION ARTISTIQUE

DESSINÉE ET GRAVÉE

Par Léopold FLAMENG

TEXTE PAR

Théophile GAUTIER, Arsène HOUSSAYE, Henri MURGER, CHAMPFLEURY, Charles MONSELET, Émile de la BÉDOLLIÈRE, Paul de St-VICTOR, Edouard FOURNIER, Albéric SECOND, Albert de la FIZELIÈRE, CASTAGNARY, Alfred DELVAU, Amédée ROLLAND, Paul de LASCAUX, Zacharie ASTRUC, Marc BAYEUX, Jean ROUSSEAU, Eugène MULLER, De SAULT, Jules LEVALLOIS, Marc TRAPADOUX, Alphonse DUCHESNE, Victor FOURNEL, Jean DUBOYS, Achille GLEIZES, Charles COLIGNY, Frédéric LOCK, Firmin MAILLARD, DURANTY, Fernand DESNOYERS, Jean DERHEIMS, Ernest HAMEL, Georges DUPLESSIS, Étienne MAURICE, Régulus FLEURY, De KERSÉNAN, Amédée HARDY, etc.

LIVRAISON — Prix : **1** franc **50** centimes

UNE ANNÉE, **24** LIVRAISONS, **20** FRANCS

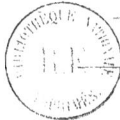

1860

PARIS

PUBLIÉ PAR ALFRED CADART, ÉDITEUR D'ESTAMPES

3, RUE SAINT-FIACRE

On s'abonne à Londres

CHEZ W. JEFFS, 15, BURLINGTON ARCADE

ET 69, KING'S ROAD, BRIGHTON

Foreign Bookseller to the Royal Family.

St-Pétersbourg,	DUFOUR, libraire de la *Cour impériale.*	**Bruxelles,** VAN-DER-KOLK.
		Turin, BOCCA.
Berlin, B. BEHR E. BOCK.		**Milan,** DUMOLARD.

| **Florence,** VIEUSSEUX. |
| **Naples,** DUFRÈNE. |
| **New-York,** *Courrier des Etats-Unis.* 73, Franklin Street. |

PARIS QUI S'EN VA ET PARIS QUI VIENT paraît par deux livraisons par mois; vingt-quatre par an, formant un volume composé de cent pages de texte et de vingt-quatre gravures. L'ouvrage, terminé en quatre années, au 15 décembre 1863, comptera donc un total de quatre-vingt-dix-huit gravures, quatre cents pages de texte; le tout formant un ouvrage complet, divisé en quatre volumes.

PARIS QUI S'EN VA

et

PARIS QUI VIENT

PUBLICATION ARTISTIQUE

DESSINÉE ET GRAVÉE PAR

LÉOPOLD FLAMENG

TEXTE

Par Théophile GAUTIER, Arsène HOUSSAYE, Henri MURGER, CHAMPFLEURY, Charles MONSELET, Émile de la BÉDOLLIÈRE, Paul DE SAINT-VICTOR, Édouard FOURNIER, Albéric SECOND, Albert de la FIZELIÈRE, CASTAGNARY, Alfred DELVAU, Amédée ROLLAND, Paul de LAGARDE, Zacharie ASTRUC, Marc BAYEUX, Jean ROUSSEAU, Eugène MULLER, DE SAULT, Jules LEVALLOIS, Marc TRAPADOUX, Alphonse DUCHESNE, Victor FOURNEL, Jean DUBOYS, Achille GLEIZES, Charles COLIGNY, Firmin MAILLARD, DURANTY, Fernand DESNOYERS, Jean DEREMBRE, Ernest HAMEL, Georges DUPLESSIS, Étienne MAURICE, Régulus FLEURY, DE KERSÉNANT, Amédée HARDY, etc.

4 années, 4 volumes, 98 gravures, 400 pages de texte.

Les villes sont comme les institutions : elles se renouvellent sans cesse, s'efforçant toujours de se tenir à la hauteur des besoins sociaux, et de se faire une physionomie appropriée au caractère spécial de chaque époque.

Cette vérité ne saurait mieux s'appliquer qu'au Paris de notre temps.

Le vieux Paris, le Paris de Sauval, de Gilles Corrozet, de dom Félibien, de dom Lebineau, est sur le point de disparaître. Ces mille et mille rues, ruelles, passages, détours, places, carrefour, au travers desquels ont passé tant de générations; ces anciens quartiers, qui semblaient autant de villes distinctes, ayant chacune son caractère, sa population, son industrie, ses mœurs; ces maisons sur la façade desquelles les époques ont successivement marqué leur empreinte et laissé un peu de leur histoire;—tout cet ensemble étrange et merveilleusement divers d'art, de poésie et de pittoresque, qui faisait de la grande ville comme un livre de pierre, une sorte de résumé de la France, où venaient lire à la fois l'archéologue, l'artiste, le penseur; tout cela s'efface, tout cela s'en va : le vieux Paris se meurt!

Mais un Paris nouveau s'élève. Les voies larges et spacieuses s'alignent; un quartier qui tombe fait place à un aquaro, à une promenade; une rue démolie laisse surgir un palais; l'air et la lumière sont conviés de toutes parts à purifier les yeux cloaques et à baigner la nouvelle Ville éternelle.

Reconstruire le *Paris qui s'en va*, constater les développements du *Paris qui vient*, tel est le but de la publication que nous avons entreprise.

Reconstruire le *Paris qui s'en va*, et non-seulement le Paris d'hier, celui dont nos yeux ont vu les derniers vestiges, mais même ressusciter le Paris du moyen âge, de la Ligue, de la Fronde, avec ses monuments, ses fêtes, ses plaisirs, tout ce qui survit encore dans la tradition;— assister au développement de *Paris qui vient*, en constater les progrès journaliers, ain d'encourager les artistes qui s'emploient à ouvrir sa robe, si neuve encore, mais pourtant si riche d'étoffe;—

n'est-ce pas élever à la gloire de Paris un monument digne des plus hauts encouragements?

Pour remplir notre tâche, une double condition était nécessaire : retracer aux yeux et parler à l'esprit. — M. Léopold Flameng, a pris courageusement l'initiative, il a voulu *retracer* en effet les monuments et les mœurs, dans les gravures aussi originales de conception, que soignées d'exécution. Et pour ce qui concernait la rédaction, qu'il fallait rendre tout à la fois élégante, consciencieuse et soignée, il s'est adressé à des écrivains d'un talent éprouvé, dont quelques-uns sont illustres dans les lettres.

La tâche était difficile, et demandait, tant de la part du graveur que de la part des écrivains qui ont bien voulu lui prêter leur concours, un redoublement de zèle et de talent.

Nous croyons avoir pleinement réalisé notre but; et les suffrages du public éclairé sont venus nous montrer que nous ne nous sommes pas trompés.

Les plus hauts encouragements sont venus à nous. Par décision du Ministre d'État, en date du 2 mai, le Gouvernement a officiellement souscrit à notre publication. N'est-ce pas là la meilleure garantie que nous puissions donner aux personnes qui ne reçoivent pas encore le *Paris qui s'en va et Paris qui vient?*

Quatorze Livraisons ont déjà paru. Elles donnent une ample idée de ce que sera la publication entière.

Nos deux premiers numéros remontent au 1er décembre 1859, et nous continuerons à fournir régulièrement, comme nous l'avons fait jusqu'à ce jour, deux Livraisons par mois.

Chaque Souscripteur recevra, à la fin de l'année, un Frontispice Illustré, et pour prime, une très-belle Gravure, composée et gravée par M. Léopold Flameng.

L'Abonnement commençant au 1er janvier 1860, les deux Livraisons de décembre 1859 sont en dehors de l'Abonnement, et se payent 1 fr. 50 la Livraison, et 1 fr. pour les personnes qui souscrivent.

CONDITIONS DE LA SOUSCRIPTION.

PARIS	DÉPARTEMENTS	ÉTRANGER
Un an . . . . 20 fr. »	Un an . . . . 21 fr. »	Un an . . . . 22 fr. »
Six mois. . . . . 11 »	Six mois . . . . 12 »	Six mois . . . . 15 »
Trois mois. . . . . 6 »	Trois mois. . . . . 7 »	Trois mois . . . . 8 »

Édition sur papier de Hollande, épreuves avant la lettre. — Prix : 40 francs.

DÉJÀ PARU :

	N°s	
Spécimens de Décembre 1859	1	**La Californie**, texte par Alfred DELVAU.
	2	**Le Cabaret de la Mère Marie**, texte par Alfred DELVAU.
Janvier 1860	3	**La rue de la Vieille-Lanterne**, texte par Arsène HOUSSAYE.
	4	**Les Médaillés de Sainte-Hélène**, texte par Eugène MULLER.
Février »	5	**Le Pont-au-Change**, texte par Charles COLIGNY.
	6	**La Morgue**, texte par Alfred DELVAU.
Mars »	7	**Intérieur de la Maison antique du Prince Napoléon**, avenue Montaigne, texte par Théophile GAUTIER.
Avril »	8	**Les Marchands de Ferraille et de Peaux de Lapins**, texte par Marc TRAPADOUX.
	9	**Le Marché des Innocents**, texte par Achille GLEIZES.
Mai »	10	**La Salpêtrière**, cour des Agités, texte par DURANTY.
	11	**Le premier Hôtel de Ville de Paris** (parloir aux Bourgeois), texte par Auguste MARC-BAYEUX.
Juin »	12	**Le Collège de Cluny** (rue des Grès), texte par Auguste MARC-BAYEUX.
	13	**La Flèche de Notre-Dame**, texte par Charles COLIGNY.
Juillet »	14	**Le Temple**, texte par Marc BAYEUX.
	15	**Les Suites d'un Bal du Prado, Chambre d'Étudiant**, texte par DE KERSÉNANT.
	16	**L'Hôtel-Dieu**, texte par CASTAGNARY.
Septembre »	17	**Les Petites Sœurs des Pauvres de la rue Saint-Jacques**, texte par Jean LAROCQUE.
	18	**Le Marché aux Chevaux**, texte par Alfred DELVAU.

Pour cette Publication : Les épreuves séparées de l'ouvrage et tirées sur grande marge . . . . prix : 2 fr.
Les épreuves d'artistes seront tirées sur papier de Hollande . . . . prix : 5 fr.

DURÉE DE L'OUVRAGE.

Bureau central d'Abonnement, chez l'Éditeur, ALFRED CADART, 3, rue Saint-Fiacre, et dans les principales Maisons d'Estampes et de Librairie de la Capitale.

Paris, le mai 1860.

L'ÉDITEUR-GÉRANT, A. CADART.

NOTA. — Beaucoup de demandes nous sont adressées sur le temps que doit durer notre publication.

Paris qui s'en va et Paris qui vient paraît par deux livraisons par mois, vingt-quatre par an, formant un volume composé de cent pages de texte et de vingt-quatre gravures. L'ouvrage complet terminé en quatre années, au 15 décembre 1863, comptera donc un total de quatre-vingt-seize livraisons, quatre-vingt-dix-huit et comprenant les deux livraisons spécimens, publiées au décembre 1859; le tout formant un ouvrage complet de quatre volumes.

NOTA.—Les personnes de la Province qui adressent des demandes d'Abonnement sont priées d'indiquer si elles désirent les deux Livraisons Spécimens de décembre 1859, N°s 1 et 2, en dehors de l'Abonnement, cet oubli nécessitant presque toujours un second envoi.

Toute demande d'Abonnement devra être accompagnée d'un *mandat* sur la Poste ou d'un bon payable à vue sur Paris.

MARCHÉ AUX CHEVAUX

BIBLIOTHÈQUE MUNICIPALE

LE MARCHÉ AUX CHEVAUX

I

J'ai lu — dans l'intéressant volume de nouvelles de Nadar — quelques pages qui m'ont particulièrement remué et que je me rappelle fort à propos en ce moment.

Il s'agit d'une brave vieille femme et d'un brave vieux bidet qui viennent de faire eau à une source voisine, dans la forêt, et qui regagnent le village avec leur provision impatiemment attendue, — car le soleil tombe d'aplomb et le village est situé tout au haut de la montagne. La vieille est chargée d'années , — et c'est un poids bien lourd, sans doute; le bidet, outre les années, est chargé d'un tonneau rempli jusqu'à la bonde, et ces deux fardeaux-là sont bien lourds aussi à traîner. Pourtant, le vieil animal fait vaillamment son devoir, — comme aux meilleurs jours de sa jeunesse et de sa vigueur : il suit, sans trop se faire prier, la vieille femme, qui lui tient la bride haute.

Pendant qu'ils montent l'un et l'autre cette côte escarpée, raboteuse, malaisée, qui conduit à leur village, deux enfants — deux de ces aimables vauriens roses qui sont si féroces dans leur innocence — suivent en méditant un vilain coup. J'ai oublié de vous dire que la vieille femme était sourde. Mais les deux cruels bambins, qui ne l'ont pas oublié, se glissent sous le tonneau dont ils tournent le robinet : l'eau s'écoule alors à grand fracas, sans que la vieille s'en émeuve. Je n'ai pas besoin d'ajouter que les deux enfants se tordent de rire en songeant à la mine que fera la vieille quand, arrivée au terme de sa course, elle s'apercevra qu'elle n'a plus une goutte d'eau et qu'il lui faut recommencer, sous l'âpre chaleur du midi, la course qu'elle a faite une première fois inutilement : ils rient, — tout en ayant soin de se tenir à distance, de peur que la vieille, à un moment donné, ne leur allonge un beau coup de fouet dans les jambes pour les récompenser de leur mauvaise action.

La vieille n'entend pas le bruit de l'eau qui rejaillit joyeusement sur les cailloux du chemin; mais, au bout d'un certain temps, en voyant que son bidet, qui devrait être de plus en plus fatigué, marche de plus en plus allègre, elle s'étonne — et s'arrête. Les deux petits polissons s'enfuient à tire d'ailes comme deux moi-neaux-francs. La vieille a compris. Lors, sans murmurer, sans montrer le poing aux enfants envolés, ni au ciel qui a permis cela, elle fait tourner bride à son bidet et redescend tranquillement la montagne pour aller de nouveau emplir à la source de la forêt son tonneau des Danaïdes.

Nadar, en racontant cette aventure de son enfance, la donne comme un de ces mille petits remords qui sont la monnaie des grands et qui poignent tout aussi douloureusement. Il plaignait la pauvre vieille qu'il avait forcée ainsi — aidé des conseils d'un camarade aussi jeune et aussi cruel que lui — de redescendre et de remonter cette roide colline sous l'aiguillon d'un soleil de juillet.

J'en demande pardon à Nadar et à l'humanité, mais de ces deux créatures vivantes — la vieille femme et le vieux bidet — c'est le vieux bidet que j'ai plaint le plus.

II

Car les animaux sont nos frères... Nos frères inférieurs, assure Michelet. Nos frères égaux, me permettrai-je d'affirmer, — au risque de passer pour un manichéen aux yeux des cartésiens. Si nous avons une âme immortelle, ils en ont une comme nous; s'ils ont des instincts merveilleux, nous n'avons pas autre chose. Ils nous valent bien, — et nous ne les valons pas toujours. C'est pour venger notre amour-propre, que nous les appelons des bêtes : bêtes nous-mêmes !

Je ne crains pas de rougir en faisant rougir un peu les hommes, mes « semblables, » en leur demandant — à eux qui ont inventé le paratonnerre, le parapluie, les râteliers-osanores, la poudre à canon, la poudre dentifrice, le Nouveau Monde, le demi-monde , la charrue à vapeur et Mlle Rigolboche,—en quoi ils sont plus ingénieux, plus intelligents, plus spirituels que les trois quarts des animaux créés, quadrupèdes ou quadrumanes, oiseaux ou reptiles ? Croient-ils sincèrement qu'il y en ait beaucoup, parmi eux, capables d'être aussi sobres que les chameaux, aussi patients que les ânes, aussi malins que les singes, aussi doux que les moutons, aussi forts que les éléphants, aussi majestueux que les lions, aussi bons architectes que les castors, aussi bons voyageurs que les hirondelles, aussi dévoués que les chiens, aussi élégants que les chevaux, aussi bons musiciens que les rossignols, aussi bons tisserands que les araignées, etc., etc., etc. ?... S'ils le croient, moi je ne le crois point, humilié que je suis sans cesse par les preuves de supériorité données par les animaux, — qui ne sont pas si « bêtes » que nous en avons l'air.

Ah ! si nous ne sommes pas bêtes, nous sommes bien fous de nous imaginer que cet univers, où nous tenons si maigre place, a été fait exclusivement pour nous ! « Homme insensé ! — s'écrie Pope. — Dieu a-t-il donc travaillé seulement pour toi, pour ton plaisir, pour ton bien, pour ta nourriture ? Mais celui qui fait croître pour ta table le chevreau folâtre a émaillé de fleurs parfumées les prairies à ton intention ! Crois-tu donc que c'est à cause de toi que l'alouette s'élève dans l'air en égrenant les perles de sa mélodieuse chanson ! Mais c'est la joie de vivre qui agite ses ailes et son gosier ! Est-ce aussi à cause de toi que la linotte chante si gaiement, comme l'alouette ? Mais ce sont ses amours qu'elle glorifie ! C'est de son propre bonheur qu'elle remercie l'Auteur des Êtres et des Choses !.. La semence qui couvre la terre est-elle à toi seul ? Les oiseaux réclameront leur grain. Est-ce à toi seul qu'appartient toute la moisson dorée d'une année fertile ? Tu le crois ; mais une bonne partie paye justement le courageux labeur du bœuf, ton compagnon indispensable. Ah ! homme insensé et égoïste ! apprends que tous les enfants de la nature partagent ses soins et son amour. La fourrure qui réchauffe l'homme a réchauffé l'ours avant lui. Quand l'homme crie, orgueilleux : «Voyez! tout est pour mon service ! » l'oison qu'on engraisse réplique : « Voyez l'homme, qui est pour le mien ! » Quel soin pour le garder, le loger, le nourrir et le bien traiter ! C'est tout ce que l'oison connaît : il ne sait pas que c'est pour être mangé. Aussi loin qu'il peut porter ses connaissances, l'oison raisonne bien ; il ne se trompe que sur les desseins de l'homme, parce qu'il ne peut pénétrer des desseins au-dessus de sa portée : il en est de même de l'homme, plus oison que l'oison ! »

Pope l'a écrit, — et un pope est infaillible : «L'homme, plus oison que l'oison ! » Vous l'entendez, mes frères !...

Conclusion : il y a moins loin des bêtes les plus vulgaires à nous, que des hommes les moins vulgaires à Shakspeare, à Pascal, à Molière, à Voltaire et à Hugo.

III

En ma qualité « d'oison, » j'aurais pu dire tout cela à propos de rien : cependant, je confesse l'avoir dit à propos de quelque chose.

Je l'ai dit à propos du cheval, — « la plus noble conquête que l'homme ait jamais faite. » Je le dis à propos du Marché aux chevaux, — où cette noble conquête est mise à l'encan à des prix avilissants pour elle.

A propos du cheval, — parce que je me suis toujours souvenu : des cavales d'Eumèle, fils de Phérès ; des cavales de Diomède ; des « coursiers de Laomédon, fils d'Ilus, — de ceux de Castor, fils de Jupiter, — de ceux de Pluton, fils de Saturne, — de ceux

de Mars, fils de Junon ; — de *Podarge*, la jument de Ménélas, fils de Plisthène ; — de *Xanthus* et de *Balius*, les « coursiers » d'Achille, fils de Pélée ; — d'*OEté*, la jument d'Agamemnon ; — d'*Eoüs*, de *Pyroïs*, d'*Aéton* et de *Phlégon*, les quatre « coursiers » de Pallas, roi de Trézène ; — d'*Incitatus*, le cheval de Caligula, empereur de Rome ; — de *Bucéphale*, le cheval d'Alexandre, roi de Macédoine ; — du cheval de Jules César, — qui avait « les pieds fenduz en doigtz ; » — de la jument de Gargantua, — envoyée par « Fayoles, quart roy de Numidie ; » — de *Passebreuil*, le cheval de Tristan de Léonois ; — de *Babiéça*, le cheval du Cid ; — de *Rabican*, le cheval d'Astolfe ; — d'*Estonne*, la jument de Perceforest ; — de *Pacolet*, le cheval de Valentin ; — d'*Alfana*, la jument de Roland ; — de *Bayard*, le cheval des quatre fils Aymon ; — de *Rossinante*, la monture de Don Quichotte de la Manche ; — de cent autres nobles bêtes tout aussi historiques que MM. Pharnabaze, Bélésis, Cresphontes, Pertinax, Tostig, Joram, Canutson, Phul, Phraortes, Lamachus, — et autres illustres inconnus qui encombrent la *Biographie universelle* des frères Michaud.

A propos du Marché aux chevaux, — parce que j'ai eu occasion de constater plusieurs fois, en voyant les marchands et la marchandise, les acheteurs et les achetés, les maquignons et les chevaux, qu'il y avait là quelque injustice de la Providence, car les chevaux sont moins féroces que les maquignons, les achetés plus intelligents que les acheteurs, la marchandise plus belle que les marchands ne sont beaux.

Pourtant, ce n'est pas là que viennent les plus nobles bêtes, — les pur-sang arabes ou anglais, les triomphateurs de l'hippodrome, les gloires du turf, l'orgueil des sportsmen, les descendants de *Darley-Arabian*, de *Godolphin-Arabian*, de *Flying-Childers*, d'*Almanzor*, de *Blaze*, de *Snap*, de *Sampson* et d'*Eclipse* ! Ceux-là se vendent ailleurs, aux Champs-Élysées par exemple, chez les *horse-dealers* de la fashion, — chez Drake ou chez Bernheim, chez Crémieux ou chez Moyse, chez Bénédict ou chez Bartlett.

Malgré cela, les échantillons du genre *equus* qui se trouvent parqués dans les stalles en plein vent du Marché, sont des créatures encore plus intéressantes que les échantillons du genre *Homme* qui les viennent acheter pour traîner leurs charrettes ou leurs cabriolets.

Malgré cela, les chevaux sont bien nos frères supérieurs, — ou tout au moins nos frères égaux.

L'homme fait le fier devant le cheval : il a tort.

IV

Le Marché aux chevaux ne s'est pas toujours tenu là où il se tient aujourd'hui, — mais où il ne se tiendra plus demain, si l'on en croit les projets de boulevards de l'Édilité. Sous Henri III, il y en avait un sur une partie de l'emplacement du palais des Tournelles. En 1605, il occupait le terrain qu'occupe aujourd'hui le boulevard des Capucines. Je ne sais pas si l'on y vendait beaucoup de chevaux; en tout cas, on y ferraillait comme au beau temps du Pré-aux-Clercs.

En 1642, ce marché fut transféré à l'endroit où nous le voyons actuellement, et des lettres patentes de 1659, registrées au Parlement en 1660, en confirmèrent l'établissement.

Il ne faut pas croire que ce bazar était alors ce qu'il est aujourd'hui : ce serait une erreur trop flatteuse pour la mémoire de ses premiers entrepreneurs. Il n'est déjà pas trop satisfaisamment disposé.

Ce marché occupe une superficie de 17,100 mètres. Il y a deux chaussées parallèles, séparées par des bornes et par deux fontaines portant des armatures de réverbères. C'est tout le long de ces chaussées qu'a lieu l'essai. A droite et à gauche, dans la longueur, — c'est-à-dire de la rue du Marché-aux-Chevaux au boulevard de l'Hôpital, — sont quatre rangs de barrières qui contiennent chacun trente-quatre box entre lesquels on peut circuler sans redouter les éclaboussures d'impatience des chevaux qui y sont attachés, rubans à la tête et rubans à la queue, attendant les acheteurs. Ces quatre rangs de barrières forment quatre contre-allées plantées d'acacias. A droite, vers l'extrémité qui confine au boulevard, est un cirque destiné à l'essai des chevaux de trait; il y a là deux rampes en fer à cheval — naturellement! — qui se rejoignent sur un plateau sous lequel on a ménagé une resserre pour les voitures et les harnais servant à l'essai. Quant à la vente à l'encan des voitures, elle a lieu à deux pas de là, en dehors de l'enceinte naturelle, sur une place qui va se confondre avec le boulevard de l'Hôpital.

V

Tous les mercredis et tous les samedis, dès les premières heures de la matinée, on rencontre — traversant Paris — de longues files de chevaux enrubanés de rouge, avec le bouchon de paille traditionnel et significatif. Ils ont des pompons neufs, des bâillons neufs, des oreillères neuves, des couvertures neuves, des bouchons de paille neuve, comme s'ils allaient à la fête : ils vont au marché. Tout est neuf sur eux, — excepté eux.

Le passant qui s'arrête un instant pour les regarder passer, admire volontiers leur robe luisante, leur croupe arrondie, leur œil vif, leurs narines ardentes, leur allure jeune et vigoureuse, — rehaussée encore par les fanfreluches de couleur voyante dont je viens de parler. — « O les beaux chevaux ! murmure-t-il. Comme c'est fringant! Comme c'est piaffant! Comme c'est riche de sang! »

Et il passe, le passant, en songeant que l'amélioration de la race chevaline n'est point un vain mot, et que la France est la terre féconde par excellence.

Il ne se trompe pas tout à fait, le passant. La France est bien la terre féconde, comme la terre de Saturne, — magna parens. Elle produit de nobles bêtes plus facilement que de nobles hommes, — des chevaux limousins, normands, navarrais et auvergnats, des percherons et des bretons, des poitevins et des boulon-

nais. Elle forme, — mais nous déformons. Voilà pourquoi les chevaux que l'on rencontre, le samedi et le mercredi, se dirigeant vers la Croix-de-Clamart, ne sont pas ce qu'un vain peuple pense. Voilà pourquoi aussi les maquignons les maquillent, les teignent, les peignent, les manipulent, les soufflent, les gonflent, les parent, — les encrinolinent, pour ainsi dire; car cet embonpoint d'une journée, dû à une nourriture exclusive de pommes de terre, de son et de carottes, tombera le soir de la vente, le cheval se débourrera, sa maigreur réelle apparaîtra dans l'écurie de l'acheteur, — comme apparaît, dans l'alcôve, l'étisie de la maîtresse ou de la femme qui était si appétissante habillée. Je suis bien fâché du rapprochement : mais il est volontaire, — d'autant plus que si le maquignon met quelquefois une fausse queue au cheval qu'il veut vendre, les femmes se mettent plus souvent de fausses nattes, — en latin et en français.

Ah! quelle dépense d'habileté, d'ingéniosité, d'intelligence, ils font, tous ces maquignons, tous ces troqueurs, tous ces haricotiers, pour dissimuler les vices, les infirmités, les défauts des chevaux qu'ils veulent vendre, — chevaux hors d'âge, chevaux fourbus par de rudes métiers, chevaux poussifs, chevaux édentés, chevaux couronnés!

Songez donc : ils vont tout nus, les chevaux! Aussi est-il facile, à l'œil exercé, de reconnaître les allures vicieuses de ces nobles bêtes?

Celle-ci harpe, — celle-là montre le chemin de saint Jacques, — cette autre fauche, — cette autre rase le tapis, — cette autre joue du piano, etc., etc.

J'en passe, — et des plus curieux. Le cheval qui billarde, — celui qui se coupe, — celui qui forge, — celui qui s'attrape, — etc., etc., etc. Le maquignon vous éblouit par son bagout, la bête qu'il veut vous vendre vous éblouit par ses pompons et sa vivacité : vous allez vous décider, vous allez acheter, — mais, auparavant, par un reste de défiance, vous voulez faire courir de nouveau. Pendant que vous causiez avec le maquignon, le dos tourné au box dans lequel était la bête, un compère fourrait audacieusement une épingle sous la queue de celle-ci, qui alors, émoustillée de nouveau par cet artifice inquiétant, se cabre, se cambre, bondit et vole.... Elle vole moins que le maquignon, qui trouve ainsi à se défaire avantageusement d'un parisien, — d'un vieux cheval invendable!...

VI

De midi à cinq heures, le Marché aux Chevaux est plein de mouvement, de cris, de hennissements, de vociférations. Les bêtes piaffent, les hommes se disputent, la chambrière à la main et l'injure à la bouche : les maquignons ne sont pas des gens du monde, que diable!

Je m'imagine que le Corso de Rome doit présenter quelque chose de semblable, comme pittoresque, aux jours des courses de chevaux libres. Toutes ces robes blanches et noires, alezanes et isabelles, rouanes et fleur-de-pêcher, aubères et rubicanes, qui caracolent dans les deux allées du Marché, au milieu des blouses bleues des maquignons et des acheteurs, produisent un effet original qu'aurait merveilleusement reproduit le tableau de Madame Rosa Bonheur, — s'il avait été dessiné par Géricault.

Mais malgré ma sympathie véritable pour les chevaux qui ornent cette foire bi-hebdomadaire, je me sens toujours involontairement attiré vers une petite allée pratiquée le long du mur de droite, où sont attachés les ânes, — leurs frères puînés.

Ils sont là quatre ou cinq, — quelquefois moins, jamais plus, — poilus, moustachus et barbus comme autant de caniches fauves. La grâce leur est défendue, à ce qu'il paraît, et ils se sauvent par une adorable gaucherie qui me ravit toujours. On dirait vraiment qu'ils ont été fabriqués par des artistes de la Forêt Noire, à coups de serpe, — comme les bonshommes en sapin qu'on nous donnait en étrennes au temps jadis, lorsque nous avions l'inappréciable bonheur d'être enfants. Le poil — un poil roussi — leur envahit les jambes, leur couvre les reins, leur cache les yeux, et, quand ils se secouent et vous regardent, ils vous ont un air futé qui fait plaisir. Et leurs longues oreilles, comme il serait dommage qu'elles fussent plus courtes! Comme elles vont et viennent d'une façon extravagante! Comme elles se dressent, comme elles se couchent! Ah! bons ânes, que vous êtes drôles, et que Sterne a bien fait de vous consacrer un chapitre!

Voulez-vous, ami lecteur, que nous traduisions ensemble *The dead Ass?*

« — Et cela, » dit-il en tirant de sa besace une croûte de pain, « cela aurait été ta part!... Vivant, tu aurais partagé cela avec moi!...

« Je crus, à l'air qu'il mit à prononcer cette exclamation, qu'il s'adressait à son enfant. C'était à son âne, — à ce même âne que nous avions rencontré mort sur la route et qui avait été la cause de la mésaventure de Lafleur.

« Cet homme se lamentait beaucoup. Il me rappela la douleur de Sancho en semblable occasion; mais la sienne avait des touches plus naturelles. Il était assis à la porte, sur un banc de pierre, ayant à côté de lui le bât et la bride de son âne, et les regardant de temps en temps en secouant tristement la tête.

« Il prit de nouveau dans son bissac, comme pour la manger, sa pauvre croûte de pain, la conserva quelques instants dans sa main; puis, la plaçant sur un coin de la bride de l'âne, il contempla attentivement ce petit arrangement et poussa un soupir.

« La naïveté de sa douleur amena beaucoup de monde autour de lui, — et Lafleur avec tout le monde. Entre temps, on préparait les chevaux, et moi, du haut de ma chaise de poste, je plongeais par-dessus la foule, — entendant tout et voyant tout.

« Ce malheureux raconta qu'il venait tout récemment de l'Espagne, loin, bien loin des frontières de la Franconie, — si loin de sa patrie, qu'au retour son âne était mort de fatigue. Et, comme chacun des spectateurs paraissait désireux d'apprendre quelles aventures avaient pu conduire si loin de son pays natal un homme si vieux et si pauvre, il répondit qu'il avait plu au ciel de lui donner le bonheur en lui donnant trois fils, — les plus beaux enfants de toute l'Allemagne, — mais que, deux d'entre eux étant morts de la petite vérole dans l'espace d'une semaine, et le troisième, le plus jeune, ayant été atteint par le même fléau, il avait été épouvanté à l'idée d'être ainsi privé de tous ses enfants, et qu'alors il avait fait un vœu!... Il avait promis au ciel — s'il daignait épargner ce dernier-né — de faire, par reconnaissance, un pèlerinage à Saint-Jacques de Compostelle, en Espagne...

« Arrivé à cet endroit de son récit, le malheureux homme s'arrêta pour payer son tribut à la nature : il pleura amèrement et abondamment.

« Puis il reprit, disant que le Ciel, ayant accepté ses conditions, il avait quitté sa maison avec son âne, — qui avait été pour lui un honnête, patient et courageux compagnon de voyage, — qui, durant toute la route, avait mangé le même pain que lui, — qui, enfin, avait été pour lui comme un ami...

« Tout le monde écoutait le pauvre homme avec intérêt. Lafleur lui offrit de l'argent. Il remercia et répondit qu'il n'en avait pas besoin, qu'il pleurait la perte de son âne, — non sa valeur. Cette vaillante bête l'aimait, il en était assuré, — il avait eu des preuves de son attachement; et, à ce propos, il fit longuement le récit d'un malheur qui leur était arrivé, à son âne et à lui, en traversant les Pyrénées. Ils s'étaient égarés, et, pendant trois jours, ils avaient été séparés l'un de l'autre; pendant trois jours son âne l'avait cherché et il avait cherché son âne, — et ni l'un ni l'autre n'avaient pu se retrouver...

— « Tu as du moins une consolation, ami, dans la perte de ton pauvre animal, lui dis-je alors. Je suis convaincu que tu as toujours été pour lui un maître miséricordieux...

— « Hélas! répondit le malheureux homme, je le croyais aussi quand il vivait; mais maintenant qu'il est mort, je pense autrement... Je crains que mon propre poids — et le fardeau de mes douleurs et de ma conscience tout ensemble — n'aient abrégé les jours de la chère créature, et je redoute d'avoir à en rendre compte là-haut!...

— « Quelle humiliation pour le monde! pensai-je alors. Si nous nous aimions les uns les autres seulement comme ce pauvre cœur aimait son âne, ce serait déjà quelque chose, et nous en vaudrions un peu mieux!... (*Shame on the world! Did we love each other, as this poor soul but loved his ass, t'would be something!...*) »

Aimons-nous, aimons-nous un peu les uns les autres, ô mes frères — ennemis!

ALFRED DELVAU.

Les deux Livraisons paraissent toujours en même temps, à dater du 1er juillet elles seront dans une même couverture.

PREMIER VOLUME. 19 LIVRAISON.

PARIS QUI S'EN VA

ET

PARIS QUI VIENT

PUBLICATION ARTISTIQUE

DESSINÉE ET GRAVÉE

Par Léopold FLAMENG

TEXTE PAR

Théophile GAUTIER, Arsène HOUSSAYE, Henri MURGER, CHAMPFLEURY, Charles MONSELET, Émile de la BÉDOLLIÈRE, Paul de St-VICTOR, Edouard FOURNIER, Albéric SECOND, Albert de la FIZELIÈRE, CASTAGNARY, Alfred DELVAU, Amédée ROLLAND, Paul de LASCAUX, Zacharie ASTRUC, Marc BAYEUX, Jean ROUSSEAU, Eugène MULLER, De SAULT, Jules LEVALLOIS, Marc TRAPADOUX, Alphonse DUCHESNE, Victor FOURNEL, Jean DUBOYS, Achille GLEIZES, Charles COLIGNY, Frédéric LOCK, Firmin MAILLARD, DURANTY, Fernand DESNOYERS, Jean DERHEIMS, Ernest HAMEL, Georges DUPLESSIS, Etienne MAURICE, Régulus FLEURY, De KERSÉNAN, Amédée HARDY, etc.

LIVRAISON — Prix : **1** franc **50** centimes

UNE ANNÉE, 24 LIVRAISONS, 20 FRANCS

SEPTEMBRE

1860

PARIS

PUBLIÉ PAR ALFRED CADART, ÉDITEUR D'ESTAMPES

5, PLACE DE LA BOURSE

On s'abonne à Londres

Chez W. JEFFS, 15, BURLINGTON ARCADE

ET 69, KING'S ROAD, BRIGHTON

Foreign Bookseller to the Royal Family.

St-Pétersbourg, { Dufour, libraire de la Cour impériale.	Bruxelles, VAN-DER-KOLK. Turin, BOCCA.	Florence, VIEUSSEUX. Naples, DUFRÈNE.
Berlin, B. BEHR E. BOCK.	Milan, DUMOLARD.	New-York, } Courrier des Etats-Unis. 13, Franklin Street.

PARIS QUI S'EN VA ET PARIS QUI VIENT paraît par deux livraisons par mois; vingt-quatre par an, formant un volume composé de cent pages de texte et de vingt-quatre gravures. L'ouvrage, terminé en quatre années, au 15 décembre 1863, comptera donc un total de quatre-vingt-dix-huit gravures, quatre cents pages de texte; le tout formant un ouvrage complet, divisé en quatre volumes.

PARIS QUI S'EN VA

ET

PARIS QUI VIENT

PUBLICATION ARTISTIQUE

DESSINÉE ET GRAVÉE PAR

LÉOPOLD FLAMENG

TEXTE

Par Théophile Gautier, Arsène Houssaye, Henri Mürger, Champfleury, Charles Monselet, Émile de la Bédollière, Paul de Saint-Victor, Édouard Fournier, Albéric Second, Albert de la Fizelière, Castagnary, Alfred Delvau, Amédée Rolland, Paul de Lascaux, Zacharie Astruc, Marc Bayeux, Jean Rousseau, Eugène Muller, De Sault, Jules Levallois, Marc Trapadoux, Alphonse Duchesne, Victor Fournel, Jean Dubois, Achille Gleizes, Charles Coligny, Firmin Maillard, Duranty, Fernand Desnoyers, Jean Derkeims, Ernest Hamel, Georges Duplessis, Étienne Maurice, Régulus Fleury, De Kersénant, Amédée Hardy, etc.

4 années, 4 volumes, 96 gravures, 400 pages de texte.

Les villes sont comme les institutions: elles se renouvellent sans cesse, s'efforçant toujours de se tenir à la hauteur des besoins sociaux, et de se faire une physionomie appropriée au caractère spécial de chaque époque.

Cette vérité ne saurait mieux s'appliquer qu'au Paris de notre temps.

Le vieux Paris, le Paris de Souval, de Gilles Corrozet, de dom Félibien, de dom Lobineau, est sur le point de disparaître. Ces mille et mille rues, ruelles, passages, détours, places, carrefours, au travers desquels ont passé tant de générations; ces anciens quartiers, qui semblaient autant de villes distinctes, ayant chacune son caractère, sa population, son industrie, ses mœurs; ces maisons sur la façade desquelles les époques ont successivement marqué leur empreinte et laissé un peu de leur histoire;—tout cet ensemble étrange et merveilleusement divers d'art, de poésie et de pittoresque, qui faisait de la grande ville comme un livre de pierre, une sorte de résumé de la France, où venaient lire à la fois l'archéologue, l'artiste, le penseur; tout cela s'efface, tout cela s'en va: le vieux Paris se meurt!

Mais un Paris nouveau s'élève. Les voies larges et spacieuses s'alignent; un quartier qui tombe fait place à un square, à une promenade; une rue démolie laisse surgir un palais; l'air et la lumière sont conviés de toutes parts à purifier les vieux cloaques et à baigner la nouvelle Ville éternelle.

Reconstruire le *Paris qui s'en va*, constater les développements du *Paris qui vient*, tel est le but de la publication que nous avons entreprise.

Reconstruire le *Paris qui s'en va*, et non-seulement le Paris d'hier, celui dont nos yeux ont vu les derniers vestiges, mais même ressusciter le Paris du moyen âge, de la Ligue, de la Fronde, avec ses monuments, ses fêtes, ses plaisirs, tout ce qui survit encore dans la tradition; — assister au développement du *Paris qui vient*, en constater les progrès journaliers, afin d'encourager les artistes qui s'emploient à ouvrir sa robe, si neuve encore, mais pourtant si riche d'étoffe;—

n'est-ce pas élever à la gloire de Paris un monument digne des plus hauts encouragements?

Pour remplir notre tâche, une double condition était nécessaire: retracer aux yeux et parler à l'esprit. — M. Léopold Flameng, à pris courageusement l'initiative, il a voulu *retracer* en effet les monuments et les mœurs, dans des gravures aussi originales de conception, que soignées d'exécution. Et pour ce qui concernait la rédaction, qu'il fallait rendre tout à la fois élégante, consciencieuse et soignée, il s'est adressé à des écrivains d'un talent éprouvé, dont quelques-uns sont illustres dans les lettres.

La tâche était difficile, et demandait, tant de la part du graveur que de la part des écrivains qui ont bien voulu lui prêter leur concours, un redoublement de zèle et de talent.

Nous croyons avoir pleinement réalisé notre but; et les suffrages du public éclairé sont venus nous montrer que nous ne nous sommes pas trompés.

Les plus hauts encouragements sont venus à nous. Par décision du Ministre d'État, en date du 2 mai, le Gouvernement a officiellement souscrit à notre publication. N'est-ce pas là la meilleure garantie que nous puissions donner aux personnes qui ne reçoivent pas encore le *Paris qui s'en va et Paris qui vient?*

Vingt Livraisons ont déjà paru. Elles donnent une ample idée de ce que sera la publication entière.

Nos deux premiers numéros remontent au 1er décembre 1859, et nous continuerons à fournir régulièrement, comme nous l'avons fait jusqu'à ce jour, deux Livraisons par mois.

Chaque Souscripteur recevra, à la fin de l'année, un Frontispice illustré, et pour prime, une très-belle Gravure, composée et gravée par *M. Léopold Flameng.*

L'Abonnement commençant au 1er janvier 1860, les deux Livraisons de décembre 1859 sont en dehors de l'Abonnement, et se payent 1 fr. 50 la Livraison, et 1 fr. pour les personnes qui souscrivent.

CONDITIONS DE LA SOUSCRIPTION.

PARIS		DÉPARTEMENTS		ÉTRANGER	
Un an.	20 fr. »	Un an.	21 fr. »	Un an.	22 fr. »
Six mois.	11 »	Six mois.	12 »	Six mois.	13 »
Trois mois.	6 »	Trois mois.	7 »	Trois mois.	8 »

Édition sur papier de Hollande, épreuves avant la lettre. — Prix: 40 francs.

Pour cette Publication: Les épreuves séparées de l'ouvrage et tirées sur grands marge. .... prix: 3 fr.
Les épreuves d'artistes seront tirées sur papier de Hollande .... prix: 5 fr.

DURÉE DE L'OUVRAGE.

Bureau central d'Abonnement, chez l'Éditeur, Alfred Cadart, 5, place de la Bourse, et dans les principales Maisons d'Estampes et de Librairie de la Capitale.

Paris, le mai 1860.   L'Éditeur-Gérant, A. CADART.

NOTA. — Beaucoup de demandes nous sont adressées sur le temps que doit durer notre publication.

Paris qui s'en va et *Paris qui vient* paraît par deux livraisons par mois, vingt-quatre par an, formant un volume composé de cent pages de texte et de vingt-quatre gravures. L'ouvrage complet terminé en quatre années, soit 15 décembre 1863, comptera donc au total de quatre-vingt-seize livraisons, quatre-vingt-dix-huit gravures et comprenant les deux livraisons spécimens, publiées en décembre 1859; le tout formant un ouvrage complet de quatre volumes.

NOTA. — Les personnes de la Province qui adressent des demandes d'Abonnement sont priées d'indiquer si elles désirent les deux Livraisons Spécimens de décembre 1859.

Nos 1 et 2, en dehors de l'Abonnement, cet oubli nécessitant presque toujours un second envoi.

Toute demande d'Abonnement devra être accompagnée d'un *mandat* sur la Poste ou d'un bon payable à vue sur Paris.

RUE DE LA FONTAINE COMMUNE DES CARMÉLITES

illegible library stamp and handwritten numbers in top margin

Les deux Livraisons paraissant toujours en même temps, à dater du 1er juillet elles seront dans une même couverture

PREMIER VOLUME. 2 0 LIVRAISON.

PARIS QUI S'EN VA

ET

PARIS QUI VIENT

PUBLICATION ARTISTIQUE

DESSINÉE ET GRAVÉE

Par Léopold FLAMENG

TEXTE PAR

Théophile GAUTIER, Arsène HOUSSAYE, Henri MURGER, CHAMPFLEURY, Charles MONSELET, Émile de la BÉDOLLIÈRE, Paul de St-VICTOR, Édouard FOURNIER, Albéric SECOND, Albert de la FIZELIÈRE, CASTAGNARY, Alfred DELVAU, Amédée ROLLAND, Paul de LASCAUX, Zacharie ASTRUC, Marc BAYEUX, Jean ROUSSEAU, Eugène MULLER, De SAULT, Jules LEVALLOIS, Marc TRAPADOUX, Alphonse DUCHESNE, Victor FOURNEL, Jean DUBOYS, Achille GLEIZES, Charles COLIGNY, Frédéric LOCK, Firmin MAILLARD, DURANTY, Fernand DESNOYERS, Jean DERHEIMS, Ernest HAMEL, Georges DUPLESSIS, Étienne MAURICE, Régulus FLEURY, De KERSÉNAN, Amédée HARDY, etc.

LIVRAISON — Prix : **1** franc **50** centimes

UNE ANNÉE, 24 LIVRAISONS, 20 FRANCS

SEPTEMBRE

1860

PARIS

PUBLIÉ PAR ALFRED CADART, ÉDITEUR D'ESTAMPES

5, PLACE DE LA BOURSE

On s'abonne à Londres

CHEZ W. JEFFS, 15, BURLINGTON ARCADE

ET 69, KING'S ROAD, BRIGHTON

Foreign Bookseller to the Royal Family.

St-Pétersbourg, } Dufour, libraire de la Cour impériale.	Bruxelles, VAN-DER-KOLK.	Florence, VIEUSSEUX.
	Turin, BOCCA.	Naples, DUPRÈNE.
Berlin, B. BEHR E. BOCK.	Milan, DUMOLARD.	New-York, } Courrier des États-Unis 73, Franklin Street.

PARIS QUI S'EN VA ET PARIS QUI VIENT paraît par deux livraisons par mois; vingt-quatre par an, formant un volume composé de cent pages de texte et de vingt-quatre gravures. L'ouvrage, terminé en quatre années, au 15 décembre 1863, comptera donc un total de quatre-vingt-dix-huit gravures, quatre cents pages de texte; le tout formant un ouvrage complet, divisé en quatre volumes.

PARIS QUI S'EN VA

ET

PARIS QUI VIENT

PUBLICATION ARTISTIQUE

DESSINÉE ET GRAVÉE PAR

LÉOPOLD FLAMENG

TEXTE

Par Théophile Gautier, Arsène Houssaye, Henri Murger, Champfleury, Charles Monselet, Émile de la Bédollière, Paul de Saint-Victor, Edouard Fournier, Albéric Second, Albert de la Fizelière, Castagnary, Alfred Delvau, Amédée Rolland, Paul de Lascaux, Zacharie Astruc, Marc Bayeux, Jean Rousseau, Eugène Muller, De Sault, Jules Levallois, Marc Trapadoux, Alphonse Duchesne, Victor Fournel, Jean Dubois, Achille Gleizes, Charles Coligny, Firmin Maillard, Duranty, Fernand Desnoyers, Jean Derexims, Ernest Hamel, Georges Duplessis, Etienne Maurice, Régulus Fleury, De Kersénant, Amédée Hardy, etc.

4 années, 4 volumes, 99 gravures, 400 pages de texte.

Les villes sont comme les institutions : elles se renouvellent sans cesse, s'efforçant toujours de se tenir à la hauteur des besoins sociaux, et de se faire une physionomie appropriée au caractère spécial de chaque époque.

Cette vérité ne saurait mieux s'appliquer qu'au Paris de notre temps.

Le vieux Paris, le Paris de Sauval, de Gilles Corrozet, de dom Felibien, de dom Lobineau, est sur le point de disparaître. Ces mille et mille rues, ruelles, passages, détours, places, carrefours, au travers desquels ont passé tant de générations ; ces anciens quartiers, qui semblaient autant de villes distinctes, ayant chacune son caractère, sa population, son industrie, ses mœurs ; ces maisons sur la façade desquelles les époques ont successivement marqué leur empreinte et laissé un peu de leur histoire ;—tout cet ensemble étrange et merveilleusement divers d'art, de poésie et de pittoresque, qui faisait de la grande ville comme un livre de pierre, une sorte de résumé de la France, où venaient tour à tour l'archéologue, l'artiste, le penseur ; tout cela s'efface, tout cela s'en va : le vieux Paris se meurt !

Mais un Paris nouveau s'élève. Les voies larges et spacieuses s'alignent ; un quartier qui tombe fait place à un square, à une promenade ; une rue démolie laisse surgir un palais ; l'air et la lumière sont conviés de toutes parts à purifier les vieux cloaques et à baigner la nouvelle Ville éternelle.

Reconstruire le *Paris qui s'en va*, et non-seulement le Paris d'hier, celui dont nos yeux ont vu les derniers vestiges, mais même ressusciter le Paris du moyen âge, de la Ligue, de la Fronde, avec ses monuments, ses fêtes, ses plaisirs, tout ce qui survit encore dans la tradition ;—assister au développement de *Paris qui vient*, en constater les progrès journaliers, afin d'encourager les artistes qui s'emploient à ouvrer sa robe, si neuve encore, mais pourtant si riche d'étoffes ; n'est-ce pas élever à la gloire de Paris un monument digne des plus hauts encouragements ?

Pour remplir notre tâche, une double condition était nécessaire : retracer aux yeux et parler à l'esprit. — M. Léopold Flameng, a pris courageusement l'initiative, il a voulu retracer en effet les monuments et les mœurs, dans les gravures aussi originales de conception, que soignées d'exécution. Et pour ce qui concernait la rédaction, qu'il fallait rendre tout à la fois élégante, consciencieuse et soignée, il s'est adressé à des écrivains d'un talent éprouvé, dont quelques-uns sont illustres dans les lettres.

La tâche était difficile, et demandait, tant de la part du graveur que de la part des écrivains qui ont bien voulu lui prêter leur concours, un redoublement de zèle et de talent.

Nous croyons avoir pleinement réalisé notre but ; et les suffrages du public éclairé sont venus nous montrer que nous ne nous sommes pas trompés.

Les plus hauts encouragements sont venus à nous. Par décision du Ministre d'État, en date du 2 mai, le Gouvernement a officiellement souscrit à notre publication. N'est-ce pas là la meilleure garantie que nous puissions donner aux personnes qui ne reçoivent pas encore le *Paris qui s'en va et Paris qui vient?*

Vingt Livraisons ont déjà paru. Elles donnent une ample idée de ce que sera la publication entière.

Nos deux premiers numéros remontent au 1er décembre 1859, et nous continuerons à fournir régulièrement, comme nous l'avons fait jusqu'à ce jour, deux Livraisons par mois.

Chaque Souscripteur recevra, à la fin de l'année, un Frontispice illustré, et pour prime, une très-belle Gravure, composée et gravée par M. Léopold Flameng.

L'Abonnement commençant au 1er janvier 1860, les deux Livraisons de décembre 1859 sont en dehors de l'Abonnement, et se payent 1 fr. 50 la Livraison, et 1 fr. pour les personnes qui souscrivent.

CONDITIONS DE LA SOUSCRIPTION :

PARIS		DÉPARTEMENTS		ÉTRANGER	
Un an	20 fr. »	Un an	21 fr. »	Un an	22 fr. »
Six mois	11 »	Six mois	12 »	Six mois	13 »
Trois mois	6 »	Trois mois	7 »	Trois mois	8 »

Édition sur papier de Hollande, épreuves avant la lettre. — Prix : 40 francs.

Pour cette Publication : Les épreuves séparées de l'ouvrage et tirées sur grande marge.................... prix : 2 fr.
Les épreuves d'artistes seront tirées sur papier de Hollande........... prix : 3 fr.

DURÉE DE L'OUVRAGE.

Bureau central d'Abonnement, chez l'Éditeur, Alfred Cadart, 5, place de la Bourse, et dans les principales Maisons d'Estampes et de Librairie de la Capitale.

Paris, le mai 1860. L'ÉDITEUR-GÉRANT, A. CADART.

NOTA. — Beaucoup de demandes nous sont adressées sur le temps que doit durer notre publication.

Paris qui s'en va et Paris qui vient paraît de deux Livraisons par mois, vingt-quatre par an, formant un volume composé de cent pages de texte et de vingt-quatre gravures. L'ouvrage complet en quatre années, au 1er décembre 1863, comptera donc un total de quatre-vingt-seize livraisons, quatre-vingt-seize pages de texte et comprenant les deux livraisons spécimens, publiées en décembre 1859; le tout formant un ouvrage complet de quatre années.

NOTA. — Les personnes de la Province qui adressent des demandes d'Abonnement sont priées d'indiquer si elles désirent les deux Livraisons Spécimens de décembre 1859, N°° 1 et 2, en dehors de l'Abonnement, cet oubli nécessitant presque toujours un second envoi.

Toute demande d'Abonnement devra être accompagnée d'un mandat sur la poste ou d'un bon payable à vue sur Paris.

FONTAINE ST MICHEL

LA FONTAINE SAINT-MICHEL

I

Muse de l'allégorie, muse des parlers sérieux sous les apparences légères, muse de l'éternel vrai; toi qui vins en aide à l'esprit encore impuissant de l'homme, et sus la première donner une forme à l'invisible, un corps à l'intangible, exprimer l'inexprimable; qui pris autrefois part à la création des vieux mythes et des vieux symboles, et, d'un coup de ta baguette magique, animas les Olympes de la terre et des cieux; toi, que l'analyse moderne croyait avoir tuée sous son impitoyable scalpel, mais que le romantisme a retrouvée debout devant lui; que le réalisme de notre temps pourchasse encore, mais qui, toujours, au moment où l'on te croit vaincue et en fuite, reparais glorieuse et souveraine; toi, dont les arts ingénieux initient l'enfant, et dont l'aimable sagesse réjouit le vieillard; toi, enfin, qui enseignes la vérité de tous, des peuples comme des rois, viens, chaste; viens, immortelle; chante et dis-moi, sur le mode sensible et parlant, la fontaine, la fontaine de l'architecte Davioud !

Ainsi je priais en moi-même, et j'invoquais avec ardeur une révélation d'en haut, — errant depuis le matin sur la place Saint-Michel, allant et venant au milieu de la foule, me torturant l'esprit pour deviner le sens de l'énigme-fontaine. *Auprès de la fontaine, que mon cœur, que mon cœur a de peine!...*

Quelle peut être, me disais-je, cette architecture inconnue, qui confond les éléments les plus disparates? Assurément, c'est une tentative nouvelle; mais qu'a voulu dire l'inventeur? Que peut avoir de commun avec de l'eau qui coule ce Saint Michel terrassant le démon et toute l'ornementation qui l'accompagne? Comment accorder avec ces chimères du rez-de-chaussée les petits anges ailés de la frise? Quel légitime rapport peut être établi entre le chiffre de Saint Michel et celui de Napoléon III? Que viennent faire ici la Prudence, la Force, la Justice, la Tempérance, la Puissance et la Modération? Pourquoi le navire de la ville de Paris à côté du collier de l'ordre créé par Louis XI? Quel lien mystérieux peut relier toutes ces choses entre elles et leur donner un sens approprié à la destination du monument qui les supporte ?

Et, perplexe entre les plus perplexes, je marchais; et au bout de quelques pas je me retrouvais à mon point de départ, le cerveau dans la nuit comme devant.... *Auprès de la fontaine, que mon cœur, que mon cœur a de peine !*

Et j'en revenais à mon invocation première :

Muse de l'allégorie, puisque tu as présidé à la superposition de ces pierres, puisque tu connais le sens caché sous ces apparences, toi seule peux m'éclairer.

Descends donc, et dis-moi, sur le mode sensible et parlant, la fontaine, la fontaine de l'archange Saint Michel.

Et, comme je pensais ainsi, un rayon de lumière traversa l'étendue et vint me frapper au visage. Et je vis venir à moi, comme enveloppée de l'atmosphère des rêves, une grande femme vêtue de draperies flottantes. Elle paraissait un peu vieillie et fatiguée. Elle portait au cou un collier formé de deux serpents enroulés. Le miroir qu'elle tenait à la main me parut, dans ma misère, être plein de ténèbres; mais, dès qu'elle le faisait mouvoir, il en rejaillissait sur elle d'abondantes clartés.

Je tombai la face contre terre, et j'allais adorer, quand une voix :

« Je suis l'Allégorie, et j'arrive à ton appel. C'est, en effet, moi qui ai inspiré ce monument; et, je le dis avec orgueil, il sera l'un de mes plus beaux titres de gloire. Je me suis révélée à l'architecte Davioud, je l'ai échauffé de mon enthousiasme; je l'ai persuadé, entraîné, dominé, vaincu; et mes plans sont devenus ses plans, mes dessins ses dessins. Mais je doute qu'après lui et moi il se trouve, soit dans le public, soit même dans les artistes qui ont coopéré à l'œuvre, quelqu'un qui en comprenne la portée et en saisisse la signification véritable. Je ne suis donc pas fâchée de te confier cet important secret, parce que je te sais journaliste, et, comme tel, empressé à redire tout ce qu'on te prie de ne pas publier. Ainsi, lève-toi et regarde. Ce que tu ne voyais pas tout à l'heure, tu vas le voir maintenant; ce que tu ne comprenais pas, tu vas le comprendre : je t'ai mis de ma clarté dans les yeux. »

Je me relevai. L'Allégorie étendit le bras dans l'attitude d'une personne qui commence une démonstration:

II

« D'abord, dit-elle, il n'y a dans cette fontaine ni anachronisme ni incohérence. Le style général est celui que vous avez l'habitude de nommer *Renaissance*. L'ornementation est conduite à l'effet de mettre en relief l'un des plus grands faits moraux de notre époque. Les diverses parties qui composent le monument se disciplinent, se coordonnent dans une unité rigoureuse d'où résulte une harmonie véritablement parfaite. C'est, en fin de compte, une des plus belles pages décoratives qu'il m'ait été donné depuis longtemps de remplir. »

Et comme je faisais un signe de dénégation :

— « Ne m'interromps point, dit-elle; tu seras convaincu tout à l'heure.

Pour procéder par ordre, énumérons à nous deux les diverses parties de la fontaine; cette simple énumération devra nous conduire à l'interprétation de l'ensemble. Que vois-tu devant toi ?

Au rez-de-chaussée,

Un haut soubassement, dans lequel sont pratiquées à diverses élévations, quatre vasques de grandeur différente, le tout en pierre de Saint-Yllie, jaune nuancé de rouge ;

A droite et à gauche de la dernière vasque, un peu en avant du monument, deux chimères en bronze, accompagnées chacune d'un petit génie dans l'attitude du triomphe ;

Au premier étage,

Une large niche dans laquelle, sur un rocher en pierre bleue de Soignies d'où jaillit la source d'eau, se dresse le groupe principal en bronze : *Saint-Michel terrassant le démon*. Le dragon légendaire dans les deux tympans de la niche ;

De chaque côté de la niche, deux colonnes en marbre rouge du Languedoc, avec base et chapiteaux en marbre blanc veiné ;

Dans le panneau d'intervalle qui sépare chaque paire de colonnes, un bouclier rond en bronze portant, sur un champ d'abeilles, avec sceptres et palmes de chêne et de laurier, un N sommé de la couronne impériale ;

Au-dessous de chaque bouclier, un cartouche, orné d'une tête d'ange et d'une plaque de lapis-lazuli ;

Au-dessus,

Un entablement, dont la frise est décorée de petits anges ailés portant des guirlandes de fleurs, et coupée au droit de chaque colonne par un écusson à tête de lion ;

Au-dessus encore,

Un attique occupé par quatre statues en bronze, debout, posant sur les quatre colonnes : la *Prudence*, la *Force*, la *Justice*, la *Tempérance* ;

Dans les deux parties latérales, un cartouche portant le chiffre de Saint-Michel entouré du collier de l'ordre militaire de ce nom ;

Enfin, pour couronnement,

Un fronton, rattaché au monument par deux grandes volutes ornées de cornes d'abondance, et renfermant, entre deux pilastres sculptés, une table en marbre vert de mer sur laquelle se lit l'inscription dédicatoire.

Le tout est surmonté d'un vaste écusson aux armes de l'Empire, accompagné de deux figures : la *Puissance* et la *Modération*.

Aux angles de la couverture, deux aigles noirs en plomb repoussé regardent l'un l'Orient, l'autre l'Occident.

Vois-tu clair, maintenant ?

— Je distingue quelque chose.

— Quelque chose, ce n'est pas assez. Tu te rappelles qu'après la Fronde, après les troubles impies dans lesquels, sous l'effort conjuré de l'aristocratie, de la bourgeoisie et du peuple, avait failli s'abîmer sa jeune royauté, Louis XIV, vainqueur des factions, prit le *Saint-Michel terrassant le démon* de Raphaël ; l'encadra de deux volets doublés de velours vert, peints par-dessus d'ornements rehaussés d'or, et le plaça au-dessus de son trône, — voulant donner à entendre à tous que l'Anarchie vaincue était désormais en impuissance d'agir ; et que, sur tous ceux qui ne se plieraient pas à la volonté souveraine, l'Autorité triomphante tenait, comme le divin archange sur Satan renversé, la lance invincible forgée des mains de Dieu même.

La légende de Saint Michel devint, à partir de cette époque, le symbole de la Monarchie écrasant les factions, de l'Ordre comprimant l'Anarchie.

Ce sens reçut une première et terrible confirmation lors des dragonnades dans les Cévennes, après la révocation de l'Édit de Nantes : horrible histoire que je n'ai pas à te refaire ici !

Mais, comme le divin maître semble avoir lui-même pressenti, en faisant son œuvre, l'interprétation que que les événements politiques y forceraient d'attacher plus tard! Son Saint Michel debout, soutenu par le simple frémissement de ses ailes, pose du pied droit sur l'échine du démon renversé ; et, de ses deux bras élevés, dirige la pointe de sa lance contre la tête infâme du monstre, prêt à le clouer au rocher, s'il bouge. Le mouvement du corps ne trahit aucun effort ; à son aisance admirable et à sa radieuse élégance, on connaît un génie céleste contre qui rien ne prévaut. L'esprit du mal est terrassé, dompté, vaincu ; et à voir la posture humiliée de l'un, l'attitude souveraine de l'autre, on sent que c'est pour l'éternité.

Mais, depuis que le fondateur de l'unité nationale a emporté dans la tombe le secret de sa prodigieuse grandeur, bien des événements ont changé la face des choses en France. Le monstre s'est dégagé peu à peu de l'étreinte victorieuse, et de nos jours, on l'a vu, profitant d'un moment de faiblesse et d'hésitation de l'archange, saisir d'une main la lance inexpugnable, se jeter sur l'envoyé de Dieu et le terrasser à son tour.

Combat farouche ! Lutte émouvante !

Mais l'ange est la force divine même : on peut le surprendre ; le vaincre est impossible. Aussi, Saint Michel, revenu de sa surprise, a ressaisi le monstre et l'a jeté à ses pieds.

Les choses en sont là aujourd'hui.

Or, la fontaine que tu as sous les yeux ne veut pas que cette lutte se prolonge, et pour y mettre fin, elle fait appel à la conciliation universelle.

Que les haines soient étouffées, les esprits ramenés ; que la concorde descende au milieu de nous, et nous fasse oublier nos guerres et nos misères : voilà ce qu'elle chante, et chacun des détails qu'elle renferme n'est qu'un chant isolé de ce beau poëme.

Puissance et modération ! lis-tu au sommet, dans les deux grandes figures du couronnement. Ceci te donne la clef de l'œuvre entière.

Il n'est pas bon qu'il y ait dans une société des vainqueurs et des vaincus ; il n'est pas bon que le pied droit de la Force écrase pour toujours l'épine dorsale du monstre tombé ; ni que la lance vengeresse menace éternellement sa tête. Le monstre doit être converti, non exterminé. Aussi, regarde le groupe en bronze du *Saint Michel terrassant le démon*. Comme la composition de ce groupe diffère de celle donnée dans le tableau de Raphaël! La jambe droite de l'archange a descendu de l'épaule du monstre et pose maintenant à nu sur le rocher. Le monstre est libre aux pieds du vainqueur. Au lieu de la lance qui ne pardonne pas, l'archange tient un glaive qu'il ramène horizontalement en signe de rémission ; du bras gauche, il montre à son adversaire, qui a les yeux sur lui, le ciel de la Liberté, où trônent les vertus civiques : la Prudence, la Force, la Justice, la Tempérance; et, par ce geste, il l'invite à faire sa soumission. Je pourrais te refaire le discours qu'il lui tient; c'est quelque chose d'approchant au discours que le Chien tient au Loup des bois dans la fable du Bonhomme. Le monstre regarde l'archange d'un œil encore irrité; mais au mouvement général de son corps, à ses deux bras qu'il croise, à sa queue qu'il ne tortille plus, et surtout à la faiblesse du coup de pied qu'il envoie dans l'aile droite de l'ange, on sent qu'il hésite et qu'il ne tardera pas à fraterniser.

Dans le bas, les énormes Chimères, c'est-à-dire les faux systèmes, les mauvaises doctrines, les erreurs de toutes sortes nées sous la République de 1848, sont assises sur leurs croupes, impuissantes désormais. Pacifiques et amicales, elles bornent leur opposition à lancer un jet d'eau dont la direction horizontale contrarie le sens de la cascade qui descend du rocher. Mais les petits génies qui s'appuient familièrement contre elles pourraient, comme un enfant fait à un gros chien, leur monter sur le dos, sans les mettre en colère.

Ceci t'explique pourquoi le chiffre de Napoléon III, — par qui cette période morale a été inaugurée, — se joint au chiffre de saint Michel; et pourquoi le vaisseau de la ville de Paris, — qui a vu s'accomplir toutes ces choses, — accompagne l'aigle impérial.

Les petits anges ailés représentent les anciens partis monarchiques et religieux. Ils sont relégués dans les hauteurs de la frise, comme dans l'histoire ils le sont aux profondeurs du passé. Mais parce qu'ils ont assisté au grand duel, ils doivent avoir part à la réconciliation; et ce sont eux qui apportent les guirlandes de fleurs.

Telle est, succincte et véridique, la formule de la fontaine Saint-Michel. Comprends-tu à cette heure?

— Très-bien, ô Allégorie, je comprends.

III

— Mais, ô mère Allégorie, puisque tel est le sens de cette fontaine; puisque toutes les belles choses que tu viens de me dire sont vraiment contenues dans ces pierres; puisqu'au lieu d'une œuvre d'art, c'est une thèse politique et administrative que j'ai sous les yeux, permets-moi à mon tour quelques mots et comprends bien ceci:

Je ne discute pas la réalité de ton interprétation; je l'accepte comme tu me la donnes, et même je confesse que seule elle peut rendre raison du monument. Je ne saurais discuter non plus la légitimité du symbole dont M. Davioud a cru devoir se faire le grand prêtre; je ne veux pas, à propos de quelques moellons entassés, soulever une question qui met en querelle les passions les plus opposées. N'ayant pas en cette matière la franchise de mon idée, j'ai la liberté de mon silence, et j'en use. Je laisse donc le monstre écouter, aussi longtemps qu'il lui plaira, les propositions de l'archange, et répondre comme il jugera bon aux avances qui lui sont faites. Je ne te suis pas sur le terrain où tu voudrais m'entraîner. Reste dans ton camp, je resterai dans le mien.

Mais si la symbolique développée par l'architecte échappe à ma discussion, il est une chose qui m'appartient, c'est la valeur artistique du monument, et, à ce sujet, j'ai de graves objections à te faire.

Je ne m'arrêterai pas à discuter l'emplacement choisi, l'apposition de la fontaine à une maison particulière dont les façades latérales, débordant à droite et à gauche, gênent nécessairement l'œil, et devaient avoir pour résultat infaillible de nuire à la grandeur de l'effet.

Je ne relèverai pas les vides qui trouent la façade en divers endroits : vide à droite et à gauche entre les deux colonnes latérales, vide au-dessus de la niche dans l'attique, vide dans le fronton entre les deux pilastres.

Je n'insisterai pas sur l'extrême développement du fronton et sur l'importance exagérée donnée à l'inscription dédicatoire.

Tous ces défauts résultent plus ou moins des conditions mêmes du programme imposé par la Ville de Paris, de l'étendue de la page à remplir, et de l'élévation de la maison qui sert de point d'appui.

Je passe par-dessus ces considérations, qui n'affecteraient guère la responsabilité des artistes, et j'arrive à ma thèse.

Crois-tu donc, ô Allégorie que tu es, qu'il suffise, pour qu'un monument soit une fontaine, qu'on ait placé à la base une source rejaillissant en nappe? A ce compte, je n'aurais qu'à aller poser demain un robinet à la porte Saint-Denis, et tu serais obligée de me dire : Quelle monumentale fontaine que la porte Saint-Denis! J'amènerais un tuyau dans la colonne Vendôme, je ferais l'eau monter en panache entre les jambes de Napoléon Ier, et pleurer en arrosoir par le bec des quatre aigles, et tu me dirais encore : Quelle prodigieuse fontaine que la colonne Vendôme!

Non, Allégorie ma mie, une fontaine n'est pas fontaine parce qu'elle donne de l'eau, qu'elle jouit d'une cascade ou se gêne d'un robinet; elle est fontaine par elle-même, des pieds à la tête; l'eau est un détail insignifiant; la charpente du monument et le vêtement qu'il porte doivent dire seuls quelle en est la destination. Son architecture et son ornementation doivent être combinées de telle sorte qu'il n'y ait aucune méprise possible. Il faut que l'étranger arrivant dans la ville et apercevant un édifice au loin, dans le haut de la rue ou au milieu de la place publique, puisse dire, rien qu'en saisissant la conformation générale : Ceci est une fontaine. Il faut aussi, quand la ville est écroulée, que la population est morte, que les monuments s'effondrent et que les ruines pendent, il faut, dis-je, que le voyageur marchant au milieu des pierres et foulant les herbes, s'arrête devant un débris sculpté, le reconnaisse et dise : Autrefois, dans ce lieu, il y avait une fontaine.

Crois-tu qu'on en puisse dire autant de la fontaine Saint-Michel?

Quand Paris ne sera plus, que la Seine évaporée dans le ciel aura fait place à un marais, que les ponts et les quais auront roulé dans les roseaux, que de toutes parts, sur une étendue immense, giront les grands restes de la grande capitale, crois-tu que l'archéologue Tartare, fouillant dans ces décombres et se trouvant tout à coup en présence du monument épargné, mais dont le boulet du dernier assaut aura fait sauter d'un coup le Saint-Michel, le dragon, le rocher, la cascade et la niche, reconnaîtra, dans les restes debout, la fontaine bienveillante qui donnait à boire aux contemporains de Napoléon III?

Évidemment non.

Eh bien! cette observation condamne ton œuvre : tu as voulu faire une fontaine, tu as fait tout autre chose : *Urceus exit.*

Entrerai-je, après cela, dans les détails d'exécution? Quoi d'utile? Chaque artiste, dominé par le plan général et circonscrit dans ses moyens, a donné ce qu'il pouvait donner, et volontiers je leur accorde éloge à tous.

M. Duret, l'auteur du groupe de Saint-Michel, s'est montré merveilleux dans les parties de son œuvre où il s'est borné à copier la composition de Raphaël; mais, dans celles où il a dû s'en écarter, dans celles qui lui sont propres, il a failli. Ainsi les deux bras élevés s'accordent difficilement avec le mouvement imprimé au corps et donnent à l'archange une lourdeur qui est loin de se trouver dans le modèle inspirateur.

M. Jacquemart, qui a exécuté les deux dragons placés dans les tympans de la frise, et les deux chimères du rez-de-chaussée, a fait preuve d'imagination en même temps que d'habileté et de savoir. Quoi qu'on ne puisse aisément juger de l'anatomie d'une chimère, les siennes paraissent savamment construites; elles sont traitées dans un grand caractère et sont d'un bel effet. Peut-être l'architecte aurait-il dû leur donner plus d'importance.

Les petits anges de M. Hubert Lavigne sont un peu plaqués contre la frise; on pouvait leur donner plus de mouvement, plus de relief; et même il n'eût peut-être pas été mauvais de les intéresser à l'action, en les penchant un peu vers le groupe principal.

Les quatre statues de MM. Barre, Guillaume, Élias Robert et Gumery font très-bien à la hauteur où elles sont placées, la Force de M. Guillaume surtout, dont le mouvement heureux séduit tout de suite. Mais l'élévation ne permet guère d'en apprécier les diverses parties.

Quant aux deux figures du fronton de M. Auguste Debay, elles sont perdues dans l'éloignement, et je les estime de confiance.

Mais qu'importent ces détails? Un monument existe tout entier dans sa masse. Le détail n'a de valeur que celle qu'il donne à l'ensemble; il est mauvais s'il lui en retire. C'est donc l'ensemble qu'il faut juger. Or, à ce point de vue, je te l'ai déjà dit, tu t'es trompée, trompée du tout au tout.

Car une fontaine, vois-tu, n'est pas un Premier-Paris ni un discours du trône; c'est un coin de nature saisi dans son ensemble avec ses plantes, ses fleurs, ses poissons, ses oiseaux, son ciel, son paysage tout entier, et transporté vivant et frissonnant encore au sein de la Cité; avec cette différence toutefois que la Nature dissémine ses forces et distribue ses productions selon les lieux, les climats, les saisons, tandis que l'Art, résumé de la Nature, réunit, rapproche, groupe ce que celle-ci ne présente qu'à l'état épars.

Avoue que tu as cru nous surprendre. Tu nous as vu taillader nos arbres en façade, ratisser nos petits squares, aligner notre bois de Boulogne et notre bois

de Vincennes, chercher des cascades entre deux cailloux, substituer partout le décor à la réalité, et tu t'es dit : « Ces gens-là n'aiment pas la nature. Ils l'aiment dans les livres, au théâtre, non en elle-même. Ils en ont la sentimentalité étroite et banale, non le sentiment durable et profond. A quoi bon faire passer sous leurs yeux la grande nature et ces multiples images? A quoi bon, dans des bas-reliefs rivalisant de profondeur avec la peinture, promener leur pensée dans toutes les choses des sources, des rivières, des fleuves, des mers? A quoi bon les merveilles de la végétation aquatique; les joncs et les roseaux aux tiges droites et à l'épi rigide; le nénuphar aux plaques vernissées qui rentre ses fleurs au coucher du soleil; la vallisnérie aux rubans étroits qui ondulent au fil de l'eau; la salicaire qui monte en quenouille, la persicaire qui retombe en épis; et la scolopendre aux touffes vertes et la menthe parfumée, et ces mille et mille plantes dont les feuilles sont en flèche, en langue, en cœur, en fer de lance, affectent mille et mille formes? A quoi bon les arbres familiers de la rive, et les aunes et les saules, et les peupliers et les osiers flexibles? A quoi bon les animaux bizarres et fantastiques, et les crabes et les scorpions et les poissons voyageant? A quoi bon les oiseaux dans le ciel; à quoi bon les bœufs dans l'abreuvoir? A quoi bon la navigation calme et paisible des fleuves, celle orageuse des mers, et les arrivages et les trafics, et les épreuves des durs matelots? Pourquoi remuer toute cette poésie? Ils n'aiment pas la nature. » Tu n'as même pas épargné ces Neptunes, ces Amphitrites, ces Tritons, ces Néréides, antiques formules d'un spiritualisme supérieur au nôtre; tu les as éliminés comme divinités surannées et vermoulues, sans te douter qu'elles sont éternellement jeunes et vivantes et plus que jamais adorées de nous, étant les différents noms que nous donnons à la Nature même.

Tu t'es trompée. Si notre monde est vieux, imbécile et corrompu, de son tronc demi-pourri sort un rameau verdoyant : l'amour de la Nature. Ces peut-être la seule chose bonne que nous ayons en nous, et celle qui sauvera notre douteuse mémoire devant l'inflexible postérité. Nous aimons tant la Nature, que nous la voulons partout, et que nous nous efforçons d'en approcher chaque jour davantage nos conceptions artistiques et nos œuvres d'art; nous allons jusque-là que le plus ou moins de nature qu'elles contiennent nous sert à déterminer le plus ou moins qu'elles valent. Tu n'as donc pas seulement violé cette loi, qui veut que de tous les monuments, la fontaine, soit de nature transporté dans la cité, soit celui qui en contienne le plus; tu as attenté à nos plus intimes et à nos plus chères affections.

Reprends donc ton attirail symbolique, reprends-le; quel que soit le sens que tu lui donnes, il ne convient pas à une fontaine; porte-le sur un arc de triomphe, sur la façade d'un palais, à la porte d'un château, d'une caserne, où tu voudras; sa place est partout, excepté où tu l'as mis. Que si tu persistes à le laisser là, au nom de la loi souveraine qui régit les arts, je t'arrête, et te mène au poste de la Critique.

CASTAGNARY.

Aux Mons Rénard. — Poltevin, Bernage et Cie, place du Caire, 2.

Depuis le 1ᵉʳ septembre nos Magasins d'Estampes, de Dessins, de Peintures et le Bureau d'abonnements de **Paris qui s'en va**, sont transférés PLACE DE LA BOURSE, Nᵒ 5, au coin de la rue de la Banque.

Les deux Livraisons paraissent toujours en même temps, à dater du 1ᵉʳ juillet elles sont dans une même couverture

PREMIER VOLUME. 2ⁿ LIVRAISON.

PARIS QUI S'EN VA

ET

PARIS QUI VIENT

PUBLICATION ARTISTIQUE

DESSINÉE ET GRAVÉE

Par Léopold FLAMENG

TEXTE PAR

Théophile GAUTIER, Arsène HOUSSAYE, Henri MURGER, CHAMPFLEURY, Charles MONSELET, Émile de la BÉDOLLIÈRE, Paul de St-VICTOR, Édouard FOURNIER, Albéric SECOND, Albert de la FIZELIÈRE, CASTAGNARY, Alfred DELVAU, Amédée ROLLAND, Paul de LASCAUX, Zacharie ASTRUC, Marc BAYEUX, Jean ROUSSEAU, Eugène MULLER, De SAULT, Jules LEVALLOIS, Marc TRAPADOUX, Alphonse DUCHESNE, Victor FOURNEL, Jean DUBOIS, Achille GLEIZES, Charles COLIGNY, Frédéric LOCK, Firmin MAILLARD, DURANTY, Fernand DESNOYERS, Jean DERGHEIMS, Ernest HAMEL, Georges DUPLESSIS, Étienne MAURICE, Régulus FLEURY, De KERSÉNAN, Amédée HARDY, etc.

LIVRAISON — Prix : **1** franc **50** centimes

1860

PARIS

PUBLIÉ PAR ALFRED CADART, ÉDITEUR D'ESTAMPES

5, PLACE DE LA BOURSE

On s'abonne à Londres

CHEZ W. JEFFS, 15, BURLINGTON ARCADE

ET 69, KING'S ROAD, BRIGHTON

Foreign Bookseller to the Royal Family.

St-Pétersbourg, { Dufour, libraire de la Cour Impériale.	Bruxelles, VAN-DER-KOLK. Turin, BOCCA.	Florence, VIEUSSEUX. Naples, DUFRÈNE.
Berlin, B. BEHR E. BOCK.	Milan, DUMOLARD.	New-York, { Courrier des Etats-Unis 33, Franklin Street.

PARIS QUI S'EN VA ET PARIS QUI VIENT paraît par deux livraisons par mois; vingt-quatre par an, formant un volume composé de cent pages de texte et de vingt-quatre gravures. L'ouvrage, terminé en quatre années, au 15 décembre 1863, comptera donc un total de quatre-vingt-dix-huit gravures, quatre cents pages de texte; le tout formant un ouvrage complet, divisé en quatre volumes.

PARIS QUI S'EN VA

et

PARIS QUI VIENT

PUBLICATION ARTISTIQUE

DESSINÉE ET GRAVÉE PAR

LÉOPOLD FLAMENG

TEXTE

Par Théophile GAUTIER, Arsène HOUSSAYE, Henri MURGER, CHAMPFLEURY, Charles MONSELET, Émile de la BÉDOLLIÈRE, Paul DE SAINT-VICTOR, Edouard FOURNIER, Albéric SECOND, Albert de la FIZELIÈRE, CASTAGNARY, Alfred DELVAU, Amédée ROULAND, Paul de LASCASE, Zacharie ASTRUC, Marc BAYEUX, Jean ROUSSEAU, Eugène MULLER, DE SAULY, Jules LEVALLOIS, Marc TRAPADOUX, Alphonse DUCHESNE, Victor FOURNEL, Jean DUBOYS, Achille GLEIZES, Charles COLIGNY, Firmin MAILLARD, DURANTY, Ferdand DESNOYERS, John DEREKINS, Ernest HAMEL, Georges DUPLESSIS, Etienne MAURICE, Réginus FLEURY, DE KERSÉNANT, Amédée RABET, etc.

4 années, 4 volumes, 96 gravures, 400 pages de texte.

Les villes sont comme les institutions : elles se renouvellent sans cesse, s'efforçant toujours de se tenir à la hauteur des besoins sociaux, et de se faire une physionomie appropriée au caractère spécial de chaque époque.

Cette vérité ne saurait mieux s'appliquer qu'au Paris de notre temps.

Le vieux Paris, le Paris de Sauval, de Gilles Corrozet, de dom Felibien, de dom Lobineau, est sur le point de disparaître. Ces mille et mille rues, ruelles, passages, détours, places, carrefours, au travers desquels ont passé tant de générations; ces anciens quartiers, qui semblaient autant de villes distinctes, ayant chacune son caractère, sa population, son industrie, ses mœurs; ces maisons sur la façade desquelles es époques ont successivement marqué leur empreinte et laissé un peu de leur histoire;—tout cet ensemble étrange et merveilleusement divers d'art, de poésie et de pittoresque, qui faisait de la grande ville comme un livre de pierre, une sorte de résumé de la France, où venaient lire à la fois l'archéologue, l'artiste, le penseur; tout cela s'efface, tout cela s'en va : le vieux Paris se meurt!

Mais un Paris nouveau s'élève. Les voies larges et spacieuses s'alignent; un quartier qui tombe fait place à un square, à une promenade; une rue démolie laisse surgir un palais; l'air et la lumière sont conviés de toutes parts à purifier les vieux cloaques et à baigner la nouvelle Ville éternelle.

Reconstruire le Paris qui s'en va, constater les développements du Paris qui vient, tel est le but de la publication que nous avons entreprise.

Reconstruire le Paris qui s'en va, non-seulement le Paris d'hier, celui dont nos yeux ont vu les derniers vestiges, mais, même ressusciter le Paris du moyen âge, de la Ligue, de la Fronde, avec ses monuments, ses fêtes, ses plaisirs, tout ce qui surnit encore dans la tradition; — assister au développement de Paris qui vient, en constater les progrès journaliers, afin d'encourager les artistes qui s'emploient à ouvrir sa robe, si neuve encore, mais pourtant si riche d'étoffe; n'est-ce pas élever à la gloire de Paris un monument digne des plus hauts encouragements?

Pour remplir notre tâche, une double condition était nécessaire: retracer aux yeux et parler à l'esprit. — M. Léopold Flameng, a pris courageusement l'initiative, il a voulu retracer en effet les monuments et les mœurs, dans les gravures aussi originales de conception, que soignées d'exécution. Et pour ce qui concernait la rédaction, qu'il fallait rendre tout à la fois élégante, consciencieuse et soignée, il s'est adressé à des écrivains d'un talent éprouvé, dont quelques-uns sont illustres dans les lettres.

La tâche était difficile, et demandait, tant de la part du graveur que de la part des écrivains qui ont bien voulu lui prêter leur concours, un redoublement de zèle et de talent.

Nous croyons avoir pleinement réalisé notre but; et les suffrages du public éclairé sont venus nous montrer que nous ne nous sommes pas trompés.

Les plus hauts encouragements sont venus à nous. Par décision du Ministre d'État, en date du 2 mai, le Gouvernement a officiellement souscrit à notre publication. N'est-ce pas là la meilleure garantie que nous puissions donner aux personnes qui ne reçoivent pas encore le Paris qui s'en va et Paris qui vient?

Vingt deux Livraisons ont déjà paru. Elles donnent une ample idée de ce que sera la publication entière.

Nos deux premiers numéros remontent au 1er décembre 1859, et nous continuerons à fournir régulièrement, comme nous l'avons fait jusqu'à ce jour, deux numéros par mois.

Chaque Souscripteur recevra, à la fin de l'année, un Frontispice illustré, et pour prime, une très-belle Gravure, composée et gravée par M. Léopold Flameng.

L'Abonnement commençant au 1er janvier 1860, les deux Livraisons de décembre 1859 sont en dehors de l'Abonnement, et se payent 1 fr. 50 la Livraison, et 1 fr. pour les personnes qui souscrivent.

Pour cette Publication: Les épreuves séparées de l'ouvrage et tirées sur grande marge.................... prix: 2 fr.
Les épreuves d'artistes seront tirées sur papier de Hollande............................... prix: 5 fr.

DURÉE DE L'OUVRAGE.

Bureau central d'Abonnement, chez l'Éditeur, ALFRED CADART, 5, place de la Bourse, et dans les principales Maisons d'Estampes et de Librairie de la Capitale.

Paris, le mai 1860.

L'ÉDITEUR-GÉRANT, A. CADART.

NOTA. — Beaucoup de demandes nous sont adressées sur le temps que doit durer notre publication.
Paris qui s'en va et Paris qui vient paraît par deux livraisons par mois, vingt-quatre par an, formant un volume composé de cent pages de texte et de vingt-quatre gravures. L'ouvrage complet terminé en quatre années, au 15 décembre 1863, comptera donc un total de quatre-vingt-seize livraisons, quatre-vingt-dix-huit ou y comprenant les deux livraisons spécimens, publiées en décembre 1859; le tout formant un ouvrage complet de quatre volumes.
NOTA.—Les personnes de la Province qui adressent des demandes d'Abonnement sont priées d'indiquer si elles désirent les deux Livraisons Spécimens de décembre 1859, Nos 1 et 2, en dehors de l'Abonnement, cet oubli nécessitant presque toujours un nouvel envoi.
Toute demande d'Abonnement devra être accompagnée d'un mandat sur la poste ou d'un bon payable à vue sur Paris.

Calvel S. Pierre de la Bouisse.   LE TIGRE DE BRÉSILIEN.

BIBLIOTHÈQUE IMPÉRIALE

LE CÈDRE DE BEAUJON

ET L'ATELIER DE J. GIGOUX

Arrêtons-nous, pour la dernière fois peut-être, au pied du jardin en terrasse où Gigoux a construit son atelier.

Qui sait si le maître est encore là pour nous recevoir ? Oui, certes, il y est, car voilà le chien Loulou, le fidèle Loulou, assis gravement comme un sphynx et couronnant l'un des pilastres de la grille d'entrée. Comme un sphynx, ai-je dit, lecteurs, n'imaginez pas que Nature ait donné à Loulou des formes monumentales. Non pas : ceux de sa race se rencontrent d'ordinaire dans une cariole rustique, sur la diligence ou la voiture bien connue du marchand forain; mais l'étoile fortunée sous laquelle Loulou reçut le jour fit de lui le chien de l'artiste, et la vue fréquente des œuvres du génie humain, les nobles habitudes, le dévouement à un bon maître, la vertu, le caractère, en un mot la beauté morale dont chacun de nous est responsable s'est reflétée sur toute sa personne, et, soit qu'il avance pour souhaiter la bienvenue aux amis, soit que dans l'atelier il se dresse inquiet pour écouter le bruit extérieur qui menace d'interrompre le travail du maître, soit que familièrement il vienne, couvert d'une noble poussière, se frotter contre nos vêtements, toutes ses attitudes et ses mouvements possèdent ce je ne sais quoi, cette chose à jamais indéfinissable : le style.

Du haut de son observatoire Loulou domine tout le quartier Beaujon; il aperçoit le désordre précurseur d'un ordre nouveau, les alignements bizarres, les déblais, les démolitions et les terrassements qui de toutes parts menacent et enserrent de plus près l'atelier; il sait que le maître prolonge les journées, toujours si longues qu'il consacre au travail, comme l'homme qui n'a que peu de temps devant lui ; aussi Loulou pressent-i. douloureusement la fin de la vie paisible et régulière qu'il a toujours menée. De vieille souche autochtone, Loulou n'admire pas certains progrès ; pour lui, l'amélioration des races et les nivellements de terrain ne sont qu'idées subversives qui, dans son langage, s'appellent révolution.

Notre coup de sonnette interrompt la méditation attristée du chien.

La grille s'ouvre, et nous voilà sous la tonnelle ombragée de vigne qui forme l'escalier pittoresque de l'habitation. Rien n'est changé encore : à gauche, à l'entrée, dans sa grotte obscure, voici l'antique petit enfant qu'on ne peut rêver plus gracieux, mais qu'on pourrait souhaiter mieux élevé ; puis, à la sortie, voici deux statues de la cathédrale de Strasbourg, la Vierge folle et la Vierge sage. Quelle est la sage, quelle est la folle ?

Devine si tu peux et choisis si tu l'oses.

L'imprévoyante, la folle selon l'Évangile, n'est-ce pas la sage selon le bon la Fontaine ?

Sans nous annoncer à l'artiste et en attendant qu'il sorte spontanément du sanctuaire, nous nous reposerons sous le cèdre majestueux dont vous avez devant vous, lecteurs, une fidèle image. Rapporté du Liban, ce cèdre fut planté dans le jardin de l'Élysée, en 1734, par Bernard de Jussieu, qui planta dans le même temps le cèdre du Jardin des Plantes.

S'il n'a pas, comme ses frères d'Orient, assisté à des luttes cruelles ; s'il n'a pas été arrosé de sang humain, le cèdre de Beaujon n'en a pas moins traversé d'étranges vicissitudes.

Au Liban, monarque vénéré, spectateur immobile des combats meurtriers de l'homme contre l'homme, dédaigneux, il se fût voilé la face de nuages pour ne point voir la terre souillée.

Dans notre France, plus humaine, mais sans respect pour ce qui n'est point humain, nul repos pour le roi des forêts. Esclave de nos caprices, victime de nos agitations incessantes, il lui fallut marcher en dépit des dieux, jouer un rôle actif dans mainte fête, orner plus d'un jardin, illuminer ses longues branches, et maintenant le noir centenaire n'a pas accompli le dernier de ses voyages contre nature.

De l'Élysée-Bourbon, vendu à madame de Pompadour, M. de Beaujon transplanta son arbre favori dans le parc dont le nom, la *Folie-Beaujon*, rappelle et les splendeurs et les excentricités du financier invalide. Si le cèdre pouvait parler, il ajouterait peut-être quelque piquante anecdote aux anecdotes bien connues dont Beaujon est le héros. Mais le cèdre est muet, muettes furent les grottes et les labyrinthes que notre génération a pu voir encore avant que la spéculation eût mis, pour la première fois, sa main destructrice sur les bosquets, les pelouses et les beaux ombrages. De toutes ces fantaisies, il ne restera plus bientôt que deux choses (nous ne comptons pas l'hôpital Beaujon parmi les fantaisies), le palais appartenant à Gudin et le petit hôtel de Mme de Balzac, dont les salons, aux formes aimables et variées, les délicieuses boiseries peintes, sculptées et dorées, attestent la pureté du goût français, même à l'époque dite Rococo, alors que, fuyant les lignes monumentales, il se réfugiait dans l'ornementation intérieure.

Combien de jolies villas, d'habitations bizarres s'élevèrent sur l'emplacement des jardins Beaujon ! Ce quartier plaisait aux étrangers, aux artistes et aux dilettantes. M. d'Orsay l'habita quelque temps, M. de Niewerkerke y venait travailler, Lola Montès y vécut légitimement mariée, le duc de Brunswick y a enfoui ses trésors; mais son étrange et mystérieuse habitation touche à ses derniers moments. Déjà ont disparu, remplacés par la chaussée d'un boulevard, les ateliers de Dantan, son belvédère aux quatre vents, sa Pallas-Athéné, enveloppée de vigne vierge, son jardinet dessiné, planté de ses mains et tout parsemé de sculptures et de surprises comme les jardins de Pompéi, le petit hôtel de Mme la comtesse d'Agoult, construction de briques, originale et gaie, où le peintre Jacquand avait révélé un rare talent d'architecte, et bien d'autres agréables retraites. La petite ville de Beaujon, aujourd'hui presque totalement détruite, ne comptait pas vingt ans. Ainsi, en moins d'un siècle la propriété du financier a passé par trois phases, dont la première, l'époque des labyrinthes, des eaux, des pelouses et des grands arbres, ne fut pas la moins belle assurément.

Qu'en pense le cèdre, et quelle dut être son émotion, lorsque les premiers jalons posés et les premiers coups de pioche lui annoncèrent le morcellement du parc dont il était un des plus splendides ornements?

Cependant voici qu'une parcelle du domaine du financier est devenue le jardin de l'artiste. Le cèdre, cette fois, s'est trouvé en bonne compagnie. Il a vécu d'une vie digne de lui. Sous son ombrage hospitalier florissaient

la paix et le travail, l'inspiration et les belles pensées, et l'on voyait à ses pieds les ennemis naturels, réconciliés, se livrer à des jeux familiers et à de familières causeries ; le chien avec le chat, l'enfant avec l'oiseau, le musicien avec le musicien, le peintre avec le peintre, l'homme de lettres avec l'homme de lettres.

Où les promeneurs habitués du petit jardin suspendu, Troyon, Barye, Chenavard, François, Baron, Mouilleron, tous les amis et les élèves de Gigoux, retrouveront-ils les gais propos aux heures de loisir ?

Nous ne verrons plus croître le blé d'Égypte, recueilli auprès d'une momie et cultivé avec tant de soin par le propriétaire de ces aimables lieux. Nous ne cueillerons plus la rose et la pervenche ou la grappe vermeille; nous n'irons plus, sous le vestibule, toucher du doigt les naseaux frémissants du cheval de Phidias, dont la seule vue émeut jusqu'aux larmes Charles Blanc le critique athénien, et même Chenavard, dit-on.

Et puissions-nous retrouver ailleurs ce rare exemplaire de la Vénus de Milo, moulé sur l'original pour le baron Gérard, et qui va, lui aussi, voyager au péril de ses jours! Nous ne viendrons plus, le dimanche, feuilleter la collection inépuisable de gravures et de dessins recueillie depuis des années par Gigoux? — Nous n'aurons plus de beaux concerts improvisés dans ces vastes ateliers que regrettera longtemps le maître et que regretteront plus encore les élèves qui ont reçu de lui conseil et appui.

Qui sait même si la Muse rebelle se laissera enlever sans murmure avec les dieux Pénates? Elle luttera ou bien elle pleurera. Pour la pacifier ou la consoler, que fera l'artiste ? Il la promènera tout droit, toujours tout droit sur les avenues neuves, parmi les pierres de taille bien blanches et bien neuves qui, fraîchement tirées de la carrière, s'assemblent, se sculptent et se façonnent, merveille inouïe, selon le goût de vingt siècles divers.

Assurément, l'atelier de Gigoux, modeste fantaisie individuelle, réduit caché sans prétention et sans effet, ne pouvait figurer dans les pompes babyloniennes de l'avenir : il appartient au Paris qui s'en va. Donnez, lecteur, un salut de regret au lieu qui a vu naître les tableaux et les portraits que vous aimez, et qui se feront longtemps admirer du Paris qui vient.

C. DE SAULT.

^Mme ^Veuve ^Bénard. — Pollevin, horloge et Cie, place du Caire, 8.

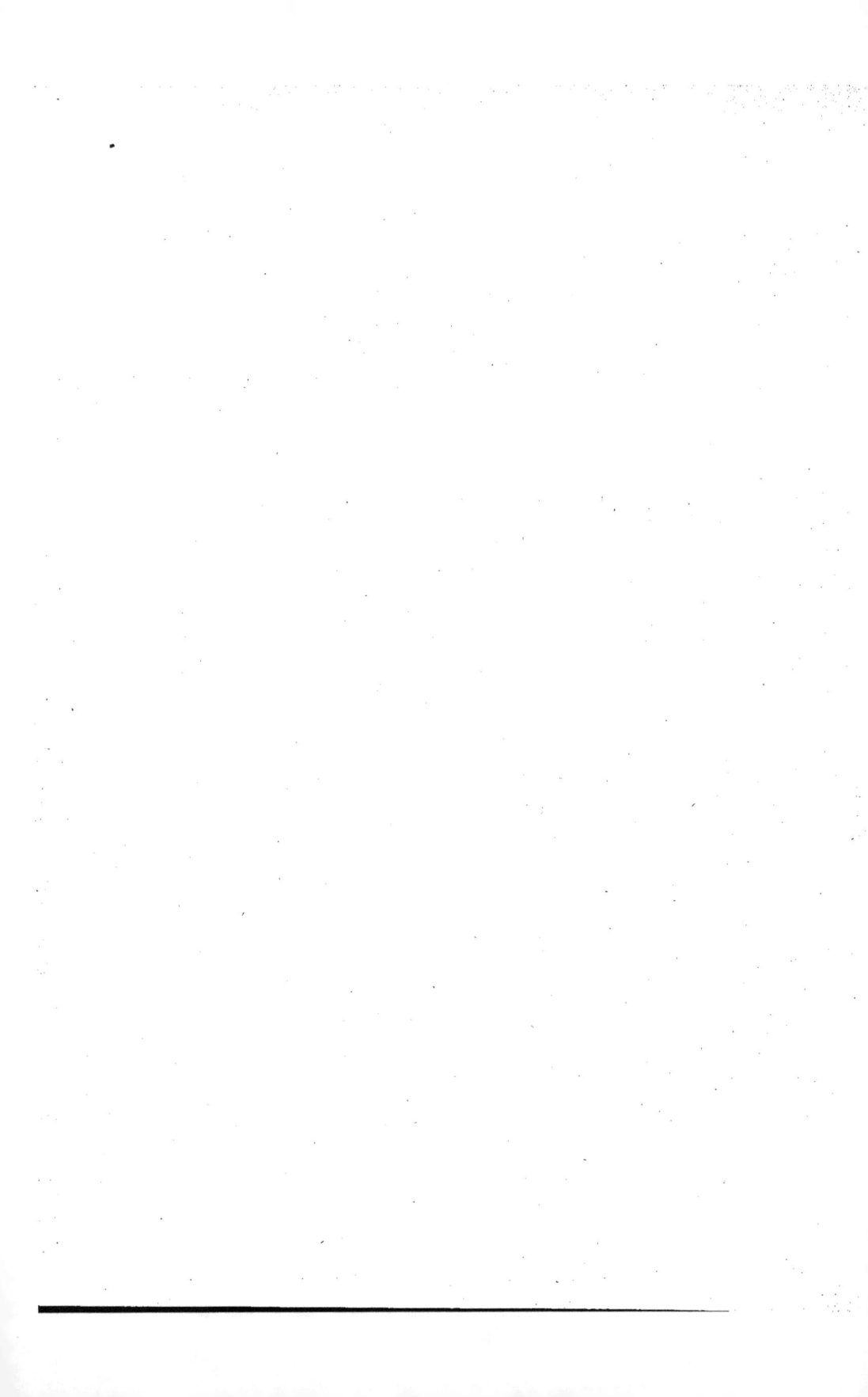

Depuis le 1er septembre nos Magasins d'Estampes, de Dessins, de Peintures et le Bureau d'abonnements de **Paris qui s'en va**, sont transférés PLACE DE LA BOURSE, N° 5, au coin de la rue de la Banque.

Les deux Livraisons paraissent toujours en même temps, à dater du 1er juillet elles sont dans une même couverture

PREMIER VOLUME.　　　　22　　　　LIVRAISON.

PARIS QUI S'EN VA

ET

PARIS QUI VIENT

PUBLICATION ARTISTIQUE

DESSINÉE ET GRAVÉE

Par Léopold FLAMENG

TEXTE PAR

Théophile GAUTIER, Arsène HOUSSAYE, Henri MURGER, CHAMPFLEURY, Charles MONSELET, Émile de la BÉDOLLIÈRE, Paul de St-VICTOR, Édouard FOURNIER, Albéric SECOND, Albert de la FIZELIÈRE, CASTAGNARY, Alfred DELVAU, Amédée ROLLAND, Paul de LASCAUX, Zacharie ASTRUC, Marc BAYEUX, Jean ROUSSEAU, Eugène MULLER, De SAULT, Jules LEVALLOIS, Marc TRAPADOUX, Alphonse DUCHESNE, Victor FOURNEL, Jean DUBOYS, Achille GLEIZES, Charles COLIGNY, Frédéric LOCK, Firmin MAILLARD, DURANTY, Fernand DESNOYERS, Jean DERHEIMS, Ernest HAMEL, Georges DUPLESSIS, Étienne MAURICE, Régulus FLEURY, De KERSÉNAN, Amédée HARDY, etc.

LIVRAISON — Prix : **1** franc **50** centimes

1860

PARIS

PUBLIÉ PAR ALFRED CADART, ÉDITEUR D'ESTAMPES

5, PLACE DE LA BOURSE

On s'abonne à Londres

CHEZ W. JEFFS, 15, BURLINGTON ARCADE

ET 69, KING'S ROAD, BRIGHTON

Foreign Bookseller to the Royal Family.

St-Pétersbourg, { DUFOUR, libraire de la Cour impériale.	Bruxelles, VAN-DER-KOLK.	Florence, VIEUSSEUX.
	Turin, BOCCA.	Naples, DUFRÈNE.
Berlin, B. BEHR E. BOCK.	Milan, DUMOLARD.	New-York, { Courrier des États-Unis 73, Franklin Street.

PARIS QUI S'EN VA ET PARIS QUI VIENT paraît par deux livraisons par mois; vingt-quatre par an, formant un volume composé de cent pages de texte et de vingt-quatre gravures. L'ouvrage, terminé en quatre années, au 15 décembre 1863, comptera donc un total de quatre-vingt-dix-huit gravures, quatre cents pages de texte; le tout formant un ouvrage complet, divisé en quatre volumes.

PARIS QUI S'EN VA

et

PARIS QUI VIENT

PUBLICATION ARTISTIQUE

DESSINÉE ET GRAVÉE PAR

LÉOPOLD FLAMENG

TEXTE

Par Théophile Gautier, Arsène Houssaye, Henri Murger, Champfleury, Charles Monselet, Émile de la Bédollière, Paul de Saint-Victor, Edouard Fournier, Albéric Second, Albert de la Fizelière, Castagnary, Alfred Delvau, Amédée Rolland, Paul de Lagarde, Zacharie Astruc, Marc Bayeux, Jean Rousseau, Eugène Muller, De Sault, Jules Levallois, Marc Trapadoux, Alphonse Duchesne, Victor Fournel, Jean Dunoys, Achille Gleizes, Charles Coligny, Firmin Maillard, Duranty, Fernand Desnoyers, Jean Derbeime, Ernest Hamal, Georges Duplessis, Etienne Maurice, Régulus Fleury, De Kersénant, Amédée Hardy, etc.

4 années, 4 volumes, 96 gravures, 400 pages de texte.

Les villes sont comme les institutions : elles se renouvellent sans cesse, s'efforçant toujours de se tenir à la hauteur des besoins sociaux, et de se faire une physionomie appropriée au caractère spécial de chaque époque.

Cette vérité ne saurait mieux s'appliquer qu'au Paris de notre temps.

Le vieux Paris, le Paris de Sauval, de Gilles Corrozet, de dom Félibien, de dom Lobineau, est sur le point de disparaître. Ces mille et mille rues, ruelles, passages, détours, places, carrefours, au travers desquels ont passé tant de générations ; ces anciens quartiers, qui semblaient autant de villes distinctes, ayant chacune son caractère, sa population, son industrie, ses mœurs ; ces maisons sur la façade desquelles les époques ont successivement marqué leur empreinte, et laissé un peu de leur histoire ;—tout cet ensemble étrange et merveilleusement divers d'art, de poésie et de pittoresque, qui faisait de la grande ville comme un livre de pierre, une sorte de résumé de la France, où venaient lire à la fois l'archéologue, l'artiste, le penseur ; tout cela s'efface, tout cela s'en va : le vieux Paris se meurt!

Mais un Paris nouveau s'élève. Les voies larges et spacieuses s'alignent ; un quartier qui tombe fait place à un square, à une promenade ; une rue démolie laisse surgir un palais ; l'air et la lumière sont conviés de toutes parts à purifier les vieux cloaques et à baigner la nouvelle Ville éternelle.

Reconstruire le *Paris qui s'en va*, et non-seulement le Paris d'hier, celui dont nos yeux ont vu les derniers vestiges, mais même ressusciter le Paris du moyen âge, de la Ligue, de la Fronde, avec ses monuments, ses fêtes, ses plaisirs, tout ce qui survit encore dans la tradition ; — assister au développement de *Paris qui vient*, encourager les artistes qui s'emploient à ouvrir sa robe, si neuve encore, mais pourtant si riche d'étoffe ; —

Reconstruire le *Paris qui s'en va*, constater les développements du *Paris qui vient*, tel est le but de la publication que nous avons entreprise.

n'est-ce pas élever à la gloire de Paris un monument digne des plus hauts encouragements ?

Pour remplir notre tâche, une double condition était nécessaire : retracer aux yeux et parler à l'esprit. — M. Léopold Flameng, a pris courageusement l'initiative, il a voulu *retracer* en effet les monuments et les mœurs, dans des gravures aussi originales de conception, que soignées d'exécution. Et pour ce qui concernait la rédaction, qu'il fallait rendre tout à la fois élégante, consciencieuse et soignée, il s'est adressé à des écrivains d'un talent éprouvé, dont quelques-uns sont illustres dans les lettres.

La tâche était difficile, et demandait, tant de la part du graveur que de la part des écrivains qui ont bien voulu lui prêter leur concours, un redoublement de zèle et de talent.

Nous croyons avoir pleinement réalisé notre but ; et les suffrages du public éclairé sont venus nous montrer que nous ne nous sommes pas trompés.

Les plus hauts encouragements sont venus à nous. Par décision du Ministre d'État, en date du 2 mai, le Gouvernement a officiellement souscrit à notre publication. N'est-ce pas là la meilleure garantie que nous puissions donner aux personnes qui ne reçoivent pas encore le *Paris qui s'en va et Paris qui vient?*

Vingt deux Livraisons ont déjà paru. Elles donnent une ample idée de ce que sera la publication entière.

Nos deux premiers numéros remontent au 1er décembre 1859, et nous continuerons à fournir régulièrement, comme nous l'avons fait jusqu'à ce jour, deux Livraisons par mois.

Chaque Souscripteur recevra, à la fin de l'année, un Frontispice illustré, et pour prime, une très-belle Gravure, composée et gravée par M. *Léopold Flameng.*

L'Abonnement commençant au 1er janvier 1860, les deux Livraisons de décembre 1859 sont en dehors de l'Abonnement, et se payent 1 fr. 50 la Livraison, et 1 fr. pour les personnes qui souscrivent.

Pour cette Publication : Les épreuves séparées de l'ouvrage et tirées sur grande marge . . . . prix : 2 fr.
Les épreuves d'artistes seront tirées sur papier de Hollande . . . . prix : 5 fr.

DURÉE DE L'OUVRAGE

Bureau central d'Abonnement, chez l'Éditeur, Alfred CADART, 5, place de la Bourse, et dans les principales Maisons d'Estampes et de Librairie de la Capitale.

Paris, le mai 1860. L'ÉDITEUR-GÉRANT, A. CADART.

Nota. — Beaucoup de demandes nous sont adressées sur le temps que doit durer notre publication.
Paris qui s'en va et Paris qui vient paraît par deux livraisons par mois, vingt-quatre par an, formant un volume composé de cent pages de texte et de vingt-quatre gravures. L'ouvrage complet terminé en quatre années, au 15 décembre 1863, comptera donc un total de quatre-vingt-seize livraisons, quatre-vingt-dix-huit et y comprenant les deux livraisons spécimens, publiées en décembre 1859 ; le tout formant un ouvrage complet de quatre volumes.
NOTA. — Les personnes de la Province qui adressent des demandes d'Abonnement sont priées d'indiquer si elles désirent les deux Livraisons Spécimens de décembre 1859, N°s 1 et 2, en dehors de l'Abonnement, cet oubli nécessitant presque toujours un second envoi.
Toute demande d'Abonnement devra être accompagnée d'un mandat sur la Poste ou d'un bon payable à vue sur Paris.

Lieg Strassny Frist

A Caraval Ocd 5 Flies in the Snows.

MARCHE DES CAPUCINS

LE MARCHÉ DES CAPUCINS

I

J'en fais mes grandes excuses, à ceux de mes lecteurs, ou de mes critiques, qui ne m'ont point trouvé assez sérieux; mais il faudra bien, s'il leur plaît, laisser de côté, pour aujourd'hui, la science et la gravité. J'ai à parler d'un marché et d'un couvent qui est devenu un hôpital. Dire ce que l'on vend dans ce marché, ce sera bientôt fait; dire ce que l'on guérit dans cet hôpital, c'est très-difficile. Je le donne en mille aux critiques en question.

Rabelais, ou Béroalde de Verville, n'auraient point marchandé la chose ni le mot. Mais notre siècle entend malice à tant de misères, qu'il est difficile de le pincer sans le faire rire; et me voilà bien embarrassé. Puisque j'ai parlé de Béroalde, je lui emprunte une anecdote, dans le *Moyen de parvenir,* chap. XCI. C'est le seul procédé pour me tirer d'affaire.

« HOTMAN. — Vous me faictes soubvenir de ce moyne de Sainct Denys en France, qui voulut faire l'entendu, voïant maistre Thierri de Heri a genoux, tourné devers la figure de Charles VIII. Le moyne lui dict : Monsieur mon ami, vous faillez : ce n'est pas l'image d'un sainct que celle devant qui vous priez. — Je le sçais bien, dit-il; je ne suis pas si bête que vous. Je connois que c'est la représentation du roy Charles VIII, pour l'asme duquel je prie, parce qu'il a apporté la *maladie* en France, ce qui m'a fait gagner six ou sept mille livres de rente. Ce moyne là pensoit estre bien sçavant. »

Mais quelle maladie?

Vous êtes bien curieux, et vous avez tort; car vous vous fâcherez si je la nomme.

M. Hamon, celui qu'on appelle un *gracieux* peintre, a risqué, quoique peintre des dames, un tableau assez singulier. Dans un coin de la composition se trouve une bâtisse quelconque, sur la porte de laquelle on lit : *Hôpital.* Vers cette porte, se dirige une procession piteuse, de petits Amours éclopés. Éclopés? oui vraiment. Ces Amours, selon la tradition mythologique, ont de belles petites ailes; mais qui pendent tristement, comme celles des oiseaux blessés; les petits Cupidons, au lieu de voltiger, se traînent sur des béquilles. Quelques-uns n'ont qu'une canne, mais ceux-là ont un bras en écharpe; d'autres, ainsi que des grenadiers de la Bérésina, ont un bandeau sur l'œil, ou la mâchoire emmitouflée. Quel triste spectacle ! ces Amours ont fait la campagne d'Italie; ils reviennent de Naples. Ces pauvres Amours sont blessés.

Comprenez-vous?

II

C'est dans la rue Saint-Jacques, près de l'ancienne barrière, que cela se trouve. Les embellissements du Paris moderne ont grandement à faire dans ce coin. Cela est aussi peu recommandable au point de vue de l'art, qu'au point de vue de l'antiquité; récemment encore cela était sinistre. La guillotine était au bout de la rue; à droite, on avait la *Bourbe,* nom abject d'un triste établissement de charité. Les pauvres femmes ou filles du peuple vont à la Bourbe faire leurs couches.

A gauche, l'ancien couvent des Capucins, devenu Hôpital du Midi, où l'on soigne ce que vous savez. Devant l'hôpital, le marché.

Déjà la guillotine a disparu. Ce fut monsieur de Rambuteau, après 1830, qui, ne voulant pas laisser l'instrument du supplice sur la place de Grève, purifiée, dit-il « par le sang des martyrs de la Révolution, » gratifia le quartier Saint-Jacques de cette hideuse machine. L'emplacement était mal choisi. Les partisans de la peine de mort pensent que la guillotine effraie : nullement. Sa présence dans ce quartier, dont la population est généralement nécessiteuse, semblait, au contraire, apprivoiser ces pauvres gens à l'idée du crime, dont elle est le châtiment; en outre, le cortège venant de la Roquette, où sont déposés les condamnés à mort, traversait tout Paris, et familiarisait encore la foule avec ce spectacle. Un jour, un peintre qui habite le quartier Saint-Jacques, M. Delestre, entendit deux hommes du peuple discuter sur une exécution: — J'ai très-bien vu, disait l'un d'eux, j'étais près d'un tel. — Moi, répartit l'autre, j'ai bien mieux vu encore, j'étais si près, que j'ai reçu du sang.

Et il montrait la manche de sa blouse, tachée de sang.

Parvenu au conseil municipal, M. Delestre fit tous ses efforts pour obtenir l'enlèvement de la guillotine; ce ne fut qu'en 1849 qu'il réussit. M. Carlier, alors Préfet de Police, fixa pour lieu d'exécution la place de la Roquette. Le condamné n'a que quelques pas à faire entre la prison et l'échafaud. Il y a un bon scandale de moins.

Et plût à Dieu, que j'eusse à faire bientôt un article, sur l'échafaud *qui s'en va !*

Ce n'est pas le seul service que M. Delestre ait rendu à ce quartier. Ce fut lui encore qui sollicita et obtint l'établissement du marché des Capucins; toute cette partie de la rue Saint-Jacques ne sait où s'approvisionner, on a le choix entre le marché Saint-Germain, celui des Patriarches ou celui de la place Maubert, qui sont également éloignés. Le marché des Capucins va disparaître, emporté par l'alignement d'un boulevard; il est à désirer qu'on lui trouve dans le voisinage un nouvel emplacement.

III

LE MARCHÉ

Ce marché, dont l'établissement est le plus économique de Paris, occupe l'emplacement du champ ou chantier des Capucins, dont nous parlerons plus loin. Cet emplacement, jadis clos de murs, tenait au couvent; c'était une de ces prés, nommés cultures au moyen âge, dans lesquels les gens de religion s'ébattaient à leurs bons quarts d'heure.

En 1704, lorsqu'il s'agissait d'enclore la partie méridionale de Paris, on eut un moment le projet, de faire passer le boulevard sur le champ des Capucins; il fut décidé par la suite que ce boulevard serait tracé plus au midi. Récemment, on est revenu à l'idée de 1704, qui va recevoir son exécution après un intervalle de plus d'un siècle et demi. Il y aurait beaucoup à dire sur notre fatuité, qui prétend avoir eu la première idée des larges voies plantées d'arbres, mais je préfère économiser ma plume; j'aurais trop à faire pour dépouiller ce siècle-geai, qui est le nôtre, et lui arracher toutes les plumes de paon dont il s'enorgueillit.

Au reste, il faut bien avouer qu'il y eut en France, voilà une cinquantaine d'années, une ère de mesquinerie; et qu'en reprenant les grandes traditions d'embellissement et de voirie, nous avons réalisé un véritable progrès. Que dire, par exemple, de la décision du 28 vendémiaire, an XI, signée Chaptal, qui fixe à 9 mètres 74 centimètres la largeur de la rue des Capucins, qui conduit de la rue Saint-Jacques au marché?

Une ordonnance royale du 19 juillet 1840 pensa réaliser une amélioration très-remarquable, en portant la rue à 12 mètres de largeur. Nous y allons aujourd'hui plus hardiment et plus largement.

Le place du champ des Capucins, qu'une décision du 2 germinal, an XI, aussi signée Chaptal, avait fixée à 50 mètres de largeur, y fut maintenue par une ordonnance royale, à la même date du 19 juillet 1840.

Lorsqu'on arrive à cette place, de la rue Saint-Jacques, on voit, à droite, l'hôpital; à gauche, un lavoir public. Quelques maisons continuent l'alignement de l'hôpital, et joignent au fond la rue presque déserte de la Santé. A l'extrémité opposée est la rue des Bourguignons.

La place décrit une pente assez cahoteuse; le centre surexhaussé de quelques centimètres, au-dessus des rues qui forment le pourtour, présente un carré long, planté d'arbres, et dans la terre duquel des pavés, géométriquement alignés, tracent de petits carrés, dont chacun indique l'emplacement où pourrait tenir une boutique du marché.

En face du lavoir public se trouve la fontaine, qui n'a rien de monumental; c'est une simple borne de pierre. Près de la fontaine est la baraque du surveillant, ornée d'un drapeau. Ce sont tous les frais que l'on a faits pour l'établissement de ce marché, nommé tantôt marché Saint-Jacques, et tantôt marché des Capucins.

Les marchandes ont imité cette sobriété d'ornement. Les boutiques les plus luxueuses se composent de trois planches, posées sur deux tréteaux; rarement l'éventaire est accompagné de ce fameux parasol, parapluie gigantesque, qui, ailleurs, abrite les marchandes de la pluie et du soleil. Les marchandises sont étalées à ciel ouvert, et les transactions se font loyalement, sous le regard de Dieu.

Aussi, tout est paisible. Vous n'entendrez point, aux Capucins, ces cris et ces vociférations dont les oreilles s'effarouchent. Petit commerce, petit gain; on se contente de cela. Il en coûte trop cher de crier: on s'enroue. La paisible vitelotte au boisseau, sommeille dans son sac; le chou frisé fraternise, sur le sol, avec les paquets de carottes; tous ces légumes voués à la voracité parisienne ont, aux Capucins, une tenue décente, une résignation philosophique. Il n'y a pas jusqu'aux mesures, demi-boisseaux, boisseaux, etc., alignés selon leur taille, du plus petit au plus grand, dont la physionomie est telle, qu'il serait impossible d'en suspecter la probité. Il y a des raisons pour cela. Acheteurs et marchands sont aussi pauvres les uns que les autres; ils se connaissent et se respectent. Entre gueux, c'est comme entre gentilshommes: on a des principes ou on n'en a pas, parbleu!

Il y aurait une étude intéressante à faire sur la physionomie de la population parisienne, selon les quartiers. Ce marché a la sienne. Il est bon que la postérité le sache: le quartier Saint-Jacques est une succursale d'Athènes, il n'a rien à envier au jardin d'Académus. Il y a des philosophes! Les pauvres ouvriers de la petite industrie, y logent porte à porte et sur le même carré des des'artistes, dont quelques-uns sont déjà connus; mais c'est autre chose que dans la colonie artistique du pays Bréda. Ici, les saines traditions du travailler beaucoup et manger peu, sont pieusement conservées; les vêtements sont pleins de fantaisie, le chapeau est bizarre, et le pantalon percé ailleurs qu'aux genoux. Qu'importe! l'art est chaste, et ses adeptes sont trop occupés à poursuivre la gloire, devant eux, pour songer à regarder leur derrière. Les littérateurs de cette république sont accusés de trop fêter Bacchus, de trop donner au *dolce far niente;* mais cela est un vice de poëte. Quant aux philosophes, je le répète, ils abondent au marché des Capucins. Tel bonhomme que vous rencontrez, et qui vous paraît inoffensif, porté dans son cerveau une utopie tout armée. Un chapeau de paille en hiver, un paletot d'hiver en été, révèlent immédiatement ce sage des temps modernes. En toute saison, le pantalon de couleur incertaine s'effile en dents de scie, et tartine la boue sur le talon du soulier. Ne croyez pas, d'ailleurs, qu'il y ait de l'amertume dans cette âme : le philosophe du quartier Saint-Jacques a *foi*; j'ignore en quoi, mais il existe ainsi, fréquente les cours de la Sorbonne et les bibliothèques. A la bibliothèque Sainte-Geneviève, je fus longtemps intrigué par un travailleur infatigable, qui, dans les moments où il laissait sécher son encre, avant de tourner son feuillet, se mouchait bruyamment dans une loque sordide, et faisait craquer les grands doigts de ses mains rouges, quand il avait fait la découverte d'un document important. Il portait depuis des années un paletot d'orléans, même en hiver. Un sentiment de délicatesse m'empêchait de le suivre à la sortie, car il avait remarqué ma curiosité; cependant j'aurais donné beaucoup pour pénétrer le mystère de cette existence. Quel pouvait être cet homme? J'avais remarqué que sa misère était telle, qu'il prenait parfois ses notes sur le dos des prospectus imprimés que les magasins de nouveautés distribuent, et qu'il conservait pieusement pour économiser le papier.

C'était un philosophe ! L'ayant avisé un jour, en sortant de l'École normale, je le suivis sans être vu. Il allait faire sa provision au marché des Capucins. Je sus ainsi qu'il demeurait dans le voisinage. Il occupait un galetas de soixante francs par an; le concierge n'avait jamais pu y pénétrer, mais il savait, pour avoir reçu des dossiers, que l'homme vivait de copies exécutées pour des avoués ou des notaires. Ce vieillard ne parlait jamais à personne. En y réfléchissant, je puis affirmer qu'il compose un ouvrage auquel il a voué sa vie. Peut-être un chef-d'œuvre dont le vent dispersera les feuillets, quand l'auteur sera mort à l'hôpital; pas celui des Capucins!

Pour l'édification des propriétaires, je dois ajouter que l'homme payait son terme de quinze francs, exactement et d'avance.

Telle est donc la composition des *passants qui passent* sur le marché des Capucins. Ajoutez-y quelques chiffonniers attardés en plein jour, avec leur cachemire d'osier sur le dos, et qui, par la rue des Bourguignons, rentrent au pays du chiffon. Ils vont deux à deux, le crochet sous le bras, comme deux chasseurs avec leurs fusils. La chasse a-t-elle été bonne? Souvent ils sont suivis d'un de ces chiens barbets, canaille à quatre pattes, plébécule de la race canine, aux longs poils blancs, trempés de pluie ou de boue; crottés, je n'ai pas besoin de dire comment. Je me permets une protestation en faveur de ces chiens, modèles de fidélité, d'intelligence et d'un tas d'autres vertus, qui leur feraient bien gagner le paradis, si le paradis qui s'ouvre à tant de gens bêtes, s'ouvrait aussi pour les bêtes d'esprit.

IV

LE COUVENT

Il faut bien y revenir. Ce n'est pas que ce couvent de Capucins ait été célèbre, que ses bâtiments soient remarquables; non, mais il confine la place du Mar-

ché, le marché lui appartient; l'un complète la physionomie de l'autre. Et dans le coin de notre gravure, le lecteur voyant une porte avec le mot : «Entrée» au-dessus, se demanderait péniblement ce que cela veut dire : il est de mon devoir de l'éclairer.

Ce couvent ne fut pas le premier que possédèrent les capucins à Paris. Le Cardinal de Lorraine, à son retour du concile de Trente, en 1564, avait ramené d'Italie et établi dans son parc de Meudon quelques-uns de ces moines qui ne restèrent en France que peu de temps. Deux ans après, en 1574, un ancien cordelier, devenu capucin, nommé Pierre Deschamps, essaya un nouvel établissement à Picpus.

Ces tentatives avaient peu de succès, lorsqu'un autre capucin, nommé le frère *Pacifique*, vint d'Italie avec douze nouveaux frères, qu'il réunit à ceux de Picpus, et les établit, d'abord provisoirement, dans une maison du faubourg Saint-Honoré, située à l'endroit où est à présent la place Vendôme. Bientôt après, avec l'aide du duc de Guise, du roi d'Espagne et de Catherine de Médicis, il réussit à faire bâtir un magnifique couvent, à la même hauteur de la rue Saint-Honoré, mais de l'autre côté, à l'endroit où se trouve aujourd'hui la rue de Castiglione.

Des lettres patentes du roi Henri III, datées de juillet 1576, autorisent l'établissement des Capucins et les placent sous la protection royale.

Nous sommes loin du faubourg Saint-Jacques : nous y revenons.

Godefroy de Latour voulut fonder un second couvent de Capucins. Dans son testament, daté du 27 avril 1613, il lègue pour cet usage une maison et un champ qu'il possédait au faubourg Saint-Jacques. Les moines prirent possession du legs, et transformèrent d'abord la grange en église; ce fut le Cardinal de Gondy, évêque de Paris, qui, de ses deniers, édifia l'église et établit définitivement le couvent.

Mais le temps du doute et de la tiédeur succédait aux siècles de croyance, dans lesquels les fondations pieuses s'accroissaient si rapidement. Toutes les parties de l'édifice religieux du moyen âge se disloquaient. Vainement l'Église s'efforçait d'enrôler de nouveaux défenseurs; une philosophie d'examen, fille du doute de Montaigne et du scepticisme de Bayle, naissait avec Descartes, et tuait les couvents à mesure qu'on les fondait.

Pour qui ne ferait que regarder la nomenclature des fondations, il semblerait que la ferveur redoublait alors; car jamais tant de couvents ne s'élevèrent. Mais leur multiplicité même révèle leur impuissance; et le nombre ne remplace pas la valeur. De tous les ordres créés au temps de la Réforme, les Jésuites seuls se sont soutenus, et leur brillante fortune fut plutôt un péril qu'un bien pour l'Église; quant aux autres, Feuillants, Théatins, etc., ils ne battirent jamais que d'une aile. Le couvent des Capucins de la rue Saint-Jacques était *désert* en 1783.

V

L'HÔPITAL

Tout le monde connaît la mésaventure de l'armée française, lorsque, avec Charles VIII, elle conquit le royaume de Naples. Une maladie terrible fit alors son apparition en Europe; et j'aurais ici une belle occasion de faire de grandes phrases, sur cette meurtrière contagion qui s'attaque au principe même de la vie. Les Napolitains nous accusent et nous accusons les Napolitains. Qui a tort? La date du crime est certaine, mais les coupables sont inconnus. L'amour-propre national aidant, je trouve ici deux raisons d'absoudre l'armée française; elles sont peu concluantes peut-être, mais, enfin, je donne ce que j'ai.

D'abord, la maladie dont il s'agit, était complétement inconnue en France avant l'expédition de Naples, et n'éclata qu'au retour de l'armée. Nos soldats ne pouvaient point porter à Naples un mal dont il n'existait aucun germe en France.

Je sais qu'on répond que les Napolitains ne connaissaient point ce mal cruel avant notre invasion; mais on m'accordera qu'il existe une prévention contre eux. Quelques Italiens avaient pris part à l'expédition de Christophe Colomb en Amérique; et, d'ailleurs, les fréquents rapports maritimes de l'Italie méridionale avec l'Espagne, à cette époque, permettent d'affirmer que cette maladie, qui nous vient du Nouveau Monde, fit à Naples son premier relai.

Quoi qu'il en soit, les malades furent traités, sous Charles VIII, aux Petites-Maisons, et transférés, sous Louis XIV, à Bicêtre. Une singularité à noter, c'est qu'alors on donnait *le fouet* aux malades, avant, pendant et après le traitement.

En 1784, le couvent des Capucins, désert depuis un an, parut convenable pour y établir un hôpital spécial; après quelques réparations, changements, incertitudes, l'établissement de l'Hôpital du Midi devint définitif en 1792. Dix ans après, on reconstruisit presque complétement les bâtiments qui, depuis, n'ont pas changé.

On ne me demandera pas d'entrer dans de grands détails sur le traitement, ni sur les malades qui y sont soumis. Je me borne à mentionner une circonstance assez curieuse, c'est que la statistique de l'Hôpital révèle que les tailleurs, et surtout les cordonniers, sont sujets à cette maladie; ce qui semble indiquer peu de moralité chez les ouvriers de ces professions.

En 1808, on établit un traitement externe, destiné aux malades qui ne sont point assez gravement atteints pour être forcés de ne pas travailler. Les gens du marché, tout en s'occupant de leurs choux, peuvent contempler la procession des Amours de monsieur Hamon, qui se dirigent au dispensaire. Ces Amours sont généralement en blouse, et font, comme à la porte d'un théâtre, queue à la porte de la guérison. On les regarde; c'est une sorte de pilori.

C'est leur faute, aussi! Pourquoi ont-ils péché?

Aug. MARC-BAYEUX.

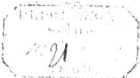

Depuis le 1er septembre nos Magasins d'Estampes, de Dessins, de Peintures et le Bureau
d'abonnements de **Paris qui s'en va**, sont transférés PLACE DE LA BOURSE, N° 5, au
coin de la rue de la Banque.

Les deux Livraisons paraissent toujours en même temps, à dater du 1er juillet elles sont dans une même couverture

PREMIER VOLUME.   23   LIVRAISON.

PARIS QUI S'EN VA

ET

PARIS QUI VIENT

PUBLICATION ARTISTIQUE

DESSINÉE ET GRAVÉE

Par Léopold FLAMENG

TEXTE PAR

Théophile GAUTIER, Arsène HOUSSAYE, Henri MURGER, CHAMPFLEURY, Charles MONSELET, Émile de la BÉDOLLIÈRE,
Paul de St-VICTOR, Edouard FOURNIER, Albéric SECOND, Albert de la FIZELIÈRE, CASTAGNARY, Alfred DELVAU, Amédée
ROLLAND, Paul de LASCAUX, Zacharie ASTRUC, Marc BAYEUX, Jean ROUSSEAU, Eugène MULLER, De SAULY, Jules LEVALLOIS,
Marc TRAPADOUX, Alphonse DUCHESNE, Victor FOURNEL, Jean DUBOYS, Achille GLEIZES, Charles COLIGNY, Frédéric
LOCK, Firmin MAILLARD, DURANTY, Fernand DESNOYERS, Jean DERHEIMS, Ernest HAMEL, Georges DUPLESSIS, Étienne
MAURICE, Régulus FLEURY, De KERSÉNAN, Amédée HARDY, etc.

LIVRAISON — Prix : **1** franc **50** centimes

1860

PARIS

PUBLIÉ PAR ALFRED CADART, ÉDITEUR D'ESTAMPES

5, PLACE DE LA BOURSE

On s'abonne à Londres

CHEZ W. JEFFS, 15, BURLINGTON ARCADE

ET 69, KING'S ROAD, BRIGHTON

Foreign Bookseller to the Royal Family.

St-Pétersbourg,	DUFOUR, libraire de la Cour impériale.	**Bruxelles,** VAN-DER-KOLK.
		Turin, BOCCA.
Berlin, B. BEHR E. BOCK.		**Milan,** DUMOLARD.
Florence, VIEUSSEUX.		
Naples, DUFRÈNE.		
New-York,	Courrier des Etats-Unis 13, Franklin Street.	

PARIS QUI S'EN VA ET PARIS QUI VIENT paraît par deux livraisons par mois; vingt-quatre par an, formant
un volume composé de cent pages de texte et de vingt-quatre gravures. L'ouvrage, terminé en quatre années, au 15 décembre 1863,
comptera donc un total de quatre-vingt-dix-huit gravures, quatre cents pages de texte; le tout formant un ouvrage complet, divisé en
quatre volumes.

PARIS QUI S'EN VA

ET

PARIS QUI VIENT

PUBLICATION ARTISTIQUE

DESSINÉE ET GRAVÉE PAR

LÉOPOLD FLAMENG

TEXTE

Par Théophile Gautier, Arsène Houssaye, Henri Murger, Champfleury, Charles Monselet, Émile de la Bédollière, Paul de Saint-Victor, Edouard Fournier, Alfred Delvau, Amédée Rolland, Paul de Lascaux, Zacharie Astruc, Marc Bayeux, Jean Rousseau, Eugène Muller, De Sault, Jules Levallois, Marc Trapadoux, Alphonse Duchenne, Victor Fournel, Jean Debots, Achille Glaizes, Charles Coligny, Firmin Maillard, Duranty, Fernand Desnoyers, Ernest Hamel, Georges Duplessis, Étienne Madrics, Régulus Fleury, De Kersénant, Amédée Hardy, etc.

4 années, 4 volumes, 99 gravures, 400 pages de texte.

Les villes sont comme les institutions : elles se renouvellent sans cesse, s'efforçant toujours de se tenir à la hauteur des besoins sociaux, et de se faire une physionomie appropriée au caractère spécial de chaque époque.

Cette vérité ne saurait mieux s'appliquer qu'au Paris de notre temps.

Le vieux Paris, le Paris de Sauval, de Gilles Corrozet, de dom Felibien, de dom Lobineau, est sur le point de disparaître. Ces mille et mille rues, ruelles, passages, détours, places, carrefours, au travers desquels ont passé tant de générations ; ces anciens quartiers, qui semblaient autant de villes distinctes, ayant chacune son caractère, sa population, son industrie, ses mœurs ; ces maisons sur la façade desquelles es époques ont successivement marqué leur empreinte et laissé un peu de leur histoire, — tout cet ensemble étrange et merveilleusement divers d'art, de poésie et de pittoresque, qui faisait de la grande ville comme un livre de pierre, une sorte de résumé de la France, où venaient lire à la fois l'archéologue, l'artiste, le penseur ; tout cela s'efface, tout cela s'en va : le vieux Paris se meurt !

Mais un Paris nouveau s'élève. Les voies larges et spacieuses s'allongent ; un quartier qui tombe fait place à un square, à une promenade ; une rue démolie laisse surgir un palais ; l'air et la lumière sont conviés de toutes parts à purifier les vieux cloaques et à baigner la nouvelle Ville éternelle.

Reconstruire le Paris qui s'en va, constater les développements du Paris qui vient, tel est le but de la publication que nous avons entreprise.

Reconstruire le Paris qui s'en va, et non-seulement le Paris d'hier, celui dont nos yeux ont vu les derniers vestiges, mais même ressusciter le Paris du moyen âge, de la Ligue, de la Fronde, avec ses monuments, ses fêtes, ses plaisirs, tout ce qui survit encore dans la tradition; — assister au développement de Paris qui vient, en constatant les progrès journaliers, afin d'encourager les artistes qui s'emploient à ouvrir sa robe, si neuve encore, mais pourtant si riche d'étoffe; —

n'est-ce pas élever à la gloire de Paris un monument digne des plus hauts encouragements ?

Pour remplir notre tâche, une double condition était nécessaire : retracer aux yeux et parler à l'esprit. — M. Léopold Flameng, à pris courageusement l'initiative, il a voulu retracer en effet les monuments et les mœurs, dans les gravures aussi originales de conception, que soignées d'exécution. Et pour ce qui concernait la rédaction, qu'il fallait rendre tout à la fois élégante, consciencieuse et soignée, il s'est adressé à des écrivains d'un talent éprouvé, dont quelques-uns sont illustres dans les lettres.

La tâche était difficile, et demandait, tant de la part du graveur que de la part des écrivains qui ont bien voulu lui prêter leur concours, un redoublement de zèle et de talent.

Nous croyons avoir pleinement réalisé notre but; et les suffrages du public éclairé sont venus nous montrer que nous ne nous sommes pas trompés.

Les plus hauts encouragements sont venus à nous. Par décision du Ministre d'État, en date du 2 mai, le Gouvernement a officiellement souscrit à notre publication. N'est-ce pas là la meilleure garantie que nous puissions donner aux personnes qui ne reçoivent pas encore le Paris qui s'en va et Paris qui vient?

Vingt deux Livraisons ont déjà paru. Elles donnent une ample idée de ce que sera la publication entière.

Nos deux premiers numéros remontent au 1ᵉʳ décembre 1859, et nous continuerons à fournir régulièrement, comme nous l'avons fait jusqu'à ce jour, deux Livraisons par mois.

Chaque Souscripteur recevra, à la fin de l'année, un Frontispice illustré, et pour prime, une très-belle Gravure, composée et gravée par M. Léopold Flameng.

L'Abonnement commençant au 1ᵉʳ janvier 1860, les deux Livraisons de décembre 1859 sont en dehors de l'Abonnement, et se payent 1 fr. 50 la Livraison, et 1 fr. pour les personnes qui souscrivent.

Pour cette Publication : Les épreuves séparées de l'ouvrage et tirées sur grande marge.................... prix : 2 fr.
Les épreuves d'artistes seront tirées sur papier de Hollande.......................... prix : 3 fr.

DURÉE DE L'OUVRAGE.

Bureau central d'Abonnement, chez l'Éditeur, Alfred Cadart, 5, place de la Bourse, et dans les principales Maisons d'Estampes et de Librairie de la Capitale.

Paris, le mai 1860. L'Éditeur-Gérant, A. Cadart.

Nota. — Beaucoup de demandes nous sont adressées sur le temps que doit durer notre publication.

Paris qui s'en va et Paris qui vient paraît deux livraisons par mois, vingt-quatre par an, formant un volume composé de cent pages de texte et de vingt-quatre gravures. L'ouvrage complet terminé en quatre années, au 15 décembre 1863, comptera donc au total de quatre-vingt-seize livraisons, quatre-vingt-dix-huit en y comprenant les deux livraisons spécimens, publiées en décembre 1859; le tout formant un ouvrage complet de quatre volumes.

Nota. — Les personnes de la Province qui adressent des demandes d'Abonnement sont priées d'indiquer si elles désirent les deux Livraisons Spécimens de décembre 1859, Nᵒˢ 1 et 2, en dehors de l'Abonnement, cet oubli nécessitant presque toujours un second envoi.

Toute demande d'Abonnement devra être accompagnée d'un mandat sur la Poste ou d'un bon payable à vue sur Paris.

IMPÉRIALE
BIBLIOTHÈQUE

LE PETIT JOURNAL

(HISTOIRE DE DIX ANS)

1850-1860

Le petit journal.... appartient-il à *Paris qui s'en va* ou à *Paris qui vient?...* Hélas! hélas! il appartient à *Paris qui s'en va*. Le petit journal, c'est *Paris parti!* En moyenne il se publie à Paris 500 journaux; 43 environ s'occupent de politique et d'économie sociale, les 457 autres ont droit à tout le reste : sciences, littérature, beaux-arts, industrie, etc., etc. C'est dans cette seconde catégorie que nous devons chercher la *petite presse*. Aujourd'hui il est fort difficile de créer un journal politique; c'est toute une affaire. Il faut pour cela obtenir d'abord une autorisation du gouvernement; cette autorisation obtenue, versez un cautionnement ce qui complique de suite l'affaire d'un bailleur de fonds, et par le temps qu'il fait, le bailleur de fonds est déjà une raison assez sérieuse pour que je n'aie pas à citer toutes celles qui empêchent le petit journal d'être politique. D'où il suit que les journaux dont j'ai à vous parler sont exclusivement littéraires, scientifiques et industriels.

Littéraires d'abord.... C'est un point sur lequel les petits journaux sont intraitables; appelez-vous la *Cote des Suifs*, eh bien, toute *Cote des Suifs* que vous êtes, vous vous voyez obligé de déclarer dans votre sous-titre que, tout en suivant attentivement des variations des suifs, vous ne négligerez pas d'éclairer de vos...... lumières les questions d'art et de littérature qui peuvent surgir à un moment donné. Il est donc bien entendu que tous les journaux dont nous allons parler — consacrés aux sciences, aux lettres... et à l'industrie. Cependant nous ferons un choix ; ces dix dernières années ayant vu paraître et disparaître, — autant en emporte le vent, — à peu près dix-huit cents feuilles, on comprendra qu'il me serait pénible d'avoir seulement à donner le titre de ces dix-huit cents (oui 1800!) feuilles qui toutes étaient descendues dans l'arène, — frémissantes et pleines de vie, — et dont bien peu ont survécu. Bien peu.... si je disais le chiffre, on n'y croirait pas.

Oui, j'ai jeté un coup d'œil sur ce passé qui date d'hier, et je n'ai plus vu qu'un charnier, qu'un ossuaire morne et désolé! Serai-je le James Hervey de ce petit Père-Lachaise? Oui et non, qui sait? — Un jour de mélancolie, je descendrai peut-être dans cette ville des morts, je remuerai du bout de la plume ces petits cadavres, et vous pourrez alors les revoir, — nouveaux Lazares, — sortir du tombeau, et vous donner pour une seconde, une minute, une heure même, le spectacle de leur vie trop courte et trop agitée. Je ne leur adresserai pas cette parole de l'Écriture : Celui qui croit en moi, quand il serait mort, vivra! — Non, car ils ne croient pas en moi et me détestent cordialement; et c'est bien naturel, je suis seul à penser à eux et à leur élever chaque année un petit tombeau (1). Aussi, leur résurrection sera-t-elle de courte durée, et bien je ferai, car les Parisiens, — non, les Parisiens, ne manqueraient pas de s'écrier : Si nous laissons faire cet homme, la peste viendra et détruira notre ville et notre nation, — Et, vrai, ce serait dommage !

Le premier petit journal que nous apercevons est le *Journal-Paris* (lundi, mardi, etc.), du comte de Villedeuil (Cornelius Holf) avec Henri de la Madelène, Roger de Beauvoir, les de Goncourt, Adolphe Gaïffe, Théodore de Banville, Alph. Karr, etc.; sans oublier cependant le secrétaire de la rédaction, Isidore Venet, qui préparait, dans les petits soupers d'Auteuil, toutes les aimables vivacités dont allait se montrer prodigue, un peu plus tard, le critique de l'*Univers* journal religieux. Fondé par la vaniteuse prodigalité du comte de Villedeuil, le *Journal-Paris* donna chaque jour, pendant un an, à ses sept cents abonnés, un magnifique dessin de Gavarni. L'*Éclair* et le *Journal-Paris* coûtèrent au noble Cornélius cent cinquante mille francs, — le seul argent, qu'il ne regrettât pas, ajoute M. Scholl, qui, dans un article consacré à ce journal, assure que, de toutes ces splendeurs passées, il reste seulement à ce gentillâtre de lettres un tombeau de famille au Père-Lachaise. Puis vient le *Mousquetaire* avec Baschet, Asseline, G. Bell, Scholl, Philibert Audebrand, Audebrand, qui y donnait certainement sa meilleure chose : *Voyage à travers la petite presse*; le *Mousquetaire* avec Méry, Émile Deschamps, J. de St-Félix, le comte Max de Goritz, un forçat en rupture de ban, un voleur, un assassin, que sais-je? auquel Audebrand a consacré quelques pages très-curieuses, et que je regrette aujourd'hui d'avoir lues un peu en courant; alors le *Mousquetaire* était dans la période florissante de son *moi*, de ce *moi* qui devait amener une violente rupture entre Dumas et ses rédacteurs; en ce temps-là les bureaux du journal étaient à la Mai-

(1) M. Firmin Maillard est l'auteur d'une piquante histoire de la *Presse Parisienne*. 2 vol. in-10. (*Note de l'éditeur.*)

son-d'Or et les rédacteurs n'étaient jamais payés. A côté du *Mousquetaire*, quels étaient les journaux de l'année ? — Je ne parle pas du *Cantique*, du *Chapelier parisien*, du *Dock*, du *Gratis*, du *Journal des Coiffeurs*, de celui *des Huissiers*, du *Moniteur de l'Épicerie*, non plus du *Journal de la Gendarmerie*, tous journaux à spécialités bien définies ; — quels étaient, dis-je, les journaux chargés de représenter la *petite presse?*

Était-ce *le Moustiquaire ?* journal de MM. Dumasnoir et Cⁱᵉ (*Watripon fecit*), *l'Espérance*, ou bien encore *la Lanterne indépendante*, journal du *Don-quichotisme (sic)*? Était-ce par hasard ce fameux *Journal du Luxe*, dont les rédacteurs menèrent, — une semaine durant, — la vie à grandes guides, et qui finit, comme Saturne, par dévorer ses propres enfants? Il mangea tout, ce *Journal du Luxe* : le bailleur de fonds, qui était son père nourricier ; ses rédacteurs, qui étaient ses enfants ; il mangea même le bureau, ce berceau de sa jeunesse, ce témoin de ses premiers numéros ! — Elle est bien curieuse, allez, l'histoire du *Journal du Luxe*, bien curieuse et bien lamentable !...

Il y avait aussi *le Satan*, un petit journal qui n'eut que vingt-huit numéros, et où Aurélien Scholl et Angélo de Sorr faisaient merveille ; et encore *Jean Raisin* du compère Gustave Mathieu, et celui-ci, et celui-là ! La *petite presse* n'existait pas cependant. Mais place à *Figaro!* Il naquit le 2 avril 1854, et c'est le seul petit journal d'une date aussi éloignée qui soit arrivé jusqu'à nous. Du reste, ne résume-t-il pas admirablement bien notre aimable époque? « C'est un journal, a dit Charles Monselet, l'un de ses collaborateurs les plus spirituels et les plus assidus, dans lequel on ne s'occupe guère que des littérateurs, des boursiers et des comédiennes. Les articles sur les boursiers y sont faits par les littérateurs ; les articles sur les littérateurs y sont faits par les comédiennes. »

Mais littérateurs, comédiens et boursiers n'ont pas toujours, — et tous les jours de l'esprit, et *Figaro*, si l'on en croyait ses ennemis, serait aujourd'hui dans une période de décadence....

Et cependant il y avait dans l'air une sorte de frémissement, d'activité, d'exubérance de vie qui remuait jusque dans ses bas-fonds les plus infimes la gent littéraire. — C'était de là, en effet, que devait se lever le premier drapeau, partir le premier coup de feu : le 19 novembre 1854 paraissait *le Sans-le-Sou !* — Toute ridicule que puisse sembler aujourd'hui cette manifestation, elle n'en reste pas moins une et originale, et l'on doit tenir compte à l'auteur d'avoir osé ; la tâche dépassait ses forces, il fut obligé d'abandonner l'œuvre, mais l'élan était donné, et l'autographie, — ce mode d'impression de ceux qui n'en ont pas d'autre, — permit à ces jeunes têtes, toutes grisées de leur vingt ans, d'émettre leurs idées, leurs opinions, qui, dans *la Terre promise*, dans *l'Enfant terrible*, dans *la Fortune*, qui dans *l'Original*, *le Bohémien*, *la Muselière*.

Le Sans-le-Sou ! Il fut fondé par un enlumineur

d'images de piété et par un ex-secrétaire de Paul Féval ; c'est en mettant la main dans sa poche que ce dernier trouva ce titre si diversement apprécié. Quant à l'homme du *Sans-le-Sou*, il avait fait tous les métiers ; c'était une bonne nature, franche et loyale, que la misère et la fantaisie poussaient un peu de ci, de là ; la dernière fois que j'en entendis parler, le malheureux n'était ni typographe, ni chansonnier, ni enlumineur, ni rédacteur en chef de quoi que ce soit : c'était un conspirateur sur lequel venait de se refermer la lourde porte de Mazas. Un conspirateur ! lui, l'auteur des *Chants de la Mansarde* et du fameux drame, — injoué, je n'ai pas dit injouable, — *Bernard de Palissy* ! lui qui mit longtemps le pantalon que Charles Gille portait le jour où il se pendit ! lui, qui demanda au concierge du Père-Lachaise s'il était permis de mettre deux corps dans une même fosse, afin d'être enterré, — le plus tard possible, cependant, — auprès de Gérard de Nerval ! un conspirateur ! allons donc ! — Après avoir fait quelque bruit, *le Sans-le-Sou*, qui n'avait pour lui que sa grande jeunesse et son originalité extérieure, se changea en *l'Appel*, sous la direction d'un jeune homme qui, poussé par la *fièvre jaune*, alla au Brésil pour en mourir.

Derrière *le Sans-le-Sou* venaient *la Terre promise*, journal exclusivement consacré à la poésie et autographié illisiblement ; *l'Enfant terrible*, deux numéros (2 nᵒˢ !) qui permirent à son rédacteur en chef, celui qui avait trouvé le titre du *Sans-le-Sou*, de formuler ses opinions artistiques et littéraires en français et en anglais, — une partie du journal était rédigée dans cette dernière langue. Puis, c'étaient *la Muselière*, « journal illustré de la décadence intellectuelle, » le plus gai, le plus vif et le mieux fait de tous ces journaux autographiés ; *le Bohémien*, rédigé par une clarinette de l'Ambigu qui un instant avait été régisseur du *Café des Aveugles*, — je ne plaisante pas ; *l'Original*, dans lequel, pour l'être un peu, l'ex-rédacteur en chef du *Sans-le-Sou* s'écriait : Bon marché, lecteurs (au lieu de : chers lecteurs !), et qui ne renferma de vraiment originaux que quelques dessins de Pierre Bisson ; *la Fortune*, — trois numéros autographiés et publiés sous la haute direction de madame Jeanne du Quesnel ; et enfin *la Mansarde*, cri suprême de désespoir de l'ex-rédacteur en chef du *Sans-le-Sou*.

Pendant cette invasion de feuilles autographiées, paraissaient quelques feuilles d'une rédaction un peu plus soignée, *la Fronde*, un petit journal fort bien fait, peut-être le mieux... — Ne parlez donc pas de ce journal : vous ne savez pas qui le faisait ! Le *Cadet-Roussel*, vif, railleur, spirituel, organe des idées *Voltairiennes* d'un ancien acteur, garçon de beaucoup d'esprit, et que je regrette d'avoir retrouvé plus tard au *Pirate* et au *Paris chanté*, c'est-à-dire en très-mauvaise compagnie, et enfin *l'Appel*, dont nous avons déjà prononcé le nom, et qui fut un journal bien vieux pour avoir été cependant rédigé par de très-jeunes gens. Tout ce mouvement, toute cette vie venait du

quartier des Écoles; c'était au café Génin qu'on discutait ces fameux articles qui devaient amener une
révolution littéraire, et qui n'amenaient même pas
un abonné au journal; c'était au café Génin qu'on
préparait les terribles manifestes du *Sans-le-Sou* contre
« les gros de la littérature, » et les gras frères de
l'*Étendard catholique*.

Le café Génin! un musée situé rue Neuve-Vavin,
un musée ouvert au public tous les jours, — fêtes et
dimanches surtout; un musée de quatre murailles recouvertes d'adorables choses pour lesquelles on n'a
pas encore dressé de catalogue, des chefs-d'œuvre que
je ne puis indiquer qu'en courant; une marine et un
paysage d'un grand effet, de Pierre Bisson, un élève
de Decamps, — un mort d'hier; des portraits, des
charges, et surtout quelques pochades à la sanguine,
très-précieusement exécutées par M. Bouchez; des fruits
de M. Auguste Jean, un peintre sur porcelaine, et
enfin, au milieu d'une foule de croquis de M. Léopold
Flameng (vous le connaissez, celui-là!) deux dessins
fort remarqubles : *Villon au cabaret de la Pomme
de Pin*, et un grand fusain qui couvre à lui seul tout
un côté de la muraille.

Mais le café Génin m'a entraîné un peu loin; repre-
nons notre récit : à côté de ces petites phalanges
marchaient seuls, dans tout l'égoïsme de leur individualité méconnue, quelques poëtes, enfants sublimes
de la Muse qui n'avait jamais voulu les reconnaître,
ni les adopter. Ainsi *le Monde*, revue des mœurs contemporaines, *le Monde*, journal en vers, et dont le
seul et unique rédacteur s'écriait modestement :

Nourri dans le sérail, j'en connais les détours.
Qu'on ne s'y frotte pas: j'ai la réplique prompte,
Le verbe haut, puissant, je terrasse et je dompte;
Etc., etc.

N'oublions pas aussi *l'Orphéon*, *le Bourgeois de Paris*,
le Rivarol, *les Echos de Paris* et *le Franc-Juge* ; ce dernier rédigé par Barnabé Chauvelot et Raymond Brucker, Raymond Brucker, une des physionomies les plus
curieuses et les moins connues de ce temps. Et c'était
encore *la Vie humaine*, « cette œuvre de renaissance
et de dévouement social, » *le Panthéon des Femmes*,
sous la direction de l'auteur de *Valerio*.... Eh bien!
oui, *Valerio*, un roman que je n'ai pas lu, et vous? —
Puis *la Revue anecdotique*, ce charmant petit recueil
rédigé anonymement par un trio sceptique et moqueur
(MM. Lorédan Larcher, Édouard Goëpp et Georges
Duplessis), *la Revue anecdotique*, qui agitait gaiement
au-dessus de tout cela son fouet et ses grelots.

A côté de ce mouvement littéraire se faisait un mouvement industriel bien autrement vivace et osé, — je
n'ai pas dit plus honnête et plus convaincu, — et l'Exposition universelle voyait éclore autour d'elle *le
Palais de l'Industrie*, *l'Union du Commerce et de l'Industrie*, *le Globe industriel et artistique*, *le Palais de
l'Exposition*, *le Moniteur des Expositions universelles*,
les Comptoirs de vente de l'Exposition, *l'Industrie uni-*

verselle, *la Revue générale de l'Exposition*, *l'Organe
de l'Industrie*, etc., etc.

Dans un ordre différent d'idées se fondaient *la Revue
Française*, *le Portefeuille*, enseveli, à son onzième
numéro, sous l'écroulement du *Monde romain* de son
rédacteur en chef Arthur Ponroy; et *l'Avenir*, la
meilleure revue qu'on ait tenté de faire depuis quelques années; cela n'étonnera personne quand je dirai
que *l'Avenir* fut rédigé,—pendant les dix mois qu'on lui
permit de vivre, — par MM. Vacherot, Frédéric Morin,
E. Pelletan, J. Barni, E. Despois, Romain-Cornut, etc.
C'étaient là des tentatives sérieuses, et qui n'eurent
rien de commun avec *le Fluctuoscope de la Bourse*,
l'Omnium, *le Philosophe*, « journal des enfants, » *le
Cagliostro* (le rédacteur de ce dernier prévient qu'il
n'est pas timbré, — *le journal*, — et comme il ne paraît que le soir, il ne peut être lu que par des gens
éclairés); *la Colombe du Massis*, messager de l'Armé-
nie, et le *Bulletin nécrologique*, « distribué aux abords
des cimetières !!! »

En 1856, le petit journal naît toujours; seulement
il est plus accusé, plus réfléchi, mieux fait; il a un
but, une idée, et s'il ne plante son drapeau sur aucun
Malakoff, il le fait respecter et meurt en le défendant;
et l'on voit paraître et disparaître *le Diogène*, d'Amédée Rolland, de Charles Bataille et d'Étienne Carjat,
trois garçons de talent; *la Comédie parisienne*, de cet
esprit charmant qui signe Albéric Second; *le Chroniqueur de la semaine*, de MM. Texier, Ulbach et Delord,
trois vrais journalistes; *le Polichinelle à Paris*, de
Jules Viard, un Gaulois; *la Voix des Écoles*, — une
bonne bouffée de jeunesse et de vie qui nous arrivait
du quartier latin; *le Triboulet*, — petit journal satirique, qui allait crânement de l'avant, marotte en
l'air et plume sur l'oreille, porter à tous les vents les
vers énergiques de Barrillot; *la Gazette de Paris*, de
mon vieil ami Pelloquet, *la Gazette de Paris*, dernière incarnation de la personnalité un peu triste, un
peu découragée de Philibert Audebrand; *Paris le soir*,
la Phrénologie, *la Renaissance*, *le Réalisme*, une tentative dont on s'est moqué un peu vite (je dis cela
surtout pour moi), et *l'Effronté*, un petit journal d'une
honnêteté et d'une probité littéraire dont M. Alexis
Dureau, son rédacteur en chef, cherchera, longtemps
encore avant de la trouver, la trace dans *la petite
presse* d'aujourd'hui.

Mais la place appartient toute aux *magazines* que
traîne à sa suite *le Journal pour tous*, et la librairie
est envahie par *l'Ami de la Maison*, *les Cinq centimes
illustrés*, *le Dimanche des Familles*, *la Lecture*, *l'Image
pour tous*, *le Passe-Temps*, *le Samedi*, *la Semaine*, etc.,
etc. — Les grotesques ne manquent pas non plus : *le
Bohême*, *le Carillon de Paris*, *la Balançoire pour tous*,
le Glaneur universel, *le Journal des Employés*, *le Sire
de Franc-Boisy*, etc. ; — puis ils deviennent plus rares
en 1857, et ne font que passer, heureusement sans faire
souche : *l'Ane rouge*, *le Panthéon populaire*, *la Cri-*

tique morale, la Fronde , la Gazette des Inconnus , *Guignol, les Lettres d'un Provincial, Lutèce, le Mercure,* etc.

La petite presse marche, lutte, cherche à vivre; on l'entend de tous côtés, on l'aperçoit à peine, et si on s'approche, elle disparaît. En effet, naissent et meurent avec une vivacité étonnante : un *Ane savant,* un *Courrier de Paris,* deux *Diables Boiteux,* une *Gazette du Progrès, le Béranger, l'Harmonie, le Journal du Plaisir, le Méphistophelès, le Rabelais,* les *Nouvelles à la main, le Présent,* petite revue des Deux-Mondes de la jeunesse; *la Revue moderne, le Sens-Commun,* etc. — *Les Contemporains* sont à eux seuls un événement hebdomadaire; mais comme tout se paye en ce bas monde, la publicité surtout, M. de Mirecourt paye celle-là, et même assez cher; — il la pleure aujourd'hui ! Enfin.... des journaux, encore des journaux, toujours des journaux ! seulement l'industrie, la spécialité l'emportent sur la littérature; la spécialité....où s'arrêtera-t-elle? N'y a-t-il pas un journal qui se nomme *l'Avenir médical de l'Iodure de fer!* Qu'a donc gagné le petit journal à s'appeler *le Réveil, le Gourmet, le Corsaire, le Billard, le Café? —* Aujourd'hui c'est *le Gaulois, le Diogène, le Croisé, le Nouvel Organe,* dernier effort d'Arthur Ponroy; — bref, à quelques exceptions près, tout le reste appartient soit à l'industrie et à la finance, soit aux publications populaires à bon marché, recueils de gravures ou de romans, surtout de mauvais romans sur lesquels devraient bien tomber les foudres de M. Billault.

J'ai dit en commençant cet article que le petit journal c'était *Paris qui s'en va...., Paris parti* même.... — Peut-être me suis-je trompé! car enfin, sans trop faire preuve d'optimisme, je puis croire avec *le Constitutionnel,* que tout est pour le mieux dans le meilleur des mondes possibles, et que le petit journal... c'est *Paris nouveau!* Oui, et plus je réfléchis, plus le petit journal me semble avoir trouvé sa voie; il s'est dit : « Puisqu'aujourd'hui je ne suis ni politique, ni littéraire, soyons militaire ; » il a frisé sa moustache, mis un corset, grossi sa voix, s'est accroché à un grand sabre qu'il a traîné le plus bruyamment possible au milieu de ses abonnés tremblants, mais satisfaits; la situation était bonne, et marchand de gloire et de patriotisme à bon marché, zouave de la spéculation, il s'est appelé *l'Ami du Soldat, Bulletin de la Guerre, Courrier de l'Armée, Trompette de la Victoire, Zouave, Écho de l'Armée, Bellorama, Petit Zou-Zou...* Que sais-je?

Et c'est peut-être là, la route de l'avenir !

FIRMIN MAILLARD.

Anc Mon Ménard. — Imprim. Simonge et Cie, place du Caire, 1

Depuis le 1ᵉʳ septembre nos Magasins d'Estampes, de Dessins, de Peintures et le Bureau
d'abonnements de **Paris qui s'en va**, sont transférés PLACE DE LA BOURSE, N° 5, au
coin de la rue de la Banque.

Les deux Livraisons paraissant toujours en même temps, à dater du 1ᵉʳ juillet elles sont dans une même couverture

PREMIER VOLUME. **24.** LIVRAISON.

PARIS QUI S'EN VA

ET

PARIS QUI VIENT

PUBLICATION ARTISTIQUE

DESSINÉE ET GRAVÉE

Par Léopold FLAMENG

TEXTE PAR

Théophile GAUTIER, Arsène HOUSSAYE, Henri MURGER, CHAMPFLEURY, Charles MONSELET, Émile de la BÉDOLLIÈRE,
Paul de St-VICTOR, Édouard FOURNIER, Albéric SECOND, Albert de la FIZELIÈRE, CASTAGNARY, Alfred DELVAU, Amédée
ROLLAND, Paul de LASCAUX, Zacharie ASTRUC, Marc BAYEUX, Jean ROUSSEAU, Eugène MULLER, De SAULT, Jules LEVALLOIS,
Marc TRAPADOUX Alphonse DUCHESNE, Victor FOURNEL, Jean DUBOYS, Achille GLEIZES, Charles COLIGNY, Frédéric
LOCK, Firmin MAILLARD, DURANTY, Fernand DESNOYERS, Jean BERHEIMS, Ernest HAMEL, Georges DUPLESSIS, Étienne
MAURICE, Régulus FLEURY, De KERSÉNAN, Amédée HARDY, etc.

LIVRAISON — Prix : **1** franc **50** centimes

1860

PARIS

PUBLIÉ PAR ALFRED CADART, ÉDITEUR D'ESTAMPES

5, PLACE DE LA BOURSE

On s'abonne à Londres

Chez W. JEFFS, 15, BURLINGTON ARCADE

ET 69, KING'S ROAD, BRIGHTON

Foreign Bookseller to the Royal Family.

St-Pétersbourg,	Dufour, libraire de la Cour impériale.	Bruxelles, VAN-DER-KOLK.	Florence, VIEUSSEUX.
		Turin, BOCCA.	Naples, DUPRÈNE.
Berlin, B. BEHR E. BOCK.		Milan, DUMOLARD.	New-York, Courrier des États-Unis 73, Franklin Street.

PARIS QUI S'EN VA ET PARIS QUI VIENT paraît par deux livraisons par mois; vingt-quatre par an, formant
un volume composé de cent pages de texte et de vingt-quatre gravures. L'ouvrage, terminé en quatre années, au 15 décembre 1863,
comptera donc un total de quatre-vingt-dix-huit gravures, quatre cents pages de texte; le tout formant un ouvrage complet, divisé en
quatre volumes.

PARIS QUI S'EN VA

ET

PARIS QUI VIENT

PUBLICATION ARTISTIQUE

DESSINÉE ET GRAVÉE PAR

LÉOPOLD FLAMENG

TEXTE

Par Théophile Gautier, Arsène Houssaye, Henri Monner, Champfleury, Charles Monselet, Émile de la Bédollière, Paul de Saint-Victor, Edouard Fournier, Albéric Second, Albert de la Fizelière, Castagnary, Alfred Delvau, Amédée Rolland, Paul de Lascaux, Zacharie Astruc, Marc Bayeux, Jean Rousseau, Eugène Muller, De Sault, Jules Levallois, Marc Trapadoux, Alphonse Duchesne, Victor Fournel, Jean Dubois, Achille Gleizes, Charles Coligny, Firmin Maillard, Duranty, Fernand Desnoyers, Jean Derbins, Ernest Harel, Georges Duplessis, Etienne Maurice, Régulus Fleury, De Kersénant, Amédée Hardy, etc.

4 années, 4 volumes, 96 gravures, 400 pages de texte.

Les villes sont comme les institutions: elles se renouvellent sans cesse, s'efforçant toujours de se tenir à la hauteur des besoins sociaux, et de se faire une physionomie appropriée au caractère spécial de chaque époque.

Cette vérité ne saurait mieux s'appliquer qu'au Paris de notre temps.

Le vieux Paris, le Paris de Sauval, de Gilles Corrozet, de dom Félibien, de dom Lobineau, est sur le point de disparaître. Ces mille et mille rues, ruelles, passages, détours, places, carrefours, au travers desquels ont passé tant de générations; ces anciens quartiers, qui semblaient autant de villes distinctes, ayant chacune son caractère, sa population, son industrie, ses mœurs; ces maisons sur la façade desquelles es époques ont successivement marqué leur empreinte et laissé un peu de leur histoire;—tout cet ensemble étrange et merveilleusement divers d'art, de poésie et de pittoresque, qui faisait de la grande ville comme un livre de pierre, une sorte de résumé de la France, où venaient lire à la fois l'archéologue, l'artiste, le penseur; tout cela s'efface, tout cela s'en va : le vieux Paris se meurt!

Mais un Paris nouveau s'élève. Les voies larges et spacieuses s'alignent; un quartier qui tombe fait place à un square, à une promenade; une rue démolie laisse surgir un palais; l'air et la lumière sont conviés de toutes parts à purifier les vieux cloaques et à baigner la nouvelle Ville éternelle.

Reconstruire le Paris qui s'en va, constater les développements du Paris qui vient, tel est le but de la publication que nous avons entreprise.

Reconstruire le Paris qui s'en va, et non-seulement le Paris d'hier, celui dont nos yeux ont vu les derniers vestiges, mais même ressusciter le Paris du moyen âge, de la Ligue, de la Fronde, avec ses monuments, ses fêtes, ses plaisirs, tout ce qui servit encore dans la tradition; — assister au développement de Paris qui vient, en constater les progrès journaliers, afin d'encourager les artistes qui s'emploient à ouvrer sa robe, si neuve encore, mais pourtant si riche d'étoffe; —

n'est-ce pas élever à la gloire de Paris un monument digne des plus hauts encouragements?

Pour remplir notre tâche, une double condition était nécessaire: retracer aux yeux et parler à l'esprit. — M. Léopold Flameng, a pris courageusement l'initiative; il a voulu retracer en effet les monuments et les mœurs, dans les gravures aussi originales de conception, que soignées d'exécution. Et pour ce qui concernait la rédaction, qu'il fallait rendre tout à la fois élégante, consciencieuse et soignée, il s'est adressé à des écrivains d'un talent éprouvé, dont quelques-uns sont illustres dans les lettres.

La tâche était difficile, et demandait, tant de la part du graveur que de la part des écrivains qui ont bien voulu lui prêter leur concours, un redoublement de zèle et de talent.

Nous croyons avoir pleinement réalisé notre but; et les suffrages du public éclairé sont venus nous montrer que nous ne nous sommes pas trompés.

Les plus hauts encouragements sont venus à nous. Par décision du Ministre d'État, en date du 2 mai, le Gouvernement a officiellement souscrit à notre publication. N'est-ce pas là la meilleure garantie que nous puissions donner aux personnes qui ne reçoivent pas encore le Paris qui s'en va et Paris qui vient?

Vingt deux Livraisons ont déjà paru. Elles donnent une ample idée de ce que sera la publication entière.

Nos deux premiers numéros remontent au 1er décembre 1859, et nous continuerons à fournir régulièrement, comme nous l'avons fait jusqu'à ce jour, deux Livraisons par mois.

Chaque Souscripteur recevra, à la fin de l'année, un Frontispice illustré, et pour prime, une très-belle Gravure, composée et gravée par M. Léopold Flameng.

L'Abonnement commençant au 1er janvier 1860, les deux Livraisons de décembre 1859 sont en dehors de l'Abonnement, et se payent 1 fr. 50 la Livraison, et 1 fr. pour les personnes qui souscrivent.

Pour cette Publication : Les épreuves séparées de l'ouvrage et tirées sur grande marge...... prix: 2 fr.
Les épreuves d'artistes seront tirées sur papier de Hollande ...... prix: 5 fr.

DURÉE DE L'OUVRAGE.

Bureau central d'Abonnement, chez l'Éditeur, Alfred Cadart, 5, place de la Bourse, et dans les principales Maisons d'Estampes et de Librairie de la Capitale.

Paris, le mai 1860. L'Éditeur-Gérant, A. Cadart.

NOTA. — Beaucoup de demandes nous sont adressées sur le temps que doit durer notre publication.
Paris qui s'en va et Paris qui vient paraît par deux Livraisons par mois, vingt-quatre par an, formant un volume composé de cent pages de texte et de vingt-quatre gravures. L'ouvrage complet terminé en quatre années, au 13 décembre 1863, comptera donc un total de quatre-vingt-seize Livraisons, quatre-vingt-seize gravures, quatre-vingt-dix-huit ou quatre cents pages de texte. Les deux livraisons spécimen, publiées en décembre 1859, le tout formant un ouvrage complet de quatre volumes.
NOTA. — Les personnes de la Province qui adressent des demandes d'Abonnement sont priées d'indiquer si elles désirent les deux Livraisons Spécimens de décembre 1859, N°s 1 et 2, en dehors de l'Abonnement, ceci ne nécessitant presque toujours un second envoi.
Toute demande d'Abonnement devra être accompagnée d'un mandat sur la Poste ou d'un bon payable à vue sur Paris.

125 CARMES BALLETTES

LES CARMES BILLETTES

I

Le monachisme nous vient d'Orient. Si l'Histoire ecclésiastique manquait de nous l'apprendre, si nous ne voyions figurer dans la Vie des Saints aucun des ermites, ni saint Paul, ni saint Antoine, il suffirait de la forme adoptée par les constructions monacales pour signaler cette origine.

Nous avons fait remarquer ailleurs, la corrélation intime qui existe entre la forme d'un monument et l'idée qui a présidé à sa fondation. L'idée monastique tient essentiellement à l'Orient; le moine est mahométan, dans un certain sens. Le renoncement aux choses de la terre, et l'attente d'une vie meilleure dans la prière, se trouvent bien dans le Koran, mais ne se trouvent pas dans l'Évangile. Le Christ a recommandé la résignation et non l'indifférence; ce n'est qu'au figuré, qu'il a dit de ne point bâtir en ce monde. Mahomet, au contraire, par suite de la doctrine fataliste, *ce qui est écrit est écrit*, enseigne positivement aux fervents à mépriser toute chose, et même la vie; à ne tendre qu'au paradis.

C'est ce qu'ont fait les moines. Ils ont devancé le Koran, parce que la doctrine de l'impassibilité est un des caractères de la race orientale, caractère qui n'avait pas besoin de Mahomet pour exister. Mahomet n'a fait que sanctionner ce qui était avant lui. Par la suite, le monachisme, en entrant en Europe, perdit beaucoup de son caractère mahométan; le génie des peuples occidentaux modifia la stupeur pieuse des cénobites primitifs, et en fit une vie de prière et de travail. Quoi qu'on en ait pu dire, les moines ont rendu d'importants services à la civilisation, par des travaux de tout genre. Nous connaissons les Bénédictins.

Mais le souvenir de l'Orient se perpétua dans la forme du bâtiment religieux. Le cloître des couvents est la reproduction exacte de la maison arabe : une cour intérieure, entourée de galeries surmontées de logements, dont les fenêtres donnent sur cette cour; on ne peut entrer dans le cloître, comme dans la maison arabe, que par une petite porte presque invisible à l'extérieur. Vous passez dans la rue, devant le couvent, sans soupçonner qu'il existe.

II

Les couvents, et par conséquent les cloîtres, étaient nombreux dans le Paris disparu; quelques fragments nous restent, quelques églises, quelques ogives éparses; mais des cloîtres il ne reste rien. Un seul, et il est complet, par un hasard inexplicable, subsiste pour peu de temps encore.

Je ne crois pas qu'il soit nécessaire d'avoir une mine renfrognée pour entrer dans un cloître; aussi, j'avoue volontiers qu'un souvenir assez burlesque m'arrête au seuil des Carmes Billettes. Le crayon de *Paris qui s'en va* pèlerinait de compagnie avec la plume qui écrit ces présentes lignes; mon ami le crayon voulait prendre un croquis du cloître, lequel n'est pas public. Nous entrâmes, cependant, avec cette audace qui n'appartient qu'aux amoureux et qu'aux filous. Afin que le lecteur ne se méprenne pas, je me hâte de dire que nous étions amoureux. Amoureux de quelques pierres sculptées? Oui. Un cloître *intact* ne se rencontre pas tous les jours; le crayon et la plume ont parfois de ces idées fantasques. Bref, nous allions en bonne fortune.

Affectant une complète assurance, nous ouvrons la petite porte de la rue, et, sans adresser un mot au concierge, nous entrons sous les galeries du cloître, qui fût bâti au commencement du XIV° siècle; je racontais à mon compagnon l'histoire de ce juif qui voulut tuer le bon Dieu. . . . .

III

Je ne ferai pas mal de raconter ici cette histoire. Quelque connue qu'elle soit, elle peut nous donner matière à d'intéressantes réflexions :

Vers le milieu du XIII° siècle, sous le règne de Saint Louis, la rue des Billettes se nommait, dit Sauval, rue des Jardins (1). Le quartier se trouvant voisin de l'ancienne fortification de Paris, construite par Louis VI, était peu fréquenté; et la rue des Billettes, qui conduisait à l'une des portes de cette enceinte, dut, par la suite, le nom qu'elle porte aujourd'hui à deux *billettes* qui servaient à percevoir les droits d'entrée.

J'ignore absolument ce que c'était que des *billettes*, et en quoi il était nécessaire d'avoir des billettes pour faire payer les entrées. C'est un des mystères profonds du moyen âge; et les tourniquets de la Bourse causeront peut-être de terribles soucis aux futurs chercheurs d'antiquités, quand nous serons devenus antiques à notre tour.

Quoi qu'il en soit, cette rue se nommait alors la rue

(1) Sauval, *Antiquités de Paris*, tome 1ᵉ.

des Jardins, et à la place où s'élève encore aujourd'hui l'église des Carmes réformés, existait une maison qui sans doute avait un pignon sur la rue ; et dans cette maison vivait un juif, coiffé, selon la loi, d'un bonnet jaune aussi pointu que le pignon de sa maison. Vous voyez cela d'ici : une maison dont le premier étage surplombait sur de gros piliers ; entre les piliers, des fenêtres à mailles de plomb et une porte bâtarde. Porte et fenêtres se verrouillaient fort bien la nuit, avec de gros volets, mais le jour, on voyait, à travers les vitres ternes, des balances de changeur sur un comptoir bourré de numéraire ; et sur le seuil se tenait le juif, et sur la tête du juif, son vilain bonnet.

Ce juif était prêteur sur gages. Le quartier est resté favorable à cette industrie ; le Mont-de-Piété moderne n'est qu'à deux pas de là, tout aussi juif que le juif de la rue des Jardins. Revenons à celui-ci :

Ce prêteur, aïeul des Samson et des Salomon du quartier latin, nourrissait une haine furieuse contre les chrétiens et contre leur Dieu. On serait haineux à moins, car au nom de leur Dieu, les chrétiens faisaient aux juifs toutes sortes d'avanies ; ils les tuaient fort bien, et, ce qui était pis pour ces fils d'Abraham, ils les pillaient et les rançonnaient à tout propos. Le bonnet jaune et la barbe fourchue du prêteur irritaient les gamins qui passaient dans la rue ; ces gamins, peut-être en jouant aux billes — étymologie que je préférerais pour le nom de la rue, — jetaient des cailloux dans les vitres d'Israël, et de la boue sur Israël lui-même. C'était fort ennuyeux ; Israël résolut de se venger.

Je ne sais quelle Mimi-Pinson, fille folle de son corps, sans doute la pauvre Printemps-Gai en personne, avait mis sa robe en gage chez le juif. Printemps-Gai voulant faire ses Pâques, rougit de se présenter à la table du Seigneur avec une robe en guenilles ; elle fut trouver Israël pour obtenir qu'il lui prêtât sa bonne robe, afin de faire, proprement vêtue, ses dévotions annuelles. Israël se fit tirer l'oreille et la barbe pendant longtemps. A la fin, il consentit non-seulement à prêter la robe, mais à la rendre *gratis*, si la dévote consentait elle-même à lui rapporter l'hostie qu'elle recevrait à la communion, et qu'elle conserverait dans sa bouche au lieu de l'avaler.

Printemps-Gai consentit à ce marché, plus vilain encore que celui de Judas.

IV

Voilà le juif en possession de l'hostie.

Il la place tranquillement sur son comptoir et lui donne un coup de canif. Le sang divin jaillit de la blessure et rigole parmi les piles d'écus. Les chroniqueurs qui rapportent la chose, disent que le juif fut très-surpris ; je ferai observer que cela est impossible.

A moins d'être une bête, ce juif ne pouvait pas être surpris, car il savait bien qu'il ne s'attaquait pas à un pain à cacheter. S'il n'eût pas été persuadé que Dieu incarné était présent dans l'hostie, pourquoi eût-il entrepris de l'outrager et de la blesser ? On ne s'acharne pas sur une chose inerte ; et sa fureur prouve, précisément, qu'il s'attendait bien à faire du mal à quelqu'un.

Mais, dira-t-on, le juif pensait n'outrager qu'un symbole ? Quand on outrage un symbole, la chose n'a de valeur qu'en public ; les martyrs chrétiens brisaient les statues de Jupiter, mais dans les temples et devant la foule. Autrement, la chose n'aurait point eu de sens. Et puis, si l'usurier de la rue des Jardins avait été réellement surpris de ce qu'il eût regardé comme un miracle, ce miracle l'eût converti.

Mais, loin de là, la chose lui parut naturelle ; le coquin savait bien qu'il tenait le Nazaréen ; aussi, il lui prodigua mille outrages. Il cracha, marcha dessus, puis le cloua sur le comptoir. Le sang ne cessait pas de couler. A la fin, le bourreau, prenant l'hostie ainsi mutilée, la jeta dans une marmite pleine d'eau bouillante, qui était sur le feu. Le sang rougit toute l'eau de sa teinte de pourpre, et l'hostie, soulevant le couvercle de la marmite, se mit à voltiger au-dessus des buées de vapeur qui s'élevaient dans le foyer.

Croyez-vous qu'Israël, à cette vue, se soit converti ? Ah bien oui ! vous ne connaissez pas la légende.

V

Le juif avait un enfant. Ce jeune drôle, remplaçant son père sur le seuil de la porte, pendant que le père se livrait au déicide dans son arrière-boutique, vit passer une femme qui se rendait à la messe : Vous allez chercher votre Dieu ? cria l'enfant ; mais il ne doit pas être à son église : mon père est en train de le tuer chez nous.

Sur ce simple indice, — quelle pénétration ! — la femme devina ce qui se passait. Elle rentra chez elle, ressortit aussitôt avec une pelle à la main ; pénétra chez le juif, sous prétexte de lui demander quelques charbons pour allumer son feu. Israël, très-bonhomme, ce me semble, la laissa contempler les preuves de son crime ; bien plus, il permit à cette femme de recueillir l'hostie dans sa pelle et de l'aller dénoncer sur-le-champ.

Les gens du roi et de la prévôté accoururent ; on prit le juif, et son jugement ne fut pas long. Sans doute on profita de la circonstance pour piller sa maison.

L'hostie, la pelle dans laquelle elle fut reçue, la marmite du juif, le canif, le clou, le marteau, furent recueillis *avec le sang* et déposés à l'église de St-Jean-en-Grève pour y être exposés à la vénération des fidèles.

La rue perdit son nom de rue des Jardins, et pendant fort longtemps s'appela : *rue où Dieu fut bouilli* (1).

C'est un chapitre des calomnies répandues à profusion contre les juifs. Je n'ai pas besoin d'insister pour faire remarquer les invraisemblances et les inepties qui se trouvent dans ce récit : Quoi! cet homme à la vue d'un tel prodige ne se convertit pas! Quoi! il se livre à une action qu'il sait devoir être punie de mort si elle est connue, et il ne se cache pas, il ne ferme pas sa porte, il laisse bavarder son fils, entrer une femme, recueillir par elle le corps du délit? Il la laisse enfin sortir avec la preuve du crime; et ne s'enfuit pas tandis qu'elle va le dénoncer?

Il est probable que quelqu'un de puissant, débiteur d'un usurier juif, qui demeurait rue des Jardins, sut ainsi se débarrasser d'un homme pressant; l'église St-Jean-en-Grève avait peut-être besoin d'une relique et fut heureuse d'en trouver une. Voilà, sinon le vrai, du moins le vraisemblable.

D'ailleurs, la présence réelle de Jésus-Crist dans le sacrement de l'Eucharistie était une chose controversée, puisque sa divinité l'était elle-même. L'Église ne perdit jamais une occasion d'établir cette présence par tous les moyens; le raisonnement frappait faiblement les masses, le miracle était préféré. La multiplicité des miracles sur le même sujet prouve quelle importance et quelle difficulté se rencontraient là. Je ne sais quel saint, dit-on, célébrant un jour la messe, eut un doute sur la présence réelle; et aussitôt Dieu, pour le convaincre, permit que le sang du Sauveur débordât du calice sur la nappe de l'autel. Ces récits, dis-je, étaient fréquents au moyen âge, et la meilleure preuve de leur vanité, c'est que l'Église d'aujourd'hui les laisse volontiers dans l'oubli, comme mauvais ou peu utiles; et, pour les besoins de sa cause, va chercher de nouveaux miracles à la Salette ou à Lourdes.

La sainte Vierge a détrôné le Christ.

VI

Quelques années après le sacrilége, la maison du juif fut donnée, ou acquise, l'an 1290, par Renier Flaminge, bourgeois de Paris, pour y bâtir une chapelle. Un bref du pape Boniface VIII autorisa cette construction, le 16 août 1296 (2).

Au moment de l'acquisition de la maison, en 1290, des religieux du tiers-ordre de saint François y avaient fondé une communauté. Le bref de Boniface VIII, en 1296, leur substitua les religieux de la Charité de Notre-Dame, pour lesquels la reine Jehanne, femme de Philippe-le-Bel, fit construire le couvent. Le cloître est de cette époque. Nous allons en parler ci-après (3).

(1) DULAURE, *Histoire de Paris.*
(2) SAUVAL, *Antiquités de Paris.*
(3) HOUEL, *Histoire des fondations des reines de France.*

Ces religieux de la Charité de Notre-Dame, qui venaient d'un monastère de Rongney, dans le diocèse de Châlons, ne tardèrent pas à voir leur couvent érigé en prieuré. Les fondations religieuses s'accroissaient rapidement; probablement l'église construite en 1296, sur l'emplacement de la maison du juif, manquait d'espace et n'était plus assez magnifique pour un prieuré; elle fut rebâtie. La dédicace, sous le titre de la Sainte-Trinité, eut lieu le 13 mai 1408.

Pour un motif que j'ignore, les religieux de la Charité de Notre-Dame abandonnèrent ce couvent. Par contrat du 26 septembre 1631, confirmé par deux arrêts du 8 janvier et du 12 février 1632, le couvent et ses dépendances furent cédés aux religieux Carmes de la Réforme, de la province de Touraine, observance de Rennes.

Par un autre arrêt du Parlement, en date du 2 juin 1634, le prieuré de Saint-Nicolas des Basses-Loges, près de Fontainebleau, qui avait appartenu précédemment aux Hospitaliers de la Charité de Notre-Dame, fut concédé pareillement aux Carmes de la rue des Billettes. L'église tombait en ruines, elle fut rebâtie dans le déplorable style qui régnait alors, et subsiste encore actuellement.

VII

Donc, pour en revenir au souvenir bouffon qui m'égayait au début de cet article, mon compagnon et moi, nous entrâmes un peu furtivement dans le cloître, et je racontai l'histoire du juif. Ce cloître, qui fournira le sujet d'une fort jolie gravure, est demeuré complet avec ses quatres galeries; celle du fond est double. Les ogives sont très-pures, les voûtes sombres et pleines de mystère; je ne crois pas à l'histoire du sacrilége, et cependant je suis touché, en pensant à la foi de ce siècle, où, pour laver un tel crime, on croyait devoir chuchoter des prières éternelles, sous des voûtes obscures, et se traîner à genoux sur le dallage béni.

Au centre, la cour herbue est pleine de décombres; lorsqu'on entre de la rue, deux petites portes donnent accès sous deux galeries opposées. Le concierge est entre les deux ; à droite, en face du cerbère, se trouve une étroite porte de communication entre le cloître et l'église, maintenant occupée par les luthériens de la confession d'Augsbourg. Au moyen âge, cela eût paru un sacrilége aussi affreux que celui du juif : célébrer la Cène à l'endroit où Jésus-Christ manifesta sa présence réelle dans l'hostie? N'est-ce point le comble de l'horreur? Nous sommes, à présent, meilleurs vivants; mais, quand je pense à ces choses, quoique je sois l'homme le plus doux du monde, je comprends les fureurs du seizième siècle et le massacre de la Saint-Barthélemy.

La gaieté, direz-vous, lecteur, ne fait pas mine de venir. Prenez patience. Ayant visité ce cloître en tout sens, nous avisâmes, au fond de la galerie de face, un escalier de planches qui tenta ma curiosité. Mon compagnon me conseilla la prudence; il redoutait une expulsion violente; cependant il me suivit sur cet escalier. Ai-je dit escalier? C'est bien une échelle de meunier.

En arrivant de la sorte sur une petite terrasse qui surmonte l'une des galeries du fond, nous nous trouvâmes en face d'une bonne femme. Mon compagnon eut peur: il n'aime pas les vieilles femmes.

Mes convictions en cela sont moins absolues; je consentis à entrer en pourparlers avec la vieille. Elle occupait une caverne, dont l'entrée donnait sur la terrasse où nous nous trouvions; et par une petite fenêtre, elle nous demandait, d'un air peu encourageant, ce que nous faisions sur cette terrasse, qui se trouvait être le jardin suspendu de cette Sémiramis luthérienne.

— Madame, répondis-je, nous visitons ce cloître.
— Ce?...
Elle ne comprenait pas.
— Ce cloître, repris-je. Je vous prie de nous excuser.
— Ah bien ouith!
Elle disparut de la fenêtre, et fit irruption près de nous. Vous savez, lecteur, ce que c'est qu'une vieille trop aimable, bavarde comme une pie, et curieuse? Il semble pourtant que ma moustache ligueuse troubla, par quelque réminiscence horrifique, cette vieille huguenote ignare. Ce fut sur mon compagnon qu'elle se jeta. Les opinions de la bonne femme différaient essentiellement des nôtres; le cloître lui semblait abominable; elle ne tarissait pas en imprécations contre cette vieille masure, et se félicitait de ce qu'une prochaine démolition devait la débarrasser de ce cauchemar de pierre. Elle réservait ses admirations pour les bâtiments neufs des écoles protestantes, qui ont pris possession de l'enceinte des Carmes. Ces bâtiments neufs se trouvaient à notre portée, sur la terrasse; la jeunesse des *parpaillots* n'étant point en classe, la vieille voulait nous traîner dans les salles d'étude, et ne comprenait pas ce que je trouvais de si curieux, dans le vieux cloître, unique à Paris.

Tandis que mon compagnon souffrait le martyre de ces bavardages, à lui spécialement adressés, j'étais au bord de la terrasse, et j'embrassais d'un seul coup d'œil les douze ogives des promenoirs du cloître, les vieux murs, les fenêtres des cellules; un parfum des siècles passés montait jusqu'à moi. Tandis que cette bavarde trépignant, parlant, bavant, allant, venant et déclamant, me personnifiait la vaine fièvre d'impatience qui nous possède tous aujourd'hui, quelque vision, effacée à demi, me laissait voir sous les galeries, dans l'ombre des piliers, passant deux à deux, les graves frocs gris qui marmottaient une prière.

Erreur? peut-être. La foi s'est brisée contre le « *que sais-je?* » d'un gascon! Ce que Montaigne nous a fait de mal est inouï. Il a systématisé le doute. Les erreurs de nos pères leur donnaient un repos précieux. La vérité nue est bien âpre. D'ailleurs, est-ce la vérité que nous avons? En tout cas, le bonheur dans le faux est préférable à la douleur dans le vrai. C'est être bien cruel que d'arracher un fou à sa folie, si sa folie lui donne un bon sommeil.

J'en étais là, quand un grave ministre, de noir tout habillé, à cravate blanche, sortit des salles d'étude, et s'enquit du but de notre visite. Après quelques phrases polies, il ordonna à la vieille de nous faire visiter en détail tout ce que nous voulions. Et il s'éloigna.

Nous ne sommes point habitués, dans nos excursions, à rencontrer une aussi haute convenance, et tant de discrétion.

Le démon femelle, suivant son idée fixe de nous arracher aux ogives, nous entraîna dans le temple. C'est l'église bâtie en 1634, dans l'abominable style jésuite. La gravité du culte protestant fait de ce sanctuaire une retraite doublement austère; notre cicerone en jupons se chargea de l'égayer. Une demoiselle de grand nom, qui s'est mariée depuis, au temple de la rue Saint-Honoré, devait d'abord se marier aux Billettes. La vieille nous fit sur elle un tas de ragots mirifiques, qu'elle entremêlait de détails précis sur sa toilette, son futur, les écoles, le temple; et le prix, par francs et centimes, que devaient coûter la toilette, les écoles et le temple. Il s'est agi de quatre-vingt mille francs; je ne sais à quoi s'appliquait cette somme.

J'écoutais distraitement et en trépignant d'impatience.

Et la grande croix sans Christ, qui se trouvait au fond du sanctuaire, me faisait penser que notre siècle nous a laissé la douleur sans l'Espérance, la prière sans le Médiateur; la croix sans le Sauveur.

Le juif était moins cruel.

Aug. MARC-BAYEUX.

Abel Blon Renard. — Pallotin, Renage et Cie, place de Caen. 3

LE COUVENT DES CARMÉLITES

I

J'ai voulu faire aussi mon pèlerinage au mont Carmel. Je suis entré à mon tour dans ce beau couvent des nobles femmes du XVIIᵉ siècle, continué par les pieuses sœurs de notre temps. Je n'y ai pas frappé ma poitrine sonorement comme le poète Lamartine dans l'Haceldama, où le Christ étendit ses ses deux bras pour embrasser le monde et se pencha pour le bénir ; mais je me suis signé en souvenir de ces poétiques héroïnes du faubourg Saint-Jacques, et j'ai ramassé ma lyre pour les célébrer, pendant un quart d'heure, sur le mode anecdotique.

Ne serai-je pas un peu profane? Alors je ferai pénitence, — comme elles firent elles-mêmes, ces aimables religieuses d'un siècle religieux évanoui dans la profanation.

L'ordre carmélite fut un ordre chevaleresque. Le premier couvent, le couvent de fondation, le couvent immortel, sinon éternel, s'établit en 1604, dans ce célèbre quartier Saint-Jacques qui a vu naître et mourir tant d'intelligentes générations. Je ne sais pourquoi les Français, en cette même année, s'établissaient dans le Canada et fondaient la ville de Québec; mais il me semble plus doux, et même plus politique, de rappeler l'investiture des religieuses dites du Carmel au mont Saint-Jacques. Il fut réservé à cette colonie aristocratique de passer par les histoires les plus divines. Que ne puis-je les rapporter toutes comme un romancier, à la façon de mes contemporains galants Victor Cousin, Charles Sainte-Beuve ou Arsène Houssaye! Plus d'un nom carmélite pourrait servir à un poème exemplaire.

Toute chronologie du *Paris qui s'en va* sera plus tard une légende. Chacun de nous, peintre ou graveur, chroniqueur ou poète, y aura mis la trame de ses pensées et la fleur de ses sentiments, aussi pieusement que Mickiewicz pour sa vieille Lithuanie.

Alors l'esprit religieux était grand dans le monde. Les enfants, les aînées des plus illustres et des plus mondaines familles se plaisaient à embrasser la céleste carrière. Les guerres récentes entre les hommes de religion avaient poussé l'esprit des femmes à une certaine fatigue qui demandait un apaisement. Cet apaisement se divinisa. Les femmes les plus heureuses, qui sont toujours les plus belles, ne firent attention ni à la perte de leurs joies dorées, ni à l'enfouissement de leur beauté ; elles se précipitèrent dans les couvents, la tête baissée ou la tête oublieuse. Ne trouvant pas quelquefois ces cloîtres dignes d'être le séjour de leur âme, elles les réformaient ; et quand il en manquait tout à fait, elles en fondaient, comme de nouveaux asiles délicieux pour elles. C'est ainsi qu'apparut l'éclatante institution des sœurs du Carmel.

II

Le premier couvent de Carmélites fut donc établi à Paris, au faubourg Saint-Jacques, pendant que se créaient par toute la France des séminaires, et alors que Richelieu était à la veille d'élever la Sorbonne, Bérulle l'Oratoire, et César de Bus la Doctrine Chrétienne.

L'ordre du Carmel était un ordre antique; mais il était dégénéré. Sainte Thérèse, avec sa foi chaleureuse et son mysticisme ardent, avait essayé, en Espagne, de ramener ce beau vaisseau à fleur de religion; vers l'an 1582, elle en réforma la pratique. Contrairement à tant d'autres réformes, celle-ci eut bientôt un succès admirable; tant il est toujours vrai qu'une réforme ou une révolution, ou une simple rénovation, tient à la valeur personnelle de son chef ou de son inventeur! — et la bienheureuse sainte Thérèse avait la plus sainte des renommées et la plus blanche des ceintures! — L'Italie et la France s'empressèrent de ceindre le même lis que l'Espagne. Une femme qu'on a appelée admirable aussi, madame Acarie, alla chercher au delà des Pyrénées le lis et l'auréole; elle fit apporter cette fleur et cette lumière à Paris par quelques disciples de sainte Thérèse : la séraphique procession arrêta son fardeau au faubourg Saint-Jacques; — et au nom de la Vierge, cette sainte madame Acarie, en qui allait s'incarner l'ordre des Carmélites françaises, prit le titre symbolique de sœur Marie de l'Incarnation.

A partir de ce jour, l'arche du Carmel était ouverte en France. En moins de soixante ans, cette France se couvrait de soixante autres couvents carmélites. Paris seul en posséda trois; le deuxième fut créé rue Chapon, en 1617; le troisième, en 1664, rue du Bouloi, — puis transporté, en 1682, rue de Grenelle, au faubourg Saint-Germain.

Deux princesses de la maison de Longueville avaient obtenu du brave roi Henri IV, dès 1602, les lettres patentes nécessaires pour ouvrir la retraite du faubourg Saint-Jacques. Catherine et Marguerite d'Orléans, filles d'Henri, duc de Longueville, étaient de généreuses princesses, qui méritaient bien d'être les cousines de Henri le Grand ; — et il y eut encore une autre dame de Longueville qui se montra non moins opulente en faveur des œuvres du Carmel : celle-ci fit tous les frais de l'établissement de la rue Chapon ; elle répandit sur les Carmélites ses bienfaits et ses grâces, comme si elle eût été la reine des cieux. Du haut des cieux la reine Marie dut lui sourire.

La maison de Bourbon voulut aussi doter la maison du Carmel. Une princesse de Condé imita dans leur magnificence les princesses de Longueville. Ce couvent du faubourg Saint-Jacques, peuplé d'abord d'infantes espagnoles, reçut donc dès son origine les richesses françaises, en attendant la noblesse du pays. Toute cette noblesse allait y venir en carrosse et en voile. Il sembla que si on demandait aux élues trente-six pénitences, on leur demandait aussi la preuve de trente-six quartiers de blason. Une petite fille ne pouvait pas se repentir là, il fallait être certaine grande dame. Ne faisait pas qui voulait la station du Carmel au faubourg Saint-Jacques.

III

La partie descriptive d'un ouvrage est la plus ennuyeuse; c'est celle-là dont Buffon laissait le soin à son collaborateur Daubenton. Moi qui n'ai la faveur d'aucun Daubenton, ni qui ne possède à mes côtés nul Gueneau de Montbéliard, pas même le plus petit abbé Bexon, il me faut ici être moins heureux que Buffon le Sublime, — et descendre de mes théories pour établir la géographie de ce grand couvent des Carmélites au XVIIe siècle. Il s'agit de se reporter à l'édification du célèbre monument du faubourg Saint-Jacques, tel qu'il existait il y a deux cents ans. Cette édification ne serait pas la moindre de ma notice, si je la savais faire comme Philibert Delorme, en grand architecte, ou comme Victor Hugo, en grand poëte archéologue. Je vais l'emprunter à quelque amant mystérieux des dames de Longueville, qui voudra bien que je la signe pour lui. Lui-même ne l'a-t-il pas signée facilement d'après les plans de Paris de Gomboust, de 1652, et de Turgot, de 1740 ?

« Le couvent des Carmélites était situé dans la rue du Faubourg-Saint-Jacques, tout à fait en face du Val-de-Grâce; il s'étendait de la rue Saint-Jacques à la rue d'Enfer, et il avait fini par embrasser, avec toutes ses dépendances, le vaste espace qui, du jardin et de l'enclos du séminaire oratorien de Saint-Magloire (aujourd'hui les Sourds-Muets), monte jusqu'aux bâtiments occupés maintenant dans la rue Saint-Jacques et dans la rue d'Enfer par l'établissement appelé la Brasserie du Luxembourg. Il y avait deux entrées : l'une par la rue Saint-Jacques, l'autre par la rue d'Enfer. L'entrée de la rue d'Enfer subsiste au n° 67, et elle est encore aujourd'hui ce qu'elle était il y a deux siècles. Elle introduisait dans la cour actuelle, qui servait de passage public pour aller dans la rue Saint-Jacques. Presque en face, un peu vers la droite, était l'église. Un peu plus à droite encore, sur les terrains où l'on a ouvert la rue nouvelle du Val-de-Grâce, étaient de vastes jardins avec de nombreuses chapelles, le monastère même; et tout à fait sur la rue d'Enfer l'infirmerie et les appartements réservés à certaines personnes. De l'autre côté, à gauche, vers Saint-Magloire, étaient divers corps de logis et des maisons dépendantes du monastère. — Mais le couvent n'avait pris ces accroissements qu'avec le temps. — Le premier accroissement de la communauté avait été l'ancien prieuré de Notre-Dame des Champs, dont l'église était du temps de Hugues Capet, et même une vieille tradition la disait établie sur les ruines d'un temple de Cérès, où s'était jadis réfugié saint Denis, lorsqu'il prêchait l'Évangile à Paris. Du moins, des fouilles faites en 1630 firent paraître des restes d'antiquités païennes. Un certain merveilleux était donc déjà autour de l'établissement nouveau au commencement du XVIIe siècle. »

IV

C'était une grande maison, qui avait bon air comme un palais; c'était le palais de Jésus et de la Vierge. La communauté fut bientôt nombreuse, sans cesser d'être remplie de filles de qualité et d'esprit, qui avaient quitté le monde, « qu'elles connoissoient et qu'elles méprisoient. » Or, c'est ce qui fait les bonnes religieuses.

La réception de ces nobles pénitentes fut un instant digne de remarque; c'était sous le prieurat de la mère Marie-Madeleine de Jésus, qui s'appelait autrefois dans le monde Mlle Marie de Bains, fille de messire de Lancry, chevalier, seigneur de Bains, de Boulogne et autres villes en Picardie, gentilhomme ordinaire du roi Henri IV, marié à Diane-Catherine de la Porte-Vessine, originaire d'Anjou, l'un et l'autre des plus anciennes noblesses de leur province. — L'humilité étant le fondement de tout l'édifice spirituel, sœur Marie de Jésus s'appliqua d'abord à lui donner toute la profondeur que lui suggérait la grâce. Elle saisissait avec ardeur, quoique d'une si grande beauté, tous les moyens d'anéantir à ses propres yeux, et aux yeux des autres, les dons de nature et d'enchantement dont Dieu l'avait merveilleusement favorisée. Peu contente de s'être soustraite aux visites des grands et de toutes ses amies, son premier soin fut sous divers prétextes de retirer ses portraits de leurs mains, dans le dessein de les brûler. Ces portraits étaient passés jusqu'en pays étranger; « les plus fameux peintres l'avaient tirée à l'envi pour faire valoir leur pinceau. » — Quand elle fut mère prieure, son sentiment sur la réception des sujets s'éthérisa et s'angélisa comme sa beauté, pour ainsi dire. Non-seulement elle voulait y reconnaître la vocation à l'état religieux, mais à la vie ermitique, dont les Carmélites faisaient une particulière profession. Elle exigeait que l'on éprouvât la qualité de leur esprit, comme si elles eussent dû être des académiciennes. La spirituelle mère rejetait avec fermeté les esprits bornés, disant qu'ils étaient ordinairement arrêtés à leurs sens. Elle les voulait gaies et l'esprit libre, disant que le trouble et les inquiétudes sont un grand empêchement à la ferveur religieuse.

Dans ces sortes de peines que l'on taxe d'épreuves des grandes âmes, il en est peu, en effet, qui ne soient retournées en arrière, surtout dans l'histoire des belles Carmélites. Je n'aurai pas la curiosité trop profane, quoique assez naturelle, de rechercher quelles ont été dans le couvent ces pénitentes qui s'agenouillèrent autant pour la terre que pour le ciel.

La mère Marie-Madeleine de Jésus n'était point d'avis que l'on en reçût d'âgées, à moins que l'on ne reconnût en elles un appel très-particulier de Dieu. Mais les constitutions de Mlle de Bains ne furent pas toujours observées; on vit entrer aux Carmélites de très-jeunes filles : — elle remplissaient, il est vrai, une des principales conditions de la sainte lettre, c'est-à-dire d'avoir une affabilité charmante, d'être compatissante au delà de toute expression et pleine de touchantes vertus. L'orgueil était permis à ces âmes nobles, mais ce n'était plus que l'orgueil en Dieu. La mère Madeleine de Saint-Joseph avait prononcé un jour ce mot aussi chevaleresque que divin : « Oui, nous sommes de très-bonne maison : nous sommes filles de roi, sœurs de roi, épouses de roi, car nous sommes filles du Père Éternel, sœurs de Jésus-Christ, épouses du Saint-Esprit! »

La mère Madeleine de Saint-Joseph, qui fut la première grande prieure française, était d'excellente qualité nobiliaire : « Son père avait été ambassadeur en Flandre, et sa mère était sœur du chancelière Brulart de Sillery. » Elle avait été élue en 1608. — A côté d'elle, la sous-prieure, sœur Marie-de-Jésus, s'était appelée Madame la marquise de Bréauté. — De simples religieuses portaient les noms de Marie d'Hannivel, fille du grand audiencier de France; Angélique de Brissac, fille du duc de Brissac; Anne de Séguier, fille du premier président Séguier; Marie de La Rochefoucauld, Anne de Gontant-Biron, Anne de Lavalette-d'Épernon, la fleur de l'*Armorial français*.

Les prieures et les sous-prieures étaient en charge pour trois ans. Elles pouvaient être réélues; Madeleine de Saint-Joseph et Marie-Madeleine de Jésus le furent plusieurs fois de 1608 à environ 1660. Ces deux Mères alternèrent le plus souvent avec Agnès de Jésus-Maria et Marie de la Passion. — Agnès de Jésus-Maria était Mademoiselle Judith de Bellefonds; — Marie de la Passion était Mademoiselle du Thil.

La religieuse qui devenait prieure s'appelait Mère. Après être sortie de sa charge, elle gardait encore ce titre. La liste des religieuses du couvent des Carmélites de la rue Saint-Jacques, pendant le dix-huitième siècle, est fort belle et fort importante. Depuis la fondation, en l'an 1604, jusqu'en 1704, juste un parcours d'un siècle, on peut compter environ trois cents noms. Parmi ces lis et ces fleurs de naissance, je citerai encore héraldiquement : Marthe du Vigean, qui avait été aimée du grand Condé, et dont la sœur Anne fut duchesse de Richelieu; — Marie de Gourgues, — Claire de Chabot de Jarnac, — Marie de La Thuillerie, — Thérèse du Merle de Blanc-Buisson, — Anne de Bailly, — Thérèse de Langeron de Maulevrier, — qui furent prieures ou sous-prieures.

Parmi les autres religieuses, — outre celles que j'ai déjà nommées : — Mlle de Fontaines, sœur de la mère Madeleine Saint-Joseph; — Anne de Viale, — Marguerite de Chandon, — Marguerite de Cujy, — Isabelle d'Auvilliers, — Marguerite de Rivière, — Tycie de Cuthlie, — Anne de la Jonchère, — Anne du Pin, — Marie du Pin, — Angélique de Gaydène, — Marie de Méderic, — Geneviève de Montreuil, — Anne de Vaudrant, — Angélique de Thou; — Geneviève d'Anglure de Bourlemont, nièce du pape Urbain VII; — Marie de Marillac, qui fut reçue au couvent à sept ans; — Charlotte de Lenoncourt, — Marie de Chatignier, — Louise de Fontaine-Martel, — Anne de Stainville, — Marie d'Aubray, — Émilie de la Tour d'Auvergne de Bouillon, nièce de Turenne; — Marie d'Arpajon, fille du duc d'Arpajon; — Thérèse de Charost de Béthune, fille du duc de Béthune...

Les Carmélites de la rue Saint-Jacques recevaient les plus princières et les plus royales visites. La reine Anne d'Autriche allait dans le grand couvent de la rue Saint-Jacques tous les ans; « elle s'y mettait à genoux pour prier en grande dévotion. J'ai eu l'honneur de l'y accompagner, dit la duchesse de Richelieu dans sa *Déposition sur la sainteté de la mère Marie-Madeleine*. Je sais aussi que plusieurs princesses, duchesses et plusieurs dames de la cour sont soigneuses d'accompagner la reine lorsqu'elle va dans le grand couvent le jour du décès de la vénérable Mère; que toutes vont sur son tombeau; quelques-unes prennent des fleurs qui sont dessus, les baisent et les regardent comme une relique... »

Le révérend père Gibieuf, l'un des supérieurs du couvent des Carmélites, avait composé pour elles le livre de la *Vie parfaite*. Alors le zèle de la mère Marie de Jésus « pour l'avancement spirituel des âmes confiées à ses soins la tenait dans une vigilance continuelle. » Elle régissait la maison au nom et en l'esprit pur de Jésus-Christ; elle veillait surtout au silence et à la promptitude à se rendre aux heures de communauté; elle ne voulait pas que sans une grande nécessité et une expresse permission on demeurât plus d'une demi-heure au parloir, recommandant fort que le temps y fût bien employé. Elle veillait sur tous les offices, mais particulièrement sur celui de l'infirmerie, afin que donnant aux malades ce qui leur était nécessaire, on évitât le superflu que la nature pouvait demander par délicatesse...

Guéries au nom du Dieu du Carmel ou au nom d'Hippocrate et de Galien, la devise des Carmélites n'en restait pas moins celle-ci : « Souffrir ou mourir! » C'est ainsi qu'autrefois sainte Thérèse avait parlé.

L'ouverture des grilles ne se faisait jamais que dans le cas rigoureux permis par les institutions. Cette séparation du monde, disait la mère Marie-Madeleine, faisait la différence de l'ordre des Carmélites avec les ordres aussi austères, mais qui n'avaient pas le même obligation de ne pas se laisser voir. La mère Agnès, pour se donner en exemple à son tour, avait pris si bien l'habitude de retrancher à ses sens tout ce qui pouvait leur donner quelque satisfaction, qu'elle paraissait plutôt morte que mortifiée. Elle faisait une infinité de pénitences, quoiqu'elle fût d'une complexion fort délicate : ainsi de grandes veilles au chœur; des disciplines, des ceintures de fer; elle couchait assez souvent sur son plancher. Jamais elle ne se plaignait dans ses grandes et longues maladies ; à peine pouvait-on lui faire dire ce qu'elle souffrait ; son visage était toujours riant et tranquille ; elle n'était touchée que des maux des autres. Elle choisissait pour sa personne le vêtement le plus grossier et le plus pauvre ; elle porta une robe vingt-deux ans. Autre chose embellissait cette femme, — cette femme appelée Mlle de Bellefond, que le monde avait perdue et que la cour eût voulu posséder ; — autre chose embellissait cette femme jusque dans sa plus grande vieillesse : elle paraissait même plus jeune de vingt-cinq ou trente ans qu'elle n'était ! — La cour ne garde pas si longtemps la beauté.

V

Ce mot de cour me rappelle fort à propos l'un des plus délicats sujets de ma notice, en la personne de Louise de la Vallière, — cette poétique pénitente qui vint expirer au couvent des Carmélites, sous le nom de sœur Louise de la Miséricorde.

Louise la Beaume le Blanc de la Vallière, entra dans la maison de la rue Saint-Jacques en 1675. Elle avait déjà versé beaucoup de larmes avant d'en franchir le seuil ; une fois renfermée dans le lieu de pénitence, elle y écrivit son beau livre des *Réflexions sur la miséricorde de Dieu*. Je ne referai pas l'histoire de Louise de la Vallière, quoiqu'elle appartienne autant aux poëtes qu'aux historiens politiques. Louise de la Vallière est une espèce de Rosalinde et de Miranda dont il ne faudrait toucher la robe qu'avec le doigt d'Ariel. La jeunesse de Mlle de la Vallière est la légende éternelle de l'amour ; on ne peut pas se la figurer plus belle. C'est l'histoire de deux beaux jeunes gens, de deux âmes privilégiées et tendres, — d'un rossignol et d'une rose, comme dans les adorables contes orientaux, — d'un soleil et d'une violette, comme on disait à la cour de Fontainebleau.

Mlle de la Vallière mourut après trente-six années de pénitence au couvent des Carmélites. Elle n'avait voulu aimer que le roi Louis XIV, et elle avait été assez punie de cette magnifique fidélité. Sa faute lui donna tant de remords insensés. Sœur Louise de la Miséricorde se laissa mourir par la soif, en souvenir de la plus touchante aventure qui soit dans les bibliothèques bleues. — Un jour, dans le jardin des Carmélites, elle vit une jeune sœur qui puisait de l'eau et qui buvait dans sa main. Ce tableau lui rappela une des meilleures journées de ses beaux jours. C'était à Fontainebleau ; elle se promenait dans la forêt avec toute la cour. Comme elle aimait la solitude et la rêverie, elle s'était éloignée pendant qu'on jouait à la main chaude. Le roi, qui ne l'avait pas perdue de vue, la rejoignit sous les ramées, devant une petite fontaine, à l'instant même où elle se penchait pour y puiser de l'eau avec sa main. Le roi trouva la coupe digne d'un roi. Il s'agenouilla et but à plusieurs reprises, en disant que l'eau se changeait en vin. Elle avait oublié ce tableau romanesque, comme tant d'autres ; mais, après un demi-siècle, ce tableau avait reparu plus poétique que jamais dans la mémoire de la carmélite : « O mon Dieu ! dit-elle, pardonnez-moi ce retour vers un temps si fatal ! Puisque le roi a eu tant de joie à boire dans ma main, je vous promets de ne plus boire jamais ! » Elle ne voulut plus boire, ajoute son récent historien, M. Arsène Houssaye, — « elle ne voulut plus boire qu'à l'eau vive du divin amour, comme la Samaritaine. »

Les quelques ruines que rappelle ici la peinture de Léopold Flameng, ces mélancoliques débris du grand couvent des Carmélites, sont le côté qu'habita Mlle de la Vallière pendant son séjour de trente-six années ; c'est là qu'elle écrivit cet admirable ouvrage qui nous est resté sous le nom de *Réflexions sur la miséricorde de Dieu*.

VI

La tradition carmélite ne s'est pas complétement perdue ; la maison de la rue Saint-Jacques n'est pas complétement inhabitée. Dispersées à l'époque de la Révolution, les sœurs du Carmel ont su se réunir encore dans le grand couvent de la fondation ; mais ce grand couvent n'a plus que quelques cellules. Si les modernes habitantes n'ont pas laissé s'envoler la foi des beaux jours, elles n'ont plus autour d'elles cette célébrité qui rendait leurs sœurs d'autrefois quelque peu mondaines.

Quand vous ferez la promenade ou le pèlerinage du nouveau Carmel, je ne sais s'il vous semblera reconnaître ces nobles filles de l'aristocratie française, qui travestissaient leurs adorables noms sous des noms plus adorables encore : Marie de la Passion, Agnès de Jésus-Maria, Claire du Saint-Sacrement, Madeleine du Saint-Esprit, Andrée de Tous-les-Saints, Angélique de Tous-les-Anges..., mais vous retrouverez les nouvelles sœurs faisant les mêmes aumônes. Ce n'est pas là que l'écho du nom de Jésus s'en va s'affaiblissant.

Les religieuses d'aujourd'hui ont renoué au nom du peuple la tradition des nobles Carmélites. Mlle de la Vallière l'avait prédit le jour qu'elle fit le suprême voyage de la rue Saint-Jacques. — « Ce pauvre peuple, dit-elle à sa sœur qui l'accompagnait, comme on a tort de ne pas y penser plus souvent ! Mais il est trop tard ! »

Le peuple a entendu ce mot ; il a pensé lui-même à son bonheur, et il a gardé les poétiques Carmélites pour ses amies.

CHARLES COLIGNY.

LE BOULEVARD DU TEMPLE

I

En débarquant à Paris, l'honnête habitant de Pont-à-Mousson ou de la Ferté-Bernard s'imagine qu'il va voir Paris, et quand il s'est consciencieusement promené, quinze jours durant, à travers les rues de la grande ville, il s'en retourne à la Ferté-Bernard ou à Pont-à-Mousson, assuré de connaître cette prodigieuse capitale sur le bout de son doigt.

L'honnête habitant de Pont-à-Mousson se trompe. Il a emporté un peu de notre macadam à la semelle de ses souliers de voyage, mais il n'a pas emporté autre chose, et il en sait sur Paris tout juste autant qu'en savait sur la France cet Anglais qui, ayant rencontré, en débarquant à Calais, une servante d'auberge rousse, avait écrit en note sur son album : « En France, toutes les femmes sont rousses. »

On ne connaît pas Paris pour l'avoir traversé. Ceux-là même qui en sont « nés-natifs » ont quelque peine à savoir à quoi s'en tenir à son sujet ; cela vient sans doute de ce qu'il y a, à Paris, autant de villes qu'il y a de quartiers, — si j'osais, je dirais autant de villes qu'il y a de rues. Et, en effet, la rue Mouffetard ne ressemble pas plus à la rue Vivienne, la place Vendôme ne ressemble pas plus à la place de la Collégiale, que Singapour ne ressemble à Carpentras, que les frises de la Madeleine ne ressemblent aux frises du Parthénon, que M. Louis Véron ne ressemble à Périclès, que le plus drôle de nos drôlesses ne ressemble à Sophie Arnould, etc., etc., etc. Non-seulement ce ne sont pas les mêmes habitants, c'est-à-dire les mêmes vêtements, mais ce ne sont ni les mêmes mœurs, ni la même langue. Le jargon qu'on entend sur le bitume de la place de la Bourse n'a aucune analogie avec l'argot qui se parle dans le ruisseau de la place Maubert. Cent touristes étrangers qui auraient observé chacun un coin de Paris s'en retourneraient chez eux avec cent opinions diamétralement opposées, — qui toutes, cependant, seraient exactes. Celui-ci aurait vu quelques filandières rousses et borgnes dans un quartier malsain, mais celui-là aurait vu, dans un quartier plein d'air et de soleil, de belles filles brunes avec de beaux yeux bleus; celui-ci n'aurait respiré que les émanations des tanneries et des fonderies de suif du faubourg Marceau, mais celui-là n'aurait vécu que dans l'atmosphère de patchouli du quartier Bréda. Ils seraient tous dans le vrai en ne concluant pas du particulier au général ; ils seraient tous dans le faux en prenant la partie pour le tout, — ainsi que font d'ordinaire les touristes. Paris ne se connaît ni en un jour, ni en un mois, ni en un an, par cette excellente raison, donnée par Chamfort, que la charpie n'est pas du linge, — c'est-à-dire que Paris n'est pas une ville, mais bien la menue-monnaie de l'univers. Allez donc compter tous les liards qui entrent dans un milliard !

Donc, le boulevard du Temple a une physionomie qui lui est propre, et il n'y a pas plus de rapport entre lui et les autres boulevards qu'il n'y en a entre ces boulevards eux-mêmes et la Perspective de Saint-Pétersbourg, ou le Bois de la Haye, ou le Graben de Vienne, ou les Tilleuls de Berlin. Le boulevard du Temple a une originalité bien tranchée, qu'il doit, d'abord à son éloignement du centre réel de la capitale, ensuite à la série de salles de spectacle et autres lieux de plaisir qui le bordent.

De cinq heures à neuf heures du matin, il appartient à l'armée silencieuse des balayeurs chargés de lui faire sa toilette. De neuf heures à midi, c'est un quasi-désert où viennent de temps en temps s'abattre, pour y piller quelques miettes oubliées de la veille, ces voyous ailés qu'on nomme des moineaux-francs, en compagnie de quelques groupes de ces pierrots sans ailes qu'on appelle des voyous : on est si bien là pour jouer aux billes, à la marelle, au sabot, à la toupie! Ah! la toupie, ma toupie, nos toupies, mes amis, souvenez-vous-en! Quels gnons nous cherchions à donner au potet! Que de gnons j'ai reçus depuis dans ma vie, sur la cervelle et sur le cœur!

A part ces tapageurs à plumes et à blouses, le boulevard du Temple est abandonné à cette heure de la journée. On y passe bien pour aller à ses affaires : on n'y séjourne pas.

A midi, il commence à s'animer. Une foule spéciale y circule. Ce sont des gens de théâtre pour la plupart, acteurs, actrices, régisseurs, souffleurs, musiciens, machinistes, etc., etc., — tout un monde de pauvres diables que l'argot mourraient de faim et de soif si les salles de spectacle étaient supprimées du jour au lendemain par un décret de Moscou quelconque. Je ne parle pas, bien entendu, des actrices : les femmes — surtout les jolies femmes — savent toujours se retourner.

Vers deux heures, l'animation devient plus grande encore, et les cafés voisins, — *Café du Cirque, Café des Mousquetaires, Café Hainselin, Café du Géant*, etc., etc., — sont à peu près envahis, soit par les marchands de billets, soit par les artistes qui sortent des répétitions, soit par les auteurs qui viennent demander des nouvelles de leurs pièces.

Vers quatre heures, la foule est devenue compacte et stationnaire, — la *queue* se forme devant chacun des théâtres qui ornent ce boulevard : le *Théâtre-Déjazet*, d'un côté, et, de l'autre, — le plus important, — le *Théâtre-Lyrique*, la *Gaîté*, le *Cirque*, les *Folies-Dramatiques*, les *Funambules*, les *Délassements-Comiques* et le *Petit Lazari*.

Vers six heures, on entre — pour ressortir dans les entr'actes!

C'est alors qu'a lieu ce brouhaha effrayant, comme le bourdonnement d'une immense ruche dans laquelle on aurait donné un coup de pied. Tous les cris de Paris — prohibés dans Paris par le préfet de Police — se retrouvent là dans leur splendeur. Marchands de coco pour les *titis* altérés par la prose de M. Bouchardy ou par celle de M. d'Ennery! Marchands de limonade à la glace, à un sou le verre, pour les couturières de la rue Saint-Denis, dont M. Laferrière ou M. Dumaine ont incendié le cœur! Marchands d'oranges pour les avant-scènes! Marchandes de sucre d'orge pour le parterre! Marchandes de pommes crues pour le paradis! Puis les marchands de contremarques! Puis les voitures qui circulent, nombreuses et retentissantes!

Tel est le boulevard du Temple jusqu'à minuit, — heure de la sortie des théâtres. A partir de minuit, il redevient désert. Son rôle d'amuseur est joué : il se couche.

C'est le moment de raconter son histoire et d'en parler tout à notre aise, — comme Montesquieu d'Alexandre; car c'est là le berceau du théâtre moderne, c'est là qu'a été le tombeau de Thespis de l'art dramatique, c'est là que sont nés tous ces « Merci, mon Dieu! » les « Croix de mon père! » les « Ma pauvre mère! » et autres rengaines prétendues littéraires qui ont fait sangloter des générations entières de Parisiens — de Pontoise.

II

Au XIII⁰ siècle, c'était un morceau du gigantesque enclos du Temple. En 1737, c'était le rempart du Marais, assaini et abaissé. En 1750, ce rempart était planté de cinq rangées d'arbres à l'ombre desquels venaient bientôt se reposer les habitants des quartiers Popincourt, de la Grand'-Pinte et Saint-Antoine. Là où s'amasse la foule doivent naturellement s'amasser les amuseurs de la foule : les bateleurs des foires Saint-Laurent, Saint-Germain et Saint-Ovide ne tardèrent pas à planter leurs tréteaux sur le sol encore fangeux de ce boulevard.

Fourré fils fut l'un des premiers. En 1756, il faisait bâtir là un petit théâtre de marionnettes sur lequel il exploitait en même temps le genre des pièces à machines. En 1760, il cédait son théâtre à Nicolas cadet, qui, au bout de neuf années, en faisait à son tour bâtir

un autre plus grand, où jouaient des acteurs de bois et des acteurs de chair. A la porte, Paillasse faisait la parade. Dans la salle, Nicolet montrait aux spectateurs ses danseurs de corde, ses animaux savants, et entre autres son singe, qui valait, à ce qu'il paraît, celui de Brioché. C'est ce théâtre qui devait devenir celui des *Grands Danseurs du Roi*, puis *la Gaîté*, — en passant par plusieurs incendies.

A côté de Nicolet s'était établi un acteur congédié de la Comédie-Italienne, Audinot, qui, en 1770, donnait à son théâtre le nom d'*Ambigu-Comique*, et montrait au public une troupe d'enfants et une troupe de marionnettes, qui amenaient chez lui la bonne comme la mauvaise compagnie. Je suppose que la bonne compagnie venait pour les marionnettes, et la mauvaise pour les enfants, qui jouaient des comédies que n'oseraient pas jouer aujourd'hui les acteurs du Palais-Royal, — des comédies de « haulte gresse, » des gravelures signées de MM. Arnault, Moline et Plainchesne.

Il n'y avait pas qu'Audinot et Nicolet sur le boulevard du Temple. Il y avait tout ce qu'il y a dans les foires : des lièvres qui faisaient l'exercice, — des puces qui traînaient des voitures invisibles, — des baladins qui se faisaient casser des pierres sur le ventre ou qui se tenaient en équilibre sur un chandelier, la tête en bas, les pieds en l'air, — des escamoteurs aussi malins que Bosco, — des naines aussi intéressantes que mademoiselle Angélina la Laponne, — des géants aussi étonnants que celui du café de Mulhouse, — des enfants qui buvaient de l'huile bouillante et marchaient sur des barres de fer rouge, — des saltimbanques qui avalaient des cailloux, des étoupes et des porte-monnaies, — des hommes-squelettes, — des femmes sauvages, — des phénomènes, en un mot.

Il y avait encore le *Salon de Figures* de Curtius, — en cire. Les acteurs de Curtius étaient chargés de représenter, avec leur éternel sourire et leurs éternelles joues roses, les principaux personnages de l'Europe, — voire l'Empereur de la Chine.

Aussi le boulevard du Temple était-il une Kermesse perpétuelle, une sorte de Ducace parisienne qui durait depuis le premier janvier jusqu'à la Saint-Sylvestre, — sans solution de continuité. C'était l'endroit le plus vivant et le plus pittoresque de la grande ville, et, à partir de midi, il s'y faisait un vacarme à ne pas entendre Dieu tonner : bruits de clarinettes, de cymbales, de fifres, de grosses caisses, — mêlés aux boniments des pitres faisant assaut de lazzis et de calembredaines pour mériter les applaudissements et les gros sous des spectateurs. La parade régnait! Non pas la parade traditionnelle, dont Tabarin et Brioché, — l'un sur la place Dauphine, l'autre au bas du pont Neuf, — avaient porté si haut la gloire, un siècle auparavant; mais une parade transformée, revue et augmentée. Pierrot, Colombine, Isabelle, Léandre, Gilles, Paillasse et Cassandre étaient les personnages de ces farces grossières et souvent obscènes qui avaient le privilége de faire rire nos pères « depuis le talon gauche jusqu'à l'oreille droite, » — pour employer l'expression même de Tabarin. Vrai, nos pères n'étaient pas difficiles !

En voici la preuve, — c'est-à-dire un extrait même d'une de ces fameuses parades qu'on trouvait alors si amusantes et qui ont, aujourd'hui encore, le déplorable privilége de faire rire, à l'angle de quelque carrefour parisien, messieurs les militaires non gradés et mesdemoiselles les chambrières non vaccinées :

« Cassandre. Eh bien ! mon ami, il paraît que tu reviens d'un long voyage. — Paillasse. Oui, monsieur Cassandre, je viens de voyager dans la marmite... Cassandre. Tu veux dire dans l'Amérique, Paillasse ?... Paillasse. Oui, Monsieur ; dans l'Amérique... dans la suie... — Cassandre. Imbécile ! Dis donc dans l'Asie... — Paillasse. Oui, dans l'Asie, vers l'hydropique du Cancer... — Cassandre. Vers le Tropique du Cancer ?... — Paillasse. C'est juste... Dans ce pays-là, j'ai traversé dix-sept lieues de moutarde sans éternuer, vers les cannes à dards... — Cassandre. Vers le Canada... Qu'il est bête ! — Paillasse. Vers le Canada et la Nouvelle Écorce. — Cassandre. La Nouvelle-Écosse, sot ! — Paillasse. Oui, et à Ote-toi-d'ici... — Cassandre. A O-taïti, butor ! — Paillasse. Dans la capitale de mon pied... — Cassandre. Comment, dans la capitale de Montpied ! L'animal ! Il veut sans doute dire dans la capitale du Piémont... — Dis-nous comment tu as voyagé ? — Paillasse. Par mer, dans de vieux seaux... — Cassandre. Dis donc dans des vaisseaux, ignorant ! — Paillasse. Oui, et une fois en pleine mer, nous avons été assaillis par un ours qui a des gants... — Cassandre. Il veut dire un ouragan... »

J'en ai assez, moi, — et vous, ami lecteur ?

Je suis loin d'être bégueule, et je laisse volontiers aux femmes — suivant l'excellent conseil de Montaigne — « la vaine superstition des paroles. » Aussi ne suis-je pas scandalisé d'entendre les mots drôles, — lorsqu'ils sont drôles. Ce qui me choque dans ces parades des paillasses et des queues-rouges du temps jadis, c'est leur ineptie. J'aime encore mieux Tabarin. Tabarin était ordurier, mais il avait de l'esprit. Tabarin disait des choses déshonnêtes, mais il était amusant. Les plaisanteries salées font boire : les bêtises font cracher. Pouah ! Quand donc pourra-t-on, — non apprendre l'esprit au peuple parisien, — mais lui « désenseigner » la sottise ?

III

Voilà ce qu'était le boulevard du Temple avant la Révolution de 1789.

Avec la Révolution vint la liberté des théâtres. Lors, il s'en établit beaucoup d'autres. En outre de la *Gaîté* de Nicolet, de l'*Ambigu-Comique* d'Audinot, des *Associés* de Salé, des *Délassements-Comiques* de Plancher-Valcour, des *Élèves de l'Opéra* de Tessier, du *Salon de Figures* de Curtius, il y eut bientôt les *Élèves de Thalie*, les *Petits comédiens français*, le *Théâtre Minerve*, le *Café Godet* et le *Café de la Victoire*, où l'on jouait la comédie, le vaudeville et la pantomime, — sans compter le *Cirque Astley*, le *Jeu de Paume*, le *Jardin d'Hébé*, le *Colysée*, le *Café de Paphos*, le *Jardin Turc*, la *Galiote* et le *Cadran Bleu*. Comme vous le voyez, il y avait là de quoi rire, de quoi boire et de quoi chanter.

La plupart de ces établissements disparurent petit à petit, — les uns naturellement et les autres violemment : seule, la *Gaîté* persista, — malgré les accidents qui lui arrivèrent. L'*Ambigu-Comique*, incendié en 1827, fut reconstruit sur le boulevard Saint-Martin. Les *Délassements-Comiques* de Plancher-Valcour furent supprimés par le décret de 1807. Le *Théâtre des Associés*, supprimé par le même décret, devint le *Café d'Apollon*, — un café-concert. Le *Théâtre des Élèves de l'Opéra*, de Tessier, devenu le *Théâtre des Variétés amusantes*, sous la direction d'un arlequin italien, nommé Lazzari, brûla en 1798, et ne fut réédifié qu'en 1821 sous le titre de *Panorama dramatique*, pour être bientôt démoli et faire place aux constructions importantes que l'on voit aujourd'hui sur ce côté du boulevard du Temple. Quant aux *Élèves de Thalie*, aux *Petits Comédiens français*, au *Théâtre Minerve* et aux cafés chantants dont je viens de parler, ils devinrent ce qu'ils voulurent, — mais ils disparurent. Le décret impérial une fois oublié, on leur donna des remplaçants : les *Folies-Dramatiques*, ouvertes en 1831, — le *Cirque-Olympique*, ouvert en 1827, — les *Funambules*, ouverts en 1815 par madame Saqui, — le *Petit Lazari*, ouvert en 1821, — les *Délassements-Comiques*, ouverts en 1841, — le *Théâtre-Historique*, ouvert en 1846 et devenu en 1849 le *Théâtre-Lyrique*, — et les *Folies-Nouvelles*, ouvertes il y a quelques années, de l'autre côté du boulevard du Temple.

Que si, maintenant, vous me demandez ce qu'on a joué sur ce boulevard du Temple depuis près d'un siècle, et quels sont les acteurs qui y ont joué avec le plus de succès, je vous répondrai d'abord qu'on y a joué de tout et que tous les acteurs ont eu du succès, — chacun à son tour et dans son rôle. Ainsi, il y a eu des singes, des chiens, des lions, des éléphants, des chevaux, des femmes, des enfants, des hommes, — tous plus savants les uns que les autres dans leurs exercices sur la corde roide, dans la parade, dans la pantomime, dans la comédie, dans le mélodrame.

Pour leurs noms, s'il m'en souvient, il ne m'en souvient guères. Les seuls que je me rappelle sont des noms d'animaux : celui du singe Jacquot, du chien Dragon, de l'éléphant Kiouny et du caniche Munito. Ceux des autres artistes n'intéresseraient probablement pas mes lecteurs ; et, d'ailleurs, pour ne pas faire de jaloux, — même parmi les morts, — il faudrait les citer tous et toutes, — et franchement il y en a de trop. J'en dirai autant des auteurs et de leurs pièces, — c'est-à-dire que je n'en dirai rien, comme c'est mon droit de Postérité et mon devoir de contemporain. Les grands poëtes et les chefs-d'œuvre sont ailleurs.

IV

En apprenant l'autre jour qu'on allait démolir les théâtres du boulevard du Temple pour l'achèvement du grand boulevard du Prince-Eugène, j'ai tressailli d'aise, — non que j'aime les démolitions, mais simplement parce que j'aime mon pays, et qu'il m'avait toujours paru immoral de laisser ainsi ouvertes sur la voie publique des officines d'immoralité. Mais, immédiatement, mon miel s'est changé en absinthe et ma joie en tristesse : on démolissait les théâtres du boulevard du Temple, — pour les reconstruire sur la place du Châtelet!

Je viens après J.-J. Rousseau, — étant né après lui je ne pouvais venir avant — tonner de la plume contre les spectacles. Qu'on se rassure, mon tonnerre n'est qu'un tonnerre de poche; il ne tuera rien ni personne et ne sera pas le moindre bruit. Seulement, comme on a une conscience pour s'en servir, je me sers de la mienne pour trouver mauvais ce qui est mauvais, malsain ce qui est malsain, dangereux ce qui est dangereux, — sans plus me soucier des épaules d'actrices que je ferai hausser, sans plus m'embarrasser des quolibets d'acteurs que je ferai naître. Quand on a dans la main une vérité, il faut s'empresser d'écarter les doigts et de la laisser tomber, — contrairement à la prudente recommandation de Fontenelle.

Donc, pour moi, les théâtres du boulevard du Temple n'ont été et ne seront que le Conservatoire du mauvais goût, des mauvaises mœurs et des mauvais exemples, et c'est en ma triple qualité d'écrivain, de citoyen et de philosophe que je m'insurge contre eux avec cette véhémence inusitée. Ils ont beau inscrire sur leurs frontons, en lettres moulées, le fameux *Castigat ridendo mores*, ils ne corrigent aucune immoralité, ne fustigent aucun vice, ne guérissent aucune plaie, ne redressent aucune infirmité : les établissements orthopédiques eux, ce n'est pas du tout la même chose. Je demande à voir le manant dont ils ont fait un gentilhomme, le gredin dont ils ont fait un Prix-Montyon, le débauché dont ils ont fait un puritain, la fille perdue dont ils ont fait une fille retrouvée. Ironique école de mœurs! Loin d'instruire et de moraliser, d'apprendre le beau langage et les honnêtes pensées, de signaler les écueils et de montrer les abîmes, les théâtres du boulevard donnent sur l'honnêteté, sur l'histoire, sur la langue, sur tout, les renseignements les plus faux et les plus ridicules. Au lieu d'élever l'âme du peuple, ils l'abaissent; au lieu d'agrandir le cerveau de la foule, ils l'étriquent; au lieu d'éclairer, ils obscurcissent. Ne me dites pas non, je vous répondrais oui jusqu'à mon dernier souffle, et je vous engagerais à lire plus souvent la *Gazette des Tribunaux*.

Comme tous les peuples de la terre depuis la création du monde, le peuple français adore les émotions violentes, — c'est-à-dire les spectacles qui font beaucoup de bruit, beaucoup de poussière, beaucoup de toutes sortes de choses. Pour lui, aller s'entasser chaque soir, par centaines de couples, dans des salles nauséabondes, où l'odeur des haleines humaines se mêle — horrible mélange! — à l'odeur des fleurs, c'est le bonheur suprême; il n'en connaît pas, il n'en veut pas d'autre pour récompense de son labeur de la journée; il en perd le boire et le manger, tant c'est pour lui une grande affaire et un grand plaisir : son empressement est celui d'un enfant, parce qu'il est enfant, parce qu'il ne veut pas devenir homme, parce qu'il tient à conserver son bourrelet et ses langes, son bégaiement et ses hochets. Peut-être, après tout, — puisqu'il ne tient pas plus que cela à s'émanciper, — ai-je tort, moi, contempteur bougon, d'y tenir si fort pour lui.

En tout cas, ce que je constate, — avec la mélancolie du penseur qui voit crouler, comme châteaux de cartes, les théories austères dont il s'était nourri l'esprit jusques-là, — ce que je constate, c'est que les mêmes éléments-foule qui applaudissaient il y a deux mille ans aux combats de gladiateurs, se retrouvent aujourd'hui et se retrouveront sans doute demain, à Londres, à Paris, et ailleurs. *Panem et circenses!* Le cri d'alors est encore le cri actuel. « Faites tout ce que vous voudrez, dit le peuple à ses rois, mais laissez-moi m'amuser! » Et, de fait, le peuple romain ne songeait pas à renverser Néron quand celui-ci donnait en pâture à sa curiosité le spectacle de chrétiens livrés vivants aux bêtes du cirque.

Aussi, de peur que le public parisien ne se blase, a-t-on soin d'inventer chaque jour de nouvelles distractions. On met à contribution tous les règnes de la nature pour lui faire battre des mains et des pieds. On imagine des trucs invraisemblables et des changements à vue prestigieux. On fait l'impossible pour varier un peu les sensations de la foule, qui finira par être aussi difficile à amuser que Sa Majesté Louis XIV, — parce qu'à force d'aller « de plus fort en plus fort, » pour obéir à la tradition laissée par Nicolet, les directeurs de théâtre ne sauront plus où donner de la tête. Lorsqu'ils en seront là, il ne leur restera plus qu'une chose à faire pour éviter la banqueroute : ce sera d'aller décrocher la lune et de la déposer aux pieds de la foule ennuyée.

Bonne chance, Messieurs! Quant à moi, sans plus me mettre en peine des bigarrures de l'esprit humain, je m'en vais, comme Candide, cultiver mon jardin.

ALFRED DELVAU.

Anc Mon Bénard. — Poissrin, Seringe et Ci°, place du Caire, 2.

(Fac-similé d'après nature.)
(D'un aspect fort vraisemblable.)
La tonnellerie particulière
du Cabaret du LAPIN BLANC.

CABARET DU LAPIN BLANC

Dessiné et gravé (Mr. avec une partie de la Cité.

Cet objet. et quelques bonds
Du Provencal en JAUNE. e30.
les dévoureurs qui VINRENT ROUX
Il est défunt. ne PASPIMEUS !

BIBLIOTHÈQUE NATIONALE DE FRANCE

3 7531 01408978 1